제2종교개혁이 필요한 한국 교회
Korean Church Needs the Second Reformation

제2종교개혁이 필요한 한국 교회

1판 1쇄 인쇄 2015년 2월 20일
1판 1쇄 발행 2015년 2월 25일

지은이 임태수 외 13인
발행인 한동인
펴낸곳 (주)기독교문사
등 록 제1- c0062호
주 소 서울 종로구 율곡로 19가길 5
출판부 T. 741-5183 F. 744-1634
특판부 T. 744-1633 F. 744-1635
도매부 T. 741-5181~4 F. 762-2234
직영서점 기독교문사
서울 종로구 종로 40길 18
T. 2266-2117~9 F. 2266-6397

책값은 뒤표지에 있습니다.
ISBN 978-89-466-1566-3

Web www.kclp.co.kr
Mobile-Web m.kclp.co.kr
e-mail kclp@kclp.co.kr

기독교문사는 독자와 함께 기독교 출판문화를 이끌어 가겠습니다.
공급처 기독교문사 도매부 T. 741-5181~3 F. 762-2234

제2종교개혁이 필요한 한국 교회
Korean Church Needs the Second Reformation

기독교문사

발간사

한민족의 세계적 사명은 제2종교개혁

임태수 박사 | 제2종교개혁연구소장 · 호서대 명예교수

한민족은 세계적 사명을 가지고 있다. 그것은 세계 선교의 사명이요, 제2종교개혁의 사명이다. 서구 교회는 지금 텅텅 비어 가고 있고 죽어 가고 있다. 아시아와 아프리카의 교회들도 서구 교회가 앓고 있는 죽음의 병을 앓고 있다. 이런 서구 교회와 세계 교회를 개혁하고 살릴 사명이 한민족에게 있고 한국 교회에 있다. 그런데 이 세계적 사명을 다해야 할 한국 교회는 지금 병들어 있고 위기에 처해 있다. 한국 교회도 서구 교회와 세계 교회가 앓고 있는 병을 앓고 있다. 세계적 사명을 받은 한국 교회는 이대로 주저앉아서는 안 된다. 다시 병을 이기고 자리를 털고 일어나야 한다. 그래서 한민족에게 맡기신 세계적 사명, 세계 선교의 사명, 제2종교개혁의 사명을 완수해야 한다. 교회를 죽이는 병을 이기는 길과 방법을 찾아내서 한국 교회 스스로를 치유하고 다시 살아나, 그 치유 방법으로 죽어 가는 서구 교회와 세계 교회를 살려 내야 한다. 그 사명이 한국 교회에 있다. 한국 교회가 그 사명을 완수하게 될 것을 믿는다. 왜냐하면 그것은 하나님께서 명

령하시고 약속하신 사명이기 때문이다. 나는 하나님께서 21세기에 한민족에게 맡기신 이 중차대한 사명을 한국 교회가 완수할 것을 믿는다.

그러기 위해서는 한국 교회에서부터 제2종교개혁이 일어나야 한다. 그래야 한국 교회가 다시 살아날 수 있다. 제2종교개혁이란 무엇인가? 마틴 루터(Martin Luther)가 "믿음으로만 의롭게 되고 구원을 얻는다"라는 구호를 내걸고 성공한 16세기의 종교개혁을 나는 '제1종교개혁'이라고 부른다. 그리고 '제1종교개혁'을 보완하고 넘어서는 21세기의 개혁을 '제2종교개혁'이라고 부른다. '제1종교개혁'과는 달리 '제2종교개혁'은 "믿음과 행함으로 의롭게 되고 구원을 얻는다"라는 신학을 구호로 내걸고 주장한다(이에 대한 자세한 내용은 이 책에 실린 필자의 글들을 참고하기 바란다.). 이 '행함 있는 믿음으로(fide cum opera) 구원을 얻는 것'이 제2종교개혁의 핵심 사상이다. 이 구원론은 철저히 성서에 기초한 구원론이다(마 7:21; 약 2:24 등). "행함이 없는 믿음은 죽은 믿음이다"(약 2:17, 26). '행함 없는 죽은 믿음'으로는 구원을 얻을 수 없다. 그래서 서구 교회가 비어 가고 죽어 가고 있고, 한국 교회도 병들고 위기에 처해 있는 것이다. '행함 있는 산 믿음'으로라야 구원을 얻을 수 있다. 이 '행함 있는 산 믿음'을 한국 교회가 가지면 제2종교개혁이 일어나고 다시 살아날 것이다. 그러면 한국 교회는 하나님께서 한민족에게 맡기신 세계적 사명, 세계 선교의 사명, 제2종교개혁의 사명을 완수할 수 있을 것이다. 한국 교회는 이 사명을 반드시 완수해야 한다.

이 책에 실린 글들은 이러한 사명을 가진 한국 교회가 왜 지금 병들고 위기에 처해 있는지를 고발하고 진단하고, 어떻게 이 위기를 극복할 수 있는지를 모색하고 제안하는 글들이다. 여기에 글을 쓴 필자들의 주장이 다양한 것은 그만큼 한국 교회 위기의 원인과 치유책이 다양함을 의미한다. 그러나 그러한 다양함 속에서도 발견할 수 있는 첫 번째 공통점은 필자들이 한국 교회의 위기를 진심으로 마음 아파하고, 한국 교회가 하루 속히 이 위기를 극복하고 탈출하기를 간절히 소원하고 있다는 점이고, 두 번째 공통점은 "믿음으로만"(sola fide)을 외치는 것이 한국 교회 위기의 주요 원인이요, 그 치유의 길이 '행함 있는 믿음' 에 있음을 강조하고 있다는 사실이다. 독자들께서도 이러한 필자들의 충정을 이해하시고 한국 교회를 살리고 개혁하는 일에 동참해 주시기를 간절히 소원한다. 그래서 한국 교회가 한민족에게 맡기신 세계적 사명, 세계 선교의 사명, 제2종교개혁의 사명을 완수할 수 있도록 적극적으로 후원해 주시고 동참해 주시기를 바란다.

추천사

제2종교개혁이 필요한 한국 교회

김영주 박사 | 한국기독교교회협의회 KNCC 총무

지금 한국 교회는 위기에 처해 있다. 그 원인은 무엇일까? 한국 교회는 열심히 예배드리고, 기도 많이 하고 헌금 많이 하는 교회로 세계에 널리 알려져 있다. 이런 일들이 위기의 원인일 수는 없다. 그렇다면 위기의 원인은 무엇인가? 그것은 한국 교회가 예배 열심히 드리고 기도 많이 하고 헌금 많이 하지만, 그에 상응하는 윤리와 도덕, 즉 행함이 부족하기 때문이다. 특히 일부 목사들, 그 가운데서도 대형 교회 목사들의 일탈 행위가 신문과 TV에 하루가 멀다 하고 보도되어 사람들을 놀라게 한다. 목사들이 성추행하고, 교회 재정을 횡령하고, 사기 행각을 벌이는 일들이 오랫동안 지속되고 있다. 또 총회장 선거, 신학교 총장 선거, 심지어는 교회의 각종 위원회의 선거에서까지 금품이 오고가는 타락한 선거가 치러지고 있는 것이 오늘날 한국 교회의 모습이다. 세상 선거에서는 부정행위가 드러나면 선거가 무효화되는데, 교회 선거에서는 어떤 부정행위가 드러나도 무효화되지 않는다. 세상 선거보다도 훨씬 부패하고 타락한 것이 교회 선거다. 성직 매매가 공공연하게 자행되고 있는 것이 한국 교회의 현실이다. 16세기 가톨릭 교회의 모습과 같은 모습을 지금 한국 개신교회가 보여 주고 있다. 역사적 아이러니다. 개신교회는 부패한 16세기의 가톨릭 교회를 개혁하고 탄생했는데, 그렇게 탄생한 한국 개신교회가 부패한 16세기의 가톨릭 교회와 같은 모습으로 되돌아가고 만 것이다. 이 일을 어떻게 할 것인가?

이대로 바라만 보고 있을 것인가? 그럴 수는 없다. 16세기에 부패한 가톨릭 교회를 개혁했듯이 21세기에도 부패한 교회를 개혁해야 한다. 그 사명이 오늘을 살고 있는 우리에게 있다. 어떻게 개혁할 것인가? 16세기에는 면죄부를 파는 등 잘못된 행함을 개혁하기 위하여 '믿음으로만' 을 내세웠지만 오늘 한국 교회는 도덕, 윤리의 부재, 행함 부재의 교회가 되었으니, 16세기와는 반대로 행함을 강조하고 내세워야 한다. 그래서 믿음과 행함이 균형을 이루는 교회가 되도록 해야 한다(마 7:21-27; 약 2:14-26). 그래야 성서가 지시하는 교회의 모습으로 되돌아갈 수 있다. 16세기의 개혁을 '제1종교개혁' 이라고 한다면, 오늘 21세기에 일어나야 할 개혁은 '제2종교개혁' 이다. 우리는 지금 제2종교개혁이 필요하고, 이를 수행해야 할 사명을 가지고 있다. 제2종교개혁이 일어나지 않으면 한국 교회는 무너진다.

이렇게 균형 잡힌 '행함 있는 믿음' 의 교회로 바로 선다면 한국 교회는 위기를 벗어나 다시 되살아날 것이다. 그래서 전 민족 복음화의 사명을 완수하고, 더 나아가서 위기에 처한 서구 교회와 세계 교회를 살리는 일도 감당할 수 있을 것이다.

이번에 제2종교개혁연구소에서 『제2종교개혁이 필요한 한국 교회』라는 책을 출간한 것은 매우 시의적절한 일이라고 생각한다. 이 책에서는 한국 교회와 신학계를 대표하는 필자들이 한국 교회의 현실을 날카롭게 분석 비판하고, 개혁의 방안들을 여러 각도에서 제시하고 있다. 한국 교회의 위기 극복에 크게 도움이 되리라고 생각한다. 한국 교회의 모든 신학자들, 목사님들 그리고 평신도들이 반드시 읽어야 할 책이라고 생각하여 적극 추천한다.

추천사

한국 교회는 제2종교개혁을 이끌어야 한다

박종화 박사 | 경동교회 목사 · 전 WCC 중앙위원

2017년이면 종교개혁 500주년이다. 두 가지 측면의 평가 작업이 있다. 종교개혁 당시의 상황을 재점검하면서 종교개혁이 내세웠던 기치와 가치가 실제로 어느 정도의 효율을 거두고 역사적으로 전승되고 있는지를 명철하게 재조명하는 작업이 첫 번째 과제다. 류장현 교수의 평가가 그것이다. 류 교수는 종교개혁의 핵심 가치에 속하는 칭의론이 개인 구원 중심으로 축소되어 온 점과 특히 루터의 두 왕국론이 교회의 사회적 책임성을 약화시킨 채 이해되어 온 점을 잘못으로 지적하면서 이의 바로 세움을 오늘의 과제로 제시한다. 특히 이미 '개혁된' 모습을 자랑하기에 앞서서 '항상 개혁하는' 역동성을 되찾을 것을 제안한다.

다른 필자들의 경우에는 오늘의 한국 교회의 모습을 종교개혁의 기본 가치관의 프리즘을 통하여 자성적으로 평가하고 있다. 이것이 종교개혁과 관련한 둘째 작업에 속할 것이다. 필자들마다 논지의 뉘앙스 상의 차이는 있으나 크게 보면 먼저 한국 교회의 오늘의 모습 속에 드러나고 있는 성직 세습, 교파 및 교회 연합체의 분열, 상식과 윤리의 부재 등을 꼬집으면서 신앙 열성이 개인적 · 공동체적 윤리와 합일되어야 진정한 종교개혁의 정신이 살아날 수 있다고 지적한다. 이를 위해서 진정한 영성 회복이 요구되며, 그것이 인간의 의무 규범이 아닌 '하나님 앞에서' 라는 신적 명령의 차원에서 이루어져야 한다(손봉호, 김영한, 곽혜원)는 분석과 대안을 내놓는다.

특히 종교개혁이 말하는 '믿음과 행함' 의 합일, 달리 말해서 '예수 믿기와 예수 살기' 의 합일이 한국 교회가 당장에 회복해야 할, 교회의 교회 됨이 지녀야 할 우선적인 과제(임태수, 한인철)라고 분석한다. 이에 덧붙여 한국 교회가 신앙적인 잣대로 보아 '건강한' 한국 사회의 '중심축' 역할을 하고 동시에 '정의를 심고 거두는 칭의' 로 이어져야 제대로 된 종교개혁의 교회로 거듭날 수 있음(민경배, 오영석)을 말한다. 이와 관련하여 종교개혁의 교회는 하나님 나라의 세상적 화신으로서 구체적으로 '지역사회의 삶' 의 현장에서 경험되는 실체이어야 함(임헌준)을 강조한다.

필자들마다 이슈는 다양하나 관점은 똑같이 종교개혁의 기본 가치에서 분석과 방안을 내놓았다. 논찬과 추천을 맡은 본인은 모든 필자들에게 먼저 진지한 분석과 대안 모색을 해 주신 것에 대해 감사드린다. 문제는 바로 이것이다. 500여 년 전의 종교개혁의 기치와 회초리를 오늘의 개신교를 향해서 들이대 보자. 비판의 대상이었던 당시의 중세 기독교회와 오늘의 한국 개신교회의 모습은 비슷하지 않을까? 종교개혁이 외쳤던 '만' (sola)의 정신을 순수히 지키고 있는가? '믿음' 은 '공적' 과, '은혜' 는 '교권' 과, '성서' 는 '교리' 와, '그리스도' 는 '맘몬' 과 서로 혼재한 채 어깨동무하며 활보하고 있지는 않은가? 한국 개신교는 '개혁된' 교회의 모습을 아예 스스로 배신하고 있지는 않은가? 그리고 '항상 개혁하는' 교회의 모습을 아예 방기하고 살지는 않는가? 중세 교회는 화려한 '교회 건물' 은 있었으나 그 안에 '복음' 이 없었다고 하는데, 오늘의 한국 개신교는 복음을 전해야 할 '세상' 을 잃어버렸고, 세상에는 복음을 맛볼 수 있는 참된 '교회' 가 부재하다는 비판에 어떻게 답할 것인가?

500여 년 전의 종교개혁 정신을 이어받아 오늘날 이 땅에서 제2의 종교개혁으로 이끌 결단을 해야 한다. 아프고 힘겹고 서글프겠지만, 그것 없이는 교회는 존재 이유를 상실한다. 할 일도 없어진다. 교회의 주인이신 그리스도의 현존이 위기를 맞는다. 구원 사역이 어둠에 묻힌다. 이제 한국 교회는 다시 일어나야 한다.

추천사

제2종교개혁의 핵심은 교회의 바른 삶과 실천

김명용 박사 | 장신대 총장

『제2종교개혁이 필요한 한국 교회』는 매우 중요하고 오늘의 한국 교회를 위해 꼭 필요한 책이다. 21세기에 한국 교회가 민족의 삶과 역사 속에 살아남기 위해서는 제2의 종교개혁이 필요할 것이다. 이 제2의 종교개혁을 위한 매우 중요한 방향과 내용들이 이 책 속에 기술되어 있다. 한국 교회를 사랑하고 한국 교회의 미래를 염려하는 사람들은 모두 이 책의 내용을 경청하기를 바란다.

이 책에는 한국 교회의 스승으로 존경할 만한 분들의 글이 수록되어 있다. 한 분의 글만 정독하고 실천해도 한국 교회는 바른길로 갈 것으로 생각된다. 모든 분들의 글을 정독하고 실천하면 한국 교회 내에 제2의 종교개혁이 일어날 것이다. 그리고 21세기 한국 교회에 희망이 생기고, 민족 역사에 새로운 빛이 될 것이다. 1517년의 첫 번째 종교개혁의 정신이 믿음으로 말미암은 구원이었다면, 21세기 한국의 제2의 종교개혁은 교회의 바른 삶과 실천을 통한 세상의 변화가 핵심일 것이다. 이 귀중한 책을 읽고 놀랍고 새로운 역사가 한국 교회 내에서 나타나기를 바란다.

추천사

교회는 끊임없이 개혁되어야 한다

유석성 박사 | 서울신대 총장

"교회는 끊임없이 개혁되어야만 한다." 종교개혁과 개신교의 표어다. 흐르는 물은 썩지 않듯이 개혁 정신이 살아 있는 교회는 부패하지 않는다. 오늘의 개신교, 특별히 한국 교회는 종교개혁의 정신이 필요하다. 교회는 언제나 개혁의 정신으로 교회다워질 수 있다. 교회는 개혁의 정신으로 교회의 사명과 기능을 수행하여야 교회다운 교회가 될 것이다.

종교개혁 500주년이 가까워 온다. 마틴 루터가 1517년 10월 31일 비텐베르크 성 교회 문 앞에 '95개조 논제' 를 붙인 것을 기점으로 종교개혁이 시작되었다.

우리는 다시 한 번 새로운 종교개혁 운동을 일으켜야 한다. 어느 기구든지 역사를 더하여 오래되면 기구와 제도가 가진 구조적 문제점들이 드러난다. 가톨릭 교회도 개혁될 수밖에 없었기에 종교개혁이 일어났던 것이다. 개신교도 500년의 역사가 흘렀다. 이제 환골탈태(換骨奪胎)하는 각오로 새로워질 때가 되었다. 한국 기독교가 이 땅에 들어온 지 130년이 되었다. 한국 역사 속에서 기독교는 국가 건설과 새로운 사회를 만드는 일에 큰 기여를 했다. 일제 강점기에는 독립을 위해 투쟁했고, 해방 이후에는 민주사회 건설을 위해서 큰 역할을 했다. 그뿐 아니라 교육, 사회 복지, 의료 사업, 민주화 운동에 크게 영향을 끼쳤다.

한국 교회는 세계 교회 역사에 유례가 없을 만큼 큰 성장을 해 왔다. 그러나 2000년대에 접어들어 교회 성장은 멈추었고, 교인과 교회 숫자가 줄어들었으며, 사회적 신뢰가 감소되고 사회로부터 비판을 받기 시작했다. 한국 기독교의 병폐는 샤머니즘적 기복주의, 반지성적인 신앙 형태, 잘못된 성장주의적 우상주의 및 번영신학에 있다.

인간의 욕망을 기초로 한 물질욕, 명예욕, 권력욕을 신앙의 이름으로 정당화한다. 교단장이나 교회 연합 기관 단체장 선거에 금권선거를 하여 큰 비난을 받았고 기독교의 얼굴에 먹칠을 했다. 세습 문제를 비롯한 여러 가지 일로 비난도 받았다. 이러한 문제들을 해결하려면 자기를 희생하는 예수 그리스도의 십자가 정신과 나눔과 섬김의 정신이 필요하다. 교회가 바로 되고 신뢰를 회복하려면 사랑을 실천하고 사회정의를 행하고 평화를 만들어 가야 한다. 지난 2014년 8월 한국을 방문한 프란치스코 교황이 세계인들로부터 사랑과 존경을 받는 이유는 예수의 사랑의 정신을 바르게 실천하기 때문이다. 사회적 약자, 가난하고 소외된 사람들에게 먼저 다가가 사랑을 실천하고 있기 때문이다. 사랑은 사회적 실천이다.

이 책에서는 한국 교회에 개혁의 필요성과 문제점에 대한 진단과 처방을 제시한 글들을 모았다. 이 글들이 한국 교회를 새롭게 하는 계기와 출발점이 되기를 바란다. '행함 있는 믿음'을 강조하며 제2종교개혁 운동을 펼치는 임태수 박사님의 노고에 감사를 표한다. 이 책의 발간을 축하하며 기쁜 마음으로 축하와 추천하는 인사를 드리는 바이다.

추천사

교회 개혁은 계속되어야 한다

김경원 목사 | 한국기독교목회자협의회 대표회장 · 서현교회 목사

오늘의 한국 교회를 바라보면서 우리는 모두 안타까운 마음을 갖는다. 사례들을 다 열거할 수는 없지만 개혁이 필요한 부분들이 정말 많다. 목회자 문제, 그리스도인의 삶의 문제 등은 신뢰를 상실한, 도덕성이 실추된 우리의 자화상이다. 어떻게 보면 교회가 복음의 본질을 상실해 가고 있는 것 같다.

미국의 저명한 신학자인 라인홀드 니버(Reinhold Niebuhr)는 "우리에게는 우리 조상인 종교개혁이 있습니다. 우리는 종교개혁의 축복의 자녀들입니다. 그러나 우리가 개신교도라는 것을 자랑하고, 로마 가톨릭 교회를 짓눌렀던 미신을 행하지 않는 것을 자랑하고, 은혜 안에서 하나님께 특별히 가까이 있다는 것을 자랑하는 위험에 빠질 수 있습니다"라고 언급했다. 이 말은 교회가 개혁을 위한 땀방울을 흘리는 데 인색한 것을 경고한 것이다.

한국 교회는 종교개혁으로 인한 개혁 교회이며, 개혁 정신이 그 기초이다. 개혁 교회의 특징은 언제든지 개혁을 거듭하는 데 있다(Ecelesia reformata semper reformanda). 따라서 "교회 개혁은 계속되어야 한다"라는 주장은 당위성을 지닌다. 지상 교회는 문제가 없는 온전한 교회가 아니기에 늘 개혁되어야 하고, 목사와 교인은 개혁 정신으로 무장해야 한다. 개혁 교회는 그 이름에 부합되도록 필요에 따라 언제든지 과감하게 개혁을 거듭하고 교회의 타락을 막아 역사 앞에서 하나님이 명하신 교회의 본질적 사명을 감당하는 데 힘을 쏟아야 한다.

한국 교회가 다시 개혁 정신으로 돌아가자는 의미에서 제2종교개혁연구소가 임태수 교수님에 의해 세워지고 이에 뜻을 같이한 분들의 논문들이 출판된 것을 기쁘게 생각한다. 이 글들을 통해 오늘의 목회자와 성도들이 바른 신앙으로의 회복이 있기를 기대하며 기쁨으로 추천한다.

추천사

'십자가의 영성'을 회복해야 한다

김명혁 박사 | 강변교회 원로 · 한국복음주의협의회 회장

한국 교회의 개혁을 염원하며 세워진 '제2종교개혁연구소'가 "제2종교개혁이 필요한 한국 교회"라는 주제로 저명한 교수님들의 글을 모아서 출판하게 된 것을 귀중하게 생각하며 추천사를 쓰게 된 것을 고맙게 생각한다.

우선 손봉호 박사님의 글을 읽으며 한국 교회를 정확하게 진단하고 평가하면서 개혁의 방향을 정확하게 제시하고 있음에 전적으로 공감했다. 이 글은 사색에 치우치지 않아 현실감이 있고, 모두 이해할 수 있도록 쉬운 문장으로 기술되어 있다. 손 박사님은 한국 교회가 신뢰를 상실하고 쇠퇴하게 된 것은 한국 교회의 윤리적 실패 때문이라고 정확하게 진단했다. 그리고 대형 교회들의 목회 세습과 성장 제일주의, 번영신학이 문제라고 바로 지적했다. 손 박사님은 윤리를 강조하면서도 균형 잡힌 지적을 한다. "윤리적 행위가 구원의 근거가 될 수 없다. 그러나 구원받은 사람은 반드시 윤리적이라야 한다." "교회가 타락하면 세상이 섬기는 우상을 섬기는데, 현대 사회의 우상은 돈, 명예, 권력이다. 예수님, 사도, 위대한 믿음의 선조들은 모두 이것들을 초개같이 무시했고, 이런 것을 초월했다. 그러나 불행하게도 오늘의 한국 교회는 이러한 전통을 유지하지 못하고 타락하고 말았다. 한국 교회가 돈, 권력, 명예 같은 세속적인 가치를 무시하지 않는 한 결코 윤리적이 될 수 없고, 윤리가 회복되지 않으면 한국 교회에는 소망이 없다."

그다음 민경배 박사님은 교회와 사회의 유기적인 관계를 강조하면서 '건강한 사회를 위한 교회의 역할'을 제시했다. "교회의 현존과 실체 그 자체가 공정과 행복한 사회 발전의 동력이 되어야 한다." 그리고 오늘날 한국 사회의 문제는 말과 도덕성, 질서의 문제라고 지적하면서 교회는 건강한 사회를 위하여 1) 하나님에 대한 절대 신앙과 의존, 2) 감사하는 마음, 3) 각자의 사명감, 4) 뚜렷한 비전을 보여 주어야 한다고 지적한다. "우리는 행동에서 말에서 모습에서 그리스도인의 명백한 모습이 나타나도록 하여야 한다. 그렇지 않으면 신앙이란 아무것도 아닌 것이 되고 만다. 우리 한국 교회는 한국을 지탱하는 중추층으로 자리를 굳혀야 한다."

오영석 박사님은 초대 한국 교회가 사회에 미친 긍정적 · 부정적 역할을 역사적으로 자세하게 소개했다. 특히 민족의 수난기와 그 이후 독재 정권하에서 예언자적인 역할을 제대로 수행하지 못한 한국 교회 목회자들의 잘못들을 자세하게 지적하면서 '한국 교회의 소생과 사회적인 책임 수행을 위한 교회의 개혁'을 위해 1) 정치사회적인 차원을 지닌 하나님의 구원 활동, 2) 성서가 증언하는 하나님의 본질과 속성, 3) 성서가 증언하는 하나님의 구원 활동의 정치사회적인 차원의 주제들을 성서적인 차원에서 재조명하여야 한다고 제안했다.

그리고 다음과 같은 교회사에 나타난 운동들에서 그리스도인의 사회적인 증언과 활동들을 배워야 한다고 지적했다. 1) 찰스 피니(C. Finney)의 흑인 노예 해방 운동, 2) 칼 바르트(K. Barth)와 본회퍼(D. Bonhoeffer)의 히틀러(A. Hitler)의 나치 정권에 대한 비판과 암살단 가담, 3) 킹(M. Luther King) 목사의 흑인 참정권과 인권 운동과 평등권 운동, 4) 로메로(Romero) 신부의 군사독재 정권에 대한 항거, 5) 해방신학자들의 저항 운동, 6) 한국의 민주 회복 운동, 인권 보호 운동, 노동조합 운동과 가톨릭의 농민 운동

(김재준 목사와 김수환 추기경), 통일 운동.

그리고 이렇게 마무리한다. "교회의 목회자들은 프란체스코(Francesco)적인 청빈과 순명을 생활화하여야 한다. 한국의 대형 교회 목회자들은 한경직 목사님처럼 살고 죽어야 교회가 소생한다." "생수의 강물, 성령의 강물이 한국 교회의 곳곳에서 흘러나와 죽은 바닷물과 죽은 강물을 소생시켜 많은 종류의 물고기들이 살아나고 번성하게 되기를 희망한다."

김영한 박사님은 다음과 같은 말로 글을 시작했다. "오늘날 한국 교회의 문제는 한기총 금권선거 폭로로 시작되어, 기복 및 번영주의 설교와 성직 매매, 목회자 성추문과 교회 재정 횡령, 담임목사직 세습 등 각종 비리와 타락으로 확대되고 있다." 그리고 개혁해야 할 관행들을 다음과 같이 지적했다. 1) 교회 연합 기관(한기총) 임원 선임 비리, 2) 교회 연합체의 분열, 3) 세습 관행, 4) 도덕성 위기(충현교회, 광성교회, 제자교회, 삼일교회, 사랑의교회), 5) 성직 매매와 장로 신분의 권력화, 6) 기복 및 번영 추구의 저급 신앙 형태, 7) 이단 감별사들에 의한 임의적 이단 양산, 8) 소속 교회 없는 '가나안 교인' 증후군, 9) 개신교의 비대칭적 교회 구조, 10) 교리적 극단주의.

그리고 한국 교회의 개혁을 위해 외적 과제와 내적 과제를 제시했다. 외적 과제에는 1) 새로운 연합 집행부 선출, 2) 성직 매매 내지 금권선거 추방, 3) 교회 재정의 투명한 집행 4) 금권 배제의 제도적 장치, 5) 장로의 임기 제도 도입, 6) 공교회적 이단대책위 구성, 7) 대형 교회 분립과 작은 교회 운동, 8) 정통 개혁 신앙의 틀 안에서 열린 중도적 신학 정립이 포함되어 있고, 내적 과제에는 1) 목회자 윤리 각성 및 자정 운동, 2) 목회자 개인의 피나는 자기 포기와 반성, 회개 운동, 3) 기복 및 번영주의 신앙 추방, 4) 내면적 · 인격적 신앙, 5) 하나님의 면전에서 사는 신앙이 포함되어 있다.

모두 올바른 지적이고 바람직한 제안이다. 그리고 이렇게 결론을 지었다. "한국 교회 개혁의 핵심은 교회 지도자의 개혁이며, 이를 위해서는 제도적 개혁과 지도자 개인이 하나님 면전에서의 첫사랑과 사명감을 다시 발견하는 것이 필요하다. 오늘날 한국 교회는 지도자들이 신앙적 덕성이 부족하여 인간적으로 각종 실수를 저지르면서 제도권의 공인으로서 제대로 처신하지 못했기에 사회적 지탄을 받고 있다. 모든 세상적 부와 명예를 넘어서는, 선지자 하박국의 안빈낙도하는 신앙이 필요하다."

시간과 지면 관계상 다른 분들의 글에 대한 소감을 쓰지 못함을 아쉽게 생각한다. 교수님들이 모두 각자 자기 분야에서 전문적인 진단과 분석과 평가를 내린 후 바람직한 개혁의 방향을 제시해 주었다. 그런데 교수들은 그 전문성에 다소 매이는 경향이 있다. 아무래도 자신의 전문적인 신학적 입장에서 모든 것을 보고 판단하기 때문이다. 때로는 글이 복잡하고 어렵게 느껴지기도 한다. 현실에 대한 분석도 주관적일 수도 있다. 그러나 여기에 실린 글들은 한국 교회의 위기 상황을 진단하고 극복하는 데 크게 도움이 되는 글들이다. 일독할 것을 적극 추천한다. 필자의 추천서를 마무리하기 전에 필자가 최근에 「기독교신문」에 기고한(7월 20일) 글을 여기에 다시 옮긴다.

나는 오늘의 한국 교회의 가장 심각한 문제는 '세속화' 와 '인간화' 와 '분열' 로 치닫고 있는 것이고, 그래서 성부, 성자, 성령 하나님께로 가까이 가고자 하는 그리고 닮고자 하는 '영성' 을 상실하고 있는 것이라고 생각한다. 성부, 성자, 성령 하나님께로 가까이 가기 위해서는 자기와 돈과 쾌락 등 세상에 있는 것들을 사랑하던 것을 포기하고 가난과 약함과 고난을 몸에 지니려고 하는 처절한 회개와 함께 금욕과 성결을 사모하여야 하는데 지금 우리들에게서는 그와 같은 모습을 찾아보기가 힘들다. 기독교의 중심과 핵심은 가난과 약함과 고난과 함께 슬픔과 아픔이 극치로 나타난 십자가인데 오늘의 한국 교회는 '십자가의 영성' 보다는 세상적인 성공과 축복에 치우치고 있다고 생각한다.

어떻게 하면 사도 바울을 비롯한 신앙의 선배들이 지녔던 '십자가의 영성' 을 다시 회복할 수 있을 것인가? 우선 세상의 유행과 프로그램과 행사 등에 치우치고 있는 우리들의 관심과 시선을 돌이켜야 할 것이다. 세상의 유익하던 것들을 모두 배설물로 여기는 세상 부정의 결단이 필요하다. 사도 바울의 고백을 우리들의 고백으로 삼아야 할 것이다.

"무엇이든지 내게 유익하던 것을 내가 그리스도를 위하여 다 해로 여길뿐더러 또한 모든 것을 해로 여김은 내 주 그리스도 예수를 아는 지식이 가장 고상함을 인함이라 내가 그를 위하여 모든 것을 잃어버리고 배설물로 여김은 그리스도를 얻고 그 안에서 발견되려 함이니" (빌 3:7-9).

"형제들아 내가 너희에게 나아가 하나님의 증거를 전할 때에 말과 지혜의 아름다운 것으로 아니하였나니 내가 너희 중에서 예수 그리스도와 그의 십자가에 못 박히신 것 외에는 아무것도 알지 아니하기로 작정하였음이라 내가 너희 가운데 거할 때에 약하며 두려워하며 심히 떨었노라" (고전 2:1-3).

십자가에 달리신 주님처럼 그리고 주님을 닮은 사도 바울처럼 약해지고 어눌해지고 어리석어지고 멸시를 받게 되는 것이 필요하다고 생각한다. 주기철 목사님과 손양원 목사님처럼 사람들의 칭찬을 받고 존경을 받고 유명해지는 것을 단호히 거부하는 자기 부정의 결단이 필요하다고 생각한다.

어떻게 하면 사도 바울을 비롯한 신앙의 선배들이 지녔던 십자가의 영성을 회복할 수 있을 것인가? 두 가지를 지적하고 싶다. 처절한 '회개의 영성'과 '긍휼과 사랑의 영성'을 회복하는 것이 필요하다고 생각한다. 사도 바울처럼 평생 처절한 '회개의 영성'을 지닌 사람도 다윗 이후 별로 없었을 것이라고 생각한다. 하나님께서 가장 기뻐하시는 제사는 상하고 통회하는 눈물의 제사이기 때문이다(시 51:17; 34:18; 사 57:15). 우리들도 울면서 이렇게 고백하여야 할 것이다. "오호라 나는 곤고한 사람이로다 이 사망의 몸에서 누가 나를 건져내랴" (롬 7:24). 한국 교회의 아버지 길선주 목사님과 이기풍 목사님은 평생 울면서 회개의 기도를 드리다가 세상을 떠났다.

그리고 우리는 베드로를 향해서 진리의 칼을 집어넣으라고 말씀하신 다음 자기를 못 박는 로마 군병들을 위해서 긍휼과 용서의 마음을 지니고 긍휼과 용서를 비는 기도를 드리신 주님을 바라보고 또 바라보아야 할 것이다. "아버지여 저희를 사하여 주옵소서" (눅 23:34). 그리고 순교의 길로 걸어가면서도 모두에게 따뜻한 긍휼과 용서와 사랑의 손길을 폈던 주기철 목사님과 손양원 목사님의 '사랑의 영성'을 회복하도록 최선을 다하여야 한다.

우리들이 자발적으로 '십자가의 영성' 을 지니기를 주저한다면 환난과 고난의 채찍을 주셔서라도 우리들로 하여금 '십자가의 영성' 을 회복하게 하시기를 바라고 소원할 뿐이다.

차례

第2部 제2종교개혁의 성서적 근거

제1부
한국 교회의 위기와 극복 방안

1
한국 교회의 윤리와 세습[1)]

손봉호 박사(서울대 명예교수, 고신대 석좌교수)

최근 한국 교회는 쇠퇴하고 있다. 우선 눈에 띄는 것은 교인의 수와 교회의 수가 줄어들고 있는 것이다. 따라서 사회에 대한 기독교의 영향력도 약해질 수밖에 없다. 이렇게 교회가 약해지는 것은 기독교에 대한 외부의 핍박이나 기독교에 대해 부정적으로 변하는 사회 문화 때문이 아니다. 서양의 여러 나라에서 나타나는 것 같이 교인들이 나태해지거나 자유주의 신학이 교회에 유입되는 것도 주된 이유가 아니다. 거의 모든 기독교인과 비기독교인이 인정하듯 한국 교회의 쇠퇴는 한국 교회의 윤리적 실패 때문이다. 대형 교회들의 목회 세습은 그 전형적인 모습이라 할 수 있다.

1) 이 글은 기독교학술원 주최 "제26회 월례기도회 및 발표회"(2013. 1. 18)에서 발표한 글이다.

1. 신뢰를 상실한 한국 교회

2011년 11월 기독교윤리실천운동은 한 여론조사 기관과 공동으로 1,000명의 일반 시민에게 한국 교회에 대한 신뢰도를 조사했다. 결과는 참담했다. 우리 국민의 17.6%만이 한국 교회를 신뢰한다고 대답한 것이다. 가톨릭 교회 41.4%, 불교 사찰 33.5%와 큰 차이를 보였다.[2)]

지난 2009년 시사저널과 미디어리서치가 공동으로 전국 성인 남녀 1,000명에게 33개의 직업별 신뢰도를 조사한 결과 개신교 목사는 25위로 하위권에 속한 것으로 나타났고, 중위권에 속한 가톨릭 신부(11위)와 불교 승려(18위)에 크게 못 미쳤다.[3)] 이는 1995년의 5위(신부 1위, 승려 3위)에서 크게 후퇴한 것이다.

비록 이 조사들이 모두 매우 객관적이고 정확하다고 할 수는 없겠지만 오늘날 한국 교회가 한국 사회에서 어떤 위치에 있는지를 어느 정도는 보여 준다고 할 수 있다. 몇 교단의 총회장 금권선거, 한기총 부정선거 의혹, 교회 재정 횡령, 성추문, 목회 세습 등 최근 잇따라 터지고 있는 각종 스캔들은 한국 교회의 윤리적 위상을 크게 추락시켰다. 개신교 역사상 가장 타락한 교회가 되고 말았으며, 종교 기관으로서의 권위를 거의 상실해 버렸다. 역대 대통령 선거에서 후보자들 가운데 개신교인이 한 사람도 없었던 경우가 이번 18대 선거가 처음이라는 사실은 한국 교회가 사회 지도자 양성에 실패했다는 것과 더불어 기독교의 사회적 위상과 인기가 그만큼 떨어졌다는 것을 반영한다.

다른 자연종교들과는 달리 계시종교인 기독교에게 사람들의 존경과

---

2) 기윤실 홈페이지 www.cemk.org.

3) http://blog.chosun.com/gwondaegam/4185992.

신뢰를 상실하는 것은 치명적이다. 교부 테르툴리아누스 (Tertullianus)가 암시했듯(Credo quia absurdum), 기독교의 핵심 교리는 논리적 설명을 초월한다. 그러므로 자연종교에서처럼 논리적 설명이나 동감을 통하여 복음을 전할 수 없고, 전하는 자의 신실함(pistos, 충성)을 통해서 '증거' 하는 방법으로 전해야 한다. 그러므로 그리스도인은 무엇보다도 '충성된 증인' 이 되어야 한다. 증인의 생명은 신뢰를 받는 것이다. 신뢰할 수 없는 자의 증언은 증거 능력이 없다. 오늘날 한국 국민이 받는 전도의 80%는 개신교도들로부터 받는다고 한다. 그런데도 그들이 만약 종교를 택한다면 25%는 불교를, 15%는 가톨릭을 택하겠다고 했고, 개신교는 극소수였다. 신뢰할 수 없는 사람들이 전하는 신앙을 택할 가능성은 높지 않다. 교인과 교회의 수가 줄어드는 것은 너무나 당연하다.

한 사회의 윤리적 수준은 그 사회의 지배적인 종교가 책임져야 한다. 한국에서는 수적으로는 불교가 가장 많지만 실제적 영향력은 기독교가 가장 크게 행사한다. 그런데 한국의 투명성은 부끄럽게도 지난해에 세계 45위로 아프리카의 보츠와나공화국보다 15위나 뒤처졌다. 개신교가 가장 큰 종교인 나라 가운데는 한국이 가장 부패한 것으로 나타났다. 한국 교회 자체의 윤리적 수준이 워낙 낮기 때문에 사회의 윤리적 수준을 제고하는 데 전혀 공헌하지 못할 뿐 아니라 오히려 교회가 사회의 조롱거리가 되고 말았다.

2. 성장 제일주의가 실패의 원인

한국 교회는 그동안 기도 많이 하는 교회, 전도와 선교에 열심이 많은 교회, 헌금과 봉사 잘하는 교회, 성경 공부 많이 하는 교회로 전 세계 기독교계에 알려졌고 전 세계 교회가 부러워하고 배우기를 원하는 교회였다. 그런 장점을 가진 교회가 선교 역사상 가장 빨리 성장한 것은 당연하다 하겠다. 중요한 지도자들을 많이 배출하여 정치계와 기업계에 큰 영향력을 행사하였고, 민주화와 시민사회 형성에 결정적인 공헌을 하였으며, 복지와 교육 분야에서도 선도적인 역할을 감당했다. 사실 기독교가 없었더라면 한국은 지금의 번영과 안정, 민주화와 선진화를 누리지 못했을 것이다. 목회자들은 헌신적으로 목회했고, 교인들은 열정적이고 충성스럽게 신앙생활을 해 나갔다.

그렇게 훌륭했던 한국 교회가 어떻게 하다가 지금처럼 세상의 조롱거리가 되고 말았는가? 가장 중요한 이유는 그동안 한국 교회가 추구해 온 성장 제일주의다. 하나님 나라의 확장, 복음 전파, 영혼 구원 등의 대의명분을 내세워 스스로도 의식하지 못한 채 교회 성장을 우상으로 섬기고 말았다. 그것도 전체 기독교의 성장이 아니라 '우리 교회'의 성장이 모든 다른 것보다 더 중요하게 부상했다. 거의 모든 한국 교회가 '우리 교회' 우상을 섬기고 있다고 해도 과언이 아니다.

교회 성장을 위하여 동원된 수단 중 가장 효과적인 것은 샤머니즘에 뿌리를 둔 기복 신앙이었고, 그것을 이론적으로 정당화한 번영신학(prosperity theology)이 한국 교회의 실제적 주류 신학으로 부상하였다. 교회 성장에 도움이 된다면 비도덕적이고 비신사적인 수단과 방법을 스스럼없이 사용하였다. 하나님 나라의 확장을 위해서라면 윤리나

신사도 같은 세상적인 것에 얽매일 필요가 없다는 분위기가 한국 교회를 지배하게 된 것이다.

특이하게도 이신득의(以信得義) 교리는 한국 교회가 윤리적인 행위를 상대화하는 데 영향을 끼쳤다. 믿음을 주관적인 감정으로 이해하고 믿음의 실천으로는 기도, 전도, 헌금, 교회 봉사 정도로 충분하다고 가르쳐 왔다. 도덕 수준이 비교적 낮은 한국 사회에서는 윤리적으로 행동하기가 매우 어렵기 때문에 주관적이고 감정적인 믿음으로 충분하다는 이해는 신앙생활을 매우 편리하게 해 주었다. 그리스도의 대속에 대한 믿음 외에 성경이 가르치는 대로 정직하고 공정하게 살 것을 요구하는 것은 교인들에게 너무 큰 부담이 되기 때문에 오히려 교회의 수적 성장에 방해가 될 수밖에 없었다. 윤리적 삶에 대해 강조하지 않는 것이 교인을 편하게 하고 교회 성장에도 도움을 주었다. 물론 교역자들에게도 윤리적인 삶은 부담이 될 수밖에 없었다. 따라서 윤리를 강조하지 않는 것이 그들에게도 편리했다.

번영신학은 물론 교회의 성장에만 국한되지 않았다. 개인의 번영도 하나님의 축복이며 동시에 하나님께 영광이 되는 것으로 간주하게 되었다. 예수를 잘 믿으면 돈, 권력, 명성 등 세속적인 것들도 축복으로 주신다고 생각했다. 그리고 정직하고 공정하라는 성경의 가르침을 순종할 때보다 기도하고 헌금을 많이 하면 그런 복을 받을 수 있다고 믿게 되었다. 도덕 수준이 낮은 한국 사회에서는 돈을 많이 벌고 높은 자리에 오르기 위해서 도덕적인 방법보다는 비도덕적인 방법을 이용하는 것이 더 효과적이다. 비도덕적 수단을 써서라도 목적만 달성하면 하나님이 축복하신 것으로 착각하게 되었고, 교회도 그것에 대해서 충분하게 경고하지 않았다. 비도덕적으로 행동하고 법을 어겨서 법원에서 유죄판결을 받아도 교회에서 치리받는 경우는 거의 없었다. 교회는 일단 성장해야 목회가 성공한 것이고 개인은 일단 부하고 강해져야 하나님의 축복을 받은 것이라는 생각이 한국 교회의 문화가 되고 말았다. 이런 번영신학은 한국 교회의 윤리 수준을 지금의 수준으로 떨어뜨렸다.

3. 목회 세습의 비윤리성

한국 교회의 윤리적 타락을 가장 전형적으로 보여 주는 것은 대형 교회의 목회 세습이다.

물론 모든 목회 세습이 다 부정적이라고 할 수는 없다. 너무 작고 가난해서 목회자의 생활비도 충당할 수 없을 정도의 작은 교회를 세습한다면 오히려 큰 칭찬과 격려를 받아야 할 것이다. 그러나 엄청나게 많은 재산, 큰 영향력, 높은 명성을 누리는 대형 교회의 목회 세습은 당사자들이 아무리 순수한 동기에서 시행하는 것이라고 변명해도 무의식적으로 스스로를 속이는 것이며 사람들의 인정을 받는 것은 불가능하다. 교인들의 헌금으로 쌓은 교회 재산을 사유화한다는 비난을 피할 수 없다. 그리고 모든 특권을 다 버리고 고난의 길을 선택하신 예수님을 섬겨야 하는 목회자에게는 전혀 어울리지 않는 일이다.

물론 세습을 지지하는 교인들이 다수일 수 있고, 개교회의 사역을 순조롭게 이어 가기 위해서 최선의 대안일 수 있다. 그리고 경우에 따라서는 목회자의 자녀가 원하지 않는데도 교인들이 강력히 요구해서 부득이 세습할 수도 있다. 그럼에도 세습은 피해야 한다. 한 교회의 이익을 위하여 한국 교회 전체가 욕을 먹어서는 안 되기 때문이다. 목회 세습은 교회에 대한 부정적인 인상을 심어 주어 전도에 큰 방해가 되고, 기독교의 도덕적 권위를 약화해서 사회에 긍정적인 영향을 행사할 수 없게 한다. 개교회의 내부 사정을 올바로 이해하지 못하고 가하는 사회의 비판은 공정하지 못하다고 변명할 수 있으나, 그 비판을 나무랄 수는 없다. 북한의 정권 세습, 재벌의 기업 세습도 사람들이 비난하는데 교회 세습을 비판하는 것이 지나치다고 해서는 안 된다. 개교회에 이익이 되고 교회에 특별한 사정이 있더라도 한국 교회 전체의 명예를 위해서 삼가는 것이 마땅하다. 오해를 받는 것은 억울하나 그리스도인이나 교회는 오해받을 행위를 하지 말아야 한다.

한국에는 교회 수에 비해서 안수받은 목사의 수가 너무 많다. 신학교가 난립하여 자격 없는 목사까지 가세함으로 목사의 과잉공급 현상이 일어나고 있다. 자연히 교역자 공석을 두고 치열한 경쟁이 일어날 수밖에 없다. 특히 대형 교회의 목사 자리는 엄청나게 많은 후보자들이 원할 것이고, 그 가운데는 매우 유능한 사람도 없지 않을 것이다. 이렇게 경쟁이 치열할 때 반드시 지켜야 하는 것이 과정의 공정성이다. 초등학교 반장을 뽑는데도 학생들이 투표를 하는 등 공정한 경쟁을 강조하는데 막대한 사례금과 엄청난 부라는 혜택이 걸려 있는 대형 교회의 목사 자리를 두고 하는 경쟁은 그와 비교도 될 수 없을 정도로 공정해야 하는 것이다. 그런데 세습은 경쟁의 공정성을 근본적으로 훼손하는 것이다. 민주주의 시대에 전혀 걸맞지 않다.

세습이 이루어지는 대형 교회는 대부분 전임 목사가 개척하여 키운 교회들이다. 한국의 교회 문화에서 개척 교회 목사는 기존 교회에 부임한 목사보다 월등하게 높은 교권을 행사한다. 그런 상황에서 세습은 결코 공정할 수가 없다. 그런 교회가 과연 윤리적인 삶에 대한 교육과 훈련을 제대로 수행할 수 있겠는가?

4. 교회는 반드시 윤리적이어야 한다

물론 기독교에서는 윤리적 행위가 구원의 근거가 될 수 없다. 그러나 교회와 그리스도인은 반드시 윤리적이어야 한다. 윤리적인 선행으로 구원받는 것은 아니지만 구원받은 사람은 반드시 윤리적으로 행동해야 한다. 마치 모든 한국 사람이 다 제주도 사람은 아니더라도 제주도 사람은 모두 한국 사람인 것과 같다.

윤리적으로 행동하는 것은 다른 사람에게 해가 되지 않도록 행동하는 것이다. 거짓말은 다른 사람을 오도하여 손해를 보도록 하는 것이고, 정의롭지 못하게 행동하는 것은 다른 사람의 정당한 권리를 빼앗아 고통을 주는 것이다. 칼빈(John Calvin)은 "십계명의 둘째 부분을 지키지 않고 모든 부정직과 폭행을 그치지 않으면 하나님을 올바로 예배할 수 없다. 이웃을 속이고 해롭게 하는 자는 하나님께 폭행을 가하는 자다"[4]라고 하였다. 예수님은 십계명의 둘째 부분을 이웃 사랑으로 요약하셨고, 하나님을 사랑하는 것은 곧 계명을 지키는 것이라고 하셨다(요일 5:3). 교회가 윤리적으로 모범이 되지 않는다면 이는 하나님을 섬기고 하나님을 사랑하는 교회라 할 수 없고, 따라서 교회의 자격을 상실하는 것이다.

이스라엘이 타락했을 때는 주로 이방인들이 섬기는 우상을 섬겼던

4) John Calvin, *Corpus Reformatorum*, 37:378; John H. Leith, *John Calvin's Doctrine of the Christian Life*(Louisville: Westminster John Knox Press, 1989), 188.

때였다. 오늘의 교회도 마찬가지다. 교회가 타락하면 세상이 섬기는 우상을 섬기는데, 현대 사회의 우상은 돈, 명예, 권력이다. 예수님과 사도들 그리고 위대한 믿음의 선조들은 모두 이것들을 초개같이 무시했고, 교회가 성령으로 충만하고 영적으로 살아 있을 때도 이런 것을 초월했다. 그러나 불행하게도 오늘의 한국 교회는 이런 전통을 유지하지 못하고 타락하고 말았다. 한국 교회가 돈, 권력, 명예 같은 세속적인 가치를 무시하지 않는 한 결코 윤리적이 될 수 없고, 윤리가 회복되지 않으면 한국 교회에는 소망이 없다.

2
건강한 사회를 위한 교회의 역할[1)]

민경배 박사(연세대 명예교수, 백석대 석좌교수)

1. 우리 사회의 현황

교회와 사회

교회는 사회와 유기적(有機的) 관계를 맺고 있다. 서로 엉켜 있고 거기에 생존의 조건이 있다. 사회적 기독교라는 말이 따로 있을 수 없다. 에스겔의 묵시가 그런 것이다. 교회에서 흘러나간 물방울들이 모여서 망망 세계를 소성시켰다. 성육신의 핵심은 하나님이 이 역사 안에 실체로 오셨다는 데에 있다. 기독교는 원초적으로 사회적이요 역사적이다. 하지만 교회는 사회를 개혁하거나 제도를 혁파하거나 체제를 변혁하는 일에 나서지 말아야 한다. 교회의 현존과 실체 그 자체가 공정과 행복한 사회 발전의 동력이 되어야 한다.

1) 이 글은 기독교학술원 주최 "제34회 월례기도회 및 발표회" (2014. 1. 3)에서 발표한 글이다.

- 말의 문제

따라서 교회는 사회의 문제들과 어떤 형태든 교섭과 상관 관계가 불가결하다. 독거와 이원론 그리고 신비주의는 몬타니즘의 연장이다. 그런데 한국 사회는 지금 저질 사회로 낙하하고 있다. 가장 두드러진 것이 언어의 부패와 파탄 그리고 폭행과 야만이다. 어느 한 집단은 한국 사회의 전면(全面)과 전면(前面)에 매일 등장하여 저질 언어와 폭언으로 국민 전체의 좌절과 격앙을 불러일으키고 있다. 국회를 두고 하는 말이다. 그들은 언필칭 한때 선량(選良)이라 했다. 그런데 지금은 선량(扇量)이다. 햇빛을 가리는 무리들이다. 이들을 닮은 무리가 증가하고 있다. 배우 겸 게임 리포터 변서은(22세)은 지난 12월 18일 박근혜 대통령을 향해 철도파업에 대하여 "그렇게 팔고 싶으면 몸이나 팔어"라는 발언을 한 일이 있다! 대통령은 직책이다. 더구나 여자다. 그런 말을 하는 사람은 어떤 뇌 조직을 가졌을까? 이런 악을 옹호하는 그룹은 조상이 사람이었을까?

하이데거(M. Heidegger)라는 철학자는 말이 곧 존재라고 했다. 우리 기독교는 말의 종교라고 할 정도로 말에 대해 절대적 무게를 두고 있다. 기독교가 선교나 말씀의 증언과 같은 언어에 중점을 두는 것은 공산주의자들도 잘 알고 있다. '김일성 헌법' 바로 이전의 '사회주의 헌법'에는 "모든 공민이 신교(信敎)의 자유를 가진다"라고 하면서도, 바로 그 뒷 문장에 "모든 공민은 반(反)종교 선전의 자유를 가진다"라는 묘한 구문(構文)이 조항으로 들어 있었다. 얼핏 보기에 괜찮은 것 같다. 하지만 이 둘째 문장이 함정이다. 입 다물고 믿기(信敎)만 하고, 반(反)

종교 선전, 곧 말은 반종교의 경우에만 할 수 있다는 것이다. 아주 교묘한 구성이다. 말의 중요성을 이렇게 묘하게 파악한 집단이 또 있을까. 북한에서는 욕을 악독하게 하여야 칭찬받는단다.

- 도덕성의 문제

우리 사회는 엄청난 도덕성의 부재에 시달리고 있다. 여기 그 실정을 어떻게 다, 그리고 구체적으로 언급할 수 있을까! 길거리에서 섹스하는 동영상이 세계 유튜브에 올랐다. 지난 12월에 19금 크리스마스트리가 거리에 섰다. 성 개방을 그렇게 갈 데까지 다 가게 하고 성범죄 운운하는가! 일제 강점기에 조선총독부는 우리 청년들을 정신적으로, 육체적으로 해체시키기 위해서 막대한 재정을 풀어 전국에 수없이 많은 유곽(遊廓)을 지었다. 기독교 인구 80%라는 선천(宣川)에도 유곽이 몇 채 들어섰다. 일제 조선 통치를 욕할 입장이나 되는가! 아편(阿片)은 총독부가 전매청(專賣廳)에서 직접 팔았다.[2] 세상에 그런 경우가 다 있다. 보통 연간 4천 관 정도 판매했다.

음주량도 심각했다. 1923년의 통계로는 우리 한국인이 술을 마시는데 49,400만 원을 썼다. 당시 총독부의 1년 예산이 146,000만 원이었다. 총독부 1년 예산의 3분의 1 이상을 퍼마셨다. '전 민족의 반영구적인 기아 상태'[3]에서 그랬다. 부자는 "밥이나 먹지요" 하던 때의 일이다. 기독교가 절제 운동을 한 것은 그저 도덕 캠페인이 아니었다. 민족의 절규였다.

지금은 달라졌을까? 2009년의 통계를 보면 한국 사회의 1인당 음주량

---

2) *The Annual Report of Reforms and Progress in Chosen, Government-General of Chosen, 1922-1923*, 114.

3) "우리에게 밥을 다오", 「동아일보」 1932. 4. 24.

은 541병이다. 음식물 쓰레기로 버리는 돈이 2012년에 10조 원이나 되었다. 거가대교(巨加大橋) 건설은 세계의 기적이라 해서 디스커버리 채널에서 몇 번씩이나 방영하였다. 그런데 그 건설 비용이 2조 3천억이었다. 우리는 1년에 거가대교 4개 이상을 쓰레기장에 버리고 있는 것이다.

나는 일제 강점기에 초등학교를 6학년까지 다녔다. 그때 10리 밖 골에서 통학하던 학생들의 도시락에 삶은 나무뿌리가 담긴 것을 여러 번 보았다. "찢어지게 가난하다"라는 말이 있다. 이런 것을 먹으면 어디가 찢어질까. 그런 도시락을 싸 주던 골의 어머니들의 심정이 어떠했을까. 얼마나 가슴이 메었을까. 얼마나 울었을까. 그런데 우리는 이렇게 낭비하며 살아간다. 역사는 우리에게 무엇을 가르치고 있는가. 역사는 현실이라는 것을 가르친다. 그런 일들이 남의 일 같은가? 지나갔으니 나와 무관한 일처럼 느껴지는가?

- 질서의 문제

우리나라의 공공질서 문제는 세계가 걱정할 정도다. 지난 11월 뉴스에 유럽인은 가장 거친 행동을 하는 나라로 한국을 꼽는다는 보도가 나왔다. 거칠고 무례한 사회! 우리의 미덕이나 질서나 소양은 거리에서 나타나게 되어 있다. 지하철에서나 공공장소, 길거리에서의 무질서한 모습은 우리나라 전체 인구의 3분의 1 정도가 기독교인이라는 통계를 무색하게 한다. 양보라든가 남을 위한 배려(配慮)는 길거리에서나 공공장소에서 찾아보기가 힘들다. 지난 12월 문체부는 "착한 사회 만들려면 타인 배려 문화 필요"라는 의식조사 결과를 내놓았다. 그런 말을 왜 이제야 하는가! 교회 안은 어떠한가? 교회 안도 마찬가지다.

2. 교회는 건강한 사회를 위하여 무엇을 할 수 있을까

- 교회의 역할은 현존의 문제-야고보서의 실체론(實體論)

야고보서는 신앙이 있다면 그것은 당연히 행동으로 나타나게 되어 있다는 신앙-행동 구도로 유명한 성경이다. 신앙은 저절로 상황에 따라 적절하게 대응하고 현상화한다는 이론이다.

교회는 그 자체 현존 양식으로서 막대한 영향을 미칠 수 있다. 주기철 목사는 신앙에 충실한 자세 그것으로 순교에 임했다. 평양지방법원의 예심 종결서에는 그가 일본의 국체(國體)[4] 변혁을 도모했다는 어마어마한 죄목이 기술되어 있었다. 그러나 그는 그런 일을 한 적이 없다. 다만 그의 신앙 묵수와 충성이 일제에게는 엄청난 도전, 곧 그들의 국체에 바로 도전해 오는 거대한 위협으로 보였던 것이다. 신앙현상학이라고 할까!

우리 속에 있는 에너지가 외부의 상황에 따라 스스로 폭발하고 외양(外揚)되는 것이 가장 무섭고 거대한 세력이다. 그것을 Momentum Effect라고 한다. 내연-외연(內燃-外延)이 그것이다. 야고보서의 믿음-행위의 논리와 같다. 기독교의 역사적 사역은 이런 것이 되어야 할 것이다. 우리의 현존 자체가 상대방에게 엄청난 현장의 힘으로 작용하는, 그런 역학 구도가 기독교의 참모습일 것이다.

- 기독교의 내연(內燃)-내적 에너지

이사야는 "일어나라 빛을 발하라"라고 하였다. 우리가 바로 빛이라는 말이다.[5] 그런데 그 빛은 어떤 것인가. 에스겔서에 나오는 성전에서

---

4) 일제 강점기에는 신성불가침(神聖不可侵)의 개념이다.

흘러나오는 물방울들은 어떤 것인가?

① 하나님께 대한 절대 신앙과 의존: 프린스톤 대학교의 Fire-Stone 도서관은 그 대학교의 채플 앞에 세워졌는데 지상에는 1층만 짓고 지하로 그 대부분의 건물을 내려 지었다. 하나님의 권위 앞에 무릎 꿇은 이미지로 보여 눈물겹다. 그런 나라를 만들고 싶다. 우리가 그렇게 하면 된다.

② 감사하는 마음: 우리는 일제 치하 그리고 6·25를 거치면서 산야를 헤매고 길거리에서 방황하면서 살았다. 하지만 오늘날 눈부신 나라를 일구었다.[6] 지금은 팔레스타인이 국가 재건 모델로 한국을 꼽을 정도이다. 불평이 나올 수 없는 실정이다. 어느 사회나 아픔과 불평등은 있기 마련이다. 하지만 약속과 희망 그리고 긍정과 환희 속에 건설되는 사회를 꿈꾸는 대중이 있어야 한다. 1896년 처음 『찬송가』에는 우리나라 사람이 지은 곡이 실렸는데 '옷과 밥을 주시니 감사' 하다는 구절이 나온다. 우리가 감사하는 마음을 가질 때 내일을 기약할 수 있는 힘이 솟는다. 감사하는 마음은 비전을 보기 때문이다.

③ 각자의 사명감: 우리는 다 모자이크의 조각들처럼 한 가지씩 신부(神賦)의 사명을 각각 맡고 태어났다. 그 조각 중 하나라도 빠지면 전체 그림은 망가진다. 각 조각이 그 사명을 묵묵히 다하면 세계는 다 하나님의 세계 섭리로 건강한 사회로 나아간다. 그것이 로마서나 고린도서에 나오는 지체론이다. 각자 생애의 소명! 그것에 충실해야 한다.

④ 뚜렷한 비전: 잠언에는 비전이 없는 백성은 망한다는 말이 나온다.[7]

---

5) '네 빛', '네 광명', '네 해', 이사야 58:8; 60:1, 3, 20.

6) 한국은 지난해 9월에 경상수지 흑자로 경제대국 일본을 능가하였다.

1920~30년대는 한국 사회의 범주적인 좌절이 뒤덮었던 때이다. 김인서가 "울어야 가하다 울어야 가하다 땅을 치며 울어야 가하다" 라고 울먹이던 때이다. 한국 농민의 16%가 일본으로, 4%가 만주로 호구지책을 찾아 떠나던 때이다. 한국 농민의 5분의 1이 유랑의 길을 떠나던 때이다.

그때 우리는 찬송가를 세 곡 지어 불렀다. "겟세마네 동산의 주를 생각할 때에." 이 곡은 환난이 닥쳐도 주님을 생각하고 참을 수 있다는 내용이다. 다른 하나는 "주여 나의 병든 몸을 지금 고쳐 주소서" 이다. 이 고난과 아픔을 지금 곧 고쳐 달라는 호소였다. 다른 하나가 "아침 해가 돋을 때 만물 신선(新鮮)하여라" 이다. 역사의 여명이 밝아 온다는 것이다. 그리고 그때 '만물' 이 신선하여진다는 것이다. 심연에서 거칠게 솟아오르는 거대한 용트림 같은 기세였다.

이 시기에 남궁혁은 '제3전기' 라고 해서 세계 역사의 제3전기, 곧 초대 중세의 교권 시대, 종교개혁 이후의 성경 중심의 시대가 지나 이제 제3기의 성령 시대가 오는데, 그 시대를 담당하는 것이 한국 교회라는 내용의 거대 논문을 발표했다.[8)]

기독교는 보이는 것이 있어야 한다

1882년의 일이다. 한미수호조약 체결 시에 조선 조정은 그 조약문 속에 미국 측에 '불립교당' (不立敎堂)이라는 문구 삽입을 강력하게 요구한다.[9)] 교회당을 세우지 않겠다는 미국 측의 확인을 받고 싶었던 것이

7) 참조. 잠언 29:18.
8) 南宮爀, "基督敎의 第三轉機", 「神學指南」 1931. 1.

다. 조선 조정의 심오하고도 명석한 신학적 이해에 입이 벌어진다. 기독교가 가진 힘이 바로 그 보이는 데에 있다는 것을 조선 조정이 어떻게 알았을까.

모세가 하나님을 뵈었을 때 그분의 이름을 여쭈어 본 적이 있었다. 그때 하나님은 '여호와', 곧 '지금 네가 보고 있는 나'라고 대답하셨다. 세례 요한은 감옥에 있을 때 제자들을 보내어 예수님에게 당신이 오실 그 메시아인지 물었다. 이는 아주 잘못된 일이었고 매우 간악한 일이었다. 예수님께서는 모든 것을 참으시고 대답하셨다. "곧 가서 '본 것'을 이야기해 주어라. 그것이 내가 그리스도인 증거이다."

신앙은 보이는 것이 있어야 한다. 기독교는 보이는 것이 있는 종교이다. 기독교의 핵심은 성육신(成肉身)이다. 하나님이 이 세상에 실질적으로 보이는 모습으로 오신 것을 의미함이다. 야고보서의 실체론이 바로 그런 것이다. 믿음이 있노라 하고 행함, 곧 보이는 것이 없으면 그것은 믿음이 없다는 뜻이 된다는 단언이다. "행함이 없는 믿음은 그 자체가 죽은 것"[10]이다. 없는 것이다. 신앙은 성육신하여야 한다. 영국의 윌리엄 템플(W. Temple)이 기독교는 가장 Material하다고 한 말은 정곡을 찌른 말로 유명하다. 내용이 중요하다고 하면서 형식을 무시하는, 오래된 한국 교회의 전통적인 수사(修辭)는 한참 잘못된 것이다.

우리는 '타성에 젖어서'와 같은 말들을 참된 신앙이 타기(唾棄)해야 할 것으로 외쳐 왔다. 거기 한국 교회의 왜곡된 한 단편이 보인다. 타성(惰性)은 'Momentum Effect'로 번역되는데, 관습(慣習)이나 습관(習慣) 혹은 관성(慣性)이라 함이 좋을, 그런 아주 좋은 말이다. 예수님도 "습

9) 朴日謹, 『近代韓美外交史』(서울: 博友社, 1968), 293.
10) 참조. 야고보서 2:14ff.

관을 따라" 새벽에 기도하러 가셨다. 형식이 없으면 내용은 무용지물이다. 박근혜 대통령은 개성공단에 문제가 생겼을 때, "형식이 내용을 결정한다"라는 말로 대세를 결정한 일이 있다. 내용과 형식은 불가분리의 유기적인 관계를 지닌 구조이다. 그것은 우리에게 필요한 생활의 구조이다. Routine! 이것이 없으면 우리는 일생(一生)을 거쳐 써야 할 에너지를 몇 달 안에 다 소모하고 말 것이다. 우리의 생활 속에서 관습이나 타성의 역할은 엄청나고 또 의미가 막대하다. 그것이 많이 있을수록 우리 생활에 창조적으로 쓸 수 있는 에너지 보유량이 많이 확보되기 때문이다.

우리는 거리에서나 교회에서나 직장에서 그리스도인의 모습이 드러나야 한다. 나타나야 한다. 자동사(自動詞)의 동력이 있어야 한다. 타동사(他動詞)의 행동은 강제이기 때문에 일일이 그때마다 행동을 지시하고 이끌어 주어야 하는데, 그것은 신앙이 아니다.

우리는 행동에서 말에서 모습에서 그리스도인의 명백한 모습이 나타나도록 하여야 한다. 그렇지 않으면, 신앙이란 아무것도 아닌 것이 되고 만다. 야고보서가 그렇게 대단한 복음이었다는 것을 마틴 루터는 왜 몰랐을까!

일제까지도 목격(目擊)한 한국 교회의 거대한 모습

1905년 일본은 동북아시아로의 진출을 위해서 정탐 활동을 펼쳤다. 그리고 일본 안의 조폭 사무라이들을 대거 동원하여 흑룡회(黑龍會)를 조직했다. 그 지도자가 우치다 요시히라(內田良平)이다. 우치다는 한국에 와서 사방을 정탐하다가 이런 보고서를 냈다. 곧 한국에는 기러기가 날아가는 소리만 들어도 움츠리고 머리를 감싸는 사람들이 대다수인데, 다른 한쪽을 보니 눈을 부릅뜨고 가슴을 펴고 땅에서 쾅쾅 소리가 날 정도의 걸음걸이로 거리를 활보하는 한 집단이 있었다는 것이다. 그들이 바로 기독교인들이었다![11] 사무라이 조폭들도 기독교인들을 무서워했다.

1934년은 한국 교회의 희년이었다. 세계가 환호하고 축전을 보냈다. 조선총독부 역시 그 연례 보고서에 거기에 대한 글을 하나 쓸 수밖에 없었다. 그런데 그 글이 심상치 않다. 내용을 살펴보면, 당시 조선에는 조선총독부의 관료들과 비견될 만한, 유능하고 활동적이며 목적이 뚜렷한 집단이 하나 있는데 그들이 바로 기독교인들이라는 글이었다. 그들은 미사(美辭)를 고를 사람들이 아니다. 현실을 축소하면 했지 과장(誇張)까지 할 사람들이 아니다. 그런데 이러한 내용의 글을 썼다.

이광수의 목격

이광수(李光洙)는 1918년 27세의 나이에 총독부 관영지 「매일신보」에 "신생활론"을 연재했다. 거기에 이런 말이 나온다. 총독부 관영지이기 때문에 총독부 관리들이 좀 보라는 일종의 밀어 넣기 식 선언이었다. 곧 지금 조선에서 동일한 사상과 동일한 기치(旗幟) 아래 이만큼 굳게 단결된 사회는 오직 예수교회뿐이다. 예수교는 현대적 정치 조직을 취하여 엄연(嚴然)한 국가의 관(觀)이 있다. 오늘의 사상계에 교회는 가장 조직적인데, 가장 위대한 세력을 가졌다. 따라서 한국은 장차 "예수

---

11) 黑龍會 編, 『日韓合併秘史 下』(東京: 原書店, 1966), 179.
12) 新生活 論, 「每日申報」 1918. 10.

교의 조선이 될 것이다."[12]

한국 교회가 한 사회(社會)로서 한국에 하나밖에 없었다는 것, 한 국가의 기세를 나타내고 있었다는 것, 한 조직을 이루면서 거기 위대한 에너지를 가지고 있었다는 것! 이는 1918년대에 인구 1,700만에 교인 20만 정도 때의 일이다. 즉 교인이 1% 정도 때의 일이다. 그렇다면 한국의 실체가 한국 교회였다는 말이 아니던가. 기독교 선교 30년의 일이었다. 우리나라는 사회라고 할 만한 것이 교회였고, 나라 잃은 우리 민족에게, 그렇게 엄연한 국가라고 하는 이미지가 웅장하게 이 교회에서 풍기고 있었다는 증언이었다. 교회가 이렇게 되면 그 영향력과 역할은 민족적인 차원에서 파동 치게 될 것이다. 실물 교과서가 되는 것이다.

사회 주도의 중추층

어떤 사회든지 그 전체가 일률적으로 규격화되지는 않는다. 그런 것을 추구하는 것이 전체주의다. 사회는 중추층, 기조층, 중심층, 주변층 그리고 적대층으로 나뉜다. 이 다섯 번째 그룹이 오열(五列)이다. 실제 그 사회를 끌고 가는 것은 중추, 기조 그리고 중심층이다. 이들만 든든하면 된다. 중추층만 건실하고 단단하면 그것으로서도 그 사회는 지탱된다. WASP(White Anglo Saxon Protestant)가 좋은 예다. 우리 한국 교회는 한국을 지탱하는 중추층으로 자리를 굳혀야 한다.

3
한국 교회의 소생과 사회적인 책임 수행을 위한 교회의 개혁[1)]

오영석 박사(한신대 명예교수, 전 한신대 총장)

1. 서론

사상가 함석헌은 『뜻으로 본 한국 역사』에서 신선한 생명력과 사상의 불꽃을 일으킨 초대 한국 교회의 역할에 대하여 다음처럼 천명한다.

"초창기 한국 개신교회는 한국을 골병들게 한 계급주의와 당파주의를 깨뜨리고 사대사상을 쓸어버리고, 독립 국가를 세우려는 이상으로 불타올랐다. 한국 개신교회는 숙명론과 미신을 두들겨 부수고 새 문명과 새 사상의 국민이 되어야 한다는 운동을 요원의 불꽃처럼 펼쳤다. 불교와 유교가 힘을 잃고, 할 수 없었던 일을 개신교가 맡아서 민족의 정신 혁명, 생활 혁명, 교육 혁명을 이루는 일에 앞장섰다. 개신교의 영향으로 서울과 시골 할 것 없이 사람들이 나라를 잃은 것에 대하여 비분강개하고 민족의 독립운동을 일으키고, 뜻을 잃은 민중을 깨우는 운동이 불길처럼 일어났다. 그리하여 고난의 땅, 학정 밑에서 신음하던

1) 이 글은 "제2회 제2종교개혁연구소 심포지엄"(2013. 10. 25)에서 발표한 발제문이다.

민중들의 가슴에 희망의 등불이 켜졌고, 양반들과 세도정치에 짜먹혀 마른 나무같이 되었던 나라에 새봄이 돌아온 듯하였다."[2]

나라의 정신적 파산, 사상의 빈곤, 자원과 기술의 부족, 새로운 국가에 대한 통합된 비전이 없었을 때 개신교는 피폐한 민족의 자원과 동력을 일으키고, 희망을 상실한 민족에게 새로운 이상과 철학을 주고, 새로운 학문과 민주 자주 정신을 심어 주려고 심혈을 기울였다.[3] 이를 위해 인물들을 양성하려고 새로운 학교들을 설립하였고, 새로운 의료 기술을 도입하였다. 개신교 선교의 시작은 조선의 어두운 역사 위에 떠오르는 계명성 같았다.

1907년 1월 평양 장대현교회에서 일어난 한국 교회의 대부흥 운동은 한국 교회의 신자들이 옛 인간을 새로운 인간으로 변화시키고 구원하는 복음의 놀라운 능력을 경험하게 하였다. 여기서 한국 교회의 지도자들과 신자들은 예수 그리스도의 복음만이 한민족을 새롭게 변화시킬 수 있고 한국 사회를 새롭게 창조할 수 있다는 것을 절감하였다. 그래서 도탄에 빠진 3천만 민족을 복음화시키려는 거룩한 열정에 사로잡혀서 미국의 부흥사와 한국 교회의 영적인 지도들이 힘을 합쳐 '백만 구령 운동'을 전개하였다.

교회는 일제의 가혹한 탄압과 탐관오리들의 착취로 눌리고 짜먹혀서 기운과 희망을 상실한 민중들을 껴안고 함께 울면서 복음의 능력을 통한 새로운 미래의 생명의 빛을 보여 주었다. 또한 에스겔 골짜기의 해골 같은 민중들에게 유일한 희망의 등불 역할을 하였다. 조만식 장로를 중심으로 펼친 물산장려 운동, 신용협동조합 운동, 전국으로 번진 3애

2) 함석헌, 『뜻으로 본 한국 역사』(제일출판사, 1998), 293.
3) 위의 책, 316.

운동(愛神, 愛隣, 愛土)들은 도시민과 농민의 의식을 깨우쳐서 큰 호응을 얻었다. YWCA를 중심으로 시작된, 일본의 국채를 갚자는 여성 운동도 잔 다르크(Jeanne d' Arc)처럼 나라를 구한다는 캠페인이 되어 큰 반응을 얻었다. 당시 거의 모든 교회마다 복음 전도와 나라를 살리는 애국 운동이 다발적으로 봇물처럼 터져 나왔다.

2. 일제 강점기의 기독교

1919년 3월 1일 독립운동 사건의 거점이 되다시피 하였고, 독립운동을 주도하며 전국적으로 확산시켰던 개신교회는 국내외에서 한민족의 가슴에 지울 수 없는 영향을 주었다. 그러나 일제의 가혹한 탄압과 박해와 회유로 교회 지도자들과 사회 지도자들이 복음의 해방과 자유정신을 배반하고 훼절하였다. 그 결과 한국 교회는 초창기 그 신선한 개혁 정신과 복음의 능력으로 한국 사회를 구원하고 살리려는 열정과 관심을 점점 상실했다. 그 대신에 박해와 고통에서 벗어나려고 한국 교회의 목회자들은 점점 비역사적이고 타계적인 신비주의 경향으로 기울어졌다. 하나님은 이 억압과 고통, 죄악과 죽음이 득세하고 있는 현실 속으로 들어오셔서 구원의 역사를 이루셨고, 계속 구원의 사역을 하고 계셨다. 그러나 교회는 이 현실을 부정하고 멀리하면서 구원의 관심을 내재적이고 타계적으로 돌렸다. 설교와 복음 전파는 오직 영혼 구원과 영혼이 죽은 후 천당에 가는 것에 초점을 맞추었기에 복음 안에 있는, 몸과 영혼과 사회와 만물을 구원하고 해방하는 총체적인 구원의 능력이 외면당하였다.

한국 교회의 목회와 설교가 이러한 방향으로 치닫게 된 다른 중대한 이유는 당시 한국에서 선교하면서 한국 교회와 신학교를 정신적 · 재정적 · 신학적으로 지배하던 거의 모든 미국 선교사들이 보수적인 신학 사상으로 무장하고 있었기 때문이다. 선교사들은 이 세상은 악마가 지배하는 곳이고, 정치와 경제 분야도 사악한 영이 지배하고 있다고 믿었기에 이 세상일, 곧 멸망할 세속적인 정치, 경제와 사회에 대한 관심을 모두 버리고 죽은 후에 영혼이 들어갈 천국을 소망하도록 교인들을 교육했다. 그래서 한국 교회는 삼일운동의 실패 이후 영혼 구원과 내세 지향주의, 인간의 내면에 치중하였다.

교회는 산 역사의 행진을 위하여 존재하고 활동해야 함에도 퇴영적인 길을 걸었다. 민족의 새로운 미래를 위하여 기름을 준비하고 등불을 밝히던 한국 교회는 삼손처럼 민족 해방과 자유의 산 역사를 바라보던 눈을 빼앗겼고, 민족과 사회를 살리고 구원하는 사회 선교에 매우 비판적인 태도를 취하였다. 민족의 이상과 해방의 횃불을 드높이 들었던 이상재 · 이승훈 · 안창호 · 조만식 같은 선구자들이 간 뒤에 그러한 인물들이 한국 교회에 다시 나오지 않았다.

미국 선교사들이 영혼 구원을 주로 강조한 선교 정책을 펼친 것은 미국의 국익과도 맞아떨어졌다. 당시 미국은 필리핀을 식민지화하고 일본은 한국을 식민지화하도록 서로 조약을 맺고 그렇게 국제 정치를 실행하였기 때문이다. 이토 히로부미는 미국 선교사들과 만나서 이렇게 말하였다. "선교사들은 조선인들의 영혼의 구원에 관심하고, 일본은 조선인들의 육의 문제에 관심할 것이다." 이렇게 영과 육을 완전히 분리하는 선교 정책을 펼치던 선교사들과 목회자들은 독립운동을 하는 교회와 신자들을 복음에서 탈선한 것으로 간주하였다. 그래서 독립운동을 하는 민족 지도자들은 교회로 들어와서는 안 된다고 말하고, 교인들은 사회운동을 하지 못하게 하였다.

안창호 선생은 그러한 선교사들을 평양에서 만나면 뺨을 때리고 그들에게 빨리 미국으로 돌아가라고 호령하였다. 그리고 그들이 미국으로 돌아가야 조선은 독립을 할 것이라고 하였다. 영혼 구원을 강조하던 미국 선교사들은 조선에서 탄광 개발권과 목재 채벌권, 철도 개설권을 얻어서 상당한 부를 축적하기도 하였다(민경배, 『한국교회사』; 이만열, 『정치 사회적인 관점에서 본 한국 교회사』).

이로써 한국 교회에서 예언자적인 설교를 하던 목회자들은 거의 사라졌다. 그 대신 이 사회적인 암흑기에 신비주의 신앙 운동, 영혼 구원을 강조하는 부흥회들, 사경회들이 교회마다 산상과 산골짜기에서 우후죽순처럼 일어났다. 초대 교회에서 자주 불렀던 사회 변혁과 희망의 노래는 사라지고, 세상살이는 꿈결 같은 것이고 헛된 것이니 속히 천국을 향하여 나아가자는 찬송이 교인들의 마음을 사로잡았다.

3. 해방, 6 · 25 민족상잔, 군사독재를 통과한 현재의 한국 교회 상황

1) 한국 교회의 추잡한 교파 분열

함석헌 선생의 지적대로 도둑같이 해방이 왔다. 해방 당시 조선의 상황은 사상의 빈곤과 분열, 정치적인 혼돈과 자원 부족, 기술 부족, 통합적인 지도자의 부재로 혼돈의 역사 속에서 진통하였다. 일제에 굴종하고 절개를 버린 한국 교회의 지도자들은 회개하지 않은 채 다시 영적인 지도자로서 나섰다. 설상가상으로 사상의 대립 때문에 6 · 25 민족상잔의 비극이 일어났다. 나라는 결딴났고 한반도는 세계 젊은이들의 공동묘지가 되어 그들의 피와 한국 젊은이들의 피로 물들었다. 굶주려 죽고 짓밟혀 죽고 포탄 맞아 죽은 자들이 눈을 감지도 못한 채 땅 곳곳에 쌓여 있었고, 도탄에 빠진 민중들의 아우성이 하늘까지 사무쳤다.

한국 교회는 예레미야처럼 이러한 백성을 어루만지고 위로하면서 함께 울고 새로운 희망과 빛을 제시해야 할 사명을 망각하였다. 구약의 예언자들은 위기의 때에 백성에게 회개를 요구하고 새로운 비전, 새로운 믿음, 새로운 사상을 불러일으켰다. 그러나 한국 교회의 지도자들과 목사들은 이렇게 숭고한 예언자적인 사명 의식을 깨닫지 못하였다. 구약의 예언자들처럼 한국 교회의 목사들은 민족의 파수꾼이 되어서 민족이 나아갈 새로운 이정표를 제시하고, 하늘의 거룩한 불빛을 받아서 어두운 역사의 여로를 희망의 빛으로 비추었어야 했다. 이 중대한 역사적인 카이로스 시기에 한국 교회의 목사들은 교권 장악을 위해 교파 분열과 교리 싸움에 맹진하였다. 우매하고 무감각한 지도자들은 민족의 미래도 팽개치고 교파를 분열하고, 교권과 명예와 이권 장악을 위하여 이전투구 꼴을 했다.

교파 분열의 가장 큰 원인은 미국의 신학교와 교회 안에서 일어난 신학 사상전과 교리 싸움이 한국 교회로 이전되었기 때문이다. 그리고 선교사들의 선교지 분할 싸움도 한몫했다. 한국 교회는 사상적으로 빈곤했고, 자주정신과 관용, 용서의 정신이 부족하였다. 그리하여 자신들의 이익과 명예, 생리에 맞지 않으면 서로 이단으로 정죄하였다. 거기다 교권 싸움에 지역감정까지 뒤엉켰다.

자신이 속한 집단의 이익과 명예가 손상되면 백해무익한 그들만의 교리를 내세워서 상대방을 이단으로 정죄하고 파문한다. 이것이 한국 교회의 실상이다. 특히 한국의 장로교회들은 전투적인 바리새주의와 독선주의적인 배타주의로 중무장하여 서로 헐뜯고 상대방을 비난하고 고발하고 재판을 한다. 이러한 자들이 한국 교회를 쑥대밭으로 만들었다. 그리고 대형 교회를 세워 온갖 특권을 독식하고 있다. 그들은 자신들의 부와 영화를 영원히 누리고자 군사독재 정권을 지지하였다. 그들은 끼리끼리 예수 이름을 빙자하여 패거리를 만들고 교파를 만들어 스스로 의인이 되고 맹장이 되었다. 대형 교회의 일부 목사들은 교인들의 헌금을 유용하고, 교인들의 헌금으로 매입한 동산들을 사취하고, 온갖 비리를 저지르고, 스캔들을 일으켜 왔다. 간혹 재수가 없어 걸리면 재판을 받지만 대부분 무사태평하게 지낸다. 그들은 온갖 간계를 사용하여 만든 철옹성과 같은 꿀단지 교회를 자녀들에게 세습시키고 부귀영화를 만끽하고 있다. 그들 때문에 한국 교회의 사회적인 신인도는 땅에 떨어졌고, 교세는 하강세이다.

2) 건전한 정치신학의 부재

자유당 정권 시절에 건전한 정치신학, 비판적인 정치신학을 갖지 못한 한국 교회와 신학대학교들은 거의 맹목적으로 이승만 정권을 지지하고 그를 민족의 모세로 간주했다. 목사들은 충성을 맹세했고, 교회마다 이승만 대통령을 위하여 기도하면서 자유당 정권을 전적으로 지지하였다. 교회가 나라를 참으로 사랑하고 위한다면 정치에 대한 건전한 비판도 해야 한다. 비판을 거부하는 정권과 교회의 지도자들은 반드시 망한다. 신성불가침을 누린 유럽의 절대왕조들도 그러했고, 소련과 동구 유럽의 사회주의 정권들도 그러했다. 이승만 자유당 정권도 마찬가지였다.

이 혼돈기에 교회는 교파 난립과 신학교들의 기도원 난립, 교권 싸움으로 자원을 탕진하였다. 한편 역사의식과 사회의식을 마비시킨 신비주의 운동이 각 기도원에서 활성화되었다. 조용기 목사를 중심으로 1960년대 초반부터 90년대 중반까지 성령 운동과 방언 및 예언 강조, 신유 운동 등이 불길처럼 일어나 절망하고 병들고 무력한 민중들을 교회와 기도원 안으로 끌어들였다. 동시에 미국의 빌리 그레이엄(Billy Graham) 부흥사를 초청하여 대대적인 부흥 운동을 일으켰고, 김준곤 목사는 CCC의 운동을 통하여 영혼 구원 문제에 집중하였다. 1960년도 초기에 일어난 조용기 목사의 오순절 성령 운동, 축복 운동과 함께 70년대 초반에 일어난 대형 부흥 전도 집회는 한국 교회를 양적으로 성장시키는 데 기여하였다.

이 운동들에서 자주 듣는 설교 내용은 영혼 구원, 축복, 신유와 방언이었다. 이 운동을 일으킨 목사들의 설교는 미국의 적극적인 사고방식을 주창한 자들의 생각과 접목되었다. 그들은 건전하고 비판적인 정치신학과 사회 선교를 위한 다각적인 사고를 할 수 없었다. 창의적인 선교신학과 사회의식을 갖지 못한 채 몰역사적인 영혼 구원과 물질 축복, 신유와 방언에 치중하였다. 그들의 설교는 성경 전체가 증언하는 복음의 진리를 왜곡하고 변질시켜서 일방적인 영혼 구원과 비역사적인 의식을 교인들에게 각인시켰다. 그래서 그들은 직접적으로 혹은 간접적으로 한국의 군사 정권을 지지하고 동조하였다. 그들은 부패한 정치사회를 개혁하여 정의와 평화가 지배하는 새로운 사회를 건설하려는 대안을 제시할 수 없었다.

또한 분단된 민족을 위한 민주평화 통일 방안을 제시할 수 있는 역량을 갖지 못하였다. 군사 정권의 혹독한 박해와 탄압을 받으면서 믿음으로 인권 운동을 하고, 정의 실현을 부르짖으며 민주평화 통일 운동을 하던 깨어 있는 분들을 좌경, 용공, 공산주의자들이라고 매도하였다.

영혼 구원에만 집중하는 것은 비성서적이고 비기독교적이다. 정의와 회개와 십자가의 고통 없이 번영과 축복을 강조하는 설교는 가룟 유다적인 설교이다. 그러므로 그렇게 설교하여 대형 교회를 이룬 자들은 유다처럼 주님의 교회 재산을 삼켰고, 삼키고 있다. 그들은 공교회를 사유화하고 개인화하여 그들의 자손들에게 세습한다. 악어처럼 주님의 교회를 통째로 삼켜 버린다. 그들은 복음의 진리를 돼지우리 속으로 던지고 있다. 이러한 악행들이 한국 교회의 중대형 교회들 안에서 비일비재하게 일어나고 있다. 그러나 주님은 이런 가룟 유다들의 비행을 수수방관하지 않으시고 뜨거운 불로써 심판하실 날이 올 것이다. 칼빈은 『기독교 강요』에서 하나님의 심판에 대하여 이렇게 역설한다.

"하나님은 인간의 사회를 다스릴 때 경건한 자에게 관대함을, 악하고 죄를 범한 자에겐 엄격하다는 것을 선언하신다. 하나님은 흉악한 행위에 대하여 보복하신다는 것은 조금도 의심할 수 없다. 하나님은 실로 자주 사악한 자와 행악자가 일시 벌을 받지 않은 채 날뛰도록 허용하신다. 그러나 하나님이 한 가지 죄를 벌하실 때, 그가 모든 죄를 미워하신다는 뜻이다. 그가 많은 죄악을 벌하지 않고 그대로 두시는 것은 앞으로 심판이 있을 것이기 때문이고 그때까지 심판을 연기하신 것이다."[4)]

하나님이 모든 죄인들의 악행에 즉시 심판하시지 않고 심판과 벌을

4) 칼빈, 『기독교 강요』 1권 제5장 7절.

유예하는 것은 최후 심판이 남아 있기 때문이다. 한국 교회를 삼키고 있는 자들은 하나님이 심판과 벌을 유예하는 동안 교인들이 피와 땀과 눈물로 바친 헌금과 부동산을 흥청망청 남용하면서 호의호식하고 외국에서 방탕한 짓을 하고 있다. 성령의 사람이라는 자들이 돈에 붙었다 권력에 붙었다 하며 명예에 취하여 취생몽사하고 있다.

4. 교회의 소생과 사회적인 책임(파수꾼) 수행을 위한 개혁과 갱신

1) 정치사회적인 차원을 지닌 하나님의 구원 활동

구약의 예언자들은 민족이 정치사회적인 파탄, 신앙의 붕괴, 도덕적 해이, 사회의 해체라는 비상시국을 맞을 때마다 그 민족의 정치가들과 영적 · 정신적 지도자들이 백성과 함께 근본 뿌리로 돌아가 울부짖고 회개하도록 요구하였다. 정의롭고 자비하신 주 하나님 앞에 모든 민족이 모여 금식기도를 하고 철저히 회개했던 것이다.

한국 교회는 지금 사회의 냉대 속에서 무시를 당하고 교세가 내리막길에 들어선 비상사태를 맞았다. 그러나 대형 교회의 목회자들은 이를 감지하지 못하고 있다. 이제 한국 교회는 교회에 깊이 스며든 십자가 없는 번영신학, 사회 변화를 위한 정치신학이 없는 영적인 설교, 정의 없는 축복 설교, 영혼 구원만을 위한 일방적인 비성서적 설교를 추방해야 한다. 잿물로 몸을 씻고 죄악이 다 빠지도록 단식을 하고 회개의 눈물을 흘려야 한다.

그러면 과연 성서는 건강한 정치신학을 담고 있는가? 아니면 한국 교회의 성령파들과 영혼 구원을 주창하는 자들이 강변하는 것처럼 성서는 현실을 결정하는 정치사회적인 차원을 전혀 갖고 있지 않은가? 한국의 군사독재 정권을 비롯하여 세계의 모든 독재 정권들은 영혼 구원만 강조하는 목사들을 가장 좋아하고 환영한다.

성서는 가장 깊은 차원에서 정치사회적인 차원을 담고 있다. 성서에서 증언되는 하나님은 정치사회적인 영역에서 활동하시고, 국가가 몰락할 상황이면 항상 예언자들을 파견하셔서 회개를 요구하시고 사회 구석구석에서 정의를 실행할 것을 원하신다. 하나님의 구원 활동은 영혼 안에서가 아니라 마음의 변화와 함께 사회의 모든 분야에서 일어난다.

2) 성서가 증언하는 하나님의 본질과 속성

독일의 보수 교회 목회자들이 한국 보수 교단에 속한 목사들과 신학자들처럼 인간의 내면과 영적인 성숙과 변화만을 강조하던 시대에 본회퍼는 이렇게 주장하였다. "그러한 복음 선포는 값싼 것이다. 그리스도교의 설교자들은 아주 쉽게 신약으로 넘어가지 말고 구약을 더 깊이 연구하고 살펴보고, 구원의 메시지가 얼마나 현실적인 문제와 깊이 연관되어 있는지를 보고 배우라."

성서가 증언하는 구원과 생명의 하나님은 영지주의가 말한 것처럼 온 우주와 만물을 무가치하게 여기지 않으시고 귀중하게 여기신다. 성서의 하나님은 역사 안에서 활동하시고 역사와 만물을 완성하실 창조자이시다. 세계는 하나님의 구원 활동이 일어나는 무대이고 약속이 실행되는 장소다. 예수 그리스도의 선교 사역, 십자가와 부활 사건을 통하여 성취된 하나님의 구원 활동은 영혼의 구원이 아니라 현실 안에서 병들고 가난하고 소외된 자들 속에서 일어났다. 주님의 구원 활동이 일어나는 곳마다 생명을 파괴하는 지옥과 사탄의 터전은 무너졌다. 성령의 능력의 역사를 통하여 일어난 구원의 역사와 선교 사역도 전인적인 구원과 해방을 가져왔다. 그러므로 성경의 메시지를 보수 목사들이 행한 것처럼 영혼 구원과 개인 구원의 차원으로만 제한하면 성서의 본래 의미를 파괴하는 것이다. 성서의 윤리도 개인적인 차원과 사회적인 차원을 모두 포함한다. 하나님의 이름은 사랑이고, 정의다. 하나님의 구원 활동은 초월적인 사건일 뿐만 아니라 역사사회적인 정의와 평화를 포함한다. 성서는 거룩함과 정의의 불꽃으로 충만하신 하나님의 속성을 증언한다. 하나님의 본질과 속성에서 사랑과 정의는 공속(公贖)하고 있다.

3) 성서가 증언하는 하나님의 구원 활동의 정치사회적인 차원들

(1) 출애굽 사건: 영적 · 수직선적 사건, 동시에 수평적 · 정치해방적 사건

(2) 땅의 분배 사건: 영적 · 정치적 · 사회적 · 경제적 사건

(3) 16명의 사사들(판관들)의 시대: 하나님에 대한 신앙과 정치사회 현실의 상관성

(4) 하나님의 통치와 섭리, 사울 왕의 선택과 폐위, 다윗 왕의 선택: 정치사회

(5) 이스라엘과 유대에서 왕들을 세우고 폐위하는 사건

(6) 이스라엘과 유다의 멸망, 포로들의 귀환과 예루살렘 성전 사건과

땅의 지배

(7) 하나님의 통치권과 심판권은 당시의 세계를 모두 포함한다(렘 48장 모압 심판, 49장 암몬과 다메섹 심판, 50-51장 바벨론 심판).

4) 예언자들의 증언에서 나타난 하나님의 정의와 심판

(1) 불의한 자들이 바친 제사를 거부하심(사 1장)
(2) 가난한 자들과 착취당한 자들을 위한 하나님의 정의 심판(사 3:13-15)
(3) 정의를 버린 이국들에 대한 하나님의 심판(사 13:15-16, 19장, 21장 바벨론과 이집트, 아라비아 심판, 렘 47장 블레셋 심판, 48장 모압 심판, 49장 암몬과 다메섹 심판, 50-51장 바벨론 심판)
(4) 가난한 자들을 짓밟고 착취하는 자들에 대한 심판과 의인을 학대하는 자들에 대한 심판(암 2:6-8; 5:11-12; 5:21-24 정의를 하수처럼 흘러가게 하라). "사람아 주께서 선한 것이 무엇임을 네게 보이셨나니 여호와께서 네게 구하시는 것은 오직 정의를 행하며 인자를 사랑하며 겸손하게 네 하나님과 함께 행하는 것이 아니냐" (미 6:8).

예언자들은 하나님이 명령하시는 소명을 뿌리칠 수 없어서 결국 순종하여 하나님의 말씀과 뜻을 왕과 고관대작들(장관, 국회의원, 도지사, 법관과 검찰, 경찰과 세리들과 장성들과 재벌들)과 백성에게 전달한다. 그들은 개인의 악과 왕을 비롯한 특권층들이 저지른 범죄 행위에 대하여 일곱 배가 가열된 불꽃같이 타오르는 하나님의 심판을 외치고 회개하여 의의 하나님께 모두 돌아올 것을 선포한다. 그들은 불의에 맞서는 하나님의 의의 불꽃이다. 그들은 죄악의 결과로 일어날 하나님의 심판의 엄중함과 황폐해질 조국의 비참함을 예견하고 시냇물처럼 눈물을 흘린다. 우리는 이 메시지에서 불타오르는 하나님의 정의의 불길을 볼 수 있다.

예언자들의 하나님은 한국 교회에서 외치는 영혼 구원이나 타계적인 피난처, 개인의 경건으로 퇴색되었다. 하나님의 전신갑주를 입은 예언자들은 전적인 구원을 인간과 사회의 모든 분야에서 선포한다. 그들에게 구원은 일방적으로 내면적인 차원에만 해당하지 않고, 인간의 삶이 실행되고 인간의 존엄성과 자유가 실현되고 보장되어야 할 정치, 경제, 사회, 문화, 학문과 예술, 기술, 국내와 국제적인 모든 관계에서 정의의 실현과 불가분리의 관계 속에 있다. 그러므로 전적인 성서를 전적인 인간에게! 이 말은 성서적인 전적인 구원의 사건을 인간의 내적 · 외적인 모든 차원에서 증언해야 한다는 뜻이다. 성서의 구원은 영적인 차원에서 뿐만 아니라 정치와 사회의 모든 분야에서 정의, 평등, 자유와 평화를 실현하는 능력으로 나타나야 한다. 이것이 한국 교회가 하나님의 정치 활동과 예언자들의 활동과 그들의 하나님의 말씀 대언에서 본격적으로 다시 새롭게 확인하고 배우고 실천할 내용이다. 이는 한국 교회의 깊은 병을 치료하여 건강하게 하고, 사회에 신선한 영향력과 변화의 바람을 일으키기 위하여 반드시 필요하다.

5. 교회사에서 그리스도인의 사회적인 증언과 활동들

· 찰스 피니의 흑인 노예 해방 운동: 대학을 창설하고 대학과 대학

마을을 의식화시켜서 노예 해방의 병참기지로 만들었음. 노예 해방 서적과 팸플릿을 전국적으로 배포하고 동참자들을 규합함(존 울먼[J. Woolman])

· 칼 바르트와 본회퍼: 히틀러의 나치 정권에 대한 비판과 암살단 가담(고난당한 유대인과 연대하지 않으면 그레고리 찬가를 부를 자격이 없다. 국가를 위하여 기도하는 것은 그러한 국가가 되도록 힘쓰는 것도 포함한다.

· 정치예배와 정치신학-츠빙글리(Zwingli), 칼빈: 정의 실현을 위하여 고난을 당하는 것은 십자가를 지는 것이다. 국가의 통치자가 하나님의 통치를 배반하고 포악한 독재자로 전락할 때 먼저 국가의 높은 직책을 맡은 자들이 권면하고 저항하고, 다음에 공무원들이 저항하고 나중에 국민들이 저항하라-국민불복종권

· 킹 목사의 흑인 참정권과 인권 운동, 평등권 운동, 비폭력 운동

· 과테말라의 신부 로메로의 군사독재 정권에 대한 항거

· 해방신학자들의 저항 운동, 미션 영화-두 차원의 저항 운동

· 한국의 혹독한 군사독재 시절: 민주 회복 운동, 인권 보호 운동, 노동조합 운동과 가톨릭의 농민 운동 전개(김재준 목사와 김수환 추기경), 통일 운동

6. 오늘날 한국 교회의 문제점들

1) 강한 자, 여당 편에 편승한 한국 교회: 정권 담당자들과 특권층에 기생하는 한국 교회

이승만 자유당 정권과 군사독재를 지지하던 한국 교회의 정치 성향은 아직도 여당의 정책을 지지하는 우파들 혹은 극우파들의 손아귀에 놓여 있다. 전두환 정권 아래서 광주 민주화 운동이 피로 진압된 후 보수 교단의 지도자들은 63빌딩에서 그를 위한 조찬 기도회를 열어 그를 하늘이 낸 지도자라고 지지하는 설교와 기도를 드렸다. 지금도 한국 교회의 대부분은 여당을 지지하고 찬성한다.

2) 건전한 정치신학, 사회참여신학의 부재

한국 교회는 성서적 · 신학적으로 무장한 정치신학이 부재하여 부패한 정치권과 사법계, 경제계, 문화계를 분석하고 비판하여 새로운 대안을 제시할 수 없다. 보수주의 교단에 속하는 목사들과 신도들은 자신들이 지지하는 정부 여당의 정강을 비판하고 반대하면 그들을 좌익 빨갱이로 매도하곤 한다. 한국 교회는 재벌들의 불의와 횡포, 특권층의 비리를 비판하지 않는다. 상당히 많은 한국 교회의 보수주의자들은 극우파들처럼 아직도 광주 민주화 운동이 빨갱이들의 사주로 일어난 국가변란 사건이라고 간주한다.

3) 생태계 보호 의식 부재

이명박 정권의 최고의 국책 사업인 4대강 사업을 분석하고 비판하면서 생태계에서 일어날 재난을 전혀 고려하지 않았다.

4) 심화되는 빈부 양극화 현상에 대한 분석과 비판의 목소리 부재

2006년 토지 보유 현황에 대한 정부 발표에 의하면 우리나라 사유지의 74%를 5.5%의 상류층이 소유하고 있다. 그 중에서도 최상류층 2.7%가 전체 사유지의 59%를 소유한다. 한국 교회는 사회에 만연된 불의하고 불공정한 경제 시스템에 대해 분석과 비판을 하지 않는다.

아울러 고액 연봉자들의 부패와 세금 탈루 등에 대해서도 목소리를 내지 않는다. 동시에 목회자들의 세금 납부 문제는 다음과 같은 이유에서 해결되어야 한다.

(1) 예배와 종교 행위의 방해는 형법으로 다스리고 있다. 국가에서 종교의 자유를 보장하지 않으면 목회 활동에 제한이 있을 뿐만 아니라 예배당에서 자유롭게 예배를 드릴 수도 없다.

(2) 교회의 선교 활동과 자유로운 신앙생활을 위하여 경찰이 도움을 준다. 그 경찰들의 월급과 장비들은 국민의 세금으로 충당한다. 또한 교회에 화재가 나면 소방대원들이 출동하여 진화한다. 이에 대한 경비도 모두 국민의 세금에서 나온다. 목회자들은 국민이 낸 세금으로 이익을 누리고 있다.

(3) 목회자들은 대부분 자가용을 타고 심방하고 전국을 다니면서 활동한다. 그들이 이용하는 고속도로는 누구의 지원으로 건설되었는가?

바로 국민의 귀중한 세금으로 건설되었다. 그런데 목회자들이 무임승차하면 되겠는가?

(4) 목회자의 자녀들은 유아원, 유치원, 초중고등학교에 다닌다. 국가는 국민의 혈세로 학교 건물을 짓고 시설을 새롭게 만들고 보수한다. 학교의 운영비와 인건비를 거의 국민의 세금으로 충당한다. 목회자와 자녀들은 세금을 납부하는 시민들의 자녀들과 똑같은 혜택을 누린다. 목회자들은 여기서도 무임승차하고 있다.

(5) 군인들이 국가의 안위를 지켜 주어 우리 국민은 안전하게 생활한다. 60만 장병들과 장교들, 영관급 군인들과 장성들의 월급은 모두 국민의 세금으로 충당한다. 나아가서 군인들이 국가를 방위하려고 사들인 수많은 비싼 무기들과 전쟁 물자들, 장비들은 모두 국민의 세금에서 나온다. 그러나 목회자들은 세금을 내지 않고 국민이 내는 세금으로 안전하게 목회 활동을 해 나간다. 여기서도 무임승차다.

5) 국가 재정 낭비에 대한 비판 의식 부재

미국은 우리 남한보다 90배 넓은 영토에 인구도 8배나 많다. GDP도 13조 8천억 달러나 된다. 미국에는 상의원 100명, 하의원 454명이 있다. 미국의 경제 수준과 영토의 크기, 인구에 비하여 한국의 국회의원 수는 너무나 많다. 미국에 맞추어 보면 많아야 90명 정도면 충분하다. 거기다 시의원, 구의원, 도의원, 군의원 들에게 지나치게 많은 월급을 지급한다. 이로 인한 국가의 재정 낭비가 심각하다. 하지만 한국 교회에는 이에 대한 비판과 대안이 없다. 한국 교회는 사회적인 이슈에 대한 연구가 전무하다. 초교단적인 사회 문제 연구가 필요하다.

6) 청빈한 삶과 순교자 정신의 부재

목회자들은 프란체스코적인 청빈과 순명을 생활화하여야 한다. 교인들의 눈물과 땀과 신앙의 결정체로 드린 헌금을 남용하고 교회의 부동산을 사취하며 교회의 기업화와 귀족화, 사유화로 한국 교회의 명성과 위신은 추락하고 있다. 또한 교권을 쟁취하기 위한 불법 비리 선거, 명예와 권력을 얻기 위한 모함과 법정 싸움, 목회자들의 추문 등으로 사회의 지탄을 받는다. 한국 교회는 비민주적 · 반민족적 · 권위주의적 · 독단적이며 부패했다는 비판도 받고 있다. 지속적으로 불거지는 목회자들의 비리 사건들과 교회의 재판 사건들은 한국 교회를 골병들게 한다. 한국 교회가 다시 한 번 복음의 등불을 환히 밝히고 민족의 정신적인 지주가 되려면, 그리고 민족에게 윤리적으로 명령을 내릴 수 있는 영적 지도력을 회복하려면 예언자적이고 사도적인 순교자 정신을 회복해야 한다. 죽고자 하면 살 것이다. 한국의 대형 교회 목회자들은 한경직 목사님처럼 살고 죽어야 교회가 소생한다. 한경직 목사님이 소천하시기 전에 남긴 말씀이다.

"나는 재산을 소유하는 것을 부끄럽게 여긴다. 나는 자식들에게 남겨 줄 집 한 칸도 땅 한 평도 가진 것 없다. 우리는 순례자의 길을 가고 있다. 길을 가면서 좋은 씨를 많이 뿌리면 그 열매들을 후손들이 거둔다. 우리는 천국에서도 그 열매를 거둔다. 좋지 못한 씨를 뿌리면 그 사람은 좋지 못한 열매를 거둔다. 좋은 씨앗을 많이 뿌리자. 그래야 후손들이 좋은 열매를 많이 거둘 것이다."

7) 교회 재산의 공공성 확보

칼빈의 교회론에 의하면 교회 재산을 훔치는 것은 피를 흘리는 살인 행위다. 칼빈의 시각에서 보면 대형 교회 목사들이 자행한 교회의 헌금과 부동산의 사취, 목회 세습은 결국 교인들의 눈물과 피를 흘리게 한 살인죄에 해당한다. 오늘날 대형 교회 목사들은 자정 능력을 상실하여 회개를 할 수 없으므로, 의식화된 눈뜬 장로들과 신도들이 연대하여 교회의 부동산과 재산을 합법적으로 지키는 운동을 일으켜야 한다. 장로 교단의 총회 차원에서 교회의 부동산을 총회의 재산으로 등기하도록 법으로 정하여 목회자가 임의대로 처분하거나 사유화하지 못하도록 법적인 제도를 강구하여 실시해야 한다. 교회의 헌금은 노회와 회계 전문가들이 정기적으로 시찰하도록 해야 한다.

8) 목회자들과 신학생들의 인문학적인 훈련의 필요성

일선의 목사들이 양질의 목회(선한 목자)를 하는 데 가장 중요한 것은 신학교의 교육일 것이다. 미국에서 노벨상을 가장 많이 수상하는 대학교의 교수들은 시카고 출신의 교수들이다. 50여 년 전에 그 대학교의 한 총장은 인문학 관련 양서 100권을 선정하여 모든 학생이 읽고 크게 감동받은 부분은 직접 쓰고 외우게 하였다. 학생들은 100권을 졸업할 때까지 단계별로 선정하여 읽고 시험에 합격해야 졸업할 수 있었다. 그 인문학의 힘이 시카고 대학생들의 숭고한 정신력을 길렀고, 그들의 지성과 창의력, 신선한 상상력을 증진시켰으며, 도덕성과 시민정신을 향상시켰다. 그 결과 그들이 미국 사회에 적극적으로 기여한 바가 월등하고, 노벨상 수상자를 많이 배출했다.

우리 장로교 신학대학에서도 신학생들이 영적인 수련뿐만 아니라 인문학적으로 깊이 있게 훈련할 수 있도록 법적인 제도를 마련하면, 한국 교회의 갱신과 발전은 물론, 교회의 위상을 높이고 사회의 존경과 신인도를 높이는 목회자들이 다수 배출될 것이다. 지금 대형 교회 목회자들이 대형 사고를 치는 이유는 그들이 홀로 영성 수련은 많이 하였을지라도 한경직 목사님과 김재준 목사님처럼 인문학적인 훈련은 전혀 받지 못하였기 때문이 아닐까 싶다. 그들은 미국의 번영신학자들과 번영을 구가하는 부흥사들의 적극적인 사고방식에 심취되어 교회의 양적인 성장에 몰두한 결과, 복음을 통전적으로 인식하지 못하여 일방적인 성공, 축복, 번영과 영혼의 구원, 천국만을 강조하는 설교를 해 온 것이다. 결과적으로 그들은 타락과 몰락의 길을 걷고 있다.

9) 영성 프로그램의 부재

가톨릭 신부들이 의무적으로 1년에 한 번씩 피정을 하는 것처럼 한국 교회도 범교단 차원에서 잘 짜인 영성 프로그램을 만들어 목회자들이 청빈, 정결, 순명, 순교, 용서, 관용, 베풂, 금식기도와 같은 믿음의 실천들을 하도록 훈련해야 한다.

7. 결론

한국 선교 100주년을 맞아 남미의 해방신학자 보프(L. Boff) 교수는 전국 신학자들 앞에서 강연을 하였다. "인간은 역사의 줄을 고불고불하게 치고 왜곡한다. 그러나 하나님은 역사의 주관자와 심판자로서 그 구부러진 줄 위에 바르게 그분의 뜻을 쓰신다. 그것을 볼 수 있는 사람은 깨어서 기도하는 사람이다. 하나님은 오늘도 그러한 사람을 찾는다. 하나님의 부르심을 다시 듣고 일어서기 위하여 교회의 지도자들은 교회를 분열시키고 교회의 명예와 위신과 신인도를 짓밟은 크고 작은 모든 죄악들을 회개하고 청산하여 하나님 앞으로 돌아가야 한다. 한국 교회의 목회자들은 선교와 신학의 다양성을 인정하고 서로 받은 다양한 은사들을 통하여 다양성 안에서 일치를 추구하는 관용하고 포용하는 정신을 회복하여야 한다. 그 다양성을 교회의 분리와 분열이 아닌 선교의 풍성한 열매가 맺히는 계기로 삼아 서로 배우고 인정하고 품어 주어야 한다. 그러나 악과 불의와 타협하는 것은 포용과 관용이 아니다. 교회의 머리이신 주 예수님은 쇠퇴하고 있는 한국 교회를 보시고 탄식하실 것이다. 교회는 만물 안에서 만물을 충만하게 하시는 예수 그리스도의 몸이다. 예수님은 누구든지 나를 믿는 자는 그 배에서 생수의 강물이 흘러나오리라고 약속하셨다. 이것은 그분을 믿는 자들이 받을 성령을 두고 하신 말씀이다."

주 예수님의 말씀처럼, 에스겔 47장 1-12절에 나오는 성전처럼, 우리 한국 교회의 강단에 하나님의 영광이 다시 들어가 생수의 강물이 콸콸 흘러가기를 소원한다. 생수의 강물, 성령의 강물이 한국 교회의 곳곳에서 흘러나와 죽은 바닷물과 죽은 강물을 소생시켜 많은 종류의 물고기들이 살아나고 번성하게 되기를 희망한다.

그리고 그 생수의 강물이 줄기차게 도도히 흘러 강변의 좌우편에 심긴 나무들이 철을 따라 생명의 과실을 풍성하게 맺어서 사람들의 생명력을 풍성하게 할 것이다. 그 나무의 가지들과 잎사귀들은 아름답게 우람하고 우아하게 하늘을 향하여 펴져 뜨거운 여름철에는 시원한 그늘을 만들어 지친 사람들이 그 그늘에서 쉬고 안식과 평화를 누리게 할 것이다. 그 싱싱한 잎사귀들은 만병을 치료하는 약재로 사용될 것이다.

이것이 우리가 희망하는 한국 교회의 삶이다. 한국 교회가 이러한 교회로 소생되고 회복되어 민족의 파수꾼으로, 정의의 보루로, 민족의 양심과 희망의 등불을 켜는 교회로 우뚝 일어서기를 기도한다.

4
한국 교회의 개혁[1)]

김영한 박사(숭실대 명예교수, 기독교학술원 원장)

오늘날 한국 교회의 문제는 한기총 금권선거 폭로로 시작되어 기복 및 번영주의 설교와 성직 매매, 목회자 성추문과 교회 재정 횡령, 담임 목사직 세습 등 각종 비리와 타락으로 확대되고 있다. 한국 교회에서 개혁해야 할 관행들로는 교회 연합 기관(한기총) 임원 선임 비리, 교회 연합체의 분열: 한기총에서 분리되어 설립된 한국교회연합(한교연), 세습 관행, 도덕성 위기: 대형 교회 목회자의 각종 비리 사태, 성직 매매와 장로 신분의 권력화, 기복 및 번영 추구의 저급 신앙 형태, 가나안 신앙 증후군, 이단 감별사에 의한 임의적 이단 양산, 개신교의 비대칭적 교회 구조, 교리적 극단주의 등이다. 한국 교회 개혁의 대안으로는 외적 그리고 내적 과제가 있다. 외적 과제는 한기총과 한교연의 현 집행부가 물러나고 새로운 연합 집행부 선출, 성직 매매와 금권선거 추방,

1) 이 글은 개혁주의이론실천학회 주최 "제6회 샬롬나비 학술대회"(2013. 5. 18)에서 발표한 글이다.

교회 재정의 투명한 집행, 금권 배제의 제도적 장치, 장로의 임기 제도 도입, 임의적 이단 정죄 규제, 공교회적 이단대책위 구성, 대형 교회가 주도적으로 분립하여 작은 교회 운동을 지속적으로 함: 교회 중심, 성장 중심에서 마을 중심, 봉사 중심으로 패러다임 변화, 정통 개혁 신앙의 틀 안에서 열린 중도적 신학 정립이다. 내적 과제로는 목회자 윤리 각성 및 자정(自淨) 운동, 목회자 개인의 피나는 자기 포기와 반성, 회개 운동, 기복 신앙 추방, 내면적 · 인격적 신앙, 청교도적 하나님의 면전 신앙 등이다.

1. 머리말

한국 기독교는 비록 130여 년의 짧은 역사임에도 한국에서 성공을 거두고 오늘날 제도 종교로 안착되었다. 그러나 압축 성장 후유증으로 중세기 천 년을 거치면서 나타난 중세 교회의 병폐를 압축적으로 그대로 안고 있다. 내실 성장을 외면하고 외면적 성장과 물량적 축복만을 추구해 온 오늘날 한국 교회의 행태는 양식 있는 지성인들로부터 비난과 우려의 대상이 되고 있다. 사회 여론으로부터 걱정거리가 되고 있다. 최근 2013년 5월 3일 「조선일보」 문화면(A27)에는 제도 교회에 실망하여 교회에 나가지 않는 소속 없는 신앙인인 '가나안 신앙인' 이 대략 100만이나 되며 '목회자와 교인에 대한 불만' 이 그 원인이라는 기사가 실렸다. 2011년 한기총(한국기독교총연합회) 금권선거 폭로로 시작된 한국 교회의 문제들은 번영주의 설교와 성직 매매, 목회자 성 윤리와 교회 재정 운영 문제, 담임목사직 세습 등 각종 비리와 타락으로 확대되고 있다. 그동안 숨겨졌던 치부(恥部)까지 드러나며 한국 교회는 더 이상 피할 수 없는 개혁의 요구 앞에 직면해 있다.

2. 한국 교회의 사회적 신뢰도

2012년 12월 9일자 「기독공보」는 기윤실(기독교윤리실천위원회)이 전국 성인 1,000명을 대상으로 교회의 공신력에 대하여 설문조사를 한 결과를 보도하였다. 천주교 61.8%, 불교 55.1%, 개신교 28.1%로 나타났다. 개신교의 신인도가 가장 낮은 이유로는 1) 교회의 불투명한 재정 운영, 2) 담임목사 1인 체제의 교회 운영, 3) 목사들의 부도덕성과 비민주성, 4) 교회의 지도자들과 신도들의 언행 불일치, 5) 목회자의 자질 문제, 6) 무분별한 전도 활동, 7) 타 종교에 대한 적대감 등이었다.

지난 2012년 12월 26일 국영방송인 KBS TV 오후 9시 뉴스에서 "이슈와 뉴스: 한국 교회 달라져야"라는 보도가 있었다. "세습 · 대형화, 일부 교회 신뢰 추락"이라는 주제로 한국 교회의 세습에 관한 심층 보도였다. KBS 방송은 한국 교회가 대형화를 추구하고 주변을 돌아보지 않는 사이 한국 교회에 대한 신뢰도가 부정적으로 바뀌었다는 응답이 60%를 넘었고, 한국 교회를 신뢰한다는 응답보다 신뢰하지 않는다는 응답이 3배 가까이 되었다고 보도했다.[2)]

한목협(한국기독교목회자협의회)이 2013년 4월 19일 서울 성동구 성락성결교회에서 "한국 기독교인의 현재와 미래를 말한다!"라는 주제로 "2012 한국인의 종교 생활과 의식조사 결과"를 발표했다. 조사는 한

2) "이슈와 뉴스: 한국 교회 달라져야", KBS TV 오후 9시 뉴스, 2012. 12. 26.

목협이 글로벌리서치에 의뢰해 이루어졌다. "한국 교회의 위상 및 평가" 조사 결과, 기독교 비판의 내용은 기독교가 구제/봉사 등 대사회적 역할은 어느 정도 잘하고 있으나 지도자의 자질은 가장 떨어지고 개인적인 영적 문제에 해답을 주지 못하고 있으며, 교세 확장에만 관심이 있고, 지나치게 헌금을 강요하며, 규율을 너무 엄격하게 강조한다는 것이었다. 교세 확장에 치중하고 헌금을 강요한다는 데는 기독교인들도 비판적인 것으로 나타났다. 비종교인은 천주교, 불교, 기독교 순으로 신뢰하고 있었고, 한국 교회 목회자에 대한 기독교인의 평가는 다소 높은 편이었다. 목회자 만족도에 미치는 중요한 요소는 주로 목회자의 도덕성이었다. 비기독교인의 교인 신뢰도는 19.8%, 목회자 신뢰도는 23.6%, 교회 신뢰도는 28.5%에 불과했다. 불교인과 비종교인의 기독교 신뢰도는 더욱 낮았다.[3)]

한국 교회가 사회로부터 비난받는 이유로는 사회를 향한 봉사의 사명을 잊고 교회 자체만을 키우는 데 열심을 냈기 때문이다. "한국 교회 딱 세 마디. 모여라, 돈 내라, 집 짓자." 이 타이틀은 어느 안티 기독교 사이트에 실린 문구다.[4)] 이것이 오늘날 일반 비신자들의 눈에 각인된 한국 교회에 대한 보편화된 모습이다. 신앙의 본질을 상실하고 하나의 제도적 종교가 되어 버렸기 때문이다. 신앙의 본질이란 자기 구원만이 아니라 이웃에 대한 사랑과 봉사(감사, 나눔과 섬김)로 이어지는 것이다. 그리하여 이 땅 위에 교파교회가 아니라 하나님의 나라를 이루는 것이다. 이러한 신앙 본질을 망각했기에 한국 교회가 비난받는 것이다.

3) 한목협, "'2012 한국인의 종교 생활과 의식조사 결과' 발표", 「크리스천투데이」, 신태진 기자 tjshin@chtoday.co.kr: 2013. 4. 19. 21:45.

4) "세습 합리화, 비탈길에서 안간힘 쓰는 한국 교회에 치명타", 「크리스천 투데이」, 이대웅 기자 dwlee@chtoday.co.kr: 2012. 9. 13. 11:15.

3. 개혁해야 할 관행들

1) 교회 연합 기관(한기총) 임원 선임 비리

1989년 한경직 목사를 중심으로 창립되어 20여 년 동안 한국 보수 교회의 연합체를 대변해 온 한기총은 최근 들어 금권선거부터 시작해 정관 개정 문제를 거쳐 이단 문제에 이르기까지 계속해서 이슈가 바뀌면서 내부 갈등과 싸움이 전개되어 왔다. 지도자들의 윤리성과 공동체의식 결여가 큰 문제다. 한국 교회 전체를 생각하고 염려하는 의지가 부족하다. 지도자들이 교권 욕망과 개인 차원의 입지만 고수해 문제의 해결이 그만큼 어려워지고 있다.[5]

이광선 대표회장이 시작한 금권선거에 대한 양심고백은 순수한 정화운동이라기보다는 정치적으로 행해졌기 때문에 전직 회장과 현 회장의 권력 싸움으로 번졌다. 자신의 명예욕과 권력욕을 채우기 위해 돈을 주고 교계 권력의 자리를 사는 것이야말로 현대판 성직 매매다. 돈을 주고 교계의 한자리를 얻고자 하는 사람들이나 돈을 받고 목회자의 양심을 쓰레기처럼 던져 버리는 사람들은 하나님과 한국 교회 성도들의 신뢰를 반역하는 것이며, 일반 비신자들로부터 입에 담을 수조차 없는 '개독교' 라는 비판을 받고 있다.[6]

한기총 회장은 큰 이권도 없고 실권이 대단하지도 않으며 다만 한국 기독교를 대표하는 명예를 얻을 뿐인데 그 자리에 당선되기 위해

---

5) "한기총과 감리교 사태…갈등 중재기구 없다", 「크리스천투데이」, 김진영 기자 jykim@chtoday.co.kr: 2011. 4. 8. 12:40, 한복협, "한국 교회 갈등과 분쟁" 주제로 월례회.

6) 위의 글.

7) 정성진, "'10~20억 쓰고도 침묵? 당장 사표 내야", 「크리스천투데이」, 이대웅 기자 dwlee@chtoday.co.kr: 2011. 4. 2. 08:04.

10~20억을 썼다고 폭로한 사람이 나타났다.[7] 이것은 비리를 저지른 본인과 소속 단체에 크나큰 모욕인데 정작 본인은 묵묵부답이며 단체가 비리를 밝혀야 하는데 그러지 못했다. 세상 선거는 돈을 준 것이 발각되면 당선이 취소되고 구속되며, 받은 것이 밝혀지면 50배 배상을 하는 등 강력한 부정 방지 대책을 시행하는데, 세상을 선도해야 할 교회가 세상보다 못한 도덕성을 갖고 있다. 자정 능력이 없으며 해체되어야 한다는 비판을 받고 있다.

한기총을 비롯하여 각종 교회 연합체 총회장이 되기 위해 교파를 가르고, 교단을 만드는 교권 숭배인들도 많다. 총회장 자리는 하나인데 맡고 싶은 사람이 둘이면 교파가 둘로, 셋이면 셋으로 갈라진다. 총회장 되려고 교회 재정을 썼다가 총회장도 되지 못하고 시무하는 교회에서 불미스럽게 쫓겨난 경우도 부지기수다.[8] 이러한 갈등들이 나타나는 원인은 한국 교계에는 다방면에서 발생하는 갈등들을 중재할 권위 집단이나 중재 기구가 없기 때문이다. 한기총의 문제와 감리교 사태에 대해 한국 교회 지도자 어느 누구도 구심점 역할을 하지 못하고 있다. 해당 교단에서도 역량을 발휘하지 못하고 있고, 한국 교회가 위임하여 준 한기총조차도 내홍에 휩싸여 그나마도 조정의 역량을 발휘하지 못하고 있는 실정이다.

2) 교회 연합체의 분열: 한기총에서 분리되어 설립된 한교연

한기총 내부의 싸움이 지속되면서 한쪽의 행동에 다른 한쪽이 문제 삼고 늘어지면서 하나 될 의지를 보이지 않았기에 결국 나뉠 수밖에 없

8) 위의 글.

었다. 그리하여 2012년 3월 29일 한교연이라는 새로운 연합체가 창립되었다.[9] 한기총의 부조리를 바로잡으려고 출발한 인사들이 한교연을 만들 수밖에 없었다는 것이 오늘날 한국 보수 기독교 연합체의 현주소이다.

한기총과 한교연이 갈라선 지 1년이 넘어가고 있다. 한교연은 창립총회에서 밝혔듯이 '한기총 정상화' 를 목적으로 설립된 단체였다. 한교연 소속자들은 처음에는 한기총 정상화를 외쳤고 새로운 연합 단체를 만들지 않겠다고 했지만 결국 제3의 단체를 만들었다. 그리고 1년여의 시간이 흐른 지금 "한기총 정상화" 라는 목적은 없어져 버렸다. 지난 1년 동안 한기총(대표회장 홍재철 목사)과 한교연(대표회장 김요셉 목사)은 서로 경쟁적으로 세력을 과시하는 행동을 해 왔다. 서로를 비판하는 성명서 전쟁으로 시작된 양 단체의 대립 양상은 부활절 연합예배의 분열이라는 참담한 결과를 가져왔고, 회원 교단이 서로 자기 단체에 참여한다고 주장하며 기자회견을 하는 등 편 가르기에 열중하는 모습을 보였다. 또한 정치권의 인정을 받으려고 치열한 경쟁을 펼쳤다.[10]

양 단체는 세력을 불려 나가며 서로를 이단 문제로 공격하는 모습도 보였다. 한교연의 이단사이비대책위원회에 해당하는 바른신앙수호위원회가 홍재철 목사를 이단 연루자로 규정하자, 한기총 질서위가 한교

9) "한교연, 창립총회 열고 대표회장에 김요셉 목사 선출", 「크리스천투데이」, 류재광 기자 jgryoo@chtoday.co.kr: 2012. 3. 29. 18:26.

10) 한기총은 6 · 25 국민대회, 바른 정치 실현을 위한 국민대회, 제18대 대통령 선거 중 신천지 연루설에 대한 기자 회견, 제23회 대한민국 기독교의 밤 등 주로 대외적인 행사 개최에 열을 올리며 세를 과시하는 행보를 보였다. 이에 반해서 한교연은 MOU(협력관계)를 체결하기 위해 창립되었나 싶을 정도로 포시즌치과병원부터 시작해 미주한인기독교총연합회, 중남부아프리카선교사회, 홍콩한인기독교교회협의회, 몽골복음주의협의회(28일 체결 예정), 언틸더데이 회원극단까지 각종 단체와 MOU 체결에 열을 올렸다. 하지만 이들 단체와 실질적인 행사를 진행한 적은 없어 보인다.

연을 사이비 이단 단체로 규정하는 등 진흙탕 싸움을 이어 갔다. 결국 양 단체가 서로에 대한 정치적 이단 규정은 잘못된 것임을 깨닫고 중단하는 모습을 보였지만, 이 사건은 한국 기독교계가 이단 문제를 정치적으로 이용하는 것을 극명하게 드러낸 것으로 많은 이들에게 실망감을 안겨 주었다.[11]

두 단체의 대표들이 감투 욕심을 버리지 않는 한 한기총과 한교연은 하나 되기 힘들 것이다. 한기총의 금권선거 문제, 정관개정 문제, 이단 문제를 제기하며 한교연이 태동되었지만 사회법에서 금권선거는 무혐의로 결론 났다. 한기총에 대해 이단 문제를 거론하고 있지만 한교연에는 한국 기독교 교단 중 가장 많은 교단에서 이단으로 규정된 인사가 아무런 제지 없이 참여하고 있다.[12] 그러나 두 단체는 다시 연합해서 하나가 되어야 한다. 그래야만 교계와 사회를 향하여 윤리성도 회복하고 효과적인 사업을 할 수 있다.

3) 세습 관행

개신교계에서 1997년 '대형 교회 세습 1호' 로 불려온 서울 충현교회 김창인 원로목사가 아들에게 교회를 대물림하면서 강남 광림감리교회 등을 비롯한 다른 교회 세습의 '물꼬' 를 텄다. 지금까지 한국 감리교회 내에서는 강북 금란감리교회(5만 명), 강남 광림감리교회(4만 5천명), 만나감리교회, 인천 숭의감리교회(2만 명) 등의 교회가 세습을 했고, 장로교회 내에서는 변칙 세습과 목회자 퇴직금 경쟁이 유행하고 있다.

11) "한기총과 한교연 분열 1년, 무엇을 남겼나?", 「교회연합신문」 기획, 송상원 기자 iha@hanmail.net : 2013. 1. 24. 16:19.

12) 위의 글.

감리교회의 경우 서울을 비롯한 인천, 경기 등에 수천 명이 모이는 교회의 다수가 세습되어 왔다. 3천 명에서 6천 명 정도의 교인이 모이는 감리교회들은 교회 세습을 결정하고 있다고 한다.

그러나 지난 2012년 6월 14일 김창인 목사(95세)가 "한국 교회와 하나님 앞에 저의 크나큰 잘못을 회개합니다. 충현교회 성도들 가슴에 씻기 어려운 아픔과 상처를 주었습니다", "아들을 무리하게 담임목사로 세운 것은 일생일대의 실수"[13]라고 고백한 일 등을 계기로 교회 세습에 대한 비판 여론이 커져 왔다. 교회 세습은 한국 개신교가 사회적 신뢰를 잃은 핵심 원인이었고 하나님의 이름은 멸시를 받게 되었다. 기독교가 복음의 바른 가치를 전하고 실천했기 때문에 비난을 받고 고난을 받았던 때가 있었다. 그러나 지금은 기독교가 더 이상 기독교적이 아니라는 이유로 복음을 알지 못하는 세상 사람들에게 비난을 받는 그런 부끄러운 교회가 되었다.

세습 결정을 하는 이들 교회들은 하나같이 교인들이 원하고 장로들을 비롯한 교회 중직들이 원해서 한다고 말한다. 그러나 상당수 교회가 이미 부자간 대물림으로 갈등과 시험에 빠져들고 있다. 그리고 장로교 대교단 소속 교회들 내에서는 한 교회에서 30~40년씩 목회를 하고 은퇴하는 목사들이 퇴직위로금을 수십억씩 경쟁적으로 챙겨 간다고 한다.[14] 이런 현상은 세계 어느 나라 교회에도 없는 일이다. 시대마다 그 시대에 맞는 정신, 곧 시대정신이 있다. 기독교가 이를 반영하는 것은 시대적 사명이다.

감리교가 목회자 대물림 금지를 지난 9월 총회에서 전격적으로 통과

13) 「조선일보」 2012. 6. 14, A2.
14) "대형 교회 세습 관행 끊어야 한국 교회 미래 있다", 「교회연합신문」 2012. 9. 23, 3.

시키자 교계 언론뿐 아니라 일반 사회 언론들의 박수갈채를 받았다. 하지만 그 후 한기총 대표회장을 배출한 왕성교회가 담임목사의 아들을 후임으로 정하며 파장이 일었고, 15개 교단 목회자로 구성된 한국기독교목회자협의회는 목회자 윤리선언문을 발표했다. 2013년 1월에는 성남성결교회가 한기총 회장을 지낸 담임목사의 아들을 후임자로 정하였다. 감리교가 세습을 금지하였으나 교단이 다른 장로교나 성결교를 비롯한 한국 교회가 이에 보조를 맞추지 않고 어긋나는 행동을 하니까 공영방송까지 나서서 이에 대한 비판적 경고를 해 주는 것이다.

세상 사람들은 열심히 큰 집회를 여는 교회를 대기업처럼 보고, 그리고 대형 교회 목사들이 아들에게 '세습' 하는 것을 보고 확신한 후, "김일성과 대기업 회장과 대형 교회 목사가 꼭 닮았다"라는 말들이 돌기 시작했다. 세상 사람들이 교회를 우습게 여기기 시작했고, 교회가 세상을 웃기기 시작하면서 교회는 추락하기 시작했다. 대기업 회장은 기업 세습을 세상이 비난할 때 변명하지는 않는다. 변명하면 할수록 기업 이미지가 나빠지고 적이 많아지는 것을 알고 있기에 납작 엎드려 태풍이 지나가기만을 기다린다. 그런데 한국 교회는 대형 일간지 전면을 사서 말도 안 되는 유치한 논리로 세습을 합리화하고, 거기서 그치지 않고 세습을 반대하는 사람을 남 잘되는 꼴을 못 보는 소인배로, 좌파로 매도하고 있다.[15]

15) 김동호, "세습 비판 후 소인배나 좌파로 매도당해", 「크리스천투데이」, 이대웅 기자 dwlee@chtoday.co.kr: 2012. 9. 13. 11:15.

4) 도덕성 위기: 대형교회 목회자의 각종 비리 사태

(1) 전임 목사와 후임 목사의 갈등: 충현교회와 광성교회

한국 교회에서는 대체로 세대 교체를 한 거의 모든 교회가 전임자와 후임자 간의 갈등을 겪고 있다. 목회자도 인간이니까 있을 수 있는 일이다. 그러나 그것이 교회 내면에서 그치지 않고 교계 문제와 사회 문제로 표출될 때 교회는 사회적 신망에 상당한 훼손을 입게 된다. 그 대표적 사례가 예장 합동 측 충현교회, 예장 통합 측 광성교회다.

충현교회는 두 차례나 후임 목회자를 불합리하게 내보냈다가 세 번째로 담임목사의 아들을 청빙했다. 아버지와 아들은 비난을 감수해 가며 교회를 주고받았지만, 둘 사이는 오래 지나지 않아 반목하는 사이가 되었다. 2000년 1월에 발생한 김성관 목사 습격 사건으로 부자 사이는 결정적으로 틀어졌다. 김성관 목사 측은 아버지를 의심했고, 김창인 목사는 "자작극 아니냐"라며 아들을 비난했다.[16] 부자 목사 사이의 갈등이 사회적으로 보도되면서 한국 교회는 크게 도덕성이 훼손되는 손상을 입었다.

광성교회는 전임 목사(남광현 목사)와 후임 목사(이성곤 목사) 사이의 갈등에서 시작하여 오늘날까지 교인들이 두 패로 나누어 예배를 드리고 싸우며, 법정 소송을 하여 교인들을 떠나보내고 있다. 서울 풍납동 광성교회가 본당 측(남광현 목사)과 교육관 측(이성곤 목사)으로 나뉘어 수년째 첨예한 대립을 벌이고 있는 가운데, 지난 2012년 11월 25일 임시공동의회에서 교육관 측 주도로 교단(예장 통합) 탈퇴와 이성

16) "교회를 아들에게 물려준 건 내 인생 최대 실수…회개합니다", 「조선일보」 "오늘의 세상", 이태훈 기자 libra@chosun.com: 2012. 6. 14. 03:31 | 수정 2012. 6. 14. 15:42.

곤 목사의 광성교회 대표 선출 건이 통과된 것을 두고 양측의 입장이 엇갈리고 있다. 본당 측은 "세례교인임을 확인하지 않고, 사회자를 감금했기에 불법"이라 하고, 교육관 측은 "성명 · 생일 등 기록… 감금 아닌 대화였다"[17]라고 주장하고 있다. 교회는 예배드리는 곳이기보다는 편 갈이하여 싸우는 곳으로 인식되고 있다.

(2) 재정 횡령 사건의 사례: 제자교회

서울 서남권 대형 교회 중 하나로 꼽히는 제자교회의 재정(연간 약 130억 원) 운영을 둘러싸고 담임 정삼지 목사와 일부 장로들 사이에 갈등이 심화되고 있다. 담임목사는 자신의 행보를 문제 삼는 장로들을 교적에서 제명하였고, 장로들은 담임목사를 검찰에 고발했다.[18] 교회 재정 운영에 대한 내부 다툼을 두고 교계와 사법 당국의 판단은 엇갈리고 있다. 2008년 8월부터 정 목사는 교회 재정국에서 관리해 오던 교회 재정을 직접 관리하기 시작했다. 매년 장로와 목사로 구성된 당회에서 다음해 예산을 결정하고 결산 보고를 반드시 해야 하지만 정 목사는 2008년부터 재정을 관리하며 결산을 하지 않았다.[19] 장로들은 목사가 교회 재정을 직접 관리하고 재정 결산을 하지 않은 데 이의를 제기했고, 이에 맞서 담임목사는 이 장로들을 출교(黜敎)시켰다. 출교는 신자의 자격을 박탈하여 교인을 교적(敎籍)에서 내쫓는 것을 의미한다. 장로들은 2009년 12월 정 목사를 서울 남부지검에 업무상 횡령 및 배임 등으로 고발했고, 검찰은 정 목사를 횡령 혐의로 기소했다. 최근 정 목사는

17) "광성교회 양측, 임시공동의회 결과 두고 입장 엇갈려", 「크리스천투데이」, 김진영 기자 jykim@chtoday.co.kr: 2012. 12. 14. 06:59.

18) "어느 대형 교회의 130억 운영권 다툼, 목사는 장로들 내쫓고…장로는 담임목사 고발", 「조선일보」, 석남준 기자 : 2011. 1. 16. 01:30 | 수정 2011. 1. 16. 06:29.

19) 위의 글.

법원으로부터 교회 공금횡령의 선고를 받아 2년 동안 감옥에서 복역하는 처지가 되었다.[20)]

(3) 성추행 사건의 사례: 삼일교회

전병욱 목사의 성추행 사건은 한국 교회에 큰 오점을 남겼다. 전 목사가 '성추행' 의혹으로 삼일교회를 사임한 지 1년여의 세월이 흘렀지만 교회는 그 '후유증'으로 여전히 안정을 되찾지 못하고 있다. 2012년 2월 29일 삼일교회 홈페이지 게시판에는 "전임 목사 사임 건에 대한 진실과 회개를 요청합니다"라는 제목의 '공동요청문'이 올라왔다.[21)] 여기에는 이 글을 함께 작성한 교인 60여 명의 실명이 그대로 실려 있다. 이들은 이 글을 통해 "전임 목사 사임 건이 아직 말끔하게 정리되지 않아 여러 가지 의혹들과 소문들이 돌고 있으며 대부분의 교인들이 사실관계를 알지 못하고 있다"라고 밝히면서 사건의 실체를 명확히 알려달라고 당회에 요청했다. 이들은 특히 "담임목사의 사임을 아무런 이유도 제대로 밝히지 않은 채 당회에서 은밀히 처리하였으니 이는 분명히 성경적 원리에서 벗어나는 것"이라며 "이에 따른 오해와 소문이 교회의 안정을 방해하고 있다"라고 적었다.

전 목사가 개척을 선언한 '홍대 새교회'는 개척 준비예배를 2012년 2월 27일 오후 서울 가산동 스타밸리빌딩 지하 1층 식당에서 드렸다. 목회를 다시 시작하려면 용서가 있어야 하는데, 그것은 피해자들의 용서이고, 이는 한국 교회 교인들의 용서보다 중요하다. "하나님이 전 목사

---

20) "법원, 정삼지 목사 파기환송심서 '징역 2년' 선고", 「크리스천투데이」, 이대웅 기자 dwlee@chtoday.co.kr: 2013. 3. 8. 15:21.

21) "전병욱 목사 떠났지만… '후유증' 앓는 삼일교회", 「크리스천투데이」, 김진영 기자 jykim@chtoday.co.kr: 2012. 2. 29. 21:25.

님을 용서하셨다고 해도, 하나님도 다시 목회를 시작하려면 피해자들의 용서를 받고 하라고 하실 것 같다"라는 개척에 대한 시시비비가 일고 있다. '전병욱 목사 성범죄 기독교 공동대책위원회'는 예장 평양노회 장소에서 시위를 벌이며 전병욱 목사의 면직을 촉구하였다.[22]

(4) 설교 및 논문 표절 사건의 사례: 사랑의교회

예장 합동 측에서 가장 규모가 큰 사랑의교회 당회는 2013년 3월 17일 "오정현 담임목사 논문 관련 대책위원회의 진상 규명 결과를 바탕으로 담임목사가 1998년 남아프리카공화국 소재 포체스트롬 대학에서 취득한 박사학위 논문이 여러 종의 저서 일부를 표절했다는 결론에 도달했다"라고 발표하였다. "사랑의교회 담임 오정현 목사가 앞으로 6개월 동안 자발적으로 회개와 자숙, 반성의 기간을 갖고, 동 기간 중 사례비의 30%를 받지 않기로 했다고 당회 측이 밝혔다. 또 당회는 오 목사의 사역에 가이드라인을 제시하기로 했다."[23] 회개와 자숙의 의미에 대해 사랑의교회 한 관계자는 '6개월 동안 강단에 올라 설교할 수 없다는 것'이라며 '그밖에 담임목사로서의 행정적 업무는 당회가 제시하는 가이드라인을 따르게 될 것'이라고 설명했다.[24]

오 목사는 "지금 기도원에 머물고 있다"며 "박사학위가 무엇이기에 제 잘못에 스스로 눈감아 버린 게 아닌지…, 사역뿐만 아니라 삶의 모든 과정이 하나님께 영광이 되게 해야 하는데 성도들을 시험에 들게 하고 세상 사람들이 교회를 의심하게 된 일이 생기게 했음을 통탄한다"

---

22) "전병욱 목사 대책위, 합동 평양노회 열리는 날 '시위' 예고", 「크리스천투데이」, 김진영 기자 jykim@chtoday.co.kr: 2013. 4. 11. 09:45.
23) 사랑의교회 당회의 입장, 2013. 3. 17, 사랑의교회 당회원 일동.
24) "오정현 목사, 6개월 자숙하고 박사학위 내려놓기로", 「크리스천투데이」, 김진영 기자 jykim@chtoday.co.kr: 2013. 3. 17. 18:23.

라고 말했다. 이어 "박사학위 논문 표절로 인해 교회에 어려움을 끼친 모든 책임을 깊이 통감한다. 또한 교회 본질적 사명을 소홀히 했던 제 잘못에 대해서도 깊이 깨달았다"라고 하며 "스스로를 돌아보고 철저히 회개하기 위해 6개월간 자숙하는 시간을 갖고자 한다. 다시 한 번 성도님들께 용서를 구한다"[25]라고 덧붙였다. 그는 현재 사랑의교회 제천 기도동산에서 근신하고 있다고 한다.

5) 성직 매매와 장로 신분의 권력화

최근 일산의 한 교회는 장로를 세우는 과정에서 교회 내분이 일어났다. 교회 리모델링을 앞두고 있는 교회는 은퇴장로의 자리를 위해 3명의 장로를 세웠고, 후보자는 각각 3천만 원의 헌금을 약정했다. 문제는 장로 후보자의 자질 검증에 있었다. 평상시 주일 대예배 지각과 결석을 반복하던 한 교인이 장로 후보에 거론되자 교인들이 반발하고 나선 것이다.[26] 교회의 임명 강행에 급기야 교인들은 장로를 뽑는 기준을 제시해 달라고 요청하기에 이르렀다.

교회의 제직 임명이 돈과 관련된 것은 한두 교회의 특이한 사례가 아니라 한국 교회 전반에 퍼진 현상이다. 교회 제직은 헌신과 봉사의 직책보다 명예와 권력의 자리로 인식되고 있다.[27] 섬기는 직분인 교회의 직책이 세상의 다스리는 권력의 직책으로 되어 버린 것이다. 돈이나 권력, 명예, 탐욕은 현대의 가장 거대한 우상이며, 놀랍게도 교회 지도자

---

25) 오정현, "논문 표절 책임 통감, 철저히 회개할 것", 「아이굿뉴스」, 이동윤 기자 dylee@chtoday.co.kr: 2013. 3. 24. 12:42.

26) "값싼 축복과 면죄부를 팔아 얻은 성장, 한계에 이르다", 「아이굿뉴스」, 이현주 기자: 2007. 2. 15. 16:25.

27) 위의 글.

의 마음 깊은 곳에도 당당히 자리잡고 있다. 성직 매매는 그리스도의 몸 된 교회를 가룟 유다처럼 은전(銀錢)에 넘기는 것이며, 하나님의 교회를 더럽히는 것이다. 이런 성직 매매가 교회 직분 임명뿐만 아니라 전임 목회자가 후임 목회자에게 개척 교회를 인계할 때도 이루어지는 사례가 일어나고 있다.

또한 담임목사의 목회에 일일이 발목을 잡는 장로의 횡포도 한국 교회의 문제 가운데 하나다. 한번 장로로 임직되면 정년까지 가게 되니까 처음에는 섬기는 마음에서 출발하나 해가 거듭되어 고참이 되면 그것이 권력이 되어 후배 장로를 손아귀에 넣으려 하고, 심지어는 담임목사의 목회에 사사건건 발목을 잡는 폐해도 적지 않다.

6) 기복 및 번영 추구의 저급 신앙 형태

한목협이 발표한 "2012 한국인의 종교 생활과 의식조사 결과"에 의하면 기독교인의 경우 신앙의 이유가 '구원, 영생'이라는 응답은 1998년 41.7%에서, 2012년 38.8%로 낮아진 반면에, '건강, 재물, 성공 등 축복'이라는 응답률은 같은 기간 6.5%에서 18.5%로 높아져 물질주의의 만연과 세속화 현상을 반영하고 있다.[28] 교회 다니는 이유로, '구원'은 줄고 '축복'은 늘었다고 조사 결과 나타났다.[29] 이것은 우리 한국 교회의 뿌리 깊은 병폐인 무속 종교의식에 기인한 저급 신앙의 형태인 기복 및 번영주의 신앙이 줄어든 것이 아니라 아직도 한국 교회 신자들 사이에 만연되어 증가하고 있는 것을 보여 준다.[30]

28) 한목협, "'2012 한국인의 종교 생활과 의식조사 결과' 발표", 「크리스천투데이」, 신태진 기자 tjshin@chtoday.co.kr: 2013. 4. 19. 21:45.
29) 위의 글.

7) 이단 감별사들에 의한 임의적 이단 양산

지난 2년여간 분쟁 중에 있는 서울 미아동의 강북제일교회(예장 통합 평양노회)는 2012년 11월 28일 '성명서'를 발표했다. "지난 10월 22일 소위 이단 연구가를 자처하는 최삼경, 박형택, 신현욱 등과 일부 당회원들이 결탁하여 대전서노회 강종인 목사를 강사로 세워 주일 설교 시간과 기자회견을 통해서 그동안 교회를 위해 헌신해 온 중직들과 특히 하경호, 윤석두 집사의 실명까지 거명하며 이들을 신천지 이단으로 매도하여 사실상 교회를 파괴하려는 공작을 시작하였습니다. 우리 교회는 지난해에 교회 문제가 발생하였을 때 가장 먼저 이단 신천지 교인들과 전쟁을 치르다시피 하면서 교회를 이단으로부터 지키기 위해 최선을 다했습니다. 신천지가 이단 집단임을 알기에 교회가 분란을 겪고 있는 와중에도 이들의 침투를 막기 위해 고군분투한 것입니다. 그런데 최삼경 등과 일부 당회원들은 계획적으로 우리 교회를 이간시켜 파괴하려는 목적으로 신천지 이단이 마치 교회를 장악한 것처럼 허위 사실을 유포하고, 또 이것을 근거로 평양노회가 저희 교회 수습을 위해 수습전권위원회를 파송하려는 것을 방해하기 위해서 신천지 이단설을 퍼뜨린 것입니다."[31)]

이 성명서를 발표한 배경은 한 주간 전 교계의 직업적 이단 감별사들이 강북제일교회를 사모하는 모임(강사모)에 신천지 이단이 활동하고 있다며 강사모에서 열심히 활동하는 집사들의 이름을 구체적으로 거명하고 나섰기 때문이다. 한국 교회 목회자들은 이단 감별사들에게 적

---

30) 권문상, "한국 교회의 문제점과 극복 방안", 『한국 교회의 문제점과 극복 방안』, 안명준 외(서울: 이컴비즈넷, 2006), 162-166.

31) 강북제일교회 성명서, 2012. 11. 28.

지 않은 피해를 입고 있다. 교회연합신문 사장 강춘오 목사는 다음과 같이 피력하고 있다. "교계가 직업적 이단 감별사의 실체를 알아야 한다. 그는 교계 유력 인사들로부터 매달 수천만 원씩의 '이단 대책비' 를 거두어 사용한다. 이 돈이 어디에 어떻게 쓰였는지는 아무도 모른다. 회의도 없고 보고도 없다. 들리는 말로는 각 교단에서 이단 연구를 한다는 자기 패거리들을 관리하고, 강북제일교회가 지적한 대로 일부는 이단 감별사들과 연계된 교계 사이비 언론을 관리하는 데도 사용된다고 한다. 상황이 이런데도 통합 측은 이단에 대해서는 그가 전문성을 가졌다며 끝까지 그를 감싸고돈다. 그로 인해 교계가 큰 폐해를 당하고 있다는 사실을 이해하려 하지 않는다. 통합 측의 이러한 무책임한 태도는 결국 자업자득이 될 것이 분명하다."[32] 이단 감별사들이 이단 시비를 미끼로 금품 거래를 한다는 것은 종교를 상업적 용품으로 거래하는 성직 매매와 같은 것이다.

8) 소속 교회 없는 '가나안 교인' 증후군

오늘날 한국 교회의 내면적 갈등과 대사회적 불신이 역설적 교인을 만들어 내고 있다. 과거 오랫동안 교회에 다녔으나 더 이상 교회에 출

---

32) "직업적 이단 감별사들 왜 위험한가?", 「교회연합신문」, epnnews@empal.com: 2012. 11. 2. 17:25.

33) 가나안 교인의 구체적인 사례는 다음과 같다. 중소기업 대표 박 모(45세) 씨는 학창 시절 별명이 '전도사' 였다. 어릴 때부터 교회에 다녔고, 유학 시절에도 맥주 한 모금 입에 안 댔다. 그러다 어릴 때부터 다녔던 대형 교회에 재정 비리 사건이 터졌다. "세습한다고 싸우고, 횡령하고, 추문까지 들리고. 그런 교회 구성원으로 살고 싶지 않았던 것 같아요." 박 씨는 몇몇 교회를 바꿔 다니다가 30대 중반부터 교회에 출석하지 않았다. 하지만 그는 '여전히 나는 기독교인' 이라고 말한다.("소속 없는 신앙인 '가나안' 교인을 아시나요?", 「조선일보」, 이태훈 기자 2013. 5. 3. 03:03, 2013. 5. 3, A27)

석하지 않는 사람이 늘고 있다.[33] '가나안 교인' 이라 불리는 이들이다. 가나안이란 약속의 땅 '가나안' 이 아니라, '안 나가' 를 거꾸로 해서 '가나안' 이다. '가나안 교인' 증후군이란 기존 교회에 대한 의문과 불신을 드러내는 '시대적 현상' 을 나타낸다. 2천 년의 역사를 지닌 서구 교회에서는 기독교 이후 시대(post-Christian era)에 '소속 없는 신앙' (believing without belonging) 또는 '교회 없는 기독인' (unchurched Christian)이 많이 나타났으나 한국 교회에서는 불과 130여 년 만에 생긴 것이다.

목회사회학연구소가 2013년 4월 '가나안 교인' 316명을 설문조사하고 18명을 심층 인터뷰해 "갈 길 잃은 현대인의 영성-소속 없는 신앙인의 모습" 이라는 보고서를 냈다. '가나안 교인 현상' 의 원인과 실태를 이해하려는 한국 교회 최초의 시도다. 조사는 (주)글로벌리서치에 의뢰해 올해 2월 4일부터 13일까지 10일간 온라인으로 진행되었으며, 기독교인으로서 교회에 출석하지 않는 총 316명(남 159명, 여 157명)의 사례를 분석했다. 동 연구소는 "조사 결과 '가나안 성도' 는 26%로 파악되었으나 온라인 조사의 특성상 고학력자가 많이 포집된 영향이 있다. 최근 한국기독교목회자협의회(한목협)는 10.5%로 집계했는데, 대략 100만 명 가까운 '가나안 성도' 가 있을 것으로 추정된다" 라고 전했다.[34]

조사에 의하면 '가나안 교인' 들은 초등학교 시절(46.7%)부터 5~15년(43.2%) 정도 교회를 열성적으로 또는 어느 정도 활동(90.3%)한 경험이 있었다. 이들은 대개 고등학교를 졸업한 뒤(23.4%)나 30대(25.0%)

34) "가나안(안 나가) 성도 100만…신앙 회복 대책 시급", 「크리스천투데이」, 신태진 기자 tjshin@chtoday.co.kr: 2013. 4. 25. 20:47.

가 되어 교회를 떠났다. 이미 교회를 안 나간 지 10년쯤 지나기도(52.6%) 했다. 떠나게 된 이유도 다양했다. 떠날 당시 교회 자체의 문제는 없었다는 사람들(42.2%)이 많았다. 오히려 자유로운 신앙생활을 원하거나(30.3%), 목회자(24.3%) 혹은 교인들(19.1%)에 대한 불만으로 교회를 떠났다고 했다. 당장은 아니지만 언젠가 다시 교회에 나가고 싶다는 사람(53.3%)도 절반이 넘었다.[35] 교회 공동체성과 교적(敎籍)으로 볼 것 같으면 이들은 기독교인이 아니지만 개인 신앙고백을 가지고 있다면 기독교인으로 보아야 한다. 문제는 제도권 교회가 자기 정화를 하고 성경으로 되돌아가는 본래의 모습을 보여 주지 못하면 이러한 가나안 교인은 더욱 늘어날 것이고 ,지성인 가운데 이러한 증후군이 더욱 심해질 것으로 우려되고 있다.

9) 개신교의 비대칭적 교회 구조

서구 기독교는 한국에 선교하여 성공하였고 선교 교회사의 모범 사례로 제시되기도 한다. 그러나 한국 교회의 성장은 정상적이거나 건강한 성장이라고 보기 어렵다. 한국 교회는 5%의 대형 교회, 10%의 중소형 교회요, 나머지 85%는 미자립 교회로 구성되어 있기 때문이다.[36] 한국 교회가 선교 128년 만에 전 인구의 20% 가까이 성장한 것은 전체적인 면에서는 긍정적이다. 그러나 그 내용을 들여다보면 세계적인 랭킹에 들어가는 교회가 7개나 있는 한국 교회의 상황에 85%가 미자립 교

35) "소속 없는 신앙인 '가나안' 교인을 아시나요?", 「조선일보」, 이태훈 기자 2013. 5. 3. 03:03, 2013. 5. 3, A27.

36) 김진호(제3시대그리스도교연구소 연구실장), "교회 양극화의 극복 방안", 「아이굿뉴스」, 김동근 기자 dgkim @igoodnews.net : 2013. 4. 16. "교회 성장 신학 버리고 유기적 공동체인 '작은 교회' 추구해야-탈성장주의의 시대, 한국 교회를 말하다."

회라는 것은 비대칭적이며 바람직하지 않다. 크리스천리더십연구소의 자료를 보면, 미자립 교회의 80~90%가 성인 교인 수 150명 이하인 소형 교회라고 하고, 이 중 대부분이 30~50명 규모의 교회다. 물론 모든 교회가 일률적으로 동일한 규모가 될 수는 없다. 지역의 특성과 모이는 사람들과 목회자의 특성에 따라 다를 수 있다. 그러나 어느 정도의 차이가 있는 것은 당연하나 오늘날 한국 교회처럼 5% 대형, 10% 중소형, 85% 미자립 교회라는 것은 교회 성장이나 발전의 올바른 방향이라고 볼 수 없다.

10) 교리적 극단주의

교리 문제에 관련하여 두 가지의 극단주의가 있다. 하나는 극단적 보수주의이고,[37] 다른 하나는 극단적 자유주의다.[38] 전자는 타 종교를 사탄적인 것으로 보고 자연과 역사에 하나님의 계시를 부정한다. 또한 신자들의 문화 참여와 역사 참여 등을 부정적인 것으로 보고 이 세상 질서 자체를 악한 것으로 본다. 후자는 신앙을 문화와 역사의 참여와 동일시하고 세상 질서와 하나님 나라 질서를 동일시해 버린다. 또한 기독

---

37) 보수적 색채를 띤 이들 교단과 기관들은 2013년 2월 15일 중앙일간지에 공동 성명을 발표하고, 기자회견을 통해 '대한민국기독교연합기관협의회' 이름으로 WCC 총회 개최가 철회될 때까지 반대 운동을 계속 펼쳐 나가겠다고 발표했다. 임시의장은 조용목 목사(은혜와진리교회)가 맡는다("反WCC 보수 교계, '대한민국기독교연합기관협의회' 로 결집", 「크리스천투데이」, 이대웅 기자 dwlee@chtoday.co.kr : 2013. 2. 15. 20:14). 이들은 안명준이 지적한 바와 같이 극단적인 이원론에 지배되고 있다(안명준, "한국 교회의 신학적 문제점", 『한국 교회의 문제점과 극복 방안』, 안명준 외(서울: 이컴비즈넷, 2006), 16-19.

38) 이들은 기장 교단, 성공회 교단과 KNCC에 속한 종교다원주의자들과 감리교단의 혼합주의자들이다. 이들은 이번 한기총과 KNCC가 만든 다섯 가지 합의문을 거부한 자들이다("NCCK 김근상 회장 'WCC 공동선언문 수용 불가'", 「크리스천투데이」, 김진영 기자 jykim@chtoday.co.kr: 2013. 1. 25. 15:53).

교를 타 종교와 다름없는 것으로 보고 자연과 역사와 계시를 동일한 것으로 본다. 전자는 타 종교를 사탄적으로 보며, 타 종교와의 연합 사업이나 대화를 거부한다. 후자는 기독교와 타 종교를 같이 보며, 기독교에서와 같이 타 종교에서도 구원이 있다고 본다. 전자는 이원론적 · 문자주의적 성경 해석에 머물며, 후자는 상징주의적 성경 해석에 머문다. 구체적으로 오늘날 WCC 총회 개최에 관해서도 전자는 개최 반대 운동을 하고 있으며, 후자는 보수 교회의 WCC 참여 조건으로 한기총과 KNCC가 만든 다섯 가지 합의 사항(종교다원주의와 혼합주의, 공산주의, 인본주의, 동성애 반대) 수용을 거부하고 있다.

4. 한국 교회 개혁의 대안

1) 외적 과제

(1) 한기총과 한교연의 현 집행부 물러나고 새로운 연합 집행부 선출

오늘날 분열된 보수 교회 연합체인 한기총과 한교연은 어느 한쪽에 그 원인을 탓하기 전에 먼저 한국 교회 앞에서 분열과 물의를 일으킨 책임을 져야 한다. 한기총과 한교연은 조속한 시일 내에 옛 단일 연합체로 되돌아가야 한다. 이를 위해서는 한기총과 한교연의 현 집행부가 물러나고 새로운 연합 집행부가 선출되어야 한다.

2012년 4월에 출범한 기시협(한국기독교시민단체협의회)은 지난 1월 7일 신년모임에서 한기총과 한교연의 단일화를 올해의 주요 현안으로 보고 노력하기로 하였다. 기시협은 “지금 복음주의 교회의 지도자들은 양쪽으로 나뉘어 있어 통합 운동을 이끌 교회 지도자 세력이 마땅히 없는 형편이다. 그래서 돌들이 소리 지르는 수밖에 없다"라고 결론 내렸다. 30여 개 기독교 단체로 구성된 기시협은 신년을 맞아 한기총과 한교연의 무조건 통합을 촉구하는 캠페인을 전개하기로 하였다. "다만 기독교시민단체협의회의 힘만으로는 안 되기 때문에 뜻을 같이하는 기독교 단체들을 전부 모아 연대 기구를 만들어 이 연대 기구가 캠페인을 전개한다"[39]라고 결의하였다.

올해에 두 단체가 통합을 서두르는 이유 가운데 하나는 내년으로 다가온 WEA 총회를 제대로 치르기 위해서다. "특별히 단일화가 시급한 이유는 내년 10월 말에 WEA 총회가 한국에서 개최되기 때문이다. 이때 전 세계에서 1만~1만 5천 명의 교회 지도자들이 총회에 참석하는데 현재의 한기총으로는 이 대회를 치를 수 없기 때문이다. 그래서 금년 상반기에 통합을 이루어 내지 못하면 WEA 총회는 한국 개최를 취소하거나 다른 기구가 총회를 개최하도록 할 수밖에 없다. 그러나 이 두 가지 방안 모두 쉽지 않기 때문에 어떻게 해서든 상반기에 통합이 이루어져야 한다."[40]

(2) 올바른 직제관 확립, 성직 매매 내지 금권선거 추방

개신교 안에서는 위계질서(hierarchy)가 있을 수 없다. 섬기기 위한 직책(office)만 있다.[41] 천주교처럼 성직자와 평신도 사이에 위계질서가 있어서는 안 된다. 모두 섬기는 직책이다. 총회장, 노회장, 목사, 장로,

39) 기시협, "'한기총'과 '한국교회연합'의 단일화를 위한 캠페인 기획안", 기독교시민운동협의회, 2013년 4월.

40) 위의 글.

41) 이승구, "오늘날 한국 교회의 문제점들과 그 극복 방향", 『한국 교회의 문제점과 극복 방안』, 안명준 외(서울: 이컴비즈넷, 2006), 132-138.

집사 등은 위계질서가 아니라 섬기기 위한 하나의 직책일 뿐이다. 하나님 앞에서는 모두 귀한 직분들이다.

그런데 한기총 회장, 각 연합 단체 회장, 교단 총회장, 노회장 등의 선거에 돈이 오가는 것은 한국 교회의 비극이다. 오늘날 공직자 선거 운동을 할 때도 점심 식사비를 내 주면 불법 선거범으로 고발된다. 목회자들이 선거에 사용하는 돈은 교인들이 하나님께 헌금한 돈이다. 그리고 교인들이 헌금한 물질에는 불우한 이웃과 제3세계의 불우한 사람들의 선교비로 사용되기를 바라는 정성스러운 마음이 담겨 있다. 모든 헌금은 드린 순간 하나님의 것이 되므로 함부로 쓰면 안 되고, 하나님의 결재를 받아야 하며, 공돈이 아니므로 사사로이 쓸 수 없고 두렵게 생각하며 바르게 써야 한다. 바른 신앙은 삶으로 나타나야 한다. 이웃에 대한 바른 관계 없이 하나님과의 바른 관계는 있을 수 없다. 칼빈은 "십계명의 둘째 부분을 지키지 않고 모든 부정직과 폭행을 그치지 않으면 하나님을 올바로 예배할 수 없다. 이웃을 속이고 해롭게 하는 자는 하나님께 폭행을 가하는 자다"[42]라고 하였다. 올바른 예배는 올바른 생활, 즉 이웃과의 바른 관계로 나타나야 한다.

(3) 교회 재정의 투명한 집행

교회 재정 공개는 교파에 따라 원칙이 다르다. 목사 재량권을 폭넓게 인정해 온 장로회 교회에서는 재정의 객관성과 명확성을 높이기 위해 교회 재정을 외부 회계법인에 맡겨 감사를 실시하고, 매달 모든 재정 지출 내역을 공개하기도 한다. 서울 마포구의 한 교회는 매달 감사서명이 담긴 결산보고서를 전체 교인들에게 나누어 준다. 이뿐 아니라 교회

---

42) John Calvin, *Corpus Reformatorum*, 37:378.

의 수입과 지출, 통장의 잔고 등 2백여 건 이상의 목록을 홈페이지에 공개해 신도뿐 아니라 일반인들까지 볼 수 있도록 하고 있다. 5억 이상 되는 교회 재정은 공인회계사의 감사를 받는 장치도 고려해 볼 수 있다.

(4) 금권 배제의 제도적 장치

중세 말 성직 매매는 고위 성직을 팔고 사는 것과 사제직을 팔고 사는 것, 이렇게 두 가지였다. 오늘날 한국 개신교 일부 교단들의 총회장 선거와 관련된 부조리는 고위 성직을 팔고 사던 중세 말의 종교적 비리(非理)와 닮았다.[43] 교단 내지 연합체 임원 선출에 있어서 음성적인 선거 운동이 너무 심하다 보니 그런 부조리를 미연에 방지하고자 제비뽑기 방식을 도입하는 교단들도 있다. 그런데 이제는 개별 총회를 넘어서는 한기총 등 연합 단체의 수장직과 관련하여 유사한 일들이 벌어져 큰 물의가 있었고 그것 때문에 분열되기도 하였다. 총회장직이나 연합 단체의 수장직 자체는 선한 것이다. 그리고 누군가는 그 직을 맡아 수행해야 한다. 하지만 총회장직이나 연합 단체의 수장직처럼 교회 전체를 섬기는 직분이 더 이상 명예나 감투로 여겨지지 않고 그 본래의 의미대로 기능직으로, 더 나아가 섬김의 직으로 올바로 인식되는 제도적 장치를 마련해야 할 것이다. 미국이나 네덜란드의 교회에서는 총회장은 총회 기간에만 그 역할을 하고 총회가 끝나면 더 이상 지위를 유지하지 않는다. 한국 교회도 이러한 총회장 역할을 유럽이나 미국처럼 제도화하게 되면 총회장직에 연연하여 과열이 된다거나 금권이 개입할 여지가 줄어들 것이다.

---

43) Roland H. Bainton, *Here, I Stand. A Life of Martin Luther*(Nashville: Abingdon Press, 1978), 이종태 옮김, 『마틴 루터의 생애』(서울: 생명의말씀사, 1982), 79.

(5) 장로의 임기 제도 도입

한국에서는 장로가 하나의 봉사직보다는 계급화되어 교회에서의 승진 내지 영전, 어른이 되는 것으로 인식한다. 그리하여 장로는 어른이기 때문에 견제받을 생각도 하지 않고 종신 직분을 고집하고 있다. 제네바 교회에서 칼빈은 목사의 교권 남용을 원천 봉쇄하기 위하여 장로 12명을 선택하여 줄 것을 제네바 시에 요구하였고, 장로에 대해서는 1년 임기제를 의무화하여 교인들로부터 지속적으로 신뢰를 얻도록 장로직의 남용과 권력 독점을 견제하는 장치를 만들었다.[44] 한국 장로직제는 서구의 장로교 정신을 왜곡시키고 있다. 미국 장로교에서는 이미 장로들의 임기제를 실시하고 있다. 스코틀랜드에서는 제네바처럼 존 녹스(John Knox)가 장로 임기제를 실시하였다. 한국 장로교에서는 장로 임기제에 대하여 찬성하는 자들이 다수인 것으로 여론조사에 나타나고 있다.[45] 이미 상당수의 목사와 장로 그리고 평신도들은 장로의 종신제가 낳은 폐해에 대해 실감하고 있다. 장로 임기제를 반대하는 자들은 유교적 계급주의에 사로잡혀 있거나 장로의 권한 독점과 권력의 향유에 안주하려는 경향 때문이다.[46] 예장 통합 측 서울교회(이종윤 원로목사)는 장로 임기제를 도입했다. 장로가 6년 봉사하고 7년째는 안식년으로 쉰 후 다시 시무하려면 당회원의 3분의 2 이상의 투표를 받아야 한다. 이것은 한국 교회 개혁을 위한 좋은 본보기다.

44) Mark Larson, "John Calvin and Geneva Presbyterianism", *Westminster Theological Journal 60*(1998), 50-51.

45) 심창섭 편, 『오늘의 한국 장로교 정치제도 이대로 좋은가?』(서울: 엠마오, 1998), 275-306.

46) 권문상, "한국 장로교회와 장로직: 장로 임기제 도입에 대한 개혁신학적 탐구", 「한국개혁신학: 한국개혁신학회 논문집 제35권」 vol. 35(2012), 78.

(6) 사이비 이단 정죄 규제, 공교회적 이단대책위 구성

2012년 10월 5일 미래목회포럼은 종교개혁 495주년 기념 미래목회포럼에서 개혁 정신을 중심으로 교회의 본질 회복에 적극 앞장설 것을 결의했다. 그 구체적 내용으로는 무자격 목사 안수 남발, 교회 세습, 목회자들의 비윤리적 행동, 도덕성 상실, 두 개의 찬송가 발행 등의 문제점과 더불어 연합 기관의 빗나간 이단 논쟁의 문제점을 지적하였다. "연합 기관의 빗나간 이단 논쟁은 교계를 분열시키는 중대한 범죄가 된다"라며 현재 연합 기관들의 이단 논쟁은 소모전에 불과하다고 비판했다. 특히 "'오직 성경' 에 근거하지 않고 정치적 판단이나 힘에 의해 '정치적 이단' 을 만든다면 공신력을 인정받기 힘들고 오히려 비난거리가 되기 십상"이라며 "연합 기관은 분열과 이단 시비로 나아가기보다 연합할 수 있는 길을 모색하는 한편, 신천지와 같은 분명한 이단 문제에 대한 공동 대처가 시급하다"라고 강조했다.[47]

신학적으로 이단 정죄는 자기 교단의 신앙고백이 아니라 전 세계 기독교를 하나로 묶는 신앙고백의 기준에서 행해져야 한다. 이 기준은 넓게 다음 세 가지로 말할 수 있다. 삼위일체 하나님 고백을 거부하고, 그리스도의 신성과 인성, 그의 십자가 대속을 부정하며, 성경을 하나님 말씀으로 수용하기를 거부하고 역사적 기독교를 부정한다면 이는 기독교와는 다른 이단이다.[48]

각 교단의 정치적 이해관계에 따라서 이단을 양산하는 현 교단의 이단대책위원회는 문제가 많다. 이단 정죄에 있어서 한국 교회에서는 개

47) "종교개혁 495주년, 미래목회포럼, 한국 교회 5대 개혁과제 제시", 「아이굿뉴스」, 표성종 기자 kodesh21@igoodnews.net: 2012. 10. 5.

48) 김영한, "이단 정죄보다는 선도가 필요"-이단 정죄가 교단 정치적으로 남발되고 있다. 이단 규정에는 보다 신중한 연구와 배려 필요-기시협 이단 공청회, 2012. 2. 23. 두메라호텔 15층.

교회주의, 개교단주의가 지배하기 때문에 통일성이 무시되고 있다. 각 교회는 교단에 종속되며, 교단은 전체 한국 교회 연합 기구 아래 종속되어야 한다. 그리하여 하나의 한국 교회 안에 각 교단에서 파송된 대표들의 범교단적인 이단 사상 및 행태 검증위원회가 설립 운영되어야 한다. 그리고 만장일치제를 채택하여 한 교단이라도 이에 대하여 이의를 제기한다면 이단 정죄를 유보하고 조사를 하는 것이 필요하다. 그리고 항상 본인에게 새로운 소명의 기회를 주어 잘못을 시인하고 새로운 출발을 하도록 지도하는 것이 필요하다.

(7) 대형교회가 주도적으로 분립하여 작은 교회 운동을 지속적으로 함: 교회 중심, 성장 중심에서 마을 중심, 봉사 중심으로 패러다임 변화

교인이 수만 명이나 되는 초대형 교회에서는 진정한 목회가 이루어지지 않는다. 여의도순복음교회가 세계에서 가장 큰 교회라고 하나 이러한 목회는 한 양을 일일이 찾아가서 개인적으로 상담해 주는 인격적 목양을 하는 목회라고는 하기 어려운 것이다. 그리하여 초대형 순복음교회가 후임자 이영훈 목사 세대에 와서는 각 지역의 순복음교회들로 독립하여 분립된 것이다. 높은뜻숭의교회도 여러 지역으로 분립되어 운영되고 있다. 대형 교회는 이러한 방법을 제도적으로 고려해 보아야 할 것이다. 여기에는 담임목사의 깊은 사명감과 목회 철학이 동반되어야 한다. 이것은 하나의 실험적 제안이다. 그러나 모든 지역에서 교회 간의 편차가 점차 평준화되었으면 한다. 그리고 목회자 봉급 하한선을 정하여 어느 곳에서 목회를 하든지 목회자들이 제도적으로 최소한도의 생계비를 보장받도록 하는 장치가 마련되었으면 한다.

미래 교회는 교회 중심이 아니라 마을 중심, 성장 중심이 아니라 봉사 중심으로 작지만 영향력이 있는 교회가 되어야 한다. 핵심적인 것은 이제 교회와 목사는 교인과 교회 대상만의 교회와 목사가 아니라 지역사회, 마을 단위의 마을의 교회와 목사, 지역사회에 선한 관계와 영향력을 가진 교회와 목사가 되어야 한다.[49)]

이종윤이 겟세마네 동산의 주님의 교회를 위한 기도에서 교회의 방향 설정을 일곱 가지를 제시한 것 같이 오늘날 한국 교회가 회복해야 할 것은 기쁨(요 17:13), 교회가 지켜야 할 것은 거룩(14-17절), 교회가 선포해야 할 것은 진리(17절), 교회가 긴급히 해야 할 것은 선교(18-19절), 교회가 지향해야 할 것은 연합(20-23절), 교회가 보여 주어야 할 것은 사랑(23절)이다. 그리고 교회가 강조해야 할 것은 지도자(24절)이다.[50)]

(8) 정통 개혁 신앙의 틀 안에서 열린 중도적 신학 정립

서구 교회사를 살펴보면 천주교와 개신교의 갈등을 볼 수 있다. 양 교회는 서로 적대시하여 30년 종교전쟁을 일으켜 많은 희생자를 내고 난 후에 서로를 인정하는 웨스트팔리아 평화 조약에 서명하였다. 이 조약을 통해서 천주교는 루터 교회와 개혁 교회를 인정하기에 이르렀다. 오늘날 독일에서는 많은 대학에서 천주교와 개신교의 신학교가 공존하고, 강의실을 같이 쓰고, 도서관을 공유하고, 심지어는 성경 주석까지 같이 쓰고 있다.

서구에 기독교 이후 시대가 왔다고 하더라도 여전히 정통 신앙을 그

---

49) 정재영, "교회성장 신학 버리고 유기적 공동체인 '작은 교회' 추구해야", '생명망 운동' 이 한국 교회 살릴 것, 「아이굿뉴스」, 김동근 기자 dgkim@igoodnews.net : 2013. 4. 16.

50) 이종윤, "오늘의 위기와 교회의 사명", 『한국 교회의 문제점과 극복 방안』, 안명준 외(서울: 이컴비즈넷, 2006), 231-265.

대로 간직하는 목회자들과 신학자들이 적지 않다. 오늘날 해외에서 신학을 공부한 많은 한국의 교계 지도자들, 보수 교회 지도자들, 신학자들이 이들에게서 신앙과 신학을 배워 왔다는 사실을 잊어서는 안 된다. 한국 교회의 신앙과 신학은 우물 안의 개구리가 되어서는 안 된다. 우리는 극단적인 자유주의와 극단적인 보수주의를 다 배격하고 중용을 취하여야 한다. 그 중용이란 교회 친화적 신학이요, 성경을 하나님 말씀으로 믿고 신앙과 삶의 유일한 규범으로 받아들이는 사도와 교부와 종교개혁의 전통을 계승한 신학이다. 여기에는 교파가 중요한 것은 아니다. 그것은 하나의 울타리일 뿐이다. 교리적으로는 사도신경(the Apostle creed)을 고백하는 신앙이다. 사도적 신앙을 지키는 교회라면 우리는 서로 용납하고 같은 기독교로 인정하며, 한쪽은 더 개방적으로 다른 한쪽은 더 진보적으로 나아간다 하더라도 서로 배우고 협력하면서 이 지구상에 하나님의 복음을 전파하여야 할 것이다. 필자는 칼빈주의 전통을 개인적으로 소중하게 받아들이나 웨슬리, 피니 등 온건한 알미니안 전통도 같은 주류적 전통으로 발전해 왔다고 본다. 그리고 이들을 배척해서는 안 된다고 본다. 이들과 형제로서 같이 대화하고 서로 배우고 나누어야 한다. 기독교 안에서도 보수와 진보는 있어야 한다. 서로 견제하면서 역사는 발전해 왔기 때문이다. 건전한 보수, 건전한 진보로 서로 협력해 한국 교회 성도들에게 희망을 주어야 한다.

2) 내적 과제

(1) 목회자 윤리 각성 및 자정 운동

한목협은 2012년 11월 29일 오후 2시 기독교회관 강당에서 '한국 교회 목회자 윤리위원회' 를 발족하고 윤리선언문을 발표하였다. 선언문에는, "교회에서 어떤 직책이나 지위를 얻기 위해 선거 운동을 하거나 돈을 쓰는 일이 없도록 자정(自淨) 노력을 계속할 뿐 아니라 감시 감독의 책임도 다한다. 교회의 재정은 교인들의 감시와 감독을 받을 수 있도록 공개되어야 한다. 목회자는 결혼의 존엄함과 가정의 순결을 지키는 일에 본이 되어야 한다. 검소와 절제의 모범을 보이며 교육적 사명을 다한다. 세상 권력을 쟁취하기 위해 정당을 만들거나 특정 정당에 가입하여 활동하는 일을 삼간다. 타 종교들을 존중하며, 그들이 가진 신앙과 종교 시설을 폄하하는 일이 없도록 노력한다" 등의 내용이 포함되어 있다.[51] 이것은 한국 교회 목회자들의 내적 개혁의 과제를 제시한 것이다. 오늘날 한국 교회 목회자들은 스스로 이러한 목회자의 윤리를 각성하고 자정 운동을 펼쳐야 할 것이다. 목회자의 윤리는 세상 공직자들의 윤리보다 높아야 한다. 그래야만 저들에게 설교할 수 있는 윤리적 위치에 설 수 있다. 목회자의 윤리가 높아야 기독교가 사회를 향하여 고상하고 품위 있는 교회로 빛을 발할 수 있다.[52]

(2) 목회자 개인의 피나는 자기 포기와 반성, 회개 운동

2007년 초 한목협이 성도 1,000여 명을 대상으로 한 "한국 교회 평양 대부흥 100주년에 대한 의식조사 보고서" 에 따르면 한국 교회의 진정한 부흥을 위해 갱신해야 할 대상으로 연합 기관과 교단 지도자(44.7%)들이 손꼽혔다. 그 뒤를 목회자(20.2%)와 장로(17.1%) 등 직분자가 이

---

51) 주후 2012년 11월 29일, 한국 교회목회자 윤리위원회, 위원: 김명혁 · 박경조 · 박정근 · 백장흠 · 손봉호 · 손인웅 · 신화석 · 엄현섭 · 이동원 · 장차남 · 전병금 · 정주채 · 추연호 · 최복규 · 현해춘 · 홍정길, 회장 손인웅, 서기 정주채.

52) 김성봉, "기독교 본래의 품위와 고상함을 회복하기 위하여", 『한국 교회의 문제점과 극복 방안』, 안명준 외(서울: 이컴비즈넷, 2006), 43-46.

어간 점도 눈길을 끈다. 또 "부흥을 위해 무엇이 필요한가?" 하는 질문에는 46.9%가 '철저한 회개 운동'을 꼽았다.

사랑의교회 창립 원로였던 옥한흠 목사는 "목회자들이 물량주의에 빠져 성도를 끌어모으는 데만 급급했고, 성도 수를 의식하다 보니 사람들의 비위에 맞는 설교만 했다"라고 지적했다. 그는 "성장에 취해 자신이 저지를 수 있는 과오를 보지 못했다", "교회가 사회악을 견제할 기능을 상실했고 이제는 교회의 말도 통하지 않는 불신을 겪고 있다"라고 하며 오늘날 한국 교회의 사회적 위상을 지적했다.[53] 한국 교회의 위기 해결은 목회자 자신의 철저한 회개에서 시작되어야 한다. 예수님의 명령을 어긴 죄, 물량주의를 신봉한 죄, 제자를 양육하지 못한 죄, 회개와 거룩한 삶에 대해 성도들에게 선포하지 못한 죄 등을 회개해야 한다. '정결한 부흥'을 위해서 한국 교회는 세상으로부터 받은 많은 '선물'을 버려야 한다.

(3) 기복 및 번영주의 신앙 추방

한국 교회는 '기복(祈福) 및 번영(繁榮)주의 신앙'에서 탈피해야 한다. 교회의 5대 본질은 예배, 전도, 교육, 봉사, 친교다. 하나님께 예배하고, 불신 영혼들에게 복음을 전하고, 교육을 통해 제자 삼고, 자신만을 위해 살던 삶에서 이웃과 형제를 위해 섬기고 봉사하는 삶을 살도록 만들고, 공동체성 강화를 위해 사랑으로 교제하는 것이다. 교회에 가면 복을 받고 병을 고치고 합격하고 출세하고 돈을 잘 벌 수 있다고 생각하는 것은 복음이 아닌 무속이다.

53) "물량과 타협한 영적 지도자 타락이 교회의 추락 초래했다 〈2〉 성장이 멈춘 한국 교회, 그 원인은 어디에 있나", 「아이굿뉴스」, 이현주 기자: 2007. 2. 8. 14:24.

신앙의 본질은 하나님을 기쁘시게 하고 사랑하는 것이다. 건강한 목회란 목회자가 하나님의 통치 원리를 받아들이는 목회를 하는 것이다.[54] 기복 신앙은 하나님을 도구화해 자기 욕심을 채우려는 결과가 되고 말아서 하나님과의 소통인 기도마저 "돈 나와라 뚝딱!" 하는 도깨비 방망이에 불과하게 만든다. 번영주의 신앙도 마찬가지로 현세의 출세와 성공을 신앙의 목표로 삼고 교회와 하나님과 신앙을 그것을 위한 방편으로 활용하는 것이다. 이는 참된 신앙이 아니다. 지금 한국 교회는 말로는 천사의 소리를 하고 천국을 말하지만 십자가는 사라지고 황금신을 섬기고 있다. 교회가 크면 목사가 부자가 되고, 세상 명예도 얻는다. 교회에서 부자와 유명인만 대접받는다면 그곳은 더 이상 하나님의 교회라 할 수 없다.[55] 이러한 기복 및 번영주의 신앙은 추방되어야 하고 십자가 신앙이 대신 자리잡아야 한다.

(4) 내면적 · 인격적 신앙

가나안 신자들 증후군은 일차적으로 제도권 교회의 책임이며, 교회 지도자들, 목회자들의 책임이다. 이들이 교회에 안 나가는 이유는 목회자들의 무성의한 설교에 실망("감정에 호소해 엉엉 울음을 터뜨리게 하는 틀에 박힌 집회가 싫었다"-30대 회사원, "시대착오적인 예화만 늘어놓는 설교가 견디기 어려웠다"-40대 회사원)했고, 외향적 성장만을 추구하는 교회에 실망("돈 많이 번 교회, 크고 화려한 교회가 다 좋은 거라면, 교회가 세상과 다른 게 무엇인가"-50대 의사)했기 때문이다.

---

54) 박영호, "건강한 교회, 건강한 목회, 성경에서 해답 찾아야", 「갱신과 부흥」 vol.10, 10. 고신대 개혁주의학술원, 2012. 7.

55) "목회자가 성도들 헌금으로 돈 선거 해서야", 「크리스천투데이」, 이대웅 기자 dwlee@chtoday.co.kr : 2011. 3. 8. 12:23.

그러나 이들의 심정을 충분히 이해하면서도 필자는 과연 이들이 기독교 진리를 바로 알고 있는지 질문하지 않을 수 없다. "나는 하나님을 믿지만, 기독교 외 다른 종교는 모두 잘못된 길이라고 강요하는 건 폭력"(40대 공무원)이라는 이유에 대해서는 내면적이고 인격적인 신앙을 가지고 있는지 질문하지 않을 수 없다. 이들 중 교회를 떠날 당시 교회 자체의 문제는 없었다는(42.2%) 사람이 많았다. 오히려 자유로운 신앙생활을 원하거나(30.3%), 혹은 교인들(19.1%)에 대한 불만으로 교회를 떠났다.[56] 이들은 다시 교회에 출석한다면 '올바른 목회자가 있는 교회'와 '공동성이 강조되는 교회'에 출석하고 싶다고 답했다.[57]

이들의 기존 교회에 대한 실망과 목회자 불신(24.3%)은 정당하며, 이에 대한 제도권 교회의 책임은 이루 말할 수 없다. 그러나 이 세상에 온전한 교회는 없다. 교회가 구원을 주는 것이 아니고 목회자가 구원을 주는 것은 더더욱 아니다. 교회나 목회자는 그분을 증언하는 도구에 불과하고 오히려 이러한 잘못된 교회를 고치는 방향으로 신앙을 바꾸는 것이 필요하다. 목회자도 교인들이 세우기 때문이다. 신앙생활에서 공동체도 중요하지만 궁극적으로는 자신이 하나님과 인격적으로 대면하는 것이 가장 중요하다. 이것은 야곱이 홀로 천사와 씨름한 것과 같다. 여기에 바로 하나님 면전에서 사는 내면적이고 인격적인 신앙이 필요하다. 이러한 신앙은 기복과 번영주의 신앙을 타파한다. 평신도들에게 이 신앙을 가르치는 것이 제도 교회의 사명이다.

은준관은 2013년을 위한 크리스천투데이 신년대담 중 신앙 모티브에

56) "소속 없는 신앙인 '가나안' 교인을 아시나요?", 「조선일보」, 이태훈 기자: 2013. 5. 3. 03:03, 2013. 5. 3, A27.

57) 정재영, "다시 출석한다면? '올바른 목회자 있는 교회로'", 목회신학연구소 설문, 「크리스천투데이」 2013. 5. 1, 3.

서 한국 교회의 문제를 풀려고 시도했다. "'모티브' (motive) 자체가 굉장히 신학적 개념일 수 있는데, 설명하자면 하나님 이야기와 사랑 이야기를 하면서도 하나님과 관계의 그 마지막 초점이 내게 있는가 하나님께 있는가, 이것을 보면 된다." 그는 한국 교회에서는 이 모티브가 잘못되어 있다고 본다. "내가 보기엔 모티브가 잘못되어 가고 있다. 동기가 굉장히 자기중심적이다. 내가 복을 받아야 되고, 내가 출세해야 되고, 우리 교회만 커야 되고…, 하나님을 말하면서도 나의 신앙 모티브를 하나님께 두지 않는다. 바로 거기서부터 실천 없는 신앙이라는 현상이 나타난 것이다." "이게 안 되니 유명한 목사, 설교 잘하는 목사, 건축 잘하는 목사, 쇼 잘하는 목사, 다양한 프로그램 이런 것으로 신앙을 '유도' 하려 한다. 그러다 보니 신자 입장에서는 뭔가 열심히는 하는데, 하나님과의 만남이 일어나지 않으니까 피곤해진다. 프로그램에 열심히 참여하고 구제도 잘하는데 영적으로는 계속 피곤해져 간다. 이것이 한국 교회가 안고 있는 내면의 가장 큰 위기다." 은준관은 문제의 해결을 신앙의 모티브를 바로 갖는 것에서 찾는다. "진짜 문제는 700만이든 1,200만이든, '성도 한 사람 한 사람을 하나님 앞에 어떻게 세우는가?' 에 있다. 모든 교회의 목회나 제도, 예배나 에너지가 여기에 집약되어야 한다. 교회가 얼마나 커지느냐가 아니라, 신자 하나하나가 얼마나 하나님 앞에 설 수 있느냐? 우리는 이것을 종말론적 신앙이라고 한다." "모티브, 동기를 하나님께 두고 있느냐? 우리가 신자 하나하나의 영혼 깊은 곳에 물어야 한다."[58]

58) 은준관, "한국 교회의 진짜 문제, '정치적 이슈' 보다 '신앙 모티브' ", 「크리스천투데이」 2012. 12. 31. 22:52.

(5) 청교도적 하나님의 면전 신앙

은준관은 2013년을 위한 크리스천투데이 신년대담에서 한국 교회의 문제는 현상에 집중하는 데 있다고 바르게 지적하였다. 그의 실천목회적 분석에 의하면 한국 교회의 문제를 찾아내는 데 있어서 "그 현상을 말하기보다, '한국 교회의 신앙이 무엇인가? 모티브가 무엇인가?' 이것부터 물어야 한다. 교회에서 봉사 잘하고, 헌금 열심히 내고, 다 좋다. 하지만 마지막에 숨어 있는 하나님과의 관계에서 모티브가 무엇인지를 묻지 않고 있다. 성경적으로 가장 중요한 것은 위대한 사람 자체가 아니라 그 사람의 '모티브' 이지 않았는가?"라고 지적하였다. 교파나 한기총, WCC도 모두 정치적인 사람들이 이용하는 이슈일 뿐이다. 그는 "한국 교계에서 '실천 없는 신앙' 이라는 현상이 일어난 근본 이유는, '신앙의 모티브' 를 상실했기 때문이라고 보고 신앙 동기가 중요하다"라고 언급했다. "신앙이라는 건 어떻게 표현하면 인간이 가지고 있는 게 아니다. 신앙이라는 행위가 가진 깊은 관계성, 하나님과의 관계, 역사와의 관계, 자기 자신과의 관계…, 이걸 묶어서 하나의 신앙 모티브나 동기로 볼 수 있는데, 한국 교회가 이러한 다양한 차원의 관계구조 속에서 동기, 모티브를 잘못 가지고 있다."[59]

올바른 신앙의 모티브란 바로 하나님 면전에서 사는 내면적 · 인격적 신앙을 말한다. 사람들에게 인기나 인정을 얻는 것이 아니라 하나님의 면전에서 오로지 그분의 인정과 인도함을 받는 하나님 면전의 신앙이다. 필자의 지론에 의하면 "우리가 가야 할 길은 근본주의적인 태도나 사고방식이 아니라 복음주의요, 개혁주의적 · 사도적 신앙이며, 정통주의이며 역사적 칼빈주의이다."[60] 이 신앙은 종교개혁자들의 신앙이

59) 위의 글.

요, 이들의 신앙을 계승한 청교도들의 신앙이다. 이러한 신앙은 한국 교회 초창기 선교사들을 통하여 우리 선조들에게 전해졌다. 오늘날 한국 목회자들과 평신도들은 이와 같은 신앙을 가져야 한다.

5. 맺음말

한국 교회 개혁의 핵심은 교회 지도자의 개혁이며, 이를 위해서는 제도적 개혁과 지도자 개인이 하나님 면전에서의 첫사랑과 사명감을 다시 발견하는 것이 필요하다. 오늘날 한국 교회는 지도자들이 신앙적 덕성이 부족하여 인간적으로 각종 실수(금권선거, 재정 횡령, 성추행, 목회 세습, 세속적 명예 추구)를 저지르면서 제도권의 공인으로서 제대로 처신하지 못했기에 사회적 지탄을 받고 있다.

한국 교회의 개혁을 위해서는 목회자가 이러한 잘못에 빠지지 않도록 제도적 장치를 갖추는 것이 중요하다. 금권선거가 일어나지 않도록 합리적 장치, 제직 임명에서도 부조리가 일어나지 않도록 하는 제도 장치, 지나치게 헌금을 강조하지 않도록 하는 장치, 각종 성직 매매가 일어나지 않도록 하는 장치(통합 측에서는 교회 재산 처분 시 제직회의 동의 필요 조항 삽입 등)가 필요하다. 그리고 궁극적으로는 제도가 아무리 합리적이라도 그 성공 여부는 제도를 사용하는 교회와 개인에게 달려 있다. 목회자 각 개인의 신앙 양심, 하나님 앞에 서는 신앙적 자세가 모든 것의 근본이다.

60) 김영한, "죽산 박형룡이 한국개혁신학에 끼친 영향", 『한국 교회는 어디로』, 신복윤 · 김영한 외(서울: 민영사, 2008), 272.

모든 세상적 부와 명예를 넘어서는, 선지자 하박국의 안빈낙도하는 신앙이 필요하다.

"비록 무화과나무가 무성하지 못하며 포도나무에 열매가 없으며 감람나무에 소출이 없으며 밭에 먹을 것이 없으며 우리에 양이 없으며 외양간에 소가 없을지라도 나는 여호와로 말미암아 즐거워하며 나의 구원의 하나님으로 말미암아 기뻐하리로다 주 여호와는 나의 힘이시라 나의 발을 사슴과 같게 하사 나를 나의 높은 곳으로 다니게 하시리로다"(합 3:17-19).

◆ 참고문헌

Roland H. Bainton, *Here, I Stand. A Life of Martin Luther,* Nashville: Abingdon Press, 1978, 『마틴 루터의 생애』, 이종태 옮김, 서울: 생명의말씀사, 1982.

John. Calvin, *Corpus Reformatorum,* 37:378.

Mark. Larson, "John Calvin and Geneva Presbyterianism", *Westminster Theological Journal 60*(1998).

권문상, "한국 장로교회와 장로직: 장로 임기제 도입에 대한 개혁신학적 탐구", 「한국개혁신학: 한국개혁신학회 논문집 제35권」 vol. 35(2012).

______, "한국 교회의 문제점과 극복 방안", 『한국 교회의 문제점과 극복 방안』, 안명준 외, 서울: 이컴비즈넷, 2006.

기시협, "'한기총'과 '한국교회연합'의 단일화를 위한 캠페인 기획안", 기독교시민운동협의회, 2013년 4월.

김동호, "세습 비판 후 소인배나 좌파로 매도당해", 「크리스천투데이」, 이대웅 기자 dwlee@chtoday.co.kr: 2012. 9. 13.

김성봉, "기독교 본래의 품위와 고상함을 회복하기 위하여", 『한국 교회의 문제점과 극복 방안』, 안명준 외, 서울: 이컴비즈넷, 2006, 35–50.

김영한, "이단 정죄보다는 선도가 필요"–이단 정죄가 교단 정치적으로 남발되고 있다. 이단 규정에는 보다 신중한 연구와 배려 필요–기시협 이단 공청회, 2012. 2. 23. 두메라호텔 15층.

______, "죽산 박형룡이 한국개혁신학에 끼친 영향", 신복윤 · 김영한 외, 『한국 교회는 어디로』, 서울: 민영사, 2008.

김진호, "교회 양극화의 극복 방안", 김동근 기자 dgkim@igoodnews.net: 2013. 4. 16.

"직업적 이단 감별사들 왜 위험한가?", 「교회연합신문」, epnnews@empal.com: 2012. 11. 2.

"대형 교회 세습 관행 끊어야 한국 교회 미래 있다", 「교회연합신문」 2012. 9. 23, 3면.

"한기총과 한교연 분열 1년, 무엇을 남겼나?", 「교회연합신문」 기획, 송상원 기자 iha@hanmail.net: 2013. 1. 24.

박영호, "건강한 교회, 건강한 목회, 성경에서 해답 찾아야", 「갱신과 부흥」 vol. 10(2012. 7), 고신대개혁주의학술원.

심창섭 편, 『오늘의 한국 장로교 정치제도 이대로 좋은가?』, 서울: 엠마오, 1998.
"물량과 타협한 영적 지도자 타락이 교회의 추락 초래했다 〈2〉 성장이 멈춘 한국 교회, 그 원인은 어디에 있나", 「아이굿뉴스」, 이현주 기자: 2007. 2. 8.
"종교개혁 495주년, 미래목회포럼, '한국 교회 5대 개혁과제 제시'", 「아이굿뉴스」, 표성종 기자 kodesh21@igoodnews.net: 2012. 10. 5.
"값싼 축복과 면죄부를 팔아 얻은 성장, 한계에 이르다", 「아이굿뉴스」, 이현주 기자: 2007. 2. 15.
안명준, "한국 교회의 신학적 문제점", 『한국 교회의 문제점과 극복 방안』, 안명준 외, 서울: 이컴비즈넷, 2006.
오정현, "논문 표절 책임 통감, 철저히 회개할 것", 「아이굿뉴스」, 이동윤 기자 dylee@chtoday.co.kr: 2013. 3. 24.
은준관, "한국 교회의 진짜 문제, '정치적 이슈'보다 '신앙 모티브'", 「크리스천투데이」 2012. 12. 31. 22:52.
이승구, "오늘날 한국 교회의 문제점들과 그 극복 방향", 『한국 교회의 문제점과 극복 방안』, 안명준 외, 서울: 이컴비즈넷, 2006.
이종윤, "오늘의 위기와 교회의 사명", 『한국 교회의 문제점과 극복 방안』, 안명준 외, 서울: 이컴비즈넷, 2006.
"어느 대형 교회의 130억 운영권 다툼, 목사는 장로들 내쫓고…장로는 담임목사 고발", 「조선일보」, 석남준 기자, 2011. 1. 16.
"교회를 아들에게 물려준 건 내 인생 최대 실수…회개합니다", 「조선일보」, 이태훈 기자 libra@chosun.com: 2012. 6. 14.
정성진, "'10~20억 쓰고도 침묵?' 당장 사표 내야", 「크리스천투데이」, 이대웅 기자 dwlee@chtoday.co.kr: 2011. 4. 2.
정재영, "'생명망 운동'이 한국 교회 살릴 것", 김동근 기자 dgkim@igoodnews.net: 2013. 4. 16.
최덕성, 『종교개혁 전야』, 서울: 본문과 현장사이, 2003.
"목회자가 성도들 헌금으로 돈 선거 해서야", 「크리스천투데이」, 이대웅 기자 dwlee@chtoday.co.kr: 2011. 3. 8.
"反WCC 보수 교계, '대한민국기독교연합기관협의회'로 결집", 「크리스천투데이」, 이대웅 기자 dwlee@chtoday.co.kr: 2013. 2. 15.
"오정현 목사, 6개월 자숙하고 박사학위 내려놓기로", 「크리스천투데이」, 김진영 기자 jykim@chtoday.co.kr: 2013. 3. 17.

"전병욱 목사 떠났지만… '후유증' 않는 삼일교회", 「크리스천투데이」, 김진영 기자 jykim@ chtoday.co.kr: 2012. 2. 29.
"법원, 정삼지 목사 파기환송심서 '징역 2년' 선고", 「크리스천투데이」, 이대웅 기자 dwlee@chtoday.co.kr: 2013. 3. 8.
"광성교회 양측, 임시공동의회 결과 두고 입장 엇갈려", 「크리스천투데이」, 김진영 기자 jykim@chtoday.co.kr: 2012. 12. 14.
"한교연, 창립총회 열고 대표회장에 김요셉 목사 선출", 「크리스천투데이」, 류재광 기자 jgryoo@chtoday.co.kr: 2012. 3. 29.
"한기총과 감리교 사태…갈등 중재기구 없다", 「크리스천투데이」, 김진영 기자 jykim@chtoday.co.kr: 2011. 4. 8.
"세습 합리화, 비탈길에서 안간힘 쓰는 한국 교회에 치명타", 「크리스천투데이」, 이대웅 기자 dwlee@chtoday.co.kr: 2012. 9. 13.
"NCCK 김근상 회장 'WCC 공동선언문 수용 불가'", 「크리스천투데이」, 김진영 기자 jykim@chtoday.co.kr: 2013. 1. 25.
한목협, "'2012 한국인의 종교 생활과 의식조사 결과' 발표", 「크리스천투데이」, 신태진 기자 tjshin@chtoday.co.kr: 2013. 4. 19.

5
종교개혁에 터한 한국 개신교 신앙 양식의 허와 실[1)]

한인철 박사(연세대 교수)

1. 들어가는 말

필자는 대학원과 박사 과정에서 조직신학을 전공했지만, 지난 20여 년을 종합대학의 교목으로서 활동해 왔다. 주로 만나고 가르치는 대상이 비기독교인인 대학생들이라는 말이다. 이 과정에서 누구보다도 비기독교인 대학생들이 기독교에 대해 제기하는 문제들을 잘 알 수 있었고, 이러한 문제 제기가 자연히 교목으로서 주 관심사가 되었다. 본 논문의 주제는 이러한 관심사와 일정 부분 연관이 있다.

본 논문에서 다루고자 하는 주제는 "종교개혁 전통에 터한 한국 개신교 신앙 양식의 허와 실" 이다. 초점은 종교개혁 전통 자체에 대한 문제 제기에 있는 것이 아니라, 그에 기초를 둔 한국 개신교의 신앙 양식에

1) 이 글은 한국기독자교수협의회 주최 심포지엄 "두 번째 종교개혁은 가능한가?" (2012. 5. 16)에서 발표한 발제문이다.

대한 문제 제기에 있다고 할 수 있다. 필자는 본 논문에서 한국의 비기독교인들이 개신교에 대해 어떤 문제를 제기하고 있는지를 먼저 살피고, 이러한 문제가 왜 발생하는지를 개신교 신앙 양식에서 그 원인을 찾아보고, 이러한 문제가 과연 종교개혁 전통, 특별히 마틴 루터의 사상과 어떤 연관이 있는지를 살펴보면서, 루터의 종교개혁 전통을 진일보시킬 수 있는 가능성을 타진해 보고자 한다.

기독교윤리실천운동과 여론조사 기관인 글로벌리서치가 발표한 "2013년 한국 교회의 사회적 신뢰도 여론조사" 결과에 따르면, 한국인이 가장 신뢰하는 종교는 가톨릭이 29.2%, 불교가 28%, 그리고 개신교가 19.4%이다.[2] 최근 원불교가 급부상하고는 있지만, 현재 한국에서 가장 큰 종교가 이 세 종교라고 할 때, 개신교는 한국인이 가장 신뢰하지 않는 종교에 해당한다. 특별히 개신교의 원조에 해당하는 루터가 개혁의 대상으로 삼았던 가톨릭에 비해 한국의 개신교는 한국 가톨릭의 3분의 2에도 미치지 못하는 신뢰를 받고 있는 것이다. 왜 이렇게 되었을까?

위 여론조사에서 개신교를 신뢰하지 않는 이유에 대해 물었더니, 응답자의 24.8%는 '교회가 언행일치가 되지 않는다', 21.4%는 '교회 비리 및 부정부패가 많아서', 10.2%는 '타 종교에 대해 배타적'이기 때문에, 10%는 '강압적 전도' 때문이라고 답했다.

여기에서 중요한 것은, 비기독교인들이 개신교에 대해 비판하고 있는 것은 개신교의 교리 자체가 갖는 모순이 아니라 개신교인들이 교회 안팎에서 보여 주는 일상적인 삶이라는 점이다. 필자 역시 언젠가 연세대학교 일반 학부생을 대상으로 하는 "기독교의 이해" 시간에 비기독

2) http://www.koreadaily.com/news/read.asp?art_id=2318714.

교인들에게 동일한 질문을 던졌을 때에 학생들이 크게 두 가지 점, 즉 개신교의 배타성과 삶의 결핍을 지적한 적이 있었다. 이 또한 위의 여론조사와 거의 맥을 같이하고 있다. 이것이 사실이라면, 왜 한국 개신교가 이렇게 되었을까?

2. 한국 개신교 신앙 양식에 대한 현상적 분석: 신앙과 삶의 분리

1) 한국 개신교의 현상

어느 날 연세대학교 채플이 끝난 후, 그날 강사로 온 연세대학교 모 교수와 교목들이 식사를 같이 하게 되었다. 이때 한 교목이 강사가 나가는 교회에 가서 예배를 보고 느낀 소감을 이렇게 말했다. "교수님 다니시는 교회의 예배가 끝난 후에 교인들이 나오는 모습을 보니까 마치 대형 백화점 바겐세일 기간 중에 고객들이 상품을 들고 몰려나오는 모습과 매우 흡사하더군요."

그러자 강사는 이렇게 대답했다. "이 교회에 사람이 많이 모이는 것은 백화점 세일에 사람이 많이 모이는 것과 같은 이치입니다. 그것은 값싼 기획 상품을 많이 내놓기 때문입니다. 이 교회는 믿음만을 말할 뿐 삶에 대해서는 말하지 않습니다. 예수를 믿어야 구원을 받는다고는 수없이 많이 말하지만, 어떻게 살아야 예수를 믿는 사람에 걸맞은 바른 삶인지에 대해서는 일언반구 말하지 않습니다. 지난 일주일을 어떻게 살았든 상관없고, 또 앞으로 일주일 동안 어떻게 살게 되든 상관하지 않습니다. 예수를 믿는다고 고백하기만 하면 그것으로 모든 것이 끝난다고 말하지요."

이 강사의 이야기 속에는 오늘의 주제와 관련하여 매우 중요한 시사점이 들어 있다고 본다. 오늘의 개신교인들이 그 삶에 있어 심각한 윤리적 부재 현상을 보이고 있고, 그에 따라 비기독교인들로부터 거의 신뢰를 받지 못하는 것은, 바로 교회의 가르침에 그 근본적인 문제가 있다는 지적이었다. 교회가 예수를 믿으라고만 강조할 뿐 예수의 가르침을 따라 어떻게 살아야 하는지에 대해서는 거의 가르치고 있지 않다는 것이다. 이것이 과연 그 강사가 나가는 교회에 국한된 것일까? 필자는 종합대학의 교목으로서 다양한 기독교적 배경을 가진 학생들을 이해하기 위해 과거에 5년 동안 서울, 경기 일원의 중요한 교회들을 방문한 적이 있는데, 필자가 살펴본 바로는 거의 모든 교회가 바로 이러한 문제점을 안고 있었다. 그렇다면 한국 개신교가 왜 이렇게 되었을까?

2) 한국 개신교 신앙의 교리적 배경

필자는 5년간 한국 개신교회를 방문했던 경험을 통해, 한국 개신교 신앙은 니케아 신조와 사영리와 천당 신앙이 묘한 결합을 이루고 있다는 것을 알게 되었다.

(1) 니케아 신조와 한국 개신교 신앙

니케아 신조는 주지하는 대로 이집트 알렉산드리아에서 알렉산더 주교와 아리우스 사이의 논쟁으로 시작하여, 로마 황제 콘스탄티누스가 흑해에 있는 자신의 별장 니케아에서 주재한 주교회의를 통해, 예수는 단순히 하나님의 경지에 이른 위대한 인간이 아니라 바로 하나님 자신이라는 결론을 내렸다. 후에 이 교리는 '본질'(ousia) 개념과 연결되어 예수는 하나님과 동일한 본질, 즉 homoousia를 가진 것으로 신학적으로 정리되었다.

필자가 만난 대다수의 한국 개신교인들은 니케아 신조는 몰라도 예수가 하나님과 동일한 분이라는 점에 대해서는 누구나 공감하고 있었다. 심지어는 비기독교인 학생들과 토론을 해 보면, 이 학생들조차 예수는 하나님과 같은 분으로 당연히 이해하고 있었다. 아마도 기독교인 학생들을 통해 이러한 선입견을 갖게 되었을 것이다. 예수는 하나님과 같은 분이라는 생각은, 예수는 우리 인간과는 본질적으로 다른, 아마도 인간의 DNA와는 전혀 다른, 하나님이라는 DNA를 가진 특별한 종(species), 이 우주 안에 하나밖에 없는 색다른 종으로 이해하고 있음을 드러낸다.

(2) 사영리와 한국 개신교 신앙

이와 더불어 한국 개신교 신앙 양식을 결정하는 가장 중요한 교리는 무엇보다 사영리라고 말할 수 있다. 원래 사영리는 1957년 미국의 빌 브라이트(Bill Bright) 박사가 대학생선교회의 전도를 위해 기독교 교리를 77자로 요약한 것으로, 한국대학생선교회가 전도 목적으로 활용하고 있는 기독교 핵심 교리이다.

모두 아는 대로 사영리는 4개의 원리로 구성되어 있다. 각 원리의 핵심 내용을 담은 첫 문장을 인용하면 다음과 같다.

제1원리: 하나님은 당신을 사랑하시며, 당신을 위한 놀라운 계획을 가지고 계십니다.

제2원리: 사람은 죄에 빠져 하나님으로부터 떠나 있습니다. 그러므로 하나님의 사랑과 계획을 알 수 없고, 또 그것을 체험할 수 없습니다.

제3원리: 예수 그리스도만이 사람의 죄를 해결할 수 있는 하나님의 유일한 길입니다. 당신은 그를 통하여 당신에 대한 하나님의 사랑과 계획을 알게 되며, 또 그것을 체험하게 됩니다.

제4원리: 우리 각 사람은 예수 그리스도를 '나의 구주', '나의 하나님'으로 영접해야 합니다. 그러면 우리는 우리 각 사람에 대한 하나님의 사랑과 계획을 알게 되며, 또 그것을 체험하게 됩니다.[3)]

이 사영리의 내용을 신학적으로 정리하면 다음과 같다. 제1원리는 신론으로, 하나님은 인간을 누구나 구원하기를 원하신다는 것이다. 제2원리는 인간론으로, 인간은 누구나 완전히 타락하여 죽어 마땅한 죄를 지은 죄인이라는 것이다. 제3원리는 기독론으로, 예수는 죽어 마땅한 인간의 죄를 용서받도록 하기 위해 인간 대신 십자가를 지고 그 죗값을 치르셨고, 이러한 의미에서 예수는 인간이 구원받을 수 있는 유일한 길이라는 것이다. 마지막으로 제4원리는 구원론으로, 그러므로 인간은 예수를 믿어야 구원을 받는다는 것이다.

사영리는 한국대학생선교회를 통해 한국에 퍼졌지만, 이는 대학생선교회 회원들만 믿고 있는 것이 아니다. 한국 개신교 기독교인 대다수가 이러한 신앙을 공유하고 있다. 앞서 필자는 과거 5년 동안 서울, 경기 일원의 중요한 개신교회를 방문한 적이 있다고 했는데, 확인한 결과 이는 한국 개신교 대부분의 교회 신앙을 결정하는 매우 중요한 기초가 되어 있음이 틀림없었다.

3) http://blog.naver.com/PostView.nhn?blogId=bbisoone1&logNo=10174585137.

(3) 천당과 한국 개신교 신앙

한국 개신교에는 니케아 신조나 사영리에 포함되지는 않았지만, 아마도 당연히 전제되어 있을 또 하나의 신앙이 중요한 구성 요소로 자리 잡고 있다. 그것은 천당에 대한 신앙이다. 이 신앙은 사영리에 연결되어 있다. 예수를 믿으면 구원을 받게 된다는 것이 사영리 신앙의 핵심이라면, 천당 신앙은 구원을 받은 사람은 죽어서 천당에 간다는 것이다. 주지하다시피 이러한 천당 신앙은 한국 개신교에 매우 일반적이다.

필자의 친구 중에 한 사람이 필자의 신학에 불안함을 느꼈는지, 어느 날 정색하고 이렇게 말한 적이 있다. "네가 기독교 신앙의 다른 문제들에 대해 문제 제기를 하는 것은 좋지만, 천당 신앙만은 절대 건드리지 마라. 천당 신앙을 건드리면 기독교 신앙의 존립 근거가 사라진다." 필자는 이러한 생각이 이 한 사람에게만 국한된 것이 아니라고 본다. 한국 기독교인의 일반적 생각을 대변한 것이라 생각한다.

3) 위 세 교리가 한국 개신교 신앙 양식에 미친 결과: 그 실과 허

(1) 긍정적 결과

니케아 신조와 사영리와 천당 신앙은 한국 개신교인들의 신앙 양식을 결정하면서, 몇 가지 점에서 큰 공헌을 했다고 본다. 우선 첫째로, 니케아 신조는 예수를 하나님과 동일한 분으로 높임으로써 예수를 이 우주 안에 유일한 구원자로 만들었고, 이 예수에 기초한 기독교를 이 우주 안에 유일한 참된 종교로 만들었다. 그에 따라 기독교인은 예수에 대한 절대적인 신앙을 갖게 되었고, 기독교에 대한 절대적인 신뢰를 갖게 되었다. 종교인이 자신이 믿고 있는 구원자와 종교에 대해 절대적인 신앙을 가질 수 있다면, 종교인에게 이것보다 좋은 것은 없을 것이다. 이것은 기독교인이 타 종교에 비해 자기 종교에 대한 자부심이 남다른 이유가 될 것이다. 문제는 이러한 신앙의 신학적 기초가 건강한가 하는 것이다.

둘째로, 사영리는 사람들이 자신이 지은 죄 때문에 갖게 되는 심리적인 불안, 이른바 죄의식으로부터 해방될 수 있는 길을 열어 주었다. 인간은 누구나 죄를 지을 수밖에 없고, 죄를 짓고 나면 그 죄의식 때문에 불안할 수밖에 없다. 때로는 이 죄의식이 우울증과 같은 정신병에 걸리게 할 수도 있고, 심하면 자살에 이르게 할 수도 있다. 실제로 한국갤럽 조사연구소에서 1997년에 조사하고 1998년에 펴낸 『한국인의 종교와 종교의식』이라는 보고서에 따르면, 한국 개신교인의 66.8%는 마음의 평안을 얻기 위해 교회에 나간다고 대답하고 있다.[4] 물론 마음의 평안이 죄의식의 해방으로부터만 오는 것은 아니겠지만 대부분은 이와 관련되어 있다. 거의 모든 교회의 예배에서 '죄의 회개와 용서'가 예배 순서의 중요한 부분을 차지하고 있는 것이 그 방증이다. 죄의식으로부터의 해방이 그 이후 죄를 지을 가능성을 줄이는 데 효과가 있는가 하는 문제는 별개의 문제일 것이다.

셋째로, 사영리에 잇대어 있는 천당 신앙은 인간이면 누구나 갖게 되는 죽음의 공포로부터 인간을 해방시켜 주는 역할을 해 왔다. 죽음을 앞에 두고 두려움을 뛰어넘어 돌아올 수 없는 그 강을 기꺼이 건너게 할 수 있다면, 그 종교는 인류의 보편적인 지지를 얻을 수 있을 것이다. 한국의 많은 개신교인들이 가족과 친인척의 주검을 앞에 두고, 슬픔을 접고 의연할 수 있는 것은 아마도 이러한 천당 신앙에 기인할 것이다.

4) 박무익, 『한국인의 종교와 종교의식』(서울: 한국갤럽, 1998), 67.

필자는 지난 3년 반 연세의료원의 교목실장으로 일하면서 이것을 직접 목도할 수 있었다. 천당 신앙에 대한 수많은 문제 제기가 있음에도 교회 현실에서 천당 신앙이 여전히 교인들 속에서 작용하고 있는 것은 바로 이러한 이유 때문일 것이다.

(2) 부정적 결과

위에 언급한 세 가지 교리는 한편으로 한국 개신교 신앙에 상당히 긍정적인 영향을 미쳤지만, 다른 한편으로는 그에 못지않은 매우 심각한 부정적 결과를 가져오기도 했다. 그 부정적 결과는 다양하지만, 여기에서는 비기독교인들이 지적하는 가장 핵심적인 두 가지 사항에 초점을 맞추고자 한다. 하나는 배타주의이고, 다른 하나는 신앙과 삶의 분리다.

① 배타주의

니케아 신조는 예수를 하나님과 동일한 존재로 교리화했고, 사영리는 예수를 인간을 구원하는 유일한 구원자로 교리화했다. 이는 결국 앞서 언급한 것처럼 예수를 이 우주 안의 유일한 구원자로 믿게 했고, 기독교를 역시 이 우주 안의 유일한 참된 종교로 확립하는 결과를 가져왔다. 이것은 개신교 내적으로는 예수와 기독교에 대한 절대적인 신앙과 신뢰를 갖게 하는 긍정적 효과를 가져왔지만, 개신교 외적으로는 예수 이외의 다른 구원자의 존재 가능성을 부정하고, 기독교 이외의 다른 종교를 거짓 종교나 최소한 열등한 종교로 폄하하는 배타주의를 낳았다. 이를 방증하는 한국 개신교의 일반적 인식은 "예수 천당, 불신 지옥" 이라는 구호를 통해 잘 드러난다.

이러한 배타주의는 단순히 한국 개신교인의 의식에만 머물지 않는다. 이는 시시때때로 기독교 이외의 다른 종교에 대한 폭력적인 행위로 드러나고 있다. 유럽과 미국에서는 주로 이슬람에 대한 폭력으로 드러났지만, 한국에서는 주로 불교와 관련하여 이러한 행위가 일어나고 있다. 몇 가지 사례를 보면, 삼각산 일선사의 마애불에 십자가를 그려 놓고 불상을 훼손한 사건(1984. 2), 능인선원의 법회 시간에 기독교인이 찬송가를 부르고 행패를 부린 사건(1985. 10), 금산사 대적광전 화재 사건(1986. 12), 제주 관음정사와 대각사 방화 사건(1986. 12), 옥천사 마애설불 훼손 사건(1989. 4), 보타사 대웅전 방화 사건(1989. 8), 삼각산 구복암 파괴 및 낙서 사건(1998. 3), 제주 원명선원 훼불 사건(2004. 6) 등이 그 예이다.[5)]

한국 개신교의 배타주의는 비단 기독교 이외의 종교에 대해서만 일어나는 현상은 아니라고 본다. 이는 개신교인들의 일상적 삶의 태도에까지 영향을 미쳐 자신의 생각과 다른 사람에 대해, 심지어는 다른 기독교인은 물론 자신의 목회자에 대해서까지 배타적인 태도를 서슴지 않는다. 나와 다른 생각을 가진 사람은 모두 틀렸거나 나보다 열등하다는 배타주의적 우월감이 기독교인들의 의식에 깊이 침윤되어 있는 것이다. 이것은 다른 종교에 대한 폭력 이상으로 훨씬 폭력적일 수 있다.

② 신앙과 삶의 분리

니케아 신조와 사영리와 천당 신앙이 함께 어우러져 만들어 내는 가장 큰 문제는 아마도 신앙과 삶의 분리를 통해 발생하는 삶의 부재 현상일 것이다. 이것은 기독교인의 일반적인 비윤리성을 지적하는 것이 아니다. 기독교인은 예수를 믿는데, 그 믿음이 삶으로 연결되지 않는다

5) http://www.budreview.com/news/articleView.html?idxno=764.

는 뜻이다. 달리 말하면, 예수는 믿되 예수를 살지는 않는 기현상이 한국 개신교 안에 일반적으로 나타나고 있다는 말이다. 왜 이러한 현상이 일어나는 것일까? 이러한 현상을 일으키는 데에 니케아 신조와 사영리와 천당 신앙이 어떻게 영향을 끼치는 것일까?

예수 믿기로 예수 살기를 거부하기

한국 개신교인에게 있어서 신앙과 삶이 분리되는 현상은 근본적으로 예수를 믿는 것이 예수를 사는 것과 분리되는 현상과 직접 연결되어 있다. 왜 한국 기독교인들은 예수를 믿기는 하지만, 예수를 살지는 못하는 것일까? 그 한 방식은 예수 믿기를 이유로 예수 살기를 거부하는 것이다. 그 양식은 크게 다음 세 가지 형태로 나타난다.

첫째로, 한국 개신교인들은, 기독교인은 근본적으로 예수처럼 살 수 없다고 믿는다. 왜냐하면 니케아 신조가 주장하는 것처럼 예수는 인간과 달리 하나님과 동일한 분이지만, 인간은 전적으로 타락한 죄인이라고 생각하기 때문이다. 설혹 인간이 예수를 믿어 구원을 받게 된다 하더라도, 그래서 예수와 비슷한 경지에 다다르려 노력한다 하더라도, 절대 예수와 같은 삶은 살 수 없다는 것이다. 이러한 주장은 결국 예수의 삶을 우리 시대에 재현해 보려는 기독교인들의 노력을 처음부터 체념하게 하는 결과를 가져온다.

둘째로, 한국 개신교인들은, 기독교인은 굳이 예수처럼 살 필요도 없다고 믿는다. 왜냐하면 예수는 예수처럼 살지 못하는 우리 죄인을 구원하기 위해 우리 대신 십자가에 달리심으로 우리 죄를 용서하셨기 때문에 이미 모든 것이 용서된 마당에 굳이 예수처럼 살려고 노력할 필요가 있느냐 하는 것이다. 다소 궤변처럼 들리지만 한국 개신교인들 중에는 은연중에 이러한 생각을 가진 기독교인들이 의외로 많다. 이는 많은 경우 자신의 삶 속에서 예수의 삶을 재현하지 못하고 있는 자신을 정당화하거나 합리화하는 빌미를 제공한다.

셋째로, 한국 개신교인들은, 기독교인은 예수처럼 살려고 해서도 안 된다고 믿는다. 설마 그러랴 싶지만 실제로 이렇게 생각하는 기독교인들이 상당히 많다. 크게 두 가지 이유 때문이다. 하나는 죄인인 인간이 아무리 구원을 받았다 하더라도, 하나님인 예수처럼 살아 보겠다고 하는 것은 마치 자신이 하나님이 될 수 있기라도 하는 양 행동하는 교만한 태도라는 것이다. 다른 하나는 기독교인이 예수처럼 살려고 노력하는 것은 믿음으로 구원을 얻으려고 하지 않고 행함으로 구원을 얻으려는 율법적인 신앙과 같다는 것이다. 율법의 도덕적 조항들을 지키는 것과 예수께서 사신 것처럼 그렇게 살려고 하는 것은, 둘 다 행함으로 구원을 얻으려는 태도라는 점에서 동일하다는 것이다. 이러한 주장은 궁극적으로 기독교인들이 예수의 삶을 이 시대에 재현해 보려는 신앙적 의지를 사실상 원천 봉쇄하는 결과를 가져온다.

위에 언급한 세 가지 교리적 근거는, 그 교리 자체가 한국 개신교의 신앙 양식을 직접 결정한다는 뜻은 아니다. 한국 개신교인들이 그러한 교리를 빌미로 자신들의 신앙 양식을 정당화한다는 뜻이다.

필자는 방금 기독교인들이 예수의 삶을 재현하지 못하는 세 가지 교리적 이유를 열거했지만, 그 가장 근본적인 이유는 실상 다른 데에 있다고 생각한다. 그것은 지극히 인간적인 이유이다. 달리 말하면, 한국 개신교인들이 예수를 살지 못하는 이유로 내세우는 교리적인 이유들은 바로 이 인간적인 이유를 정당화하고 합리화하는 교리적인 명분 혹은 빌미를 제공한다는 말이다.

그 인간적 이유란 무엇인가? 그것은 예수는 믿되 예수처럼 살고 싶지는 않다는 것이다. 좀 더 정확히 말하면, 예수 믿고 구원받아 천당 가는 것은 좋지만 예수처럼 사는 것은 싫다는 말이다. 예수처럼 사는 것이 힘들기도 하지만, 그렇게 살기 위해서는 지금까지 살아온 삶의 방식들을 모두 포기해야 하는데, 그것은 기독교인조차 원하는 바가 아니다. 물론 이렇게 원색적으로 말하는 기독교인은 아무도 없다. 그러나 한국 개신교인들의 신앙 심리를 들여다보면, 예수가 살았던 삶을 살지 못하게 하는 교리적인 명분 뒤에는 바로 이와 같은 지극히 인간적인 이유가 도사리고 있는 것을 발견할 수 있다. 우리 시대에 예수처럼 살라는 말은 기독교인의 덕담에 해당하는 것이 아니라 악담에 해당한다는 말이다.

예수 믿기와 예수 살기 사이에 시간적 거리 두기

신앙과 삶이 분리되는 또 하나의 중요한 이유는 신앙과 삶 사이에 시간적 거리를 두려는 데 있다. 한국의 개신교인들은 교리적인 이유를 들어 예수 믿기는 예수 살기를 거부하는 것처럼 애써 주장하지만, 그것은 예수처럼 살고 싶지 않은 속내를 감추고 정당화하는 빌미일 뿐, 예수 믿기가 예수 살기로 이어져야 한다는 것 자체를 부정하는 것은 아니다. 그래서 한국의 개신교인들은 다른 한편 여전히 기독교인은 예수의 완전한 경지에 이르도록 노력해야 한다고 말하고 있다. 이 경우 기독교인이 예수의 완전한 경지에 이를 때까지 끊임없이 노력해야 한다는 당위성과, 예수처럼 살고 싶지는 않다는 이 현실성 사이에서 묘한 타협이 이루어진다. 그것은 예수 믿기와 예수 살기 사이에 시간적 거리를 두는 것이다.

그 형식은 이러하다. 예수 믿기가 기독교 신앙의 출발점이라면, 예수 살기는 기독교 신앙의 목표점이다. 예수를 믿는 믿음이 시간이 지나면 점차 예수를 사는 것으로 그 열매를 맺게 된다는 것이 예수 믿기와 예수 살기 사이에 거리를 두는 전형적인 형식이다. 아직 예수를 살지 못하는 것은 예수를 믿지 않아서가 아니라, 예수를 믿기는 하지만 아직 예수를 살지 못할 뿐이라는 것이다. 예수를 믿는 것과 예수를 사는 것 사이에는 기다림의 시간이 필요하다는 뜻이다. 오늘은 믿고, 내일은 산다는 것이다. 그리고 그 내일은 하루를 단위로 계속 연장된다. 좋은 나무가 좋은 열매를 맺는다는 성서의 말씀은 이것을 정당화하는 방식으로 이용된다. 좋은 나무가 좋은 열매를 아직 맺지 않았다고 좋은 나무가 아닌 것은 아니고, 좋은 나무는 언젠가는 좋은 열매를 맺게 될 터이니 그때까지 기다려 달라는 것이다. 시간이 지나서 때가 되면 좋은 열매를 맺게 될 것이지만 지금은 아니라는 것이다.

예수 믿기와 예수 살기에 시간적 거리를 두는 이러한 전형적 형식은 현재 예수처럼 살지 못하는 것을 변명할 수 있는 공간을 제공하며, 동시에 그렇게 살지 못하는 시간을 한없이 유예할 수 있는 논리적 근거를 제공한다. 한국 개신교인들의 비도덕성은 바로 이러한 예수 믿기와 예수 살기의 시간적 거리 사이에 자리를 잡는다. 노력하고 있지만 아직 살지 못하는 것을 양해해 달라며, 그 양해의 시간을 끊임없이 연장하는 바로 여기에 한국 개신교인들의 비도덕성이 자리를 잡게 되는 것이다. 이것은 매우 합리적이며 공감의 폭이 넓다. 그만큼 시간적 거리 두기에 공감하는 한국 개신교인들이 많다는 말이다.

3. 한국 개신교 신앙 양식과 루터의 종교개혁 사상

한국의 개신교는 그 교파와 상관없이 종교개혁의 전통을 계승하고 있다는 점에서 이론의 여지가 없다. 필자는 이제 한국 개신교 신앙 양식의 부정적 측면과 관련하여 루터의 종교개혁 사상을 검토해 보고, 이러한 종교개혁 사상이 어떻게 연관되어 있는지, 그리고 종교개혁 사상을 넘어 이러한 문제들을 극복할 수 있는 다른 가능성이 있는지를 점검해 보고자 한다. 논의는 주로 예수 믿기와 예수 살기의 관계에 초점을 맞출 것이다.

1) 루터의 종교개혁 사상의 예수 믿기

이 질문에 대답하기 위해서는 우선 루터가 예수를 어떻게 이해하고 있는지부터 살펴야 할 것이다. 루터는 기본적으로 아리우스를 거부하고 아타나시우스에 동의한다. 예수를 인간 중에 위대한 인간이 아니라 하나님과 하나이신 분으로 이해한다는 뜻이다. 그러나 루터가 예수를 '본질' (ousia)의 관점에서 이해한 것은 아니다. 예수가 하나님과 하나라는 말은, 예수가 '하나님의 본질을 갖고, 하나님으로서의 삶을 살았다고 이해한 것이 아니라'[6] 하나의 인간인 예수가 자신의 의지를 하나님의 의지에 완전히 복종시켜, '하나님의 의지와 하나가 되었다' 는 것을 의미한다.[7] 예수와 하나님 사이의 하나 됨은 '형이상학적인 일치' 가 아니라 '인격적인 일치' 라는 말이다.[8] 여기에서 중요한 것은 예수

6) Paul Althaus, *The Theology of Martin Luther*(Philadelphia: Fortress Press, 1979), 182.
7) 위의 책, 188.
8) 위의 책, 190.

는 하나님의 본질을 가진 인간, 그래서 이 우주 안에 하나밖에 없는 특별한 종(species)이 아니라, 하나님에게 자신의 의지를 완전히 복종시킨 하나의 인간, 그래서 적어도 원칙적으로는 누구나 그렇게 될 수 있는 인간들 중의 하나라는 점이다.

이 경우 루터에게 믿음이라고 하는 것은 무엇인가? 루터의 예수 믿기의 실체는 무엇인가? 루터에게 예수를 믿는다는 말은 단순히 예수가 하나님과 하나가 되신 분이라고 믿는 것을 넘어서서 죄인인 인간이 의롭게 된다는 것과 밀접히 연관되어 있다. 루터의 기독론은 구원론과 밀접하게 연결되어 있다는 뜻이다. 그러면 죄인인 인간이 의롭게 된다는 것은 무엇을 뜻하는가? 이것은 '율법 아래에 노예처럼 종속되어 있던 사람이 하나님의 의지에 새로이, 자유롭게, 그리고 기쁜 마음으로 복종' 한다는 것을 의미한다.[9] 율법 아래에 노예처럼 종속된 인간이 죄인이라면, 하나님의 의지에 새롭게 자유로이 기쁜 마음으로 복종하는 인간은 바로 의인인 것이다. 구원은 죄인이 의인으로 그 존재가 변화되는 것을 의미한다.

그렇다면 루터에게 구원받은 기독교인은 과연 예수와 같은 존재가 될 수 있다는 것인가? 대답은 당연히 그래야 한다는 것이다. 루터는 예수를 하나님과 하나가 된 분으로 이해하고 있지만, 하나님과 하나가 된 존재는 오직 예수에게만 유일하게 가능한 것으로 보지 않는다. 하나님과 하나가 된 예수라는 존재는 예수를 믿는 믿음을 통해 기독교인에게 계승된다. 믿음은 하나님과 하나가 된 존재가 예수를 넘어 모든 인간에게로 확대 재생산되는 통로인 셈이다. 기독교인은 또 하나의 예수, '또 하나의 그리스도' 가 될 수 있는 것이다. 그러므로 예수를 믿어 의롭게

9) 위의 책, 235.

된 사람은 예수와 마찬가지로 자신의 의지를 하나님의 의지에 완전히 복종시켜 하나님과 하나가 된 사람을 의미한다.

필자는 바로 이 점에서 루터가 재발견될 필요가 있다고 생각한다. 기독교인이 실제로 예수처럼 살 수 있느냐 하는 문제는 잠시 접어 두고, 우선 루터는 기독교인이 예수와 같은 존재가 될 수 있는 가능성에 문을 열어 놓고 있다. 만약 기독교인이 예수와 같은 존재가 될 수 없다면, 그에 따라 당연히 예수처럼 살 수 있는 가능성도 문이 닫힌다. 그러나 루터는 기독교인이 오늘날 또 하나의 예수가 될 수 있는 가능성에 분명히 문을 열어 놓았다. 이 점에 대해서는 루터를 높게 평가할 필요가 있다.

2) 루터의 종교개혁 사상의 예수 살기

그렇다면 인간이 자신의 의지를 하나님에게 완전히 복종시켜 하나님과 하나가 된 존재가 되는 것이 믿음이라면, 예수를 믿는 기독교인은 예수와 같은 삶을 살 수 있는 것인가? 이에 대한 루터의 대답 또한 당연히 그래야 한다는 것이다.

루터는 기본적으로 예수 살기를 '사랑' 이라는 개념 속에서 총체적으로 이해한다. 루터는 이렇게 말한다. "신앙으로부터 사랑이 흘러나온다."[10] 기독교인이 예수를 믿어 하나님과 하나가 된 존재가 되면, 그 존재로부터 이웃에 대한 사랑이 저절로 흘러나온다는 것이다. 루터는 이것을 이렇게도 표현한다. "선한 행위는 선한 사람을 만들지 못하지만, 선한 사람은 선한 행위를 만든다. 마찬가지로 악한 행위는 악한 인간을 만들지 못하지만, 악한 인간은 악한 행위를 만든다."[11] 이것은 선한 나

10) Martin Luther, *Three Treatises*(Philadelphia: Fortress Press, 1960), 304.

무가 선한 열매를 맺는다는 성서의 말씀에 대한 원용이라고 할 수 있다.[12]

루터의 이 기본 전제에서 가장 중요한 것은 행위가 존재를 결정하는 것이 아니라 존재가 행위를 결정한다는 것이다. 이것은 유대교와 가톨릭의 율법 신앙에 대한 루터의 대안이라고 할 수 있다. 행위가 존재를 결정한다고 보는 것이 율법이라면, 존재가 행위를 결정한다고 보는 것은 복음이다. 그러므로 기독교인이 예수를 믿어 예수처럼 하나님과 하나가 된 존재가 된다면, 그 기독교인은 당연히 예수처럼 이웃을 사랑할 수 있게 된다고 본다. 예수 살기는 예수 믿기의 자연스러운 결과인 것이다.

3) 루터의 기본 전제에 대한 문제 제기

그런데 여기에 문제가 하나 있다. 좋은 행위가 없을 경우 좋은 존재가 정당화될 수 있는가? 좋은 열매가 없을 경우 좋은 나무가 인정될 수 있는가? 사랑이 없을 경우 믿음이 있다고 할 수 있는가? 물론 이런 경우는 없어야 하는 것이 당연하지만, 적어도 오늘의 한국 개신교인 속에서는 이러한 경우를 수도 없이 발견할 수 있다. 그리고 이것이 바로 한국의 비기독교인들이 개신교를 비판하는 가장 핵심적인 사항이라고 할 수 있다. 필자가 루터의 사상에 이러한 문제 제기를 하는 것은 행함이 없는 믿음은 죽은 믿음이라고 주장하는 야고보서를 루터가 지푸라기 서신으로 폄하하고 있기 때문이다.[13] 행함이 없는 믿음은 죽은 믿음이

11) 위의 책, 297.

12) 참조. 마태복음 7:16-17; 누가복음 6:43.

라는 야고보서가 지푸라기 서신이면, 행함이 없는 믿음이 정당화될 수 있다는 뜻인가 하는 것이다.

필자는 바로 여기에 루터 신학의 허점이 있다고 생각한다. 그 허점은 두 가지 형태로 나타난다. 첫째는, 존재와 행위를 분리시키는 것이다. 루터에게는 하나님의 의지에 인간의 의지를 복종시켜 하나님과 하나인 존재가 되는 것과 이웃에게 사랑을 베푸는 행위는 엄밀히 말해 별개의 문제이다. 이웃에게 사랑을 베푸는 행위가 아직 없더라도, 하나님과 하나인 존재가 되는 것은 그 자체로 의미가 있다고 보는 것이다. 존재와 행위 사이에는 선후가 있고, 존재가 행위에 우선한다는 말이다. 거꾸로 말해, 이웃에게 사랑을 베푸는 행위가 존재한다 하더라도 아직 하나님과 하나가 되어 있지 못하면, 그것은 율법 신앙에 해당하고, 그래서 의미가 없다고 본다. 문제는 과연 존재와 행위 사이에 선후가 있는가 하는 것이다.

둘째는, 루터가 존재와 행위를 분리시킴으로써 자연히 존재와 행위 사이에 시간적 거리를 허용한다는 것이다. 선한 인간은 자연스럽게 선한 삶을 살게 된다고 루터는 주장하지만, 이 둘 사이의 빈 공간을 루터는 어떻게 평가할 것인가? 선한 인간인데, 아직 선한 삶을 살고 있지 않은 인간을 과연 선한 인간이라고 말할 수 있을 것인가? 그리고 그 시간적 거리가 점점 멀어져, 예수를 믿고 하나님과 하나 된 존재가 된 이후 죽을 때까지 이웃 사랑을 실천하지 못한다면 그 사람을 예수를 믿는 사람이라고 말할 수 있을 것인가? 아마도 루터는 선한 인간은 곧바로 선한 삶을 살게 될 것이라고 주장하겠지만 이 둘 사이에 시간적 거리를 두는 순간, 예수처럼 사는 것에 부담을 느끼는 기독교인은 그 시간적

13) 참조. 야고보서 2:17, 26.

거리를 가급적이면 넓게 벌려 놓고, 그 사이에서 안도의 한숨을 쉴 가능성이 매우 크다는 것이다. 결국 예수가 살았던 삶을 살기는 살아야겠는데, 그렇게는 살고 싶지 않은 기독교인들에게 숨을 수 있는 공간을 마련해 주는 것은 아닌가?

4) 루터를 넘어서서

이러한 루터의 문제를 해결할 수 있는 길이 있을까? 있다면 무엇이 그 길일까? 필자는 루터의 문제 속에 암시되어 있다고 본다. 그 길은 존재와 행위를 분리시키지 않고 하나로 일치시킴으로써 이 둘 사이의 시간적 거리를 허용하지 않는 것이다.

칸트(I. Kant)의 도식을 원용하면, 존재가 없는 행위는 맹목적이고, 행위가 없는 존재는 공허하다. 행위가 존재의 외적인 표현이라면 존재는 행위의 내적인 근거에 해당한다는 말이다. 이 둘은 하나의 실체의 양면과 같다. 행위가 없으면 존재도 없고, 존재가 없으면 행위도 없다. 행위가 없는데 존재가 있다고 하는 것은 행위가 없는 것에 대한 구차스러운 변명에 불과하고, 존재가 없는데 행위가 있다고 하는 것은 행위를 통해 있지도 않은 존재를 있는 것처럼 포장하는 위장술에 불과하다. 더 정확하게 말하면, 인간은 그 행위를 통해 존재를 확인하고, 동시에 그 존재를 통해 행위를 확인한다.

이제 이것을 우리의 논지로 바꿔 말하면 이렇게 말할 수 있다. 한 인간이 하나님의 의지에 자신의 의지를 완전히 복종시키는 새로운 존재로 바뀌었는지의 여부는 그 사람이 다른 사람과의 관계 속에서 어떻게 살고 있느냐 하는 그 구체적인 삶을 통해 확인할 수 있고, 한 인간이 다른 사람과의 관계 속에서 보여 주는 그 삶이 정말 믿을 수 있는 진실된 것인지의 여부는 그 삶이 어디에 뿌리를 두고 있느냐 하는 것을 통해, 즉 그 삶이 정말로 하나님과의 하나 됨 속에서 비롯된 것인가 하는 것을 통해 확인할 수 있다는 말이다. 달리 말하면, 어떤 사람이 정말로 예수를 믿는지의 여부는 그가 예수를 살고 있는지의 여부를 통해 확인할 수 있고, 그 사람이 정말로 예수를 살고 있는지의 여부는 그가 예수를 믿고 있는지의 여부를 통해 확인할 수 있다는 것이다. 예수 믿기와 예수 살기는 하나의 동시적인 사건이지 둘로 분리되어 선후가 있는 것이 아니라는 말이다.

4. 나가는 말

필자는 본 논문에서 한국 개신교가 보이고 있는 신앙과 삶의 분리 문제를 제기하면서, 그러한 문제를 불러일으킨 한국 개신교의 신앙 양식을 검토해 보았다. 그리고 이러한 신앙 양식이 루터의 종교개혁 사상과 어떻게 관계되어 있는지 우회적으로 검토해 보았다. 물론 한국 개신교의 문제가 루터로부터 직접 비롯되었다고는 생각하지 않는다. 더 근본적인 원인은 예수는 믿되 예수처럼은 살고 싶어 하지 않는 한국 개신교인들의 종교적 심리에 있다고 본다. 그러나 한국 개신교인들의 이러한 종교적 심리가 정당화되는 데에는, 비단 니케아 신조나 사영리뿐만 아니라 루터의 종교개혁 사상이 한몫하고 있다는 것 또한 부인할 수 없다. 이러한 의미에서 루터의 종교개혁 사상의 건강한 측면은 계승하되 이것이 내포하고 있는 부정적인 측면은 극복할 필요가 있다고 본다. 특별히 종교개혁 500주년을 3년 앞둔 이 시점에 이러한 점검 과정은 향후 한국 개신교의 건강한 자기 발전을 위해 반드시 필요하다고 생각된다.

6
16세기 종교개혁의 한계와 극복[1)]

류장현 박사(한신대 교수)

1. 들어가면서

이 논문은 "16세기 종교개혁 이후 신학자들의 종교개혁에 대한 비판"을 연구하는 데 목적이 있다. 하지만 필자는 논점을 명확히 하기 위해 제목을 "16세기 종교개혁의 한계와 극복"이라고 하였다. 이 연구 주제는 매우 어려운 과제이다. 왜냐하면 마틴 루터가 1517년 10월 31일에 비텐베르크 성곽 교회의 문에 95개조 반박문을 붙임으로 촉발된 종교개혁은 상이한 지역에서 다양한 인물과 신학사상에 의해서 진행되었고, 또한 종교개혁 이후 약 500여 년이 지나면서 종교개혁에 대한 평가도 다방면에서 이루어져 그것을 일목요연하게 정리하는 것은 매우 힘든 일이기 때문이다. 따라서 필자는 주제의 명료성과 논의의 편의성을

1) 이 글은 한국기독자교수협의회 주최 심포지엄 "두 번째 종교개혁은 가능한가?" (2012. 5. 16)에서 발표한 발제문이다.

위해 다음과 같은 전제를 가지고 과제를 완수하려고 한다. 첫째, 일반적으로 종교개혁은 넓은 의미로 루터, 칼빈, 급진적 종교개혁과 가톨릭 교회의 종교개혁을 포함하지만 이 글에서는 루터와 칼빈의 종교개혁을 지칭하는 좁은 의미로 사용한다.[2] 둘째, 종교개혁은 종합적이고 복합적인 동기에서 발단되었다.[3] 따라서 종교개혁에 대한 평가는 종교적 동기와 함께 역사적 상황을 고려한다. 셋째, 16세기 종교개혁은 신학의 개혁을 넘어서 정치, 사회, 경제와 도덕의 개혁에 큰 영향을 주었다.[4] 따라서 종교개혁에 대한 신학적 평가뿐만 아니라 다양한 평가들을 수용한다. 이러한 전제하에서 필자는 논제를 크게 종교개혁의 동기, 종교개혁 운동과 종교개혁 신학으로 구분하고, 각 주제들에 대한 긍정적 평가와 부정적 비판들을 종합적으로 서술할 것이다.

2. 종교개혁의 동기에 대한 평가

1) 종교적 동기: 순수한 종교 체험

종교개혁의 동기에 대한 가장 일반적인 주장은 종교개혁의 동기를 순수한 종교적 관점에서 이해하는 것이다. 다시 말해서 종교개혁은 하나님 체험을 통한 종교개혁자들의 순수한 신앙적 자각에서 촉발된 신

2) Carter Lindberg, *The European Reformations*(Cambridge: Blackwell Publishers, 1996), 9; Herold J. Grimm, *The Reformation Era 1500-1650*(New York: Macmillan 1973), 2.

3) Carter Lindberg, *The European Reformations*, 9. 종교개혁에 대한 평가는 스펙트럼이 다양하다. 패트릭 콜린슨, 『종교개혁』, 이종인 옮김(서울: 을유문화사, 2004), 23-39.

4) 앨리스터 맥그래스, 『신학의 역사』, 소기천 · 이달 · 임건 · 최춘혁 옮김(서울: 지와 사랑, 2005), 249-250.

앙 운동이었다는 것이다. 폴 틸리히(Paul Tillich)는 종교개혁이 종교개혁자들의 개인적인 하나님 체험의 결과라고 주장하였다.[5] "성서의 메시지를 통해서 말을 거는 성령의 힘에 의해서 루터는 로마 가톨릭 교회의 객관주의에 대한 혁명을 수행하였다."[6] 즉 종교개혁은 '종교적 체험'과[7] 그것을 통한 '하나님에 대한 새로운 인식'[8]에서 출발했으며, 영적 만족을 갈망하는 인간의 영적 고민과 투쟁,[9] 교회를 개혁하라는 하나님의 소명에 대한 응답이었다.[10] 예를 들면 루터는 "하나님은 나를 인도하시되 마치 돌격해 오는 대적을 보지 못하도록 눈가림을 당한 군마와 같이 나를 인도하였다"라고 고백하였다.[11] 그래서 신학자들은 루터를 '위대한 예언자요, 제3의 엘리야' 또는 '우리 시대의 진정한 엘리야요, 예레미야요, 주님이 재림하시기 전에 출생한 세례 요한'과 같은 인물로 평가하였다.[12]

이러한 종교개혁자들의 개인적 종교 체험은 개인의 내면적 신앙을 자극하여 교황의 정신적 권위를 부정하였고, 로마 가톨릭 교회에 의해 독점되어 오던 기독교의 교리와 의식을 더 자발적이고 다양한 방식으로 해석할 수 있게 하였다. 그것은 또한 신앙의 권위를 회복하였고 사제를 평신도로 평신도를 사제로 만들었으며 종교 권력으로부터 인간을 해방시켰다.[13] 그리고 칼 홀(Karl Holl)의 평가처럼 개인의 내면적 신

---

5) 폴 틸리히, 『19-20세기 프로테스탄트 사상사』, 송기득 옮김(서울: 한국신학연구소, 1980), 21-22.

6) 폴 틸리히, 『19-20세기 프로테스탄트 사상사』, 25.

7) J. L. 니브/O. W. 하이크, 『기독교 교리사』, 서남동 옮김(서울: 대한기독교서회, 1992), 429.

8) 류장현, 『하나님 나라와 새로운 사회』(수원: 도서출판 동신, 2000), 68.

9) 배한국 편, 『루터와 종교개혁: 지원용 박사 논문집』(서울: 컨콜디아사, 1993), 29.

10) Robert Kolb, *Martin Luther as Prophet, Teacher, Hero, Image of the Reformer 1520-1620*(Grand Rapids: Baker Books, 1999), 35. 김주한, "종교개혁은 교파 분열의 발단인가?", 「한국교회사학회」 제28집(2011), 201에서 재인용.

11) J. L. 니브/O. W. 하이크, 『기독교 교리사』, 425.

12) 김주한, "종교개혁은 교파 분열의 발단인가?", 200-201.

앙의 강조는 양심의 자유와 자율 이성을 강조하는 계몽주의의 출발점이 되었으며, 교황의 절대 권위에 대한 투쟁은 권위주의 체제에 저항했던 근대 시민사회의 모델이 되었다.[14)]

그러나 이러한 종교개혁의 종교적 동기에 대한 주장은 종교개혁을 종교개혁자들의 개인적인 종교 체험에서 촉발된 순수한 교회 개혁 운동 혹은 신앙 운동으로 제한시키고 역사적 상황, 즉 정치적 · 경제적 · 사회문화적 상황과 민중의 종교적 · 사회적 요구와의 상호 관계를 간과하는 약점이 있다. 또한 종교적 체험에 근거한 개인의 인격적 신앙의 강조는 공동체적 신앙을 파괴하고 신앙의 내용을 결정할 외적 권위의 필요성, 곧 신앙의 객관적 요소를 약화시켰다. 이러한 경우에 신앙의 인격주의는 '가장 천박한 개인주의' 또는 계시의 객관적인 내용이 없는 '순수 주관주의'로 전락할 위험이 있다. 따라서 윌리엄 A. 스코트(William A. Scott)의 말처럼 "주관적인 개인적 헌신과 권위의 원리에 의하여 결정되는 신앙의 객관적 내용을 긴장 가운데 유지해야 한다."[15)]

2) 사회적 동인: 역사의 필연적 사건

종교개혁의 동기에 대한 두 번째 견해는 종교개혁이 상술한 종교적 동기와는 무관하게 사회적 동인을 통해서 일어난 필연적 결과라는 것이다. 종교개혁은 16세기 역사적 상황, 곧 정치사회적 변화, 경제와 문화 현상 및 사회 구성원들의 가치 변화와 밀접하게 관련되어 있다. 랑

---

13) K. Marx/F. Engels, *Marx and Engels on Religion*, trans. Andy Blunden(Progress Publishers, 1958), 51. 김주한, "종교개혁은 교파 분열의 발단인가?", 202에서 재인용.
14) 김주한, "종교개혁은 교파 분열의 발단인가?", 203-204.
15) 윌리엄 A. 스코트, 『개신교 신학사상사』, 김쾌상 옮김(서울: 대한기독교출판사, 1999), 48.

케(Leopold von Ranke)가 『종교개혁 시대의 독일 역사』에서 주장한 것처럼 종교와 사회 및 개인과 제도의 복합적인 연결 고리가 종교개혁에 큰 영향을 주었다. 즉 종교개혁은 민족주의, 자본주의와 개인주의의 발흥으로 촉발되었으며, 또한 사회구조의 변화로부터 기인한 것으로 교회 개혁을 간절히 요구하였던 대중들의 열망에 부응하여 종교개혁자들이 시대정신에 맞게 기독교의 형태를 재조정한 결과였다. 다시 말해서 종교개혁은 당시 교황권의 약화, 교육과 인쇄술의 발달로 교황권에 항거할 수 있는 사회적 요건이 마련된 상황에서 자유와 양심의 해방을 쟁취하기 위해 일어난 필연적인 사건이었다. "루터가 당시 암살을 당했어도 종교개혁은 일어났을 것이다."[16)]

당시 유럽은 정치적으로 단일국가 체제가 무너지면서 교황과 황제의 세력이 약화되어 지역 분할이 가속화되었다. 이러한 역사적 상황에서 세속 군주는 교황의 세력을 배제하고 종교를 직접 통제함으로써 자신의 권력을 강화하였고, 교회의 막대한 토지 재산을 몰수하여 재정을 충당하였다. 또한 경제적으로 봉건주의 체제가 붕괴되면서 초기 자본주의의 생산 양식과 함께 등장한 신흥 시민계급은 교황으로부터의 독립과 자신들의 이익을 대변할 강력한 국가 체제를 요구했으며 교황의 과세에 불만을 품고 국왕이 교회 재산을 몰수하는 데 적극적으로 협력하였다.[17)] 이러한 역사적 상황에서 루터의 종교개혁은 자의든 타의든 교황권에서 벗어나려는 민족주의적인 영주와 신흥 시민계급의 이익과 일치할 수밖에 없었다.[18)] 그것은 칼 마르크스(Karl Marx)의 말처럼 봉건

16) H. P. Smith, *Age of the Reformation*(New York: New York Holt, 1920), 743-750. 김주한, "종교개혁은 교파 분열의 발단인가?", 201-202에서 재인용.

17) 예를 들면 루터는 95개조 논제에서 면죄부 판매를 통해서 독일의 재산이 로마 가톨릭 교회로 들어가는 것을 강하게 비판하였다. 그 때문에 당시 영주와 신흥 시민계급은 루터의 입장을 적극적으로 지지하였으며 루터는 그들의 보호와 지원을 받으며 종교개혁을 하였다.

주의에서 자본주의로의 이행 과정에서 부르주아 시민들의 요구에 부응하여 일어난 첫 번째 계급 혁명이었다.[19]

이러한 종교개혁의 동기에 대한 역사적 해석은 종교적 동기의 한계를 극복하는 장점을 가지고 있다. 그러나 그것은 종교적 동기를 종교개혁의 종속변수로 취급하고 종교개혁을 역사의 필연적 사건으로 만들어 하나님의 섭리를 역사의 법칙과 동일시하거나 종교적 체험을 무시하는 한계가 있다. 따라서 종교개혁의 동기는 종교적 차원과 역사적 상황을 함께 고려하는 종합적 방법으로 평가해야 한다. 종교개혁은 종교개혁자들의 종교적 체험과 역사적 상황이 상호작용하면서 일어난 사건이기 때문이다.

3. 종교개혁 운동에 대한 평가

1) 불완전한 기독교의 본질 회복

종교개혁은 본래 루터가 "아우크스부르크 신앙고백서" 에서 밝힌 대로 로마 가톨릭 교회를 이탈하여 새로운 교회를 창설하려는 의도가 아니라 로마 가톨릭 교회 내부의 개혁 운동 또는 '종교 부흥 운동' 이었다.[20] 그것은 "로마 가톨릭주의의 세력과 희랍적 사변의 유혹을 극복하고 기독교의 근원적 본질을 그리스도 안에 계시된 하나님의 자비하신

18) L. Ragaz, *Von Christus zu Marx-von Marx zu Christus*(Hamburg: 1972), 15-16.

19) K. Marx/F. Engels, *Marx and Engels on Religion*, 51.

20) 존 딜렌버거/클라우드 웰취, 『프로테스탄트 교회의 역사와 신학』, 주재용 · 연규홍 옮김(오산: 한신대학교 출판부, 2004), 19.

의지라는 새로운 중심에 집약시키려는 노력이었다."[21] 즉 종교개혁은 부패한 로마 가톨릭 교회를 개혁하여 기독교의 본질을 회복하려는 신앙 운동이었다. 로마 가톨릭 교회 지도자들도 로마 가톨릭 교회의 적폐가 개신교의 발생과 성장 및 발달에 이바지했다고 공개적으로 인정하였다. 예를 들면 교황 아드리안 6세는 1523년 뉘른베르크 의회에서 성직자들, 특히 교황들과 성청의 성직자들의 폐해가 루터의 종교개혁을 촉발한 책임이 있다고 공개적으로 시인하고 성청의 개혁에 최대의 노력을 다할 준비가 되어 있다는 사실을 공표하도록 지시하였다. 이러한 가톨릭 교회의 입장은 제2차 바티칸 공의회(1962-1965)에서 다시 나타났다. 교황 바오로 6세는 제2차 바티칸 공의회 제2기 개막식에서 옵서버로 참석한 비가톨릭 종교 지도자들에게 가톨릭 교회가 기독교의 분열에 책임을 나누어지고 있다고 말하면서 갈라진 기독교 형제들에게 용서와 일치를 요청하였다.[22]

이러한 종교개혁 운동에 대한 평가는 중세 로마 가톨릭 교회가 '모두' 부패했다는 일반화의 오류를 전제하고 있으며,[23] 종교개혁이 교회의 본질을 회복한 '순수한 기독교 재발견 운동'이었다는[24] 과도한 평가에 기초한다. 하지만 종교개혁자들은 복음의 본질을 올바로 이해하지

---

21) J. L. 니브/ O. W. 하이크, 『기독교 교리사』, 431-432에서 재인용.

22) 하나님께서는 인간의 잘못, 특히 사제들과 고위 성직자들의 죄악 때문에 이처럼 큰 환난을 당하도록 허용하셨다. 일반 대중들의 죄는 종교 지도자들의 죄 때문에 비롯된다는 것이 성경이 분명히 선포하고 있는 바이다…영적 문제에 관한 부정, 계명의 파괴 등 모든 사건들이 다 최악의 상태로 나타나고 있다. 그러므로 우리는 과연 어떻게 하여 머리로부터 시작하여 온 지체가 다 병들어 있는가, 교황으로부터 성직자들이 다 고통에 신음하고 있는가 의아해할 이유가 하나도 없다"(김성태, "종교개혁은 왜 일어났는가?", 「사목」 67호[1980], 14-26 참조).

23) 박은구는 중세 교회가 모두 부패했다는 일반화의 오류를 비판하면서 '포괄형 모델'로 중세 유럽 상황을 파악해야 한다고 주장한다(박은구, "중세 유럽 교회의 부패: 어떻게 볼 것인가?", 「숭실사학」 제26집[2011], 391-416 참조).

24) 배한국 편, 『루터와 종교개혁: 지원용 박사 논문집』, 30.

못했을 뿐만 아니라 개인의 영혼 구원을 강조하는 칭의론으로 축소하였다.[25] 더군다나 종교개혁 이후 종교적 불관용을 체험한 대중은 폭력성, 공격성과 자기중심성이라는 측면에서 개신교와 로마 가톨릭 교회가 본질적으로 다르지 않다고 생각하였다.[26] 종교개혁은 그 파급효과에도 불구하고 불완전한 기독교의 본질 회복 운동이었다.

2) 보수적 신학 운동

종교개혁은 부패한 로마 가톨릭 교회를 바로잡으려는 종교개혁 혹은 종교 부흥 운동에 머문 것이 아니라 전혀 다른 새로운 유형의 신학을 확립하려는 '신학적 개혁' 또는 '교리적 운동' 이었다.[27] 루터 자신은 종교개혁이라는 말을 매우 드물게 사용했으며,[28] 종교개혁을 윤리보다는 교리(doctrine)에 대한 갱신의 의미로 사용하였다.[29] 그것은 성서의 재발견, 하나님의 은총의 강조와 이신칭의 교리에 대한 확신이었다. 즉 종교개혁은 "모든 자기중심적 종교를 반대하고 하나님께 대한 순수한 신 중심적 관계를 강조한 점에서 기독교 사상의 역사적 코페르니쿠스적 혁명" 이었다.[30]

종교개혁자들의 신학은 종교개혁 이후 개신교 신학의 주류를 형성하였다. 루터의 칭의론은 개신교 구원론의 근간이 되었으며, 칼빈의 사상은 유럽 교회사(예. 프랑스, 스코틀랜드, 네덜란드, 잉글랜드 등)

---

25) 이 문제는 3장에서 자세히 서술한다.
26) 김주한, "종교개혁은 교파 분열의 발단인가?", 209.
27) 윌리엄 A. 스코트, 『개신교 신학사상사』, 107.
28) Carter Lindberg, *The European Reformations*, 9.
29) 위의 책, 10.
30) J. L. 니브/O. W. 하이크, 『기독교 교리사』, 436에서 재인용.

에 영향을 주었다. 현대신학의 아버지로 불리는 슐라이어마허(F. Schleiermacher)는 하나님과의 인격적 만남을 강조한 루터 신학을 받아들여 기독교 신앙을 개인적 경험에 정초시켰고, 하나님의 절대 주권을 강조하는 칼빈 신학의 영향으로 모든 유한자 속에 현존하며 그것을 뒷받침하는 무한자를 주장하였다.[31] 특히 종교개혁자들의 신학은 20세기 신정통주의 신학에 큰 영향을 주었다. 칼 바르트의 신학은 '신개혁신학' (Neo-Reformation Theology)이라고 불리는데 루터의 죄와 은총을 더 깊은 차원에서 발전시켰고,[32] 칼빈주의적 전통에 충실한 관점에서 재해석하였다.[33]

그러나 루터의 신학 개혁은 매우 보수적이었다. 그는 아우크스부르크 신앙고백서에서 성 어거스틴(St. Augustine)으로부터 인간의 자연적 타락과 그 결과로 초래된 의지의 부패에 관한 교리를 받아들였고, "니케아 신조"와 "사도 신조"를 권위의 문서로 인정하였으며, 그리스도의 두 속성과 그 상호 관계에 대하여 칼케돈 신조를 따르는 "아다나시안 신조"를 높이 평가하였다.[34] 그것은 루터의 종교개혁이 예수 그리스도가 아니라 어거스틴 식으로 잘못 이해된 바울에게로 돌아가 하나님 나라의 복음을 이해하지 못한 증거이다.[35] 또한 루터가 하나님의 사랑에 대한 신뢰로 믿음을 재발견한 것은 위대한 공헌이나 그것을 실생활에 적용하지 못하고 교리 개혁에 머물렀다. 그래서 경건주의자들은 교회

---

31) 윌리엄 A. 스코트, 『개신교 신학사상사』, 164.

32) 폴 틸리히, 『19-20세기 프로테스탄트 사상사』, 293-294.

33) 후스토 L. 곤잘레스, 『기독교 사상사』, 김종희 옮김(서울: 기독교문서선교회, 2004), 211; 빌헬름 니젤, 이형기 외 옮김, 『빌헬름 니젤의 칼빈 신학 강의』(서울: 한들출판사, 2012)를 참고하라. 그러나 바르트는 종교개혁의 주관주의적 신학에서 객관주의적 신학으로 돌아갔다.

34) J. L. 니브/O. W. 하이크, 『기독교 교리사』, 432.

35) L. Ragaz, *Die Geschichte der Sache Christi*(Bern: 1945), 123.

개혁과 생활 개혁을 동시에 실현하는 제2의 종교개혁이 필요하다고 주장했으며, 경건주의 운동을 제2의 종교개혁과 일치시켰다.[36] 참으로 종교개혁은 그 혁명적 성격에도 불구하고 '신학적 일'이 되었으며, 단어의 의미대로 사회 개혁을 동반하지 않은 '종교' 개혁에 한정되었다.

3) 미온적 사회 개혁

종교개혁자들의 사회 개혁에 대한 미온적인 태도는 종교개혁의 지지층과 농민전쟁에 대한 루터의 태도에서 잘 나타난다. 루터와 칼빈의 종교개혁은 군주, 제후 또는 시의회 같은 세속 당국과 관련되어 일으킨 '연관 개혁'(magisterial reformation)에 속한다.[37] 루터는 종교개혁을 완수하기 위하여 현실 권력인 로마 가톨릭 교회에 대항할 수 있는 강력한 힘이 필요하였다. 그래서 그는 로마 가톨릭 교회의 간섭으로부터 벗어나려는 영주들과 신흥 시민계급과 손을 잡아야 했으며, 그 결과 그들에게 매우 적대적인 급진적 종교개혁자들이나 농민들을 외면할 수밖에 없었다.[38] 당시 농민들은 12개 조항을 넘어서 기존 질서의 완전한 전복, 일체의 신분 차별 폐지, 모든 요새와 성과 정부의 폐지와 국영화, 모든 불신자들의 파멸을 주장하였다.[39] 그것은 근본적으로 농민들의 권리를 위한 싸움이었다.[40] 농민들은 루터가 『그리스도인의 자유』에서 주장한

---

36) Carter Lindberg, *The European Reformations*, 16. 앨리스터 맥그래스, 『신학의 역사』, 16에서 재인용.

37) 앨리스터 맥그래스, 『신학의 역사』, 251.

38) 보름스 국회에서 종교재판을 받은 루터가 살아남을 수 있었던 것은 막강한 정치적 힘을 지닌 삭소니의 선제후 프레데릭 4세의 도움으로 바르트부르크 성으로 피신할 수 있었기 때문이다.

39) W. 뢰베니히, 『마르틴 루터, 그 인간과 그의 업적』, 박효용 옮김(서울: 성지출판사, 2002), 339.

40) 칼 하인츠 츠어 뮐렌, 『종교개혁과 반종교개혁』, 정병식 · 홍치윤 옮김(서울: 대한기독교서회 2003), 145.

전통적인 권위주의적 체제를 비판하고 복음 안에서 신앙에 의한 자유를 강조한 종교개혁 사상을 자신들의 삶에 적용하였다. 그 자유는 하나님의 말씀이 보장해 주는 인간의 권리였다.[41] 그들은 하나님의 말씀에 따라 자신들에게 부여된 권리를 16세기 사회 내에서의 권리와 적합하게 통합해 줄 것을 요구하였다.[42] 이러한 농민들의 요구는 영주들과 신흥 시민계급과 충돌할 수밖에 없었다.

루터는 농민들을 버리고 영주와 신흥 시민계급과 손을 잡았다. 그러나 루터가 처음부터 농민들에게 적대적인 것은 아니었다. 그는 튀빙겐에서 농민전쟁을 직접 체험한 후 입장을 바꾸었다.[43] 그는 『농민들의 살인과 강도질을 반대하여』에서 농민들이 첫째, 정부에 대한 복종의 의무를 손상시켰다고 주장했다. 둘째, 강도와 살인으로 공공의 지역 평화를 파괴하였고, 셋째, 자신들의 행위를 복음으로 정당화하여 복음을 남용하고 하나님을 비방하는 죄를 범했다고 비난하며, 정부는 모든 수단을 동원하여 농민들의 폭동을 진압하라고 요구하였다(WA 18, 361, 14ff.).[44] 그것이 정부의 합법적인 과제이기 때문에(WA 18, 357, 21ff.) "할 수 있는 자는 찌르고, 치고, 목을 조르라" (WA 18, 361, 25ff.)라고 촉구하였다.[45] 그러나 이러한 강경한 입장이 누구보다도 비텐베르크 종교개혁자들로부터 비판을 받게 되자, 루터는 1525년 7월 「농부들에 반

---

41) Peter Blickle, *Der Bauerkrieg, Die Revolution des Gemeinen Mannes*, Muenchen 2006, 54 이하. 정병식, "마틴 루터에 대한 윤리적 비판 재고찰", 「성경과 신학」 제62권(2012), 70에서 재인용.

42) 칼 하인츠 츠어 뮐렌, 『종교개혁과 반종교개혁』, 145-146. 농민들은 자신들의 권리를 복음에 명시된 성서적 권리와 신적인 권리로 이해하고 그 회복을 요구하였다. 농민전쟁은 종교개혁과 분리해서 생각할 수 없다(Karl Heussi, *Kompendium der Kirchengeschichte*, Tuebingen: Mohr & Siebeck, 1981, 291).

43) 그때 루터는 생명의 위험을 느꼈으며(WA 19, 278, 24), 그 경험을 이렇게 적었다. "그들은 타이르고 권면할수록 더욱 완고하고, 더욱 거만하고, 더욱 격노했다" (WA 18, 391, 24).

44) 칼 하인츠 츠어 뮐렌, 『종교개혁과 반종교개혁』, 152에서 재인용.

대하는 강경한 소책자에 관한 서신」에서 농민들이 공적인 폭동을 일으켰으며, 정부는 법으로 대처해야 한다고 다소 완화된 입장을 나타내었다.[46)]

W. 뢰베니히는 루터의 농민전쟁에 대한 반대 입장을 '질서 수호 의지'라고 변호하고,[47)] 손규태는 루터를 보수주의자로 평가하기는 곤란하며 그의 진술의 역사적 상황을 고려해야 한다고 주장하지만,[48)] 루터가 사회 개혁에 미온적이었다는 사실은 부정할 수 없다. 더군다나 루터가 농민들을 폭도로 규정하고 그들의 정당한 권리를 폭력으로 진압하도록 요구한 것은 새로운 사회질서를 꿈꾸었던 농민들의 희망을 무참히 짓밟은 것이다. 엥겔스(Friedrich Engels)는 『독일 농민전쟁』에서 종교개혁을 부르주아 시민 혁명으로 규정하고 서구 역사에서 최초의 프롤레타리아 혁명인 독일 농민전쟁이 실패한 이유를 종교개혁자들의 보수적 신학과 루터가 부르주아 귀족들을 의존했기 때문이라고 비판하였다.[49)] 동일한 맥락에서 리차드 니버(H. R. Niebuhr)도 이렇게 비판하였다. "종교개혁이 농민들과 기타 피착취 집단들의 종교적인 요구를 채워 주는 데 실패했고, 중산계급과 귀족들의 종교로 남았다."[50)] 즉 "루

---

45) W. 뢰베니히, 『마르틴 루터, 그 인간과 그의 업적』, 72, 348; 오언 채드윅, 『종교개혁사』, 서요한 옮김(서울: 크리스챤다이제스티, 1999), 60-61. 루터는 바인스베르크에서 대량학살 소식을 듣고 『살인하고 도둑질하는 농민 무리에 대항하여』를 썼다. 여기서 그는 군주들에게 요구하기를, "농민들에 합류해야 하는 가난한 사람들을 자유케 하고, 구하고, 돕고, 그리고 긍휼히 여기도록 군주의 칼을 휘두르고, 당신들은 사악한 사람들을 찌르고, 때리고, 죽일 수 있다"(60-61), "이 시기는 아주 예외적이어서 군주가 기도보다는 피 흘림에 의해서 보다 쉽게 천국을 얻을 수 있다"(61)라고 하였다. 그것은 무방비한 농민들에게 난폭 행위를 저지르게 하였다.

46) 칼 하인츠 츠어 뮐렌, 『종교개혁과 반종교개혁』, 153.

47) W. 뢰베니히, 『마르틴 루터, 그 인간과 그의 업적』, 348.

48) 손규태, 『개신교 윤리사상사』(서울: 대한기독교서회, 2001), 38. 1524년 혁명을 일으킨 농민전쟁은 독일 북부로부터 진압되기 시작하였는데 그 과정에서 농민군의 사망자 수가 10만~15만 명에 이르렀다.

49) 김주한, "종교개혁은 교파 분열의 발단인가?", 203.

터 교회는 공식적인 기성 교회가 되어 귀족과 중산층의 이해관계를 옹호하는 집단이 되었다."[51] 루터의 농민혁명에 대한 폭력적 진압은 그리스도 사건과 민중 사건을 분리한 '기독교의 그리스도로부터 이탈' 이었다.[52] 결국 영주와 신흥 시민계급을 기반으로 한 종교개혁은 개신교를 사회 개혁보다 개인의 영혼 구원을 강조하며 기층 민중보다는 부르주아의 정서에 맞는 중산층 교회로 만들었다.

4) 배타적인 폭력성

종교개혁의 극단적인 배타적 태도는 칼빈의 신정정치에서 잘 나타났다. 칼빈은 제네바를 개혁하기 위해 자신을 책임자로 하는 장로회를 조직하여 '교회 규정' 을 만들었고 그 규정에 따라서 예배 의식을 결정하고 제네바 시민의 품행과 행동을 단속하여 처벌하였다. 예를 들면 춤(예. 페랭의 투옥), 도박, 주정, 술집, 방종, 사치, 욕설과 험담, 연극 공연, 비신앙적인 노래, 점치는 행위와 마술을 금지하였다. 또한 고객들을 속이는 상인, 눈금을 속이는 사람, 높은 이자를 받는 사람, 높은 진료비를 받는 의사와 창녀들을 처벌했으며,[53] 심지어는 1년에 한 번씩 각 가정에 장로를 파견하여 신앙 상태를 점검하였다.[54]

---

50) 리차드 니버, 『교회 분열의 사회적 배경』, 노치준 옮김(서울: 종로서적, 1983), 32. 루터는 '슈바벤 농민들의 12대 조항에 대한 평화에의 권고' 에서(WA 18, 291-234) 제3항 노예제도의 폐지를 동의하지 않았다. 그는 역사적으로 조건 지어진 법적 관계를 복음의 이름으로 해소하는 시도를 반대하였다(칼 하인츠 츠어 뮐렌, 『종교개혁과 반종교개혁』, 151).

51) 리차드 니버, 『교회 분열의 사회적 배경』, 36; 노정선, 『기독교윤리학 개론』(서울: 대한기독교서회, 1987), 286.

52) L. Ragaz, *Von Christus zu Marx*, 174-175.

53) 오언 채드윅, 『종교개혁사』, 90.

54) 슈테판 츠바이크, 『폭력에 대항한 양심』, 안인희 옮김(서울: 자작나무, 1998), 70-83; T. H. L. 파커, 『존 칼빈의 생애와 업적』, 김지찬 옮김(서울: 생명의말씀사, 1986), 201-204.

칼빈은 또한 자신의 신학과 다른 주장을 하는 사람들을 처벌하였다. "그는 그 자신에 대한 반대를 하나님의 말씀에 대한 경멸과 일치시켰고, 그리고 그것을 때려눕혀야 한다는 것을 알았다."[55] 카스텔리옹(Sebastien Castellion)은 성서를 라틴어와 프랑스어로 번역했는데 일부 용어가 칼빈의 생각과 차이가 있으며, 아가서를 방탕한 연애서로 보았다는 이유로 제네바에서 추방을 당하였다.[56] 종교개혁의 배타적 폭력성을 나타내는 가장 대표적인 사건은 칼빈이 1553년에 세르베토(Servetus)를 화형한 일이다. 세르베토는 전통적인 삼위일체 교리와 다른 주장을 담은 『삼위일체론의 오류』와 칼빈의 『기독교 강요』를 비판한 책 『기독교의 재건』을 썼다는 이유로 화형을 당하였다. 이는 종교개혁의 신앙과 교리를 지킨 것이 아니라 전적으로 그것에 반하는 행동을 함으로써 한 인간을 희생시킨 일이며,[57] 볼테르(Voltaire)의 말처럼 개신교에서 일어난 최초의 '종교적 살인' 이었다.[58] 칼빈의 신정통치 처음 5년 동안에 13명이 교수형을 당하였고, 10명이 목이 잘리고, 35명이 화형당하고, 76명이 추방되었다. 심지어 간수장이 제네바 시 당국에 단 1명의 죄수도 더 받을 수 없다고 통보할 정도로 감방마다 죄수들로 가득 찼다.[59]

칼빈의 제네바에서의 신정정치는 일반적으로 하나님의 말씀에 절대 순종하여 기독교적 임무를 충실히 수행한 일이라고 긍정적으로 평가

55) 오언 채드윅, 『종교개혁사』, 90.
56) 슈테판 츠바이크, 『폭력에 대항한 양심』, 87-115.
57) 위의 책, 214.
58) 위의 책, 167.
59) 위의 책, 80. 칼빈은 사회 통제를 위해 당시 대중적이던 마녀사냥에 집착하였다(이혜령 외 7인, 『문화사』, 서울: 한국방송대학교 출판부, 2001, 431).
60) T. H. L. 파커, 『존 칼빈의 생애와 업적』, 198.

된다.[60] 하지만 다른 한편으로는 종교개혁의 배타성과 폭력성을 나타낼 뿐만 아니라 신앙과 교리에 대한 독단과 독선이 파시즘적 광기가 될 수 있다는 사실을 일깨워 주는 좋은 실례가 될 수 있다. 이것이 칼빈의 신정정치에서 배워야 할 또 하나의 교훈이다.

4. 종교개혁 신학에 대한 평가

종교개혁 이후의 개신교 신학은 종교개혁자들이 주장한 기본적인 신학적 통찰들, 곧 오직 성서로(sola scriptura), 오직 그리스도로(solus christus), 오직 은혜로(sola gratia), 오직 믿음으로(sola fide)와 오직 하나님께 영광을(soli deo gloria)의 계승이거나 그에 대한 반응이었다. 그것은 복음의 진리를 밝히는 데 크게 기여하였지만 그 자체를 온전한 복음의 진수와 하나님의 진리로 인정하여 교리화하는 일은 매우 위험하다. 종교개혁자들의 신학적 주장들은 당시 로마 가톨릭 교회와 대립하는 강력한 이론이었지만 오늘날 그 신학적 문제점이 낱낱이 드러나고 있기 때문이다.

1) 성서의 권위: 교회 전통의 상실

로마 가톨릭 교회는 교회가 성서를 규정했기 때문에 교회의 전통이 성서에 우선한다고 주장하였다. 그 결과 루터가 『교회의 바벨론 유수』에서 말한 것처럼 복음이 제도적 교회의 포로가 되었다. 즉 교회가 복음의 일꾼이 아니라 복음의 주인이 되었다.[61] 이에 대해 종교개혁자들은 성서의 권위를 교회 전통보다 우위에 두었다(sola scriptura). 그들은 교황, 공의회와 신학자들의 권위가 성서보다 아래에 있으며, 교회 안에서의 권위는 공직자의 권위가 아니라 하나님의 말씀에서 나온다고 주장하였다.[62] 특히 칼빈은 교회와 사회의 모든 제도와 규칙이 성서에 근거해야 한다고 주장하였다. "나는 하나님의 권위에 근거하고 성서에서 나온 인간의 제도만을 인정한다."[63] 참으로 성서는 종교개혁자들에게 신학의 근원이며 신앙의 규범이었다.

성서의 권위에 대한 강조는 성서를 교회 전통에서 해방하였지만 성서와 교회 전통을 분리하는 비극적 결과를 초래하였다. 그 후 개신교 역사는 이 성서와 전통의 분리를 영구화시키는 경향을 보였다.[64] 그러나 맥그래스(Alister E. McGrath)는 종교개혁자들이 성서의 권위를 강조한 것은 교회 전통을 부정한 것이 아니었다고 주장한다. 급진적 종교개혁자들이 교회 전통을 완전히 부정했다면, 종교개혁자들이 문제 삼은 것은 주로 '제2전통' 이었다. 하이코 A. 오버만(Heiko A. Oberman)에 의하면, 중세 말기에는 상이한 제1전통과 제2전통이 있었는데 제2전통은 교리의 이중근원 이론이었다. 즉 교회는 두 가지 상이한 근거인 성서와 글로 쓰이지 않은 전통에 근거한다. 그래서 성서에서 찾을 수 없는 믿음은 교회 전통에서 원용해 근거를 밝힐 수 있다.[65] 종교개혁자들은 바로 이 제2전통을 비판했다는 것이다. 하지만 이러한 긍정적 평가에도 성서와 교회 전통의 분리라는 근본적인 문제는 해결되지 않는다. 종교개혁자들이 교회 전통보다 성서의 권위를 우위에 둔 것은 부정할

61) 앨리스터 맥그래스, 『신학의 역사』, 259.
62) 위의 책, 278.
63) 위의 책, 275에서 재인용.
64) 윌리엄 A. 스코트, 『개신교 신학사상사』, 49.
65) 앨리스터 맥그래스, 『신학의 역사』, 282-283.

수 없는 사실이기 때문이다. 그 결과 루터는 기독교를 파편화시켰고 가톨릭 교회는 전통을 강조하여 하나님의 말씀을 인간의 목적에 종속시켰다.[66]

성서의 권위에 대한 지나친 강조는 성서와 교회 전통을 완전히 분리시켰을 뿐만 아니라 종교개혁 이후 정통주의자들의 '성서축자영감설'을 통해 성서를 살아 있는 하나님의 말씀이 아니라 죽은 책으로 만들었다. 더군다나 종교개혁자들은 "오직 성서로"의 원리를 로마 가톨릭 교회의 신학적 대응 논리로 사용하였을 뿐 신앙생활에 철저하게 적용하지 못하였다.[67] 그것은 급진적 종교개혁자들의 반응에서 나타났다. 급진적 종교개혁자들은 성서의 말씀에 충실하기 위하여 기존 교회에서 탈퇴하여 신약성서가 주장하는 초기 교회 공동체로 돌아가자고 주장하였다.[68] 또한 종교개혁자들의 성서와 교회 전통의 분리는 성서 해석의 판단을 개인의 주관적 판단에 맡기었기에 객관적 기준을 상실하는 결과를 가져왔다. 이는 기독교의 공동체적 신앙을 개인주의적이며 주관주의적인 신앙으로 전락시켰다.

2) 칭의론: 개인의 영혼 구원

칭의론은 종교개혁의 '실질 원리'로서[69] 로마 가톨릭 교회에 대항하

66) 윌리엄 A. 스코트, 『개신교 신학사상사』, 50.
67) 위의 책, 82.
68) 위의 책, 84-89.
69) 폴 틸리히, 『19-20세기 프로테스탄트 사상사』, 22.
70) 벵트 헤그룬트, 『신학사』, 박희석 옮김(서울: 성광문화사 1989), 297. 루터의 생애에서 가장 결정적인 사건은 로마서 1:17에 나오는, 하나님의 의란 심판하고 강요하는 의가 아니라 은혜 가운데 하나님에 의해 주어지는 의라는 것을 발견한 일이다.

는 가장 강력한 도구였으며, 교회를 서게도 하고 넘어지게도 하는 종교개혁의 핵심적인 신학 사상이었다.[70] 루터는 교황의 사죄 능력, 죽은 자를 위한 속죄권의 효력, 마리아와 성자들의 공덕 및 헌금으로 사죄의 근거를 삼는 신앙을 반박하면서 믿음에 의해 구원을 받는다(sola fide)는 칭의론(justification by Faith)을 주장하였다.[71] 그 내용을 간략하게 요약하면, 인간은 죄인이므로 하나님이 요구하는 의를 충족시킬 수 없다. 그래서 예수 그리스도가 십자가의 죽음을 통해서 하나님의 형벌적 정의를 충족시켰고, 그 예수 그리스도의 의(외적인 의, 낯선 의 alien righteousness)가 믿음을 통해서(sola fides) 우리에게 전가되어(전가된 의 imputed righteousness, 즐거운 교환) 구원을 받게 되었다는 것이다. 그것은 죄인에게 값없이 주시는 하나님의 은총의 결과다(sola gratia). 칭의론은 당시 로마 가톨릭 교회의 가르침과 완전히 달랐다. 로마 가톨릭 교회는 어거스틴의 은총론에 근거해서 칭의를 '의롭다는 선언'과 '의롭게 되는 과정'을 모두 포함하는 것으로 이해하였다. 하지만 루터는 로마서 1장 17-18절의 "하나님의 의"를 새롭게 해석하여 칭의를 의롭다는 선언으로, 중생과 성화를 의롭게 되는 과정으로 이해하였다.[72]

칭의론은 종교개혁 이후 개신교 구원론의 정석이 되었다. 하지만 칭의론은 복음의 핵심적 본질이 아니며 많은 신학적 한계를 가지고 있다. 칭의론에 대한 비판은 크게 여섯 가지로 요약할 수 있다. 첫째, 칭의론은 신앙을 지나치게 강조하여 기독교적인 삶의 실천을 약화시켰다.[73] 둘째, 칭의론은 필립 멜랑히톤(Philipp Melanchthon)에 의해 '법리적

71) J. L. 니브/O. W. 하이크, 『기독교 교리사』, 427.
72) 앨리스터 맥그래스, 『신학의 역사』, 295-296; J. L. 니브/O. W. 하이크, 『기독교 교리사』, 433.
73) 임태수, "행함 없이 구원 없다", 『제2의 종교개혁과 민중신학: 한별 임태수 교수 기념논문집』(서울: 한들출판사, 2007), 77-105. 루터는 '그리스도인의 삶의 질적 변화'를, 칼빈은 '삶 안에서 발전의 가능성'을 강조하였다(앨리스터 맥그래스, 『신학의 역사』, 262).

의인론' (forensic justification)으로 발전하였다. 여기서 칭의는 효과적인 구원이 아니라 법적인 구원을 의미한다. 셋째, 하나님을 희생을 요구하는 폭력적인 분으로 만들었고, 우리를 위한 예수 그리스도의 십자가의 희생을 주술적 의미로 전락시켰다.[74] 넷째, 하나님 나라의 복음을 개인의 영혼 구원으로 축소시켰다.[75] "오직 믿음으로"에서 믿음은 역사가 아니라 개인과 관련되어 있기 때문에[76] 루터파 신학은 일반적으로 정치적 세계의 역사적 일들을 효과적으로 다룰 수 없다. 그 결과 칭의론은 하나님의 정의에 관하여 성서가 말하는 많은 부분을 상실하였다.[77] 본질적으로는 하나님 나라의 복음의 상실이다. 그것이 종교개혁의 한계이며, '종교개혁의 타락' 이다.[78] 다섯째, 루터는 당시 로마 가톨릭 교회의 경향에 반대하여 구원에 있어서 하나님의 역할을 강조하고 인간의 역할을 약화시켰다. 그래서 하나님이 인간을 의롭게 만든 후에도 인간은 여전히 타락한 존재로서 자신의 구원에 대하여 어떠한 긍정적인 공헌도 할 수 없다고 보았다.[79] 그것은 인간의 능력을 제한시키는 것이다. 구원에 있어서 하나님과 인간의 역할 중에 어느 한쪽을 지나치게 강조하는 것은 '기독교의 왜곡' 이다. 하나님이냐 인간이냐의 양자택일이 아니라 '하나님과 인간' 이라는 방식으로 긴장을 보존해야 한다.[80] 여섯째, 칭의론은 하나님과 인간의 왜곡된 관계를 의미하는 종교

74) 안병무, 『생명을 살리는 신앙』(천안: 한국신학연구소, 1997), 147, 152-154.

75) 윌리엄 A. 스코트, 『개신교 신학사상사』, 9-10. 루터의 일생에서 핵심은 바로 그가 하나님과의 바른 관계를 강력하고도 성실하게 추구했던 것이다. 트렌트 종교회의는 1547년 1월 13일에 칭의에 관한 법령을 발표하였다. 칭의에 관한 것은 트렌트 종교회의 중 가장 중요한 결정이었다. 트렌트 종교회의는 프로테스탄트의 칭의론을 반대하고 믿음과 선행 위에 칭의가 기초한다고 발표하고 믿음을 점진적 행위(progressive work)로 취급하였다.

76) 앨리스터 맥그래스, 『신학의 역사』, 289.

77) 후스토 L. 곤잘레스, 『기독교 사상사』, 181-182.

78) L. Ragaz, *Die Bibel* 6(Zürich: 1950), 169; J. L. 니브/O. W. 하이크, 『기독교 교리사』, 429.

79) 윌리엄 A. 스코트, 『개신교 신학사상사』, 46.

적 죄(Sünde)에 관심을 가졌기 때문에 인간과 인간의 관계에서 발생하는 사회적 죄(Schuld)에 대해서는 무관심하다. 그래서 가해자의 용서에 관심을 가지고 피해자의 입장을 고려하지 않는다.

칭의론은 종교개혁의 핵심 사상이요 로마 가톨릭 교회와 싸우는 가장 강력한 도구였지만, 하나님 나라의 복음을 개인의 영혼 구원으로 축소시켰다. 그래서 종교개혁 이후 루터의 생각과는 다르게[81] 지나친 신앙의 강조로 신앙과 행위를 분리하게 만들었고 개신교의 사회적 윤리를 약화시켰다.

3) 하나님의 절대 주권: 인간의 노력 배제

제2세대 종교개혁자인 칼빈은 대부분 루터의 핵심적인 신학 사상인 하나님의 절대 은총에 의한 구원, 하나님의 말씀의 권위에 대한 강조, 강력한 인격적 신앙의 필요성과 확신 등을 이어받았지만 하나님에 대한 이해에서는 다른 길을 걸었다. 루터는 인간의 구원 문제에 집중하였기 때문에 '인간을 위해' 하나님이 존재하는 인간 중심주의를 반영했지만, 칼빈은 '하나님을 위해' 인간이 존재한다는 신 중심주의를 강조하였다.[82] 따라서 칼빈 신학을 지배하는 세 가지 기본적인 개념은 하나

80) 윌리엄 A. 스코트, 『개신교 신학사상사』, 46-47.

81) M. Luther, *The Freedom of a Christian* in *Luther's Works*, vol. XXXI, ed., Harold J. Grim (Philadelphia: Muhlenberg Press, 1957), 361. 루터의 신앙에 대한 강조는 선행을 부정하지 않는다. "그렇지 않다. 이 사악한 인간들아. 그렇지 않다…나는 선행을 금하지 않았다. 신앙이나 의인이 행함으로부터 오는 것이 아니라 행함이 신앙과 의인으로부터 온다." 다시 말해서 좋은 나무가 좋은 열매를 맺듯이 먼저 하나님의 은총으로 선한 인간이 되어야 하며 선행은 신앙을 통해서 성취된 구원의 결과이다. 또한 윌리엄 A. 스코트, 『개신교 신학사상사』, 24. "선행이 인간을 선한 인간으로 만드는 것이 아니라 선한 인간이 선행을 한다."

82) 윌리엄 A. 스코트, 『개신교 신학사상사』, 57-58. 루터의 최종적인 본문은 "의인은 믿음으로 살 것이다"이며, 칼빈은 "당신의 뜻이 이루어지이다"(오언 채드윅, 『종교개혁사』, 95).

님의 절대 주권과 오직 하나님에게 영광을, 그리고 두 개념에서 나오는 필연적 결과인 예정론이다. 즉 칼빈이 성서에서 발견한 것은 루터와는 달리 하나님의 위엄과 신비와 초월이었다.[83] 하나님에 대한 절대성의 강조는 특히 초기 칼 바르트의 신학에서 다시 나타났다. 바르트는 『로마서 강해』 2판에서 하나님과 인간의 질적 차이, 전적 타자로서의 하나님의 절대성을 강조하였다.

하나님의 절대성에 대한 칼빈의 주장은 오직 하나님의 영광만을 위해 일해야 하는 인간의 책임과 의무를 강조하였다. 그래서 개혁 교회는 '강한 행동주의적 경향' 을 가지게 되었다. 개혁 교회는 우선 복음을 모든 민족에게 전파하여 하나님께 영광을 돌려야 할 의무가 신도들에게 있음을 강조하여 루터 교회와는 달리 강한 '선교적 지향성' 을 가지고 있다.[84] 또한 칼빈의 이자 금지의 해제, 교역과 산업은 하나님의 영광을 위하여 행해져야 한다는 주장은 좋은 노동자와 경영인을 만들어 근대 사회와 자본주의의 발전에 큰 영향을 주었다. 그것은 새로운 상업 문명을 받아들여 부의 축적, 자유방임과 직업 소명 의식의 근거를 제공했으며, 17세기 영국과 네덜란드의 청교도들을 통해 부르주아의 이데올로기로 발전하였다.[85] 특히 칼빈의 예정론은 인간이 스스로의 구원을 확신하면서 세속적인 직업 활동과 금욕적인 일상생활을 영위해야 한다고 강조하였다. 그것은 근대적인 직업관과 금욕적인 생활윤리를 제공하여 자본주의의 발전에 크게 기여하였다.[86]

---

83) 윌리엄 A. 스코트, 『개신교 신학사상사』, 77.

84) 위의 책, 53.

85) J. L. 니브/O. W. 하이크, 『기독교 교리사』, 550. 가장 대표적인 예는 영국의 종교개혁이다. 그것은 왕권의 강화와 자본주의의 성장을 반영한다. 영국 튜더(Tudor) 왕실의 헨리 8세는 영국 교회를 로마로부터 분리시키고 스스로 그 수장임을 선포하여 절대주의 체제를 굳혔다.

86) 정승훈, 『종교개혁과 21세기』(서울: 대한기독교서회, 2003), 162.

이러한 칼빈 신학의 긍정적 평가에도 불구하고 하나님의 절대 주권의 극단적인 강조는 인간의 노력을 배제하였고, 칼빈의 예정론은 이중 예정론으로 이해되어 하나님을 인간의 자유를 억압하는 폭군으로 만들었다. 성서는 하나님의 주권을 절대적으로 무제약적인 것으로 보지 않는다. 하나님이 인간의 운명을 전적으로 결정한다는 주제와 인간이 자신의 운명의 결정에 참여한다는 주제는 항상 공존해야 한다. 그 어느 한쪽을 경시하거나 배제해서는 안 된다. 하나님의 절대 주권의 강조가 인간의 자유의 고결성을 위협할 수 없다.[87)]

4) 두 왕국론: 소극적인 저항권

루터는 두 왕국론(혹은 두 정부론)을,[88)] 칼빈은 내적 통치와 외적 통치를 통해서 교회와 국가의 분리를 주장했지만 급진적 종교개혁자들과는 달리 국가의 필요성을 부정하지 않았다.[89)] 그들은 혼란과 무질서를 방지하고 그리스도인들의 생활 복지와 생활 질서를 위한 구제책으

87) 윌리엄 A. 스코트, 『개신교 신학사상사』, 78; Robert M. Brown, "Classical Protestantism", in *Patterns of faith in America Today*, F. Ernest Johnson(ed.)(New York: Harper & Brothers, 1957), 23.

88) T. F. 토란스, 『종교개혁자들의 종말론』, 백철현 옮김(천안: 기민사, 1987), 43. 루터는 두 나라를 구분하면서 영적인 나라와 육적인 나라, 은혜의 나라와 이성의 나라, 신앙의 나라와 행위의 나라, 그리스도의 나라와 황제의 나라, 영원한 나라와 시간적인 나라, 듣는 나라와 보는 나라, 하늘나라와 세상 나라, 하나님 나라와 인간의 나라 등 풍부한 표현을 사용하였다.

89) 루터는 "아우크스부르크 신앙고백서" 제16조와 제28조에서 교회와 국가의 분리를 주장했지만 사소한 교회 행정은 제후들의 손에 맡겨야 하며 일반 회의를 통해서 교회를 통치해야 된다고 주장하였다(J. L. 니브/O. W. 하이크, 『기독교 교리사』, 425-426).

90) 존 딜렌버거/클라우드 웰취, 『프로테스탄트 교회의 역사와 신학』, 84-85. 하나님은 세속 정부와 영적 정부를 통해 통치하는데, 세속 정부는 검과 세속적인 법을 통해서 육체, 재산, 외적인 평화를 관장하고, 영적 정부는 선포되는 말씀을 통해서 영혼, 인간의 양심, 종말론적인 하나님의 통치의 도래를 주관한다(칼 하인츠 츠어 뮐렌, 『종교개혁과 반종교개혁』, 153).

로 국가의 필요성을 인정하였다.[90] 칼빈에 의하면 국가가 평화와 질서를 유지해야 하고, 올바른 교리와 예배가 유지되도록 노력해야 하며, 계명을 범하는 모든 죄를 처벌해야 한다면, 교회는 종교와 도덕 문제에서 국가를 지휘하고, 국가가 세계를 기독교화하고 사회질서와 전체 문명 속에 기독교의 모든 윤리적 원리를 실천하도록 도와야 한다.[91]

종교개혁자들은 국가에 대해 매우 소극적인 저항권을 인정하였다. 루터는 처음에는 1522년 12월에 쓴 『세상 정부에 대하여, 어느 정도까지 복종해야 하는가』에서 두 나라와 두 정부를 구분하고 백성은 저항할 권리가 없으며 사랑으로 불의를 감내할 의무만을 가지고 있다고 주장했지만, 1530년 이후 영적 폭군에 대한 교회 안에서의 저항 의무, 적법한 정부의 육체적 폭군에 대한 수동적 저항과 적법한 정부를 빼앗은 찬탈자에 대한 시민으로서의 적극적 저항을 인정하였다.[92] 그러나 루터의 국가에 대한 저항권은 언제나 수동적이며 소극적이었다. 이는 농민전쟁을 진압하기 위해 강경한 공권력을 요구한 루터의 태도에서 잘 나타난다.[93] 그는 농민들이 종교개혁을 잘못 이해하고 있다고 주장하면서 폭정에 대한 공포보다 무정부 상태의 혼란을 더 큰 공포로 느꼈다.[94] 그래서 루터는 『세속 정부와 영적 정부의 구분을 상시하며』(1523)에서 두 정부의 혼동을 경고하며 농민들의 경제적 · 사회적 요구를 기독교인의 영적 자유와 구별하고 농민들의 요구는 세속 정부의 관할 사항이며 영적 정부의 일이 아니라고 주장하였다.

칼빈도 조직된 국가 권위에 복종할 것을 권유하였다. '개인' 은 통치

91) J. L. 니브/O. W. 하이크, 『기독교 교리사』, 548-549.
92) 정병식, "마틴 루터에 대한 윤리적 비판 재고찰", 85-86.
93) 위의 글, 69.
94) 존 딜렌버거/클라우드 웰취, 『프로테스탄트 교회의 역사와 신학』, 85.

자가 폭군이며 임무를 게을리 하는 경우에도 충성을 해야 하는데 그 이유는 통치자의 임명과 지배권이 오직 하나님으로부터 오기 때문이라고 생각했다. “우리는 가장 사악한 폭군이라도 주께서 그에게 주신 신분에 합당한 영예로 그를 존중하기를 주저해서는 안 된다.”[95] 그는 잔인한 폭군의 통치에 대하여 “우리는 그들을 섬기고 살아가는 길 이외에 다른 도리가 없다”라고 말하였다. 오직 한 가지 예외는 통치자가 하나님의 뜻과 반대되는 일을 할 때는 항거해야 한다고 보았다. 그러나 그것도 개인이 아니라 ‘낮은 통치 기관’ 이 높은 통치 기관에 대해서만 가능했다.[96]

루터와 칼빈의 사상은 교회의 간섭에서 세속 군주를 해방시켰으며, 당시 사회의 주요 세력이었던 귀족과 부르주아의 입장에서 정치사회적 문제를 검토하면서 절대주의 체제에 대한 비판과 근대 정치 사상을 발전시켰다. 그러나 루터의 두 왕국론은 1555년 독일 종교분쟁을 타결하였던 아우크스부르크 종교회의에서 신앙 공동체에 대한 통제권을 세속 군주에게 부여하였고 기득권자들을 옹호하였다.[97] 그 후 그것은 전제주의와 독재주의와 독일 국가사회주의가 일어나게 하는 원인이 되었다.[98]

또한 루터의 두 왕국론은 교황의 세속 군주에 대한 지배를 배제하고 정교 분리의 원칙에 정초를 놓았지만 하나님 나라를 개인의 영혼과 저 세상을 위한 희망으로 만들었다. 따라서 교회는 예수 그리스도가 요구

95) J. L. 니브/O. W. 하이크, 『기독교 교리사』, 549.

96) 위의 책, 550.

97) 1555년 독일 종교분쟁을 타결했던 아우크스부르크 종교회의는 루터의 권위주의적인 노선에 따라 종교 선택의 권한, 곧 신앙 공동체에 대한 통제권을 세속 군주에게 부여하였다. 그 후 세속 통치자가 교회 수장을 겸했으며, 성직자들은 국가에 봉사하는 공무원의 성격을 지니게 되었다.

98) L. Ragaz, *Die Geschichte der Sache Christi*, 135-136.

한 사회 구원을 상실하였으며, 하나님 나라의 도래를 위한 인간의 노력과 행동을 무시하였다. 인간은 오직 기도와 희망 속에서 하나님 나라의 도래를 기다릴 뿐이다. 그와 함께 종교개혁은 그 혁명적 성격에도 불구하고 '신학적 일' 이 되었으며, 사회 개혁을 동반하지 않은 '종교'의 개혁에만 한정되었다.

5. 나가면서

16세기 종교개혁은 부패한 교회를 개혁하고 불의한 사회를 변화시킨 역사적인 사건이었지만 미완의 혁명으로 끝났다. 그것은 처음부터 태생적 한계를 가지고 있었다. 종교개혁자들의 신학적 주장들은 당시 로마 가톨릭 교회에 대항하는 강력한 이론이었지만 상술한 것처럼 그 신학적 한계를 가지고 있다. 특히 칭의론은 예수 그리스도의 사역을 개인의 영혼 구원으로 축소했으며, 두 왕국론은 교회의 사회적 책임성을 약화시켰다. 또한 영주와 신흥 시민계급을 기반으로 한 종교개혁은 농민혁명을 폭력으로 규정하여 진압하였고 개신교를 부르주아의 정서에 맞는 중산층 교회로 만들었다. 실로 16세기 종교개혁은 신학 개혁을 통한 '종교' 개혁을 추구하였지 사회를 개혁하는 데는 관심이 부족하였다.

그러므로 한국 교회의 과제는 종교개혁자들의 신학적 주장들을 교리화하여 신앙의 절대 규범으로 만드는 일이 아니라 종교개혁의 한계를 극복하고 종교개혁의 정신을 계승하는 일이다. 그것은 철저하게 하나님 말씀에 근거한 저항 정신이다. 한국 교회는 '모든' 삶의 영역에서 이 저항 정신을 실현해야 한다. 그것이 미완의 혁명으로 끝난 16세기의 종교개혁을 완성하는 일이다. 교회는 본질적으로 개혁된 교회(reformed church)가 아니라 개혁하는 교회(reforming church)이기 때문이다.

◆ 참고문헌

김성태, “종교개혁은 왜 일어났는가?”, 「사목」 67호(1980).
김주한, “종교개혁은 교파 분열의 발단인가?”, 「한국교회사학회」 제28집(2011).
노정선, 『기독교 윤리학 개론』, 서울: 대한기독교서회, 1987.
류장현, 『하나님 나라와 새로운 사회』, 수원: 도서출판 동신, 2000.
리차드 니버, 『교회 분열의 사회적 배경』, 노치준 옮김, 서울: 종로서적, 1983.
박은구, “중세 유럽 교회의 부패: 어떻게 볼 것인가?”, 「숭실사학」 제26집(2011).
배한국 편, 『루터와 종교개혁: 지원용 박사 논문집』, 서울: 컨콜디아사, 1993.
벵트 헤그룬트, 『신학사』, 박희석 옮김, 서울: 성광문화사, 1989.
빌헬름 니젤, 『빌헬름 니젤의 칼빈 신학 강의』, 이형기 외 옮김, 서울: 한들출판사, 2012.
손규태, 『개신교 윤리사상사』, 서울: 대한기독교서회, 2001.
슈테판 츠바이크, 『폭력에 대항한 양심』, 안인희 옮김, 서울: 자작나무, 1998.
안병무, 『생명을 살리는 신앙』, 천안: 한국신학연구소, 1997.
앨리스터 맥그래스, 『신학의 역사』, 소기천 · 이달 · 임건 · 최춘혁 옮김, 서울: 지와 사랑, 2005.
윌리엄 A. 스코트, 『개신교 신학사상사』, 김쾌상 옮김, 서울: 대한기독교출판사, 1999.
오언 채드윅, 『종교개혁사』, 서요한 옮김, 서울: 크리스챤다이제스트, 1999.
이혜령 외 7인, 『문화사』, 서울: 한국방송대학교 출판부, 2001.
임태수, 『제2의 종교개혁과 민중신학: 한별 임태수 교수 23년 근속 및 정년기념 논문집』, 서울: 한들출판사, 2007.
정병식, “마틴 루터에 대한 윤리적 비판 재고찰”, 「성경과 신학」 제62권(2012).
정승훈, 『종교개혁과 21세기』, 서울: 대한기독교서회, 2003.
존 딜렌버거/클라우드 웰취, 『프로테스탄트 교회의 역사와 신학』, 주재용 · 연규홍 옮김, 오산: 한신대학교 출판부, 2004.
칼 하인츠 츠어 뮐렌, 『종교개혁과 반종교개혁』, 정병식 · 홍치윤 옮김, 서울: 대한기독교서회, 2003.
패트릭 콜린슨, 『종교개혁』, 이종인 옮김, 서울: 을유문화사, 2004.
폴 틸리히, 『19-20세기 프로테스탄트 사상사』, 송기득 옮김, 서울: 한국신학연구소, 1980.
후스토 L. 곤잘레스, 『기독교 사상사』, 김종희 옮김, 서울: 기독교문서선교회,

2004.
J. L. 니브/O. W. 하이크, 『기독교 교리사』, 서남동 옮김, 서울: 대한기독교서회, 1992.
T. F. 토란스, 『종교개혁자들의 종말론』, 백철현 옮김, 천안: 기민사, 1987.
T. H. L. 파커, 『존 칼빈의 생애와 업적』, 김지찬 옮김, 서울: 생명의말씀사, 1986.
W. 뢰베니히, 『마르틴 루터, 그 인간과 그의 업적』, 박효용 옮김, 서울: 성지출판사, 2002.
Peter Blickle, *Der Bauerkrieg, Die Revolution des Gemeinen Mannes*, Muenchen, 2006.
Robert M. Brown, "Classical Protestantism", in: *Patterns of Faith in America Today*, ed. F. Ernest Johnson, New York, Harper & Brothers, 1957.
Herold J. Grimm, *The Reformation Era 1500-1650*, New York: Macmillan, 1973.
Karl Heussi, *Kompendium der Kirchengeschichte*, Tuebingen Mohr & Siebeck, 1981.
Robert Kolb, *Martin Luther as Prophet, Teacher, Hero, Image of the Reformer 1520-1620*, Grand Rapids: Baker Books, 1999.
Carter Lindberg, *The European Reformations*, Cambridge: Blackwell Publishers, 1996.
M. Luther, *The Freedom of a Christian* in *Luther's Works*, vol XXXI, ed., Harold J. Grim, Philadelphia: Muhlenberg Press, 1957.
K. Marx/F. Engels, trans., Andy Blunden. *Marx and Engels on Religion*, Progress Publishers, 1958.
Leonhard Ragaz, *Die Geschichte der Sache Christi*, Bern, 1945.
______________, *Die Bibel 6*, Zürich, 1950.
______________, *Von Christus zu Marx-von Marx zu Christus*, Hamburg, 1972.
H. P. Smith, *Age of the Reformation*, New York: New York Holt, 1920.

7
한국 교회에 대한 한국 사회의 인식[1)]

곽혜원 박사(21세기교회와신학포럼 대표)

1. 한국 교회에 대한 한국 사회의 부정적 인식의 실태

한국 사회의 반(反)기독교 정서가 갈수록 심화되고 있다. 특별히 인터넷을 중심으로 안티(anti) 기독교 운동이 급속도로 확산되고 있는데, 이는 단순히 인터넷에 올라온 기독교 관련 기사에 악성 댓글을 달면서 기독교를 비방 · 악담하는 수준에 그치지 않는다. 수많은 안티 기독교 사이트가 결성되어 반기독교 운동을 조직적으로 전개하는 양상으로까지 치닫고 있다. 2003년 안티 기독교 운동의 기치를 들고 '반기독교시민운동연합' (이하 반기련)[2)]이 출범한 이래로, 현재 온라인상에서 활동하는 안티 기독교 사이트(클럽안티기독교, 디시인사이드종교갤러리,

1) 이 글은 개혁주의이론실천학회 주최 "제7회 샬롬나비 학술대회"(2013. 11. 22)에서 발표한 글이다.

2) "이 사회에서 기독교가 패악질을 일삼지 못하도록 기독교를 박멸하겠다"라고 창립 선언문에서 밝힌 반기련은 기독교를 마치 모기나 바퀴벌레처럼 우리 사회에서 박멸해야 할 해충으로 간주하면서 기독교를 향해 선전포고를 하고 있다.

기독교비평, 안티예수, 안티뉴스 등)는 그 정확한 수효를 헤아리기 어려울 만큼 우후죽순처럼 확산되고 있다. 각종 포털 사이트의 게시판이나 개인과 단체가 운영하는 카페 및 블로그에서 이루어지는 안티 활동을 감안한다면, 수효에 산정된 곳은 빙산의 일각에 불과하다.

이들 안티 기독교 세력들은 성서의 권위를 훼손하고 그리스도인들의 배교를 종용함으로써 최종적으로 기독교 박멸을 목표로 삼고 있다. 일례로 반기련은 성경이 공갈과 협박으로 시작해서 악담과 저주를 보여주는 무지막지한 악서(惡書)라고 규정하면서, '바이블(Bible) 19금 지정 촉구를 위한 천만인 서명 운동' (19세 미만 청소년에게 성경을 금서로 하자는 청원 활동)을 현재 벌이고 있다. 또한 안티 기독교 단체들은 그리스도인이 기독교 신앙을 믿는 것과 교회에 출석하는 것을 수치스럽게 느끼도록 하여 신앙을 버리고 교회를 떠나도록 집요하게 부추긴다. 학교나 직장, 각종 온·오프라인 모임에서 그리스도인임을 밝힐 경우 다른 구성원들로부터 조롱이나 따돌림을 당하는 일이 다반사로 일어남으로써, 최근 한국 사회에서 한국 교회는 '공공의 적' 취급을 받는다고 해도 과언이 아니다. 이를 통해 안티 기독교 세력들이 종국적으로 겨냥하는 것은 다름 아닌 그리스도인의 배교, 교회의 몰락, 곧 기독교의 박멸이다. 더더욱 우려스러운 일은 인터넷 문화에 절대적 영향을 받고 있는 청소년들과 젊은이들이 이들의 활동에 직접적으로 노출되어 있는 현실이다.

주지하는 바와 같이, 여기서 기독교라 함은 개신교, 곧 한국 교회에만 국한된다고 볼 수 있다. 현재 쇠퇴일로에 있는 한국 개신교회와 달리,[3] 한국 가톨릭 교회는 나날이 부흥·성장하고 있기 때문이다. 최근 우리나라 개신교와 가톨릭은 그 명암이 극명하게 엇갈리고 있다. 한국갤럽의 『한국인의 종교와 종교의식 조사』(1984, 1989, 1997, 2004)와 통계청의 『인구주택 총조사』(2005)에 근거하여 양자의 교세를 살펴보면, 개신교 인구는 1985~1995년 사이 227만 명 증가하여 35.0%의 높은 교회 성장률(교인 증가율)을 보였지만, 1995~2005년 사이 교인 수가 876만 명에서 862만 명으로 14만 명 감소하여 1.6%의 마이너스 성장률을 나타냈다.[4] 이에 반해 가톨릭은 1985~1995년 사이 약 110만 명이 늘어나 58.2%의 높은 성장률을 보인 데 이어, 1995~2005년 사이에는 교인 수가 295만 명에서 515만 명으로 220만 명이나 증가하여 74.4%의 경이적인 성장을 이룩하였다.

그러나 무엇보다 안타까운 현실은, 개신교가 종교 이탈자(다른 종교로 개종하거나 무종교인이 된 사람)가 가장 많은 종교(760만 명)인 데 반해,[5] 가톨릭(180만 명)은 종교 이탈자가 가장 적은 종교로 드러난 사실이다. 또한 종교 지도자 자질에 관한 조사에서 가톨릭 지도자에 대해서는 31.8%, 개신교 지도자에 대해서는 16.5%가 긍정적으로 평가하였다. 직업인의 정직 및 윤리 수준을 조사한 결과에서도 가톨릭 신부가 1위를 차지한 반면, 개신교 목사는 5위에 머물렀다. 그뿐만 아니라 비(非)종교인들의 종교 호감도에서도 개신교는 지난 20년간 모든 종교 중에서 호감도가 가장 낮은 종교로 지목된 반면, 가톨릭은 가장 호의적인 종교로 주목받았다.[6] 기독교 이외에 3대 종교 중 불교는 과거 역사

---

3) 많은 전문가들은 한국 교회가 잠시 성장이 주춤한 것이 아니라, 이미 쇠퇴기에 접어들었다고 진단하고 있다. 최윤식, 『2020 2040 한국 교회 미래지도』(서울: 생명의말씀사, 2013), 39-44.

4) 이를 통해 전체 인구에서 차지하는 개신교인 비율은 1985년 19.9%에서 1995년 19.7%로 10년간 3.8% 증가했지만, 2005년에는 18.3%로 10년 전에 비해 1.4% 감소하였다.

5) 한국 개신교는 타 종교에 비해 종교 이탈률이 월등히 높은 것으로 드러나고 있다. 모든 이탈자를 종합해 보면, 불교 이탈자는 390만 명, 가톨릭 이탈자는 180만 명인 데 비해, 개신교 이탈자는 무려 760만 명에 이른다.

의 지지부진을 딛고 일어나 오늘날에는 서서히 약진하는 경향을 보이고 있다.[7] 오늘날 '종교 부흥기'[8]를 맞이하여 모든 종교들이 점차로 발흥하는 추세라고 말할 수 있지만, 유독 개신교만이 우리 국민의 악감정 속에서 급격한 교세 감소와 교인 이탈을 겪고 있는 것이다.[9]

교세 감소와 교인 이탈로 나타나는 양적인 성장의 둔화보다도 근원적으로 더 심각한 문제는, 한국 교회가 사회적 공신력(公信力)을 상실해 더 이상 국민의 신뢰를 받지 못하고 있는 현실이다. 어찌 보면 사회적 공신력이 추락해서 한국 교회의 성장이 둔화되었다고 말할 수도 있을 것이다. 한국 교회의 사회적 공신력이 무너졌다는 평가는 다양한 통계조사에서도 확인된다. 특히 기윤실(기독교윤리실천운동)이 2008~2010년 3년간 글로벌리서치에 의뢰한 "한국 교회의 사회적 신뢰도 여론조사"를 보면, 한국 교회에 대해 '신뢰한다'는 응답은 2008년

---

6) 한국갤럽, 『한국인의 종교와 종교의식』(1984), 『한국인의 종교와 종교의식』(1989), 『한국인의 종교와 종교의식』(1997), 『한국인의 종교와 종교의식』(2004).

7) 한국갤럽의 『한국인의 종교와 종교의식』에서 한국 내 불교인 분포 현황은 1984년 18.8%, 1989년 20.9%, 1997년 18.3%, 2004년 24.4%에 이름으로써 점차로 약진하고 있다. 특별히 미국에서 불교는 기독교와 유대교, 이슬람에 이어 네 번째로 신도 수가 많은 종교로 성장함으로써 현대에 들어와 급상승세를 타고 있다.

8) 18세기 계몽주의 이래로 인간의 이성이 인식의 척도로 간주되면서 종교가 점차로 종언을 고하게 될 것이라는 전망이 제기되었다. 이에 1960년대 유럽과 북미의 사회학자들(P. L. Berger 등)은 서구 세계에서 종교의 쇠퇴를 공언하였다. 그러나 최근 들어 사회학자들은 현대인의 강한 종교적 욕구를 경험하면서 그들의 예견이 빗나갔음을 인정하고 있다. 오늘날 종교는 다시금 상승세에 있으며, 세계 4대 종교인 기독교(33%), 이슬람교(20%), 힌두교(14%), 불교(6%) 신자들이 전체 인구의 73%에 육박하기 때문이다. 서구 세계의 언론도 오늘날 세계 각 분야에서 종교가 부활했다고 진단하고 있다. 이원규, 『머리의 종교에서 가슴의 종교로』(서울: 도서출판 kmc, 2013), 40-45. 우리나라에서도 지난 20년 동안 종교인 인구가.크게 증가하여 2005년 현재 전체 인구의 53.1%를 차지한다. 이원규, 『한국 교회의 위기와 희망』(서울: 도서출판 kmc, 2013), 53-54.

9) 실제로 지난 10년 동안 한국에서 개신교가 쇠퇴할 때 가톨릭과 불교는 동반 성장하였다. 심지어 이단들마저 성장했고, 무교(점집)도 매년 40%씩 나날이 성장하는 추세이지만, 유독 개신교만 쇠퇴하고 있다. 최윤식, 『2020 2040 한국 교회 미래지도』, 79-80.

18.4%, 2009년 19.1%, 2010년 17.6%에 불과한 반면,[10] '신뢰하지 않는다' 는 답변은 2008년 48.3%, 2009년 33.6%, 2010년 48.4%에 이르고 있다.[11] 2010년 통계에서 종교 기관의 신뢰도 순위는 가톨릭 성당(41.4%), 불교 사찰(33.5%), 개신교회(20.0%) 순으로 집계되었다.[12] 더욱이 비(非)개신교인 가운데서는 한국 교회를 '신뢰한다' 는 응답 비율이 8.2%에 불과한 반면, '신뢰하지 않는다' 는 답변은 무려 55.4%나 되었다. 이처럼 한국 교회에 대한 신뢰도가 3년 연속 최하위를 유지하는 것은, 개신교에 대한 낮은 신뢰도가 특정 사건의 영향이 아닌 자체 내 구조적 문제임을 시사한다.

한국 교회가 사회적 공신력을 상실해 우리 국민의 신뢰를 잃어버린 현실이 매우 참담한 것은, 개인이나 단체나 신뢰를 잃으면 사실상 거의 모든 것을 잃는 것이 인생사의 이치이기 때문이다. 더욱이 한국 교회에 대한 불신은 연령이 젊을수록,[13] 학력과 소득이 높을수록 그 지수가 높다는 사실도 한국 교회의 미래를 암울하게 한다. '개신교가 더욱 신뢰받기 위해서 무엇이 가장 바뀌어야 하는가?' 라는 질문에 대해 교회 지도자(2008년 25.5%, 2009년 30.9%, 2010년 28.3%), 교회 운영(2008년

---

10) 개신교회의 활동을 신뢰한다는 응답은 2008년 38.0%, 2009년 35.4%, 2010년 26.5%이며, 목사의 설교와 행동을 신뢰한다는 응답은 22.9%, 2009년 25.9%, 2010년 22.2%이고, 교인의 말과 행동을 신뢰한다는 응답은 2008년 14.0%, 2009년 19.6%, 2010년 16.5%에 머문다.

11) 기윤실, 「2008년 한국 교회의 사회적 신뢰도 여론조사 결과 발표 세미나 자료집」; 「2009년 한국 교회의 사회적 신뢰도 여론조사 결과 발표 세미나 자료집」; 「2010년 한국 교회의 사회적 신뢰도 여론조사 결과 발표 세미나 자료집」. 기윤실의 2008년과 2009년, 2010년도 조사에 대한 분석은 각각 「목회와 신학」 2008년 12월호, 2009년 12월호, 2010년 12월호에 수록되어 있다.

12) 사회 기관의 신뢰도를 비교할 때, 가장 신뢰받는 기관은 54.1%를 기록한 시민단체인 데 반해, 개신교회는 11.3%에 머문다(개신교인 포함). 그런데 개신교인을 제외한 응답의 경우, 시민단체의 신뢰도는 59.5%에 이르는 반면, 개신교회는 3.2%에 불과하다.

13) 한국 교회의 신뢰도를 점수로 환산할 경우, 이는 특히 젊은 층일수록 낮아 20대는 37.0점, 30대는 37.6점, 40대가 40.8점, 50대가 45.1점, 그리고 60대 이상은 47.3점이다.

24.4%, 2009년 21.1%, 2010년 20.7%), 교인(2008년 17.2%, 2009년 23.7%, 2010년 18.8%) 순으로 지적됨으로써 한국 교회가 공신력을 상실한 중심점에 목회자가 서 있음을 인정하지 않을 수 없다. 또한 한국 교회가 개선해야 할 점으로는 교인과 교회 지도자들의 언행일치(2008년 42.0%, 2009년 50.1%, 2010년 38.8%), 타 종교에 대한 관용(2008년 25.8%, 2009년 20.5%, 2010년 29.7%), 재정 사용의 투명화(2008년 11.5%, 2009년 13.4%, 2010년 13.0%), 사회봉사(2008년 11.9%, 2009년 9.3%, 2010년 12.3%), 성장 제일주의 지양(2008년 4.5%, 2009년 6.5%, 2010년 5.8%) 순으로 나타남으로써 삶과 신앙의 합일이 가장 시급한 과제라는 사실도 드러났다.

종교별 전반적 인상에 대한 다른 조사[14] 결과도 유사한 양상으로 나타나고 있다. 즉 불교에 대한 전반적 인상은 '개인의 영적인 문제에 대한 해답을 제공' 하는 것이었고, 가톨릭은 '지도자가 우수하고 대(對)사회적 역할을 잘 감당한다' 는 것인 반면, 개신교에 대한 인상은 '교세확장 치중, 헌금 강조' 와 같은 부정적인 것이었다. 한국 교회가 '개인의 영적인 문제에 해답을 준다' 는 응답에는 15.0%만이 긍정적으로 답변했고, '교회 지도자의 자질이 우수하다' 는 응답에는 18.7%에 머무는데 반해, '진리 추구보다 교세 확장에 더 관심을 기울인다' 는 응답에는 무려 66.7%가 그렇다고 답변하였다. 그뿐만 아니라 개신교는 사회 갈등을 조장하는 종교와 편파적 종교 항목에서 1위를 차지했다.[15] 한국 교회에 대한 부정적 시각은 무종교인만을 대상으로 조사할 경우 더욱

14) 이 조사는 '한미준' (한국 교회 미래를 준비하는 모임)이 2005년 한국갤럽에 의뢰해 시행된 "개신교인의 실태 및 한국 교회에 대한 개신교인, 비개신교인의 의식조사" 이다. 이는 한미준 · 한국갤럽 엮음, 『한국 교회 미래 리포트』(서울: 두란노, 2005)에 수록되었다.

15) 이는 조계종 불교사회연구소가 2011년 9월에 실시한 "한국의 사회문화 및 종교에 관한 대국민 여론조사" 에서 나온 결과이다.

우려스러운 결과로 나타난다. 단언하자면, 오늘날 한국 교회는 종교인과 무종교인 모두로부터 비판의 대상이 되고 있으며, 진보와 보수 모두 우리 사회의 불신을 받고 있다.[16)]

한국 교회에 대한 부정적 이미지는 언론 보도에서도 드러난다. 한국교회언론회가 2010년 상반기 중앙 일간지(국민, 경향, 동아, 문화, 서울, 조선, 중앙, 한겨레, 한국, 한국경제)의 종교와 관련된 보도 내용을 분석한 결과에 따르면, 불교 관련 보도가 전체 보도의 35.8%, 개신교가 27.5%, 가톨릭이 17.8%,[17)] 이슬람이 8.4%를 차지하였다. 그런데 보도의 비중보다 더 염려해야 할 것은, 언론에서 개신교에 대한 부정적이고 비판적인 보도가 갈수록 빈번해진다는 점이다.[18)] 최근에는 언론의 개신교 비판 기사가 한겨레신문 같은 진보 언론에 국한되지 않고 동아일보나 조선일보 같은 보수 언론으로까지 확산되고 있으며, 국민일보를 제외하고는 개신교에 대해 호의적인 언론이 하나도 없는 실정이다. 이러한 현실은 한국 교회에 대한 한국 사회의 부정적 평판을 반영하고 있는 것이지만, 역으로 우리 사회 안에서 한국 교회의 신뢰도 하락을 가속화시키는 데 일정 부분 공조하고 있는 것으로 보인다.[19)] 한편 목회자들의 상당수가 한국 교회에 대한 언론의 부정적 보도의 주된 원인으로 목회자 자신의 문제보다는 언론 탓으로 돌리는 모습을 보이는데, 이는 그들이 문제의 심각성을 제대로 파악하지 못하는 현실을 드러내는 것이다.[20)]

---

16) 이원규, 『한국 교회의 위기와 희망』, 179.

17) 2007년 조사 당시 개신교는 36.0%, 가톨릭은 10.2%를 차지했는데, 2010년 조사에서는 개신교의 하락이 가톨릭의 몫으로 돌아가고 있는 점이 주목할 만하다.

18) cf. 홈페이지 http://www.chpr.org/s04_3.htm?mode=read&read_no=263&now_page=2&menu=.

19) 신재식, "한국 개신교의 현재와 미래", 「2012년 전반기 한국종교학회 학술대회 자료집」, 56.

이처럼 한국 교회가 마이너스 성장 속에서 우리 사회의 혹독한 비판의 대상이 되어, 해마다 문을 닫는 교회들이 기하급수적으로 늘어나고 있다. 설상가상으로 계속되는 경기 침체에다 실업률이 상승하여 신도들의 생활고가 갈수록 심각해지다 보니 헌금이 확연히 줄어서 하루아침에 급매물로 전락하는 교회들이 속출하고, 무리한 금융권 대출[21]로 파산당한 교회들이 경매시장에 쏟아져 나오고 있다.[22] 더욱 참담한 현실은, 경매시장에 나온 교회와 관련된 부속 시설을 이단 사이비 단체들이 눈독을 들이고 있거나, 실제로 교회들이 떠나버린 자리에 이단이나 다른 종파의 시설들이 들어서고 있는 일이다. 더더욱 참담한 현실은, 한번 떠난 교인은 획기적으로 교회가 변화되지 않는 한 다시는 교회에 돌아오지 않는다는 사실이다.[23] 이처럼 밖에서는 교회에 대한 비판이 나날이 높아 가고, 안에서는 교인들이 이탈하는 상황이 한국 교회를 총

---

20) 2013년 4월 17일 장로회신학대학교에서 열린 제17회 소망신학포럼에서 한국기독교언론포럼 사무총장 박진석 목사가 발표한 전국 목회자 52명을 대상으로 한 설문조사에서 목회자들은 언론이 한국 교회에 대한 부정적 보도를 하는 첫 번째 이유로 '시대정신과 책임감 결여'(44%)를 꼽았다. 이는 목회자들의 상당수가 한국 교회에 대한 부정적 보도의 원인으로 목회자 자신의 문제보다는 언론 탓으로 돌리는 모습을 보이고 있다는 분석이다.

21) 2012년 금융감독원은 50개 상호금융회사를 대상으로 교회 대출 실태를 파악했는데, 조사 결과를 보면 교회 대출금액이 제1금융권에 총 4조 9천억 원, 제2금융권에 4조 5천억 원에 달하는 것으로 나타났다. 여기에 사금융에서 대출한 금액까지 합치면 교회 대출은 10조 원을 넘어서(비공식 대출까지 포함한다면 원금과 이자 총액은 훨씬 더 많을 것으로 예측), 매년 대출 이자로만 교인들의 헌금 수천억 원이 사라지는 것으로 추산된다.

22) 부동산 정보업체 '부동산태인'에 따르면, 교회를 포함해 경매로 나온 종교 시설은 2008년 181건, 2009년 227건, 2010년 299건, 2011년 251건, 2012년 309건, 2013년 391건으로 해마다 급증하는 추세인데, 그중 대부분은 교회가 차지한다. 호황기에 무리하게 대출금을 받아 건물을 신축·증축했다가 불황기에 접어들면서 재정난에 빠지는 사례가 속출하고 있기 때문이다. 더욱이 교회나 사찰은 명도 절차가 까다롭고 용도 변경도 쉽지 않아, 낙찰가격이 계속 떨어져 애물단지로 인식됨으로써 여러 번의 유찰 후 낙찰가가 반 토막이 나는 경우가 비일비재하다. 정락인 기자·조혜지 인턴기자, "교회가 돈의 지배를 받다", 「시사저널」 2013. 7. 23; 박정현 기자, "무리하게 지은 대형 교회·사찰, 경매 건수 늘어", 「조선비즈」 2014. 5. 15.

23) 최윤식, 『2020 2040 한국 교회 미래지도』, 300.

체적 난국으로 몰아가고 있다. 이러한 위기 상황 속에서 한국 교회가 더 늦기 전에 현재의 문제 상황을 정확히 진단하여 대책을 마련하는 일은 그 무엇보다도 최우선적인 과제라 아니할 수 없다. 그러므로 다음 절에서는 왜 한국 교회가 우리 사회의 부정적 인식에 봉착하게 되었는지, 그 근본 원인에 관해 생각해 보고자 한다.

2. 한국 교회에 대한 한국 사회의 부정적 인식의 근본 원인

우리는 한국 사회 전반의 반기독교 정서와 불신의 경향을 과연 어떻게 바라보아야 할 것인가? 왜 안티 기독교 세력이 우후죽순처럼 확산되어 극단적으로 '기독교 박멸'을 주장하고 있는지, 어쩌다가 한국 교회가 우리 국민의 불신 속에서 조롱거리가 되는 지경까지 이르게 되었는지, 작금의 현실을 바라보는 우리 그리스도인들의 심정은 착잡하기 이를 데 없다. 혹자는 안티 기독교 세력을 향해 한국 교회를 핍박하는 무례하고 몰상식한 일부 세력이라고 일축할 수도 있을 것이다. 그러나 우리는 현재 한국 교회가 처한 이 상황이 순수한 믿음을 지키다가 받는 핍박인지, 아니면 신앙적 본질을 잃어버리고 잘못된 길을 가다가 자초한 비난인지 냉정히 직시해야 할 것이다. 세상과 타협하지 않고 하나님의 말씀을 지키는 그리스도인에게 고난과 핍박은 자명한 일일 수도 있겠지만, 현재 한국 교회의 모습은 고난 속에서 생명을 초개같이 버리고 복음의 정체성을 지키면서 핍박을 받았던 초대 교회의 모습과는 전적으로 다르기 때문이다.

사실 안티 기독교 세력이 개신교에 대해 비판하는 내용 중에는 한국 교회가 깊이 반성하고 생각해 보아야 할 부분이 적잖이 존재한다. 이에 한국 교회에 대한 우리 사회 전반의 부정적 인식과 안티 기독교 세력의 공격의 주된 이유에 대해 많은 이들이 수긍하고 있다. 안티 기독교의 성장은 기존 기독교의 오류와 폐해에서 나왔다는 점에서 교회가 근본적으로 원인 제공자라는 평가가 지배적이기 때문이다. 더욱이 온라인을 통해 급속도로 확산된 안티 기독교 활동이 대한민국 국민 모두 악몽 속에 기억하고 있는 '아프가니스탄 피랍 사태' 이후 본격화되었다는 사실은 이를 여실히 방증한다. 필자가 보기에도 안티 기독교의 확산과 관련하여 한국 교회에 가장 치명타로 작용한 사건이 바로 '아프가니스탄 피랍 사태' 인데, 이 사건으로 개신교가 나라와 민족에게 해악을 가져오는 망국의 종교로 낙인찍혀 사회 안에 안티 기독교 세력이 확산되고 자국민의 공적인 분노가 분출되는 결정적 계기가 조성되었기 때문이다. 그러므로 우리는 안티 기독교 세력의 주장을 일일이 반박하기 이전에, 왜 반기독교 정서가 우리 사회에 만연하게 되었는지 한국 교회의 문제에 대한 진지한 반성과 정확한 진단부터 선행해야 할 것이다.[24)]

현재 한국 교회는 존립 자체가 흔들릴 수 있는 절체절명의 위기, 기

---

24) 이원규, 『한국 교회의 위기와 희망』, 134-135.

25) 주지하는 바와 같이 한국 교회는 짧은 선교 역사에도 그동안 눈부신 성장과 발전을 이루어 냈다. 이제 교회 수는 6만 개를 훌쩍 넘어섰고, 신도 수는 900만 명을 헤아리게 되었다. 세계에서 가장 큰 교회, 세계에서 가장 큰 장로교회와 감리교회를 가지고 있으며, 세계 50대 교회 중 3분의 1 이상이 한국에 있다는 자랑이 대단하다. 또한 선교사를 통해 복음을 전해 받은 지 백 수십 년 만에 지금은 세계 제2의 선교사 파송국(2011년 12월 말 현재 169개국에 23,331명을 선교사로 파송)이 되었다는 자긍심도 대단히 크다. 그뿐만 아니라 한국 교회 성도는 열성적인 면에서도 세계 제일을 자랑하고 있다. 새벽기도회, 금요 철야기도회와 수요예배를 드리는 유일한 교회, 십일조 헌금을 의무 헌금으로 드리는 유일한 교회, 구역회나 속회 모임이 가장 활성화되어 있는 교회, 주일성수를 가장 잘하고 기도와 성경 공부를 가장 열심히 하는 교인들을 가진 교회가 바로 한국 교회인 것이다. 이처럼 한국 교회는 길지 않은 역사에도 불구하고 국내외에서 양적으로 급성장하면서 영역을 확장해 왔던 것이다. cf. 이대형, "청년 선교 동원의 과제와 해결 방안", 「목회와 신학」 2012. 8, 63; 이원규, 『한국 교회의 위기와 희망』, 92.

독교 복음이 전래된 이래 최악의 위기 속에 빠져 있다. 겉으로는 세계 최고 교회의 위세와 아성을 자랑하지만,[25] 속으로는 영적으로 곪아 문드러져 세계 최고로 세속화된 교회, 기독교 역사상 가장 빠른 속도로 성장했지만 가장 빨리 추락하고 있는 교회, 종교개혁 직전의 로마 가톨릭 교회처럼 부패했다고 비판받는 교회[26]의 모습이 바로 한국 교회의 현주소임을 부인할 수 없을 것이다.[27] 개신교가 타 종교에 비해 한국 사회에서 강력한 영향력을 행사하고 있음은 틀림없는 사실이지만,[28] 현재 우리 사회 안에서 교회의 위상은 매우 곤혹스럽다. 한국 교회가 봉착한 절체절명의 위기를 목도하면서 필자는 이제 더 이상 물러설 곳이 없다는 심각한 위기의식을 느낀다. 현재 개신교는 존폐의 역사적 기로에 서 있다고 말하는 것이 정확한 표현일 것이다. 한국 교회는 과연 우리나라의 기틀을 바로잡고 국가의 새로운 역사를 일구어 낼 수 있는가? 한국 교회는 7천만 우리 민족의 삶과 정신세계에 깊이 뿌리를 내리고 이 민족이 가야 할 길을 밝히는 등대로서의 역할을 감당할 수 있는가? 아니면 서구 세계에서 기독교 왕국(christendom)이 몰락했던 것처럼, 한국 교회도 한국 사회에서 몰락의 위기를 맞이할 것인가?

한국 교회가 한국 사회로부터 받는 부정적 인식과 긴밀히 결합된 몰락의 위기는 근원적으로 영성과 도덕성, 공동체성의 상실로 말미암아 비롯된 위기다.[29] 엄밀히 말하자면 영성과 도덕성, 공동체성이 얽히고설키어 개신교의 전체적 위기를 만들어 냈다고 볼 수 있겠지만, 여기서

26) 조엘 박, 『맞아죽을 각오로 쓴 한국 교회 비판』(서울: 박스북스, 2008), 186-187.

27) 최윤식, 『2020 2040 한국 교회 미래지도』, 79-80.

28) 대다수의 사람들은 한국 개신교가 한국 사회에 대한 전반적 영향력 면에서 다른 종교들보다 상대적으로 크다는 데 동의한다. 특히 2011년 9월 시행된 조계종 불교사회연구소의 '한국의 사회문화 및 종교에 관한 대국민 여론조사'에 의하면, 한국 개신교는 영향력 1위의 종교이다.

29) 이원규, 『한국 교회의 위기와 희망』, 7.

는 영성과 도덕성, 공동체성의 상실에서 비롯된 한국 교회의 위기를 개별적으로 살펴보고자 한다.

1) 영성의 상실

우선적으로 영성(spritualitity), 곧 영적인 성향, 영적인 삶의 태도에서의 위기에 기인한 문제라고 볼 수 있다. 종교에서만 두드러지게 표출될 수 있는 영성은 종교의 수준을 평가하는 가장 중요한 기준인데, 매우 불행하게도 현재 한국 교회의 영적인 수준은 매우 저급하고 왜곡된 상황이다. 특별히 개신교의 왜곡된 영성과 관련하여 우리가 주목해야 할 것은, 교회 안에 예수 그리스도의 십자가 영성이 사라진 가운데 복음을 샤머니즘적으로 곡해하는 미신적 영성이 지배하고 있는 현실이다. 이러한 흐름 속에서 영적인 실용주의에 매몰된, 십자가 없는 주술적 · 상업적 성령 운동이 한국 교회를 깊은 영적인 수렁으로 몰아넣고 있다. 이러한 성령 운동은 성령을 거스르는 육체의 소욕을 십자가에 못 박고 깊은 회개의 자리로 이끄는 운동, 인간을 새롭게 구원하고 갱신시키는 성령의 능력이 역사하는 운동이 결코 아니라, 거룩한 성령을 동원하여 인간의 세속적 탐욕을 채우고 헛된 영광을 부추기는 광적인 질주에 불과하다.[30)]

여기에 정체불명의 승리주의 이데올로기가 가세하여 한국 교회의 영성을 더욱 혼탁하게 만들고 있다. 이 승리주의에 그림자처럼 따라다니는 것이 바로 축복 및 성공 지향주의, 성장 제일주의, 목표 달성주

30) 박영돈, "무속적 · 상업적 성령 운동에 대한 비판적인 고찰", 『한국 교회, 개혁의 길을 묻다』(서울: 새물결플러스, 2013), 119-120.

의 같은 지극히 세속적인 가치들인데, 그 중심점에는 맘모니즘(mammonism)[31]이 자리하고 있다. 이들이 지배하는 교회는 결코 그리스도의 몸 된 교회가 아니라, 맘모니즘에 함몰된 세속적인 이익집단이다. 실제로 '교회 재벌'이라는 말이 거론될 정도로 사회적 · 경제적으로 확고한 세력을 형성한 한국 교회 안에서 축복 및 성공 지향주의, 성장 제일주의, 목표 달성주의와 함께 경제 중심주의는 이미 오래전부터 가장 실제적인 목회 원리가 되었다. 목회자들은 예수 당시 제사장과 율법학자들처럼 상석에 앉기를 좋아하고, 강자를 하나님의 축복으로 승리한 자처럼 정당화하고 있으며, 목회자들의 메시지는 지나칠 정도로 이 땅에서의 축복과 출세에 초점이 맞추어져 있다.[32] 이러한 상황 속에서 교회의 물적 자원(예산), 인적 자원(교인), 시설 자원(예배당 및 부속 건물)의 물량적 지표가 성공적 목회를 가늠하는 척도로 상정되었다. 세상에서 성공한 사람이 교회에서도 성공한 사람으로 인정받는 분위기 속에서 교인들의 사회적 · 경제적 지위와 헌금 액수가 이들을 평가하는 중요한 기준이 되었다.

한국 교회가 130년 역사를 향해 가는 이 시점에서 입증된 매우 유감스러운 현실은, 가난하고 소외된 불쌍한 사람들을 대변하는 '기층 종교'(基層宗敎), '예수의 종교'였던 한국 교회가 이제는 '맘모니즘의 종교'가 되었다는 사실이다.[33] 하나님과 맘몬(재물)을 함께 섬기지 못한

31) 맘몬(mammon)이란 부를 뜻하는 아람어 마모나(mammona)에서 유래한 용어로 고대의 재물신 명칭이다. 신약성서에서는 부, 돈, 재산, 소유, 재물에 대한 부정적 의미로 사용되고 있다. 따라서 맘모니즘이란 부, 돈, 재산, 소유, 재물을 절대시하거나 이에 최고의 가치와 의미를 부여하는 태도나 행위를 의미한다.

32) 민문홍, "한국 사회의 자살급증 문제에 관한 사회문화적 진단", 「생명연구」 제11집(2009. 6), 18.

33) 노길명, "한국 종교 성장의 사회적 배경교회", 『한국 교회와 사회』(서울: 도서출판 나단, 1989), 94-126.

다는 예수의 명령(눅 16:13)을 만홀히 여기면서 한국 교회는 더 이상 나라와 민족을 선도하는 민족의 보루가 아니라, 오히려 역으로 세속 사회보다 더 세속적인 집단으로 전락하였다. 즉 하나님보다 세상을 더 사랑하고, 초월적인 문제보다 세상적인 문제에 더 관심을 기울이며, 영적인 가치보다 물질적인 가치를 더 추구하는 집단이 되었다. 예수께서 보여주신 영성은 비천한 곳에 성육신하셔서(빌 2:6-8) 고통당하는 자들과 동고동락(同苦同樂)하신 영성인데, 작금의 한국 교회는 세속 권력의 한 축이 되어 지배자로 군림하는 종교, 메가처치(megachurch)를 지향하는 맘모니즘적 종교, 지배층 및 부유층을 비호하는 종교의 모습을 드러내면서 예수보다는 물질과 성공, 권력을 좇아가고 있다.[34)]

이처럼 한국 교회가 축복 및 성장 지향주의를 추구하며 지극히 세속적으로 교세를 확장하는 모습을 지켜보면서, 비개신교인들은 개신교인들에 대해 환멸을 느끼고 있는 것이다. 이것은 앞서 언급했던 한국 교회의 주된 이미지가 '참된 진리 추구보다 교세 확장에 더 관심을 기울인다' 는 설문조사[35)]의 응답에 절대 다수가 긍정을 표한 사실에 극명하게 드러난다. 또한 한국 교회가 '영적인 문제에 해답을 주고 있다' 는 데 대해 소수만이 긍정적으로 평가한 조사 결과에서도 여실히 드러나고 있다. 그뿐만 아니라 목회자들은 사리사욕과 이기심에 빠져 있고, 교인들은 세속화되어 세상 사람들과 다를 바가 없다는 일반인들의 평가가 개신교의 잘못된 영성을 나타내는 적나라한 지표로 거론되고 있다. 즉 한국 교회는 입으로는 거룩한 영성을 외치지만, 실제로는 돈과 권력, 명예와 같은 세속적 가치를 세상 사람들과 똑같이 추구한다는 인

34) 시사인 편집인 엮음, "MB 시대의 개신교: 한국 교회 예수 버리고 권력 탐하다", 「시사 IN」 제 104호(2009. 9. 7), 37; cf. 최형묵, 『한국 기독교와 권력의 길』(서울: 로크미디어, 2009).

35) 한미준과 한국갤럽이 공동으로 시행한 설문조사(2005)이며 이 책 168쪽 참고.

식이 널리 확산되어 있는 것이다. 이렇게 한국 교회가 영성을 상실하게 된 데에는 교회 지도자들의 책임이 가장 크다는 사실에 대해서는 이론의 여지가 없는 상황이다.

2) 도덕성의 상실

한국 교회의 위기는 종교의 중심 의무인 도덕성(morality)을 상실해서 비롯된 위기이다. 오늘날 한국 교회가 사회적 공신력을 잃어버리고 안티 기독교 세력으로부터 공격과 비난을 당하는 주된 원인은, 잘못된 영성 못지않게 도덕성의 처참한 실패에도 기인한다.[36] 한국 교회의 도덕성 실패는 역으로 우리 국민의 공분을 일으키면서 한국 교회의 위기를 더욱 가속화시켰다. 심각한 범죄 앞에서도 철저한 고백과 회개보다는 단지 사태의 축소와 자기 정당화에 급급한 교계 지도자들을 바라보면서 세상 사람들은 비판하고 분노하는 것이다. 일반 사회에서는 큰 물의를 일으킨 개인이나 조직이 국민의 공분 앞에서 두려워하면서 공개 사과문을 발표하거나 사퇴하여 서둘러 상황을 수습하는데, 한국 교회에서는 세상의 상식과 도덕성에도 못 미치는 개탄스러운 일들이 비일비재하게 일어나고 있다.

도덕성에 실패한 오늘날 한국 교회의 모습은 이사야 선지자의 표현대로 "범죄한 나라요 허물진 백성"(사 1:4)의 모습이다. 한국 교회의 도덕성 실패보다 근본적으로 더 우려스러운 것은, 교회의 타락으로 인한 성장 둔화를 염려하는 사람들은 있어도, 타락 그 자체를 괴로워하는 경

36) Cf. 강영안, "교회 안의 반지성주의, 어떻게 극복할 것인가?", 『한국 교회, 개혁의 길을 묻다』 (서울: 새물결플러스, 2013), 40.

우는 그다지 많지 않다는 사실이다. 심각한 도덕적 타락을 목도하면서도 직접적으로 회개의 필요성을 잘 느끼지 못하는 상황이기 때문이다.[37] 아이러니하게도 이 도덕적 불감증은 과거 이스라엘처럼 화려한 종교적 열성과 기이한 공생 관계를 이룬다. 도덕적 실패는 으레 양심의 가책을 느끼게 하여 여러 형태의 보상심리로 이어지곤 하는데, 범죄한 이스라엘이 제사와 예배에 그토록 열심을 냈던 것처럼 우리 또한 교회 일에 유난스럽게 열성적이 되어 불편한 신앙 양심을 달래고자 할 때가 많다.[38] 이럴 때 우리가 자칫 빠질 수 있는 유혹은, 삶의 변화와 마음의 깊은 찔림이 없는 억지스러운 감동, 인위적으로 '만들어 내는 은혜'와 감성의 자극을 통한 열성적 종교 행위이다.[39] 이것이 만성화되면 종교적 열성은 도덕적 실패를 감추는 포장지가 될 수도 있다. 오늘날 한국 교회가 도덕적으로 실패한 이면에 과도한 종교적 열정을 보이는 기현상을 바라보는 우리의 마음이 편치 않은 이유다.

현재 한국 교회가 도덕성 상실로 우리 사회의 비판을 받고 있는 문제들은 모두 거론하기 어려울 정도로 무수히 많다. 교회 세습과 사유화, 투명성을 상실한 불법적 교회 재정 운영과 악용, 지속적으로 불거져 나오는 교회와 성도들의 각종 비리와 탈선과 범죄와의 연루 등 이루 말할

---

37) 권연경, "값싼 구원론에서 벗어나기", 『한국 교회, 개혁의 길을 묻다』(서울: 새물결플러스, 2013), 79.

38) 위의 책, 79-80.

39) 한국 교회는 떠나가는 교인들을 한 사람이라도 붙잡기 위해 언제부턴가 감성을 자극하는 쇼를 해서라도 사람들의 눈에서 억지 눈물을 만들어 내고자 한다. 하나님을 마음 깊은 곳으로부터 경외하는 경배는 사라지고 찬양 노래방만 남았다. 거듭남 대신 적극적 사고방식이, 회개 대신 기분 전환이, 신유 대신 마인드 컨트롤이, 십자가 대신 인간의 야망이 강단에서 선포된다. 대중문화의 쇼와 스포츠 경기의 관객 같은 교인들로 넘쳐난다. 홍분과 열이 오르는 것이 은혜의 표지가 되어, 기도가 시작되면 눈물을 흘리고 소리를 지르고 손을 흔들어야 한다는 묘한 압박감이 작동한다. 이것은 하나님에 대한 인간의 경배가 아니라, 하나님의 축복을 받아 내기 위한 이방 종교의 제의라고 해도 과언이 아니다. 최윤식, 『2020 2040 한국 교회 미래지도』, 351-352.

수 없이 심각한 부도덕성 문제로 한국 교회는 비개신교인들의 비판과 조롱을 한 몸에 받고 있는데, 최근 들어 개신교의 추락을 더욱 가속화시키는 교계 지도자들의 신앙과 삶의 불일치, 특히 대형 교회 목회자들의 파렴치한 성범죄, 학력 위조,[40] 금전적 비리 등은 한국 교회를 더욱 깊은 수렁 속으로 빠뜨리고 있다. 많은 전문가들은 한국 교회가 침체기에 빠진 주된 이유로 목회자들의 비윤리적 행태와 언행 불일치를 가장 크게 문제 삼으면서, 이것 때문에 한국 교회가 사회에서 신뢰와 신망을 잃어버리게 되었다고 분석하고 있다.

이처럼 거물급 교계 지도자들의 반사회적 비리와 범죄가 끊이지 않지만 교계가 제대로 된 반성과 사후 처리를 등한시하는 상황 속에서, 참된 신앙을 원하는 신도들은 자기 나름대로 새로운 신앙의 탈출구를 찾느라 고군분투하고 있다. 실제로 최근 들어 목사 관련 범죄들이 연일 발생하고 있지만, 더 심각한 문제는 해당 목사들이 범행을 부인하면서 발뺌으로 일관하거나, 소속 교단이나 노회 등 상급 기관에서도 이에 대해 미온적으로 대처하고 있다는 점이다. 즉 언론에 드러난 비리 외에도 목사들의 각종 범죄가 비일비재하다는 것은 교회에 오랫동안 몸담았던 개신교 신자라면 누구나 짐작하는 공공연한 비밀인데, 이러한 비리와 범죄가 목사 개인의 일탈 행위에 그치지 않고, 이를 마땅히 징계해야 할 상급 기관마저 징계는커녕 암암리에 묵인하고 있다는 사실이다.

40) 한국학술진흥재단(이하 학진)의 자료에 따르면, 2003년 1월부터 2007년 7월까지 외국에서 박사학위를 받고 학진에 신고한 사람은 943개 대학에서 7,765명이었다. 그런데 이들 중 비인증 대학에서 박사학위를 받은 사람이 276명에 이르는데, 이 중 절반인 140명이 목회학 등 기독교 관련 학위를 받은 사람이었다. 특히 미국 남가주의 코헨 대학교 신학대학원에서 89명이 가짜 박사학위를 받아 한국에서 활동 중인 것으로 밝혀졌는데, 이들은 주로 대형 교회 목사로 사역하고 있는 것으로 드러났다. 학진이 국회 교육위원회 소속 주호영 의원에게 제출한 국정감사 자료, 「크리스찬투데이」 2006. 10. 25; 학진이 국회 교육위원회 소속 유기홍 의원에게 제출한 국정감사 자료, 「연합뉴스」 2007. 8. 24.

이러한 현실은 개신교계 전체의 구조적 모순을 보여 주는 것으로 올바른 신앙을 갈망하는 신도들에게 실망감을 안겨 줄 뿐만 아니라 결국 이들이 절망감 속에 신앙을 등지게 하는 참담한 결과를 초래하고 있다.[41]

3) 공동체성의 상실

한국 교회가 봉착한 작금의 위기는 공동체성(community)의 상실에서 비롯된 위기이다. 오늘날 한국 교회의 모습은 성서에 나타난 초대교회 시대는 차치하고 일제 강점기 성도들이 경험했던 교회의 공동체적 요소를 많이 상실했다는 지적이 지배적이다. 한국 교회는 근대화 물결 속에서 폭발적 성장을 이룬 이면에 교회의 대형화 추세에 따른 내적 빈곤감을 경험하고 있다. 오늘날 개신교는 교회생활을 질보다는 수와 양에 치중하면서 공동체로서의 교회관과 자기 정체성을 유지하지 못함으로써 공동체성을 점차로 잃어 간다. 이것은 목적과 수단이 전도됨으로써 교회가 "그리스도의 몸"(엡 4:12)으로서의 본연의 역할을 감당하지 못하게 되었음을 의미한다.[42] 여기서 메가처치의 폐해를 다시 거론하지 않을 수 없다. 한국 교회의 공동체성 상실과 관련하여 메가처치는 대단히 심각한 문제를 태생적으로 안고 있는데, 예컨대 지나치게 큰 규모로 말미암는 필연적 소외, 거리감의 발생으로 초래되는 반(反)성육신적 말씀 선포, 성찬 공동체의 파괴, 바울의 몸의 유비(고전 12:12-27)에서 볼 수 있는 성도의 지체와 전체 사이의 유기적 통합의 해체, 교회의 유기체성의 상실과 조직체로의 변질, 관료적 교회 통치 구조 등

41) "끊이지 않는 개신교 목사들의 비리, 탈출구는 없는가?", 「대한뉴스」 2013. 4. 28.
42) 정재영, "사적 신앙에서 공적 신앙으로", 『한국 교회, 개혁의 길을 묻다』(서울: 새물결플러스, 2013), 349.

이다.[43] 특별히 메거처치는 한국 교회가 공동체 정신 및 공교회성(catholicity)을 잃고 자신이 속한 교회만 배타적으로 인정하는 지독한 개교회주의를 심화시킨 장본인이기도 하다.

한국 교회의 공동체성 상실의 문제는, 교회 밖에 있는 사람들(타 종교인들)과는 단절된 채 내부의 결속에만 집중하는 일종의 '끼리끼리의 동류 집단', 공공성과 무관하게 게토화된 이익집단으로 비판받는 상황 속에서 또 다른 모습으로 표출된다. 사실 게토화된 한국 교회는 어제오늘의 일이 아니어서 오랜 세월 타 종교와 대립 상태에 있다. 이미 널리 알려진 바와 같이, 기독교 복음 전래 이래로 한국 교회는 우리나라의 종교적 · 문화적 전통에 대해 배타적 자세를 견지함으로 타 종교인들로부터 원성을 들어 왔다. 개신교 보수 진영은 한국 사회와의 관계적 · 공동체적 삶을 거부한 채 게토화 · 폐쇄화됨으로써 사회 해체를 부추기는 모습을 보여 주었다. 과거에 개신교가 종교적 · 문화적 요인으로 우리 사회와 반목했다면, 오늘날에는 사회적 · 경제적 요인이 부가되어 자국민의 질시와 비판을 받고 있다. 오늘날 개신교인들의 사회적 신분과 경제적 입지는 초창기와 달리 대단히 상승했는데, 이에 대해 타 종교인이나 무종교인들은 한편으로는 질시하면서도, 다른 한편으로는 개신교가 지배층 · 부유층을 비호하는 종교로 변질되었다고 지적한다.

무엇보다도 한국 교회는 타 종교에 대한 지나친 배타주의와 함께 교세 확장을 위한 무분별한 교회 개척과 해외선교 문제로 사회적 지탄을 받고 있다. 사실 해외선교는 우리나라의 전통과 문화적 토양이 전혀 다른 곳에서 복음을 전하는 일이므로 선교지에 살고 있는 타 종교인들의

43) 이외에도 메거처치는 무수히 많은 문제들을 야기하는데, 오늘날 한국 교회의 위기 이면에 메거처치가 있다고 해도 과언이 아니다. 신광은, "메가처치 현상, 어떻게 치유할 것인가", 『한국 교회, 개혁의 길을 묻다』(서울: 새물결플러스, 2013), 233.

삶에 대한 충분한 이해가 선행되어야 한다. 그럼에도 대다수 교회들이 우월적이며 정복적인 무례한 선교를 행함으로써 기독교에 대한 증오심을 더욱 심화시키는 결과를 가져왔다. 더욱이 한국 교회가 최근 해외선교에 주력하는 동기가 세계 시민을 구원하려는 것이라기보다, 오히려 교회에 대한 일반 사회의 비난을 차단하고 내부 교인들의 이목을 해외선교로 집중시킴으로 교회에 대한 그들의 충성을 다지게 하려는 데 목적이 있다는 비판이 제기되면서 씁쓸함을 가중시키고 있다.[44]

한국 교회의 배타성과 독선에 대한 사회의 비판이 나날이 심화되는 상황 속에서 상당수 교계 지도자들은 세상의 비판을 겸허히 수용하는 가운데 개신교의 환골탈태를 위한 역사적 계기로 삼기보다, 오히려 세상을 도피하며 게토화된 영역 속에서 자신들의 아성을 구축하고 있다. 이러한 지도자들의 악영향으로 성도들은 비정한 세상 현실을 외면하면서 개인적이고 내면적인 구원과 안일에 몰두하고 있는 실정이다. 이에 한국 개신교는 세상 사람들에게 탈(脫)사회적이고 몰(沒)역사적인 종교로 인식되었다. 개신교의 탈사회성과 몰역사성은 사회와 국가에 대한 공적인 책임을 등한히 하는 공공성의 상실로 이어졌는데, 이는 역으로 교회의 신뢰 상실이라는 악순환을 만들어 내기도 한다. 우리는 한국 교회가 우리 사회에서 부정적으로 비쳐지는 중요한 이유 중 하나가 개신교인들의 모습이 사회의 책임 있는 구성원이라기보다는, 사회와 소통을 거부하면서 오로지 자신들만의 왕국을 만들고 자신들만의 이익을 추구하는 이익집단처럼 여겨지기 때문이라는 세상의 비판을 귀담아 들어야 할 것이다.

44) 이상성, 『추락하는 한국 교회』(서울: 인물과 사상사, 2007), 236.

한국 교회가 봉착한 영성과 도덕성, 공동체성의 상실로 말미암은 위기를 살펴보면 결국 교계 지도자들의 자질과 지도력에 치명적으로 문제가 있다는 결론에 이르게 된다. 이러한 위기 앞에 서 있는 한국 교회가 하나님 앞에서 뼈를 깎는 아픔으로 자체 내 근본적인 악을 회개하고 영적인 각성(覺性)과 갱신(更新)을 이루려는 노력을 끊임없이 감행하지 않는다면, 급격한 쇠퇴를 벗어나지 못해 2050~2060년경에는 4백만, 심지어 3백만 명대로 교인 수가 감소할 가능성이 크다는 것이 전문가들의 예단이다. 2005년 통계청의 『인구주택 총조사』에서 개신교인 수는 870만으로 산정되었는데, 이 중 150~250만 정도가 이단에 속한 것으로 예견되어 순수한 개신교 인구는 620~720만 명에 불과하다. 그런데 한국 개신교 인구는 1985년에 16%에서 1995년에 19.7%로 성장했다가 2005년 18.7%로 감소하기 시작했는데, 10년마다 1%씩 추가적 교회 이탈이 지속될 경우 저출산과 고령화와 맞물려 2060년경에는 550만 명대로 감소할 수 있다. 더욱이 이단들의 기세가 더욱 심해지고 주일학교의 쇠퇴가 가속화될 경우, 순수한 기독교 인구는 3백만 명대로 급격히 축소될 수도 있다는 것이 전문가들의 뼈아픈 진단이다.[45)]

만약 한국 교회가 우리 사회의 비판, 곧 종전의 구습과 비윤리성, 위선과 이율배반성, 예언자적 비판 정신과 방향 제시의 상실, 세상과의 소통 부재와 폐쇄적 · 비(非)민주적 교회 지배 구조, 사회에 대한 무관심과 무책임, 정교분리(政教分離)를 표방하면서도 힘과 권력을 향한 모순된 욕망, 신학의 빈곤과 반(反)지성주의, 무속적 · 주술적 성령 운동과 쇼로 변질된 예배, 저질 신학생의 배출과 무자격 목회자의 양산, 목회자의 우상화(偶像化)와 평신도의 우민화(愚民化), 타 종교에 대한 지

45) 최윤식, 『2020 2040 한국 교회 미래지도』, 39-44.

나친 배타주의와 독선, 교세 확장을 위한 무분별한 교회 개척과 해외선교, 고질적인 성차별 전통과 악습, 세속화와 상업화, 헌금의 지나친 강요와 오용, 투명성을 상실한 불법적 교회 재정 운영과 남용, 이기주의와 개교회 중심주의, 메거처치 지향주의, 교회 세습과 사유화, 교회 내의 싸움과 분열, 교단 간의 대립과 패권주의, 특히 교계 지도자들의 끊임없는 각종 비리와 범죄의 연루로 드러나는 신앙과 삶의 불일치 문제 등을 참회하지 않는다면, 계속적인 비판에 내몰리다가 결국 사회에서 퇴출당하는 수모를 겪을 수도 있을 것이다.

3. 한국 교회에 대한 한국 사회의 부정적 인식의 정당성 문제

오늘날 한국 교회가 우리 사회의 혹독한 비판에 봉착하면서 한국의 종교 지형에 명백한 변화가 감지되기 시작하였다. 특히 21세기에 들어와 우리 국민이 한국 교회에 등을 돌림으로써 사회에서 한국 교회가 차지하고 있던 위상에 이상 징후가 나타나게 된 것이다.[46] 이는 한국 교회에 대한 국민의 불신과 배타적 정서가 급속도로 확산되고 있음을 말해준다. 그런데 한국 교회가 워낙 안티 기독교 세력에게 혹독한 비난을 받다 보니, 사회에 끼친 한국 교회의 역사적 공헌마저도 폄하되어 버리는 경향이 있는데, 이것은 참으로 안타까운 일이 아닐 수 없다. 한국 교회의 공헌은 아무도 부인할 수 없는 대단히 중요한 역사적 사실이기 때문이다. 그러므로 우리 사회에 미친 한국 교회의 역사적 기여에 관해

46) 이문장, "왜 한국에서의 기독교 이미지를 생각해야 하나", 「목회와 신학」 통권184호(2004. 10), 57-58.

정리해 볼 필요성이 있다.

사실 한국 교회가 이처럼 세인들의 비난을 받는 오늘의 현실이 통탄스럽고 격세지감마저 느끼게 한다. 한국에 개신교가 전래된 이래 100여 년의 세월이 흐르는 동안 한국 교회는 국민의 전폭적 지지와 신뢰를 받으면서 국가의 새로운 역사를 일구어 내기도 했었다. 조선왕조의 몰락 및 전통사회의 해체와 더불어 시작된 한국의 근 · 현대사는 음으로 양으로 개신교와 깊은 연관을 맺고 있다. 특히 구한말과 일제 강점기에 한국 교회는 고난당하는 우리 민족과 운명을 같이하면서 동고동락하였다. 당시 개신교는 이웃 열강들의 세력 다툼 속에서 풍전등화의 위기에 처해 있던 우리나라를 우국충정(憂國衷情)의 일념으로 구하고 민족의식을 고취시킴으로써 애국적 종교로서의 역할을 충실히 감당하였다. 수많은 개신교 지도자들이 주권 회복을 위한 독립운동 · 광복운동의 선봉에 서서 일제로부터의 해방과 대한민국 건국의 주춧돌이 되었다. 다양한 교육 기관과 의료 기관, 복지 기관들을 통해 한국 교회는 현대 한국사의 새로운 시민문화 창출과 공동체 정신 함양, 국민계몽 운동에 앞장서서[47] 잘못된 인습에 얽매어 살아가던 우리 사회를 개혁하고 사회 구성원들을 결속시키는 데 커다란 기여를 하였다.

한 걸음 더 나아가 한국 교회는 급격한 산업화와 도시화 과정에서 소속감과 공동체성을 상실한 사람들에게 정서적 교감을 나눌 수 있는 다양한 형태의 공동체를 마련해 주었다. 급속한 경제개발의 추진으로 전통적인 농촌 공동체가 와해되는 상황에서 일종의 아노미 상태에 빠진 사람들에게, 또는 농촌 공동체로부터 이탈하여 도시로 이주한 사람들에게 교회는 상처를 치유하고 상실감을 보상해 주는 역할을 감당했던

47) 이만열, "한국 문화와 기독교", 『한국 교회와 사회』(서울: 도서출판 나단, 1989), 254-308.

것이다. 그뿐만 아니라 군부독재 시대의 민주화 운동과 인권 회복 운동, 분단 시대를 극복하기 위한 통일 운동에 있어서도 가톨릭과 더불어 개신교의 사회적 역할은 참으로 지대하였다. 한마디로 한국 개신교는 한국 사회를 선도하는 진보적 사회운동의 요람과 같은 역할을 함으로써 한국 사회의 진보적 표상처럼 인식되었다. 그러므로 우리나라의 근대화와 민주화, 문화 변동, 인권 회복에 있어서 한국 개신교의 공로를 아무도 부인할 수 없을 것이다. 이를 통해 한국 개신교는 짧은 역사에도 민족의 삶과 의식 속에 깊숙이 파고들었으며 들불과도 같이 빠른 속도로 교세를 확장하였다.

그러나 다른 한편 역사적 격동기를 거치면서 점차로 한국 개신교는 사회 개혁에 기여하기보다, 오히려 역으로 사회로부터 개혁되어야 할 대상으로 지탄받기 시작하였다. 해방 이후 개신교는 교리와 신앙 문제로, 지역 갈등과 주도권 문제로 극심한 교파 분열을 일으키면서 사회적 위상이 크게 실추되는 타격을 입게 되었다.[48] 더욱이 개신교의 보수 진영은 정교분리를 표방하여 정치적 행위를 금기시하는 이면으로 불의한 군사독재 정권을 비호하는 모순적 행태를 보여 주었다. 이로 말미암아 한국 교회는 비(非)민주적 · 반(反)민족적이라는 비판과 함께 교회 본연의 정체성을 상실했다는 혹독한 비판을 받았다. 지속적으로 불거져 나온 교회와 성도들, 특히 목회자들의 각종 비리와 범죄 연루는 개신교를 비리와 범죄의 온상으로 각인시켰다. 특히 1990년대 들어와 한국 교회는 시한부 종말론을 주장하는 사이비 이단 종파들의 폐해로 말

48) 한국 교회 안에서 일어난 교파의 난립과 혼돈 속의 분열, 곧 신사참배 문제로 고려파와의 분열, 성서영감설 이해 차이로 예장과 기장의 분열, 이른바 WCC 가입 문제와 박형용 교수의 3천만 원 사건으로 예장 통합 측과 합동 측의 분열 그리고 오늘날 백여 개 교단으로 분열된 합동 장로 교단의 현실은 한국 교회의 위상을 떨어뜨리고 사회의 조롱거리로 만들고 있다.

미암아 한국 사회 안에서 급속도로 공신력을 잃고 사양길로 접어들었다. 작금의 한국 개신교는 세속 권력의 한 축이 되어 지배자로 군림하는 종교, 예수보다는 물질과 성공, 권력을 좇아가는 종교로 비판받고 있다.[49)]

물론 안티 기독교 세력의 확산과 한국 교회에 대한 우리 사회의 비판의 주요 원인 제공자는 다름 아닌 한국 교회 자체에 있기 때문에, 이를 통해 한국 교회가 자숙하는 계기로 삼아야 할 것이다. 그러나 다른 한편 교회에 대한 이들의 비판이 전적으로 정당한 것인지 되짚어 볼 필요성도 있다. 왜냐하면 안티 기독교의 공격과 사회의 비판이 단지 비판을 위한 비판 일색으로만 치달을 때가 많아서, 때에 따라서는 너무 과도하거나 부적절하게 보이기도 하기 때문이다. 과연 한국 교회에 대한 비판 일변도의 부정적 인식은 정당한 것인가? 여기서는 개신교에 대한 사회 일반의 비판이 지닌 정당성 문제에 관해 생각해 보고자 한다.

1) 먼저 한국 개신교가 범죄율이 가장 높다는 사회의 비판에 대해 짚고 넘어갈 필요성이 있다. 한 종교를 평가할 때 범죄와 같은 일탈 행위는 매우 중요한 영향을 끼치는데, 과연 우리나라 3대 종교 중 개신교는 어떠한가? 대검찰청이 발표한 2003~2005년 3년간 평균 종교별 형사 범죄에 따르면, 일탈 행위로 나타나는 도덕적 수준은 개신교가 불교보다 높은 것으로 나타난다. 사실 한국 교회에 대한 안티 기독교의 비판이 억울하기도 한 것은, 형사 범죄의 건수를 근거로 비교해 볼 때 종교인의 범죄율이 무종교인보다 훨씬 낮을 뿐만 아니라,[50)] 종교 가운데서는 개신교인의 범죄율이 불교인보다 낮기 때문이다.[51)] 종교별로 좀 더 자

49) 시사인 편집인 엮음, "MB 시대의 개신교: 한국 교회 예수 버리고 권력 탐하다", 37.

세히 범죄 건수를 보면, 불교는 전체의 16.0%를 차지하지만, 개신교는 10.0%, 가톨릭은 2.2%를 점한다.

생활 관련 특별법[52] 위반 비율에서도 상황은 유사해서 종교인 범법 비율(32.9%)은 무종교인 범법 비율(40.9%)에 비해 현저히 낮다. 이를 종교별로 살펴보면, 불교인 비율은 전체 인구의 16.7%인데, 개신교인은 10.2%, 가톨릭교인은 2.4%를 차지한다.[53] 가톨릭교인은 전체적으로 범법자 비율이 현저히 낮기 때문에 논외로 하고 불교와 개신교인 비율을 보면, 소수의 위반만 제외하고 특별법 전반에서 불교인이 개신교인보다 범법 비율이 더 높다. 이로 보건대 개신교인의 범죄율이 무종교인이나 불교인을 통틀어 가장 높다는 안티 기독교의 비난은 오해의 측면도 있다고 말할 수 있다.

2) 개신교가 반사회적 · 이기적이라는 사회의 비판에 대해서도 한번 재고할 필요성이 있다. 먼저 2005년을 시점으로 장애인 복지 시설, 아동복지 시설, 노인 복지 시설, 정신 요양 시설 등 사회 복지 시설은 모두 998개인데, 이 가운데 종교인이나 종교 단체가 운영하는 시설은 모두 831개로 전체의 83.3%를 차지한다. 그런데 이를 특별히 종교별로 살펴

---

50) 동일한 자료를 보면, 종교인 범죄 비율은 32.0%(69만 7,557건), 무종교인 범죄 비율은 44.4%(96만 8,186건)로 적잖은 차이를 드러낸다. 이 차이는 2005년 현재 한국 종교인의 비율이 전체 인구의 53.1%, 무종교인 비율이 46.9%라는 점을 감안하면 양자 간 차이는 더욱 커진다. 자체 인구당 범죄 건수로 보면, 무종교인의 경우 23명당 1명꼴로 범죄를 저지른 데 반해, 종교인의 경우에는 36명당 1명꼴로 범죄를 저지른 셈이다. 이원규, 『한국 교회의 위기와 희망』, 217-218.

51) 여기서 형사 범죄는 평균 재산, 강력, 위조, 공무원, 풍속, 과실 범죄 등 열한 가지 분야에서의 범법 행위를 의미한다.

52) 여기서 특별법은 교통사고처리 특례법, 변호사법, 병역법, 조세범죄 처벌법, 윤락행위 방지법, 식품위생법, 환경법, 개발 제한구역의 지정 및 관리에 관한 특별조치법, 집회와 시위에 관한 법, 청소년 보호법 등 열 가지 분야에서의 범법 행위를 의미한다.

53) 위의 책, 220.

보면 현저한 차이를 드러낸다. 즉 5대 사회 복지 시설 가운데 개신교가 운영하는 사회 복지 시설 비율이 가장 높아 전체의 54.2%를 차지하고, 가톨릭 시설은 17.5%, 불교와 관계된 시설은 8.6%에 불과하다. 또한 2005년 현재 사회 복지관 수는 모두 381개인데, 이 가운데 종교가 운영하는 복지관은 302개로 전체의 79.3%를 차지한다. 그런데 여기서도 종교 간에 큰 차이가 있어, 개신교가 차지하는 비율은 51.7%(197개)이고, 가톨릭은 12.9%(49개), 불교는 11.0%(42개)에 불과하다.[54)]

한편 종교의 국내외 구휼 활동 실태를 보면, 2001~2003년 사이 대북 인도적 지원 금액은 모두 1억 3,664만 달러였는데, 이 가운데 종교 단체가 54.0%를 지원하였다. 그런데 그 절반 이상은 개신교(51.1%)의 지원이었다. 1996~2002년 동안 걷힌 수재 의연금 총 138억 원 중에서 85.1%가 3대 종교에서 기부했는데, 여기서도 개신교의 지원 금액이 68.8%를 차지함으로써 다른 종교에 비해 압도적으로 많았다. 1996~2002년 사이 해외 인도적 지원 금액은 모두 2,050억 원 정도였는데, 이 가운데 69.8%가 3대 종교에 의해서 지원되었지만, 개신교가 대략 3분의 2 정도(64.9%)를 차지하였다.

개신교가 사랑의 봉사 활동을 나름대로 적극적으로 하고 있다는 것은 다른 통계들에서도 드러난다. 예를 들어 2006년 현재 종교 단체가 운영하는 호스피스 기관은 모두 125개인데, 이 중 개신교가 운영하는 곳은 107개(85.6%), 가톨릭은 14개(11.2%), 불교는 겨우 4개(3.2%)에 불과하다. 그뿐만 아니라 2002~2003년 사이 재소자와 자매결연을 한 종교인은 모두 2,887명인데, 이 가운데 개신교인 비율은 52.3%, 가톨릭은 27.4%, 불교는 19.2%이다. 2002~2004년 사이 종교인 가운데 헌혈한 사

54) 위의 책, 223-224.

람은 모두 10만 9,545명으로, 이 중 개신교인이 91.6%를 차지하고, 가톨릭교인은 겨우 6.8%에 지나지 않는다.[55]

범죄와 같은 일탈 행위를 종교별로 비교해 볼 때, 불교인이 사회 일반의 인식과 달리 개신교인보다 더 높은 경향을 나타낸다는 사실을 알 수 있다. 또한 불교의 경우에는 선입견과 달리 이타적 행위에 크게 영향을 끼치지 못하고 있는 데 반해, 개신교는 자선과 복지, 구휼과 봉사 활동 분야에서 불교와 비교할 수 없을 만큼 대단히 적극적인 활동을 펼치고 있다. 사실 국내외 구휼과 봉사 활동이 종교에 의해 활발하게 이루어지는 것은 사실이지만, 그 대부분은 개신교가 지원하고 있다. 이러한 활동에 가톨릭이 전반적 사회 인식과 달리 매우 소극적으로 활동하고 있다는 사실은 전혀 의외의 결과이다.[56] 그런데 개신교와 가톨릭의 운명을 결정적으로 가르는 것은 다름 아닌 일탈 행위다. 즉 일탈 행위를 놓고 개신교와 가톨릭을 비교할 경우, 가톨릭의 일탈 행위가 개신교보다 현저히 떨어지는 결과를 나타낸다. 개신교가 자선과 구제, 사회봉사 같은 친(親)사회적 행위를 실천하는 도덕적 수준이 매우 탁월한 반면, 가톨릭은 일탈과 범죄 같은 반(反)사회적 행위를 통제하는 도덕적 수준이 월등히 높다고 말할 수 있다.

그렇다면 "개신교와 가톨릭은 도덕성 수준이 동일하게 높은데, 왜 가톨릭은 가장 신뢰를 받는 데 반해, 개신교는 사회적으로 가장 신뢰받지 못하는 것일까?" 라고 질문하지 않을 수 없다. 이에 대해 감신대 이원규 교수는 몇 가지 추론을 내놓았는데, 필자는 이 중 종교인과 친사회적/

---

55) 위의 책, 225.

56) 위의 책, 225.

반사회적 행위 사이의 관계성을 생각해 보고자 한다. 이원규 교수는 사회적 존경과 신뢰에 대한 더 중요한 척도란 구제와 봉사 같은 친사회적 행위를 얼마나 많이 하느냐가 아니라, 일탈과 범죄 같은 반사회적 행위를 얼마나 하지 않느냐에 달려 있다고 주장하는데, 이에 대해 필자도 동의하는 바이다. 이는 이타적 행위가 종교인에게는 당연한 것으로 받아들여지지만, 반사회적 행위는 더욱 철저히 하지 말도록 요구되는 금기 사항이기 때문이다. 달리 말해 종교인의 구제와 봉사는 당연시되지만, 종교인의 일탈과 범죄는 매우 강한 사회적 지탄을 받는다.

이러한 사실 때문에 개신교의 적극적인 봉사 활동이 주목을 받지 못하는 반면에(실제로 이러한 활동이 널리 알려지지 못한 측면도 많다!), 일탈과 범죄율이 현저하게 낮은 가톨릭은 크게 부각되는 것일 수 있다. 이로 보건대 종교의 도덕적 수준에 대한 평가는 긍정적 기준(친사회적 행위)보다는 부정적 기준(반사회적 행위)에 더 의존하는 것으로 보인다.[57] 즉 인간 사회에서 종교인에게 요구하는 더 중요한 도덕성은 좋은 일을 많이 하는 것보다는 오히려 나쁜 일을 하지 않는 것이라고 말할 수도 있을 것이다. 이 점에서 가톨릭은 우리 사회에서 개신교보다 훨씬 높은 점수를 받는다. 또한 도덕성에서 가톨릭이 매우 높은 수준을 보이는 반일탈적 행위가, 개신교에서 두드러진 이타적 행위보다 종교의 위상에 더 중요하게 작용할 수 있다는 사실도 인정할 필요가 있다.

이타주의 행위는 저조하지만 월등히 낮은 일탈 수준을 보이는 가톨릭이 사회적 신뢰를 받는 데 반해, 가장 높은 이타주의 성향을 보이지만 상대적으로 일탈률이 높은 개신교가 사회적 신뢰를 받지 못하는 상황은, 한국 교회에 대한 한국 사회의 부정적 인식을 타개하는 데 도움

57) 위의 책, 237.

을 줄 만한 단초를 제공한다. 이는 곧 이타주의와 같은 친사회적 행위만으로는 사회적 공신력을 얻을 수 없으며, 오히려 일탈적 도덕성(낮은 일탈 수준)이 종교에 대한 평가의 더 중요한 기준이 되므로 이를 통해 종교의 공신력을 높일 수 있다는 사실이다. 앞 절에서 언급한 바와 같이, 현재 한국 교회의 위기는 일탈적 도덕성의 측면에서 사회적으로 인정받지 못하는 측면도 강하게 작용하기 때문이다. 따라서 범죄는 물론, 사회적 규범에 어긋나는 탈선과 비리의 수준을 크게 낮추지 않는 한 한국 교회가 사회적 공신력을 회복하기란 쉽지 않다. 그러므로 좀 더 근본적이고 장기적인 안목에서 사회의 부정적 인식을 개선하고 한국 교회의 사회적 공신력을 끌어올리기 위한 방안을 모색하는 일이 급선무인데, 다음 절에서 이에 관해 구체적으로 다루고자 한다.

4. 한국 교회에 대한 한국 사회의 부정적 인식 개선을 위한 제언
- 신앙적 본질과 사회적 신뢰를 회복하기 위한 신학적 과제 -

한국 교회가 한국 사회의 부정적 인식을 개선하기 위해서는 근본적으로 변화되어야 한다는 사실에 이의를 제기할 사람은 아무도 없을 것이다. 한국 교회가 근본적으로 변화되지 않고서는 존립 자체가 불가능할 수도 있는 위급한 상황임은 명약관화한 사실이기 때문이다. 그러나 매우 유감스럽게도 현실은 지금까지 한국 교회가 무수히 많은 회개 기도회들을 열어 근본적 변화를 부르짖으면서 참회와 결단을 고백해 왔지만, 여전히 회개에 합당한 열매를 맺지 못하고 동일한 악행을 계속 반복하고 있는 실정이다. 참회와 결단은 항상 그때뿐이고, 근본적 변화를 위한 구체적 실천과 실제적 개혁을 일으키지 못한 채 또다시 썩어질 옛 구습으로 되돌아가는 일이 악순환처럼 되풀이되고 있는 것이다. 이제 한국 교회가 작금의 상태로는 더 이상의 시간도, 기회도, 미래도 없다는 것은 한국 교회로 인해 애통해하는 모든 이들이 깊이 공감하는 현실일 것이다.

앞서 필자는 우리 사회의 극심한 반(反)기독교 정서에 맞닥뜨린 한국 교회의 위기가 본질상 영성의 위기요, 도덕성의 위기요, 공동체성의 위기라고 진단하였다. 그렇다면 이 위기의 극복 여부는 향후 한국 교회의 장래를 결정적으로 좌우하는 중대한 사안이 될 것이다. 그러므로 영성의 회복, 도덕성의 회복, 공동체성의 회복은 21세기 한국 교회가 최우선적으로 감당해야 할 책임적 과제다. 이것은 한국 교회가 신앙적 본질과 사회적 신뢰를 회복함으로 우리 사회의 부정적 인식을 근본적으로 극복할 수 있는 길이기도 하다.

여기서 필자가 "신앙적 본질과 사회적 신뢰를 회복하기 위한 신학적 과제"를 부제로 단 것에 대해 특히 '신학'이라는 표현에 거부감을 가진 이들은 탁상공론적 접근이라고 비판할 수도 있겠지만, 평생 신학과 목회를 상호 불가분리의 연관성 속에서 인식해 왔던 필자 자신의 신앙적·신학적 경험에서 우러나온 내용을 정리한 것이므로 나름대로 의미 있는 도전이라고 확신한다.

1) 영성의 회복

오늘날 한국 교회가 우리 사회로부터 비판받는 가장 근원적인 문제는 영성의 문제에 기인하므로, 영성의 회복은 21세기 한국 교회의 최우선적인 과제이다. 종교에 대한 사회적 존경과 신뢰의 가장 중요한 척도는 영성인데, 이는 아무리 종교가 좋은 일을 많이 한다고 해도 가장 기본이 되는 영성이 올바르지 않다면 결코 사회적 존경과 신뢰를 받을 수 없기 때문이다. 더욱이 종교가 세속화되어서 세상 사람과 동일하게 세상적 가치를 추구하고 세상과 거의 구분되지 않는다면, 이것은 종교로서는 치명적인 일이다. 그동안 한국 교회는 앞 절에서 언급한 바와 같이 세속적 가치에 지나치게 집착하는 가운데 그 잣대로 교회와 교인을 평가하는 과오를 범함으로써 사실상 한국 교회의 영성은 대단히 저급하고 왜곡된 것으로 비난받아 왔다. 그러므로 이제 한국 교회는 양적인 성장이 아닌, 영적인 성장을 위해 혼신의 힘을 기울여야만 신앙적 본질과 사회적 신뢰를 회복할 수 있을 것이다.

이러한 상황 속에서 필자는 한국 교회의 왜곡된 영성을 회복시키기 위해 '십자가 신학'(theologia crucis)의 부흥을 놓고 기도하고 있다. 이는 필자가 한국 교계와 신학계 안에 십자가 복음과 십자가 신학을 견실하게 구축하는 일은 기독교 복음 전래 이래로 절체절명의 위기에 처한 한국 교회를 새롭게 회생시킬 수 있는 대단히 중요한 밑거름이 될 수 있다고 확신하기 때문이다. 이것은 필자는 물론, 뜻있는 전문가들의 뼈아픈 권고이기도 하다. 한국 교회가 깊은 영적인 수렁에서 헤어나오는 길은, 십자가로 복귀하는 것 외에는 다른 방도가 없는 것이다.[58] 필자는 십자가 신학이 한국 교회를 새롭게 회생시킬 뿐만 아니라 성도 개개인의 영성도 새롭게 소생시킬 수 있다고 확신한다. 필자 자신도 십자가 신학에 새롭게 눈을 뜨면서 평생 십자가 신학자로 살아가기로 결단한 신앙적 경험을 갖고 있다.[59]

58) 박영돈, "무속적 · 상업적 성령 운동에 대한 비판적인 고찰", 117.

사실 사도 바울에 의해 시작되었고 종교개혁자 마틴 루터에 의해 확립된 십자가 신학은 성서적 · 신학사적으로 확고한 전통이 있음에도 거의 2천 년 기독교 역사에서 경홀히 여김을 받아 왔다. 이러한 십자가 신학이 신학사의 전면에 다시금 부각된 것은 20세기 초반 칼 바르트가 '예수 그리스도 중심적 신학'을 전개하면서부터이다. 최근 신학계에서는 위르겐 몰트만(J. Moltmann)이 십자가 신학을 새롭게 중흥시킨 역사적 공헌을 하였다. 몰트만은 온갖 형태의 죄악과 불의, 비인간성, 폭력, 생명의 파괴, 죽음의 세력이 만연한 오늘의 시대 상황 속에서 바울과 루터의 십자가 신학을 재논의하였다. 이는 몰트만이 그리스도의 십자가가 절망감에 사로잡힌 이 세계 안에 다시금 희망과 용기, 생명력을 부여한다고 확신했기 때문이다.[60] 몰트만은 바울과 루터의 십자가 신학과 함께 본회퍼의 '그리스도를 뒤따름'(Nachfolge Christi)으로부터 지대한 영향을 받았기에, 몰트만의 십자가 신학은 그리스도를 뒤따라가는 제자도(弟子道)를 지향한다.

이러한 십자가 신학이 우리에게 중요한 것은, 그것이 기독교 신앙과 신학, 교회와 성도가 철저히 기독교화하도록 동기부여하기 때문이다. 즉 기독교를 기독교적이 되게 하는 것은 오직 십자가에 달리신 예수 그리스도이기 때문이다. 교회가 진정 기독교적인 교회인지, 성도가 진정 기독교적인 성도인지의 여부를 결정하는 것은 오직 그리스도뿐이다. 몰트만은 그리스도의 십자가를 평생의 신학 인생에 걸쳐 그의 신학적 사고를 이끌어 가는 중심점으로 삼고 있다. 이로써 그는 기독교 신앙과 신학의 모든 내용을 십자가상에서 비판하고 검증하고자 한다. 그는

59) 이에 대해 J. Moltmann, 『세계 속에 있는 하나님』, 곽혜원 옮김(서울: 동연, 2010), 역자의 말(361-362) 참조.

60) J. Moltmann, 『십자가에 달리신 하나님』, 김균진 옮김(서울: 한국신학연구소, 1979), 11-12.

"십자가가 모든 것을 검증한다"(Crux pro omnia)라고 말한 루터의 주장에 전적으로 동의하면서, 기독교에서 기독교적이라고 불릴 수 있는 모든 것을 검증하는 것은 그리스도의 십자가임을 선언한다. "나에게 그리스도의 십자가는 기독교 신학의 기반이요, 비판이다." 그러면서 몰트만은 기독교 신앙과 신학이 정체성을 잃지 않으려면 하나님의 존재를 그리스도의 십자가 죽음 가운데서 생각해야 한다고 역설한다.

이처럼 그리스도의 십자가가 참된 교회와 거짓된 교회, 참된 성도와 거짓된 성도를 판별하는 시금석이라면, 마땅히 한국 교회와 성도는 십자가에 못 박힌 예수 그리스도를 바라보는 십자가 복음으로 돌아가야 한다. 이제 한국 교회와 성도는 마땅히 짊어져야 할 십자가를 수치스럽게 생각하는 영광의 신학을 내려놓고 그리스도를 묵묵히 뒤따르는 십자가 신학을 지향해야 한다. 고난이 따르더라도 자기 헌신을 통해 그리스도를 닮아 가는 삶을 살아가야 한다. 단언하면, 예수를 따르는 교회, 예수를 따르는 성도가 되어야 한다. 아울러 한국 교회와 성도는 그동안 고수해 왔던 우승열패(優勝劣敗)의 가치관에 기반한 경제 중심주의, 축복 및 성공 지향주의, 성장 제일주의를 과감히 청산해야 할 사회적 · 종교적 책임이 있다. 한국 교회와 성도 자신이 먼저 맘몬이라는 우상을 깨뜨려야 하는데, 이는 그것이 영적이고 정신적이며 도덕적인 고귀함을 파괴하는 가장 강력한 세력이기 때문이다.[61] 한국 교회와 성도 안에 뿌리 깊게 확산되어 있는 천박한 배금주의 가치관과 천민자본주의 논리를 극복해야 한다. 이제 한국 교회와 성도는 모진 핍박과 고난 속에서 생명을 초개같이 버리고 기독교의 정체성을 지켰던 초대 교회처럼 무에서 유를 일구어 내는 마음으로, 무너진 교회를 다시 일으켜 세우는

61) 이원규, 『한국 교회 무엇이 문제인가?』(서울: 감리교신학대학교 출판부, 1998), 247.

일념으로 환골탈태해야 한다.

2) 도덕성의 회복

오늘날 한국 교회는 정계 · 재계 · 교계 등 사회 각 영역에서 활동하는 기독교 지도자들이 저질러 온 비도덕적 행태로 사회적 공신력이 땅에 떨어진 상황이므로, 도덕성의 회복은 영성의 회복 못지않게 중요한 21세기 한국 교회의 책임적 과제다. 사실 종교인은 성스러운 실재인 신(神)과의 관계 속에서 살아가는 동시에 사회인으로서 사람들과 관계를 맺으며 살아가는 존재이기 때문에 도덕성은 종교인이 반드시 갖추어야 할 덕목이다. 이에 종교와 도덕성은 상호 불가분리의 관계이므로 대부분의 고등 종교는 도덕성을 종교의 중추적 사명으로 보며, 기독교에서도 인간 사회에서 반드시 지켜야 할 올바른 삶의 지침에 관한 가르침을 도덕적 명령으로 규정하고 있다.[62] 그러나 한국 교회는 앞 절에서 언급한 바와 같이 종교와 도덕성 사이의 긴밀한 관계를 외면함으로써 도덕성 상실에 봉착하게 되었는데, 교회가 세속의 타락을 준엄하게 꾸짖을 수 있을 만큼 도덕성을 회복할 때라야 비로소 사람들이 자발적으로 교회를 향해 발을 돌릴 것이다.

한국 교회의 도덕성 회복과 관련하여 우리는 구원론을 재점검할 필요성이 있다. 지금까지 우리는 기독교 복음이 우리의 행위와는 무관하게 '오직 믿음으로' (sola fide), '오직 은혜로' (sola gratia) 주어진다는 신학적 패러다임을 진리로 받아들였다. 그래서 '죄' 와 '회개' 의 불편한 메시지는 도외시되고, '오직 믿음으로' 와 '오직 은혜로' 포장된 값싼

62) 이원규, 『한국 교회의 위기와 희망』, 196.

은총이 참된 복음인 것처럼 선포되었다. 기독교의 고결하고 품격 높은 복음이 길거리 좌판의 싸구려 잡화로 전락하여 사람들에게 수모를 당하게 되었던 것이다. 그런데 우리의 행위 없이 '오직 믿음' 과 '오직 은혜' 로 구원받는다는 주장이 복음의 요체로 간주되는 한, 신도들의 탈선과 비리를 막을 교리적 제동장치는 존재하지 않는다. 구원이 행위와 무관하다면, "은혜를 더하게 하려고 죄에 거하자", "은혜 아래에 있으니 마음 놓고 죄를 짓자"(롬 6:1, 15)라는 논리를 막을 방도가 없다.[63)]

이러한 맥락에서 우리는 한국 교회 안에 지배적인 구원의 현재성에 대한 과도한 집착을 되돌아볼 필요가 있다. 신약의 일관된 가르침은 구원이 우리 삶의 최종 목표(cf. 벧전 1:9)이므로 우리 삶이란 그 구원을 향해 가는 여정이라는 것이다. 바울은 이를 "달리기"로 묘사하는데(빌 3:12), 곧 "뒤에 있는 것은 잊어버리고 오로지 앞에 있는 것을 잡으려고 달려가는" 과정이라는 것이다(13절). "위에서 부르신 부름의 상을 얻기 위해 푯대(구원의 결승점)를 향해 달려간다"는 것이다(14절). 그러나 우리가 운동장에서 달린다고 해서 무조건 상을 받는 것이 아니어서, 상을 받으려면 열심히 달려야 하고 철저한 훈련이 필요하다(고전 9:24). 이에 바울은 승리자의 관을 얻고자 인내하면서 훈련하는 선수들처럼 "너희도 상을 받도록 이와 같이 달음질하라"라고 성도들을 독려한다(25절). 바울 역시 자신의 달음질에 깊은 주의를 기울이면서 몸을 쳐 복종시키는데(9:26-27), 왜냐하면 제대로 달리지 않을 경우 자신 또한 버림을 당할까 두려워하기 때문이다(27절).[64)]

사실 종교개혁자 칼빈은 인간의 구원을 철저히 하나님의 주권 아래

63) 권연경, "값싼 구원론에서 벗어나기", 83.
64) 위의 책, 88.

에 두고자 했기 때문에, 성서에 우리의 행위를 구원의 조건으로 제시하는 구절이 많다는 사실을 두고 고민하면서 인간의 순종을 구원의 부차적 원인이라고 일컬었다. 즉 그는 구원의 궁극적 원인인 하나님의 주권을 강조하면서도 인간의 순종을 요구하는 성서의 가르침을 존중했다. "우리가 행위 없이 의롭다 하심을 얻는 것도 아니고, 행위로 의롭다 하심을 얻는 것도 아니다"라고 말한 그의 역설적 진술은 이러한 고민을 잘 드러낸다. 칼빈에 의하면 구원에는 행위가 반드시 필요하지만, 구원이 그 행위 덕분은 아니다. 행위로 구원을 받는다는 말이 틀린 것처럼, 행위 없이 구원을 받는다는 말 또한 틀린 것이다. 현재의 행위는 구원에 이르는 필수 과정이라는 것이다. 그렇다면 현재의 삶은 장래의 운명과 필연적 관계에 있으므로, 이는 장차 구원에 이르는 필수 과정이다.

삶의 여정이 구원의 드라마를 완성하는 필수 과정이라는 사실은 성서 전체에 연면히 흐르는 주요 메시지라고 해도 과언이 아니다. 마태복음에서 예수께서는 우리 앞에 생명으로 인도하는 좁은 문과 멸망으로 가는 넓은 문을 제시하시고(마 7:13-14) 우리의 열매(행실)를 보고 심판한다고 말씀하면서(15-20절), 천국에 들어가는 자는 "내 아버지의 뜻대로 행하는 자"라고 강조하신다(21절). 바울은 삶을 농사에 비유하면서 우리가 육체에다 삶의 씨를 뿌리면 썩어질 것, 곧 구원이 없는 멸망을 거두지만, 성령에다 삶의 씨를 뿌리면 성령으로부터 영생을 거둔다고 역설한다(갈 6:8). 그러면서 "사람이 무엇으로 심든지 그대로 거두리라"라는 하나님의 원리란 인간의 궤변으로 변조할 수 있는 것이 아니라고 하면서 "스스로 속이지 말라 하나님은 업신여김을 받는 분이 아니다"라고 경고한다(7절).[65] 이러한 성서의 메시지는 교계 지도자들의

65) 위의 책, 88-89.

타락과 부패에 대한 권징은 물론, 교인들의 부도덕성에 대한 훈계를 포기해 버린 오늘날 한국 교회에 큰 경종을 울린다. 그러므로 한국 교회는 성도의 구원과 성화(聖化)를 이루기 위해서 성도 스스로 하나님의 거룩한 이름에 치욕스러운 낙인을 찍는 추악함을 삼갈 수 있도록 권징을 강화해야 한다.[66]

3) 공동체성의 회복

한국 교회에 대한 부정적 인식의 또 다른 중요한 원인은 공동체성의 상실에 기인하므로 공동체성의 회복도 21세기 한국 교회가 감당해야 할 중대한 책임적 과제다. 본래 교회 공동체는 공동체 밖(사회)에 대해 문을 닫고 자신만의 이익을 챙기는 이익집단이 아니라 하나님으로부터 받은 책임과 의무를 공동체 밖으로 표출해야 할 책임 공동체이다. 이러한 교회 공동체 안에서 훈련받은 그리스도인은 교회 안에서는 물론, 교회 밖에서도 일반인과는 다른 더욱 엄격한 기준에 따라 구별된 삶을 살아가야 한다. 그는 자신의 이익을 구하는 것이 아니라 이 세상을 하나님의 영광이 드러나야 할 삶의 무대로 여기면서 자신의 신앙을 공공의 영역에서 실천해야 한다.

그런데 전래 초기 한국 교회는 우리 민족과 동고동락하는 애국애족(愛國愛族)의 공동체로서 사회 부조리를 혁파하고 새로운 가치 질서를 제시하는 선구자의 역할을 잘 감당한 데 반해, 앞 절에서 언급한 바와 같이 오늘날 교회는 사회와 단절된 채 공공성과 무관한 이익집단으로 게토화되어 간다. 그뿐만 아니라 오늘날 한국 교회 성도들의 신앙은 공

66) Cf. 최윤식, 『2020 2040 한국 교회 미래지도』, 352-353.

공의 차원과 연결되지 못하고 단지 개인의 사사로운 경건 생활의 영역에서만 영향력을 발휘한다. 전반적으로 한국 개신교인들의 삶과 신앙은 철저히 분리되어 자신의 신앙을 삶의 영역에서 기독교 정신에 따라 실천해야 한다는 사실을 인식하지 못함으로 말미암아 기독 시민으로서의 직분을 제대로 감당하지 못한다.

이러한 상황 속에서 한국 교회의 공동체성 회복을 위해서는 의식의 전환이 선행되어야 한다. 지금까지 한국 교회는 교회와 사회의 관계에 대해 지나치게 이원론적인 사고방식을 견지함으로써 교회 안에서의 생활에 일차적 중요성을 부여하고 일상생활의 영역에 대해서는 중요성을 인정하지 않았다. 이러한 이원론적인 사고는 그리스도인들이 사회생활에 올바른 의미를 부여하지 못하게 함으로써 사회 부적응자 또는 분리주의자로 만들었다. 그러나 하나님께서 우리가 살아가도록 허락하신 이 사회는 비록 죄악과 불법이 관영하다고 해도 썩어 없어질 곳으로 치부되거나 방치될 곳이 결코 아니라, 교회 공동체와 동일하게 하나님의 영광이 구현되어야 할 공간이다. 예수 그리스도는 교회와 그리스도인뿐만 아니라 이 세상 모든 만물의 주님이시기 때문이다(골 1:20).

이러한 맥락에서 우리는 예수의 말씀과 사역의 가장 중요한 핵심인 "하나님 나라"(마 4:17; 막 1:15 등)를 깊이 성찰할 필요가 있다. 예수께서는 하나님 나라를 인류 역사의 마지막에 도래할 세계, 곧 우리가 죽음 이후에 누리게 될 피안(彼岸)의 세계일 뿐만 아니라 우리가 차안(此岸)의 삶 속에서 끊임없이 희망해야 할 세계로 말씀하셨다. 이에 우리가 죽음 이후(내세) 하나님 나라에 들어가기 위해 힘쓸 것을 권고하셨고, 이 세상의 삶(현세) 속에서도 하나님 나라를 이루고자 혼신의 힘을 기울일 것을 당부하셨다. 이는 예수께서 자신을 따르는 제자들에게 하나님 나라가 이 땅에 오기를 간절히 기도하고 소망할 것을 권고하신 주기도에 잘 표현되어 있다(마 6:9-10). 여기서 예수께서는 그리스도인들이 하나님 나라가 현실의 삶의 영역 속에 이루어지도록 심혈을 기울일 것을 당부하셨다.[67]

예수께서 선포하신 하나님 나라는 하나님의 영이 인류를 포함한 자연의 모든 피조물 안에 가득하여 모든 만물 안에 하나님의 영광이 충만한 세계(계 21:3), 이 세상에 존재하는 모든 종류의 죄악과 불의, 죽음이 사라진 세계(3절), 모든 피조물이 하나님의 사랑과 자비와 정의와 평화 속에서 더불어 행복하게 살아가는 세계(사 2:4; 65:25; 미 4:3)를 의미한다. 예수께서 이루고자 하시는 구원은 영 · 혼 · 육의 전인적 구원이요, 인류를 위시한 자연의 모든 피조물의 총체적 구원이요, 교회를 포함한 모든 공동체의 포괄적 구원이다. 그러므로 교회와 성도는 온갖 형태의 죄악과 불의, 비인간성, 파괴와 죽음이 만연된 이 세계 안에 하나님 나라를 구현해야 할 '하나님 나라의 공동체'로, '하나님 나라의 시민'으로 살아가야 한다.

하나님 나라가 예수의 모든 말씀과 사역의 핵심이라는 사실은 하나님 나라에 무관심한 한국 교회에 큰 경종을 울린다. 예수의 말씀과 사역의 핵심, 곧 하나님 나라의 참된 의미가 한국 교회 안에서 심각하게 변질 · 왜곡된 상황이기 때문이다. 즉 한국 교회 안에서 하나님 나라는 단순히 '예수 믿고 천국 간다'는 분위기 속에서 사사화 · 내세화 · 몰

67) 곽혜원, 『현대 세계의 위기와 하나님의 나라』(서울: 한들, 2008), 188-190.

68) 하나님 나라에 대한 왜곡은 특히 무교의 영향으로 생성된 기복 신앙에 기인하는데, 이로 인해 한국 교회는 지나치게 개인주의적 구원 신앙, 현세를 내세의 준비 과정으로 믿는 내세 지향적 신앙, 현실도피를 정당화하는 몰역사적 신앙을 견지해 왔다.

역사화된 경향이다.[68] 다행스럽게도 오늘날 한국 교회는 기존의 잘못된 개념을 탈피하려는 움직임을 보이고 있다. 하나님 나라는 21세기 한국 교회의 중요한 주제로 부각됨으로써, 이는 향후 한국 교회가 나아갈 방향을 제시한다고 말할 수 있다. 그러므로 한국 교회의 향방은 예수께서 선포하신 하나님 나라를 어떻게 이해하고 이를 삶의 영역에 어떻게 적용 · 실천하느냐에 달려 있다고 해도 과언이 아니다.

이제 한국 교회는 예수께서 이루고자 하시는 하나님의 구원의 전인적 · 총체적 · 포괄적 성격을 깊이 유념하여 교회를 구성하는 성도 한 사람 한 사람이 삶의 현장에서 참된 기독 시민으로서의 삶을 실천하며, 하나의 사회조직으로서의 교회 역시 공공의 공동체로서의 역할을 잘 수행하도록 독려해야 한다. 목회자는 평신도들이 삶의 자리에서 사회인이자 그리스도인으로서의 역할에 충실할 수 있도록, 교회 안팎에서 맡은바 역할과 책임을 다함으로 균형 있고 온전한 그리스도인의 삶을 살아갈 수 있도록 권고해야 한다. 따라서 그리스도인의 교회 내부에서의 활동뿐만 아니라 교회 외부에서의 활동도 교회에서 중요하게 여겨야 한다. 한 걸음 더 나아가 한국 교회 스스로 공공의 공간, 지역사회를 향해 열린 공동체가 되어 지역의 교회 공동체는 물론, 필요에 따라 시민 공동체와도 연계할 필요가 있다. 이처럼 한국 교회가 참된 기독 시민을 길러 내고 세상에 보냄 받은 그리스도의 몸으로서의 본질적 사명을 묵묵히 감당하면서 우리 사회의 책임 있는 구성원으로서의 책무를 다할 때, 점차로 사회 공신력도 회복하게 될 것이다.

지금까지 우리는 한국 교회가 봉착한 우리 사회의 부정적 인식과 그 근본 원인 그리고 부정적 인식을 개선하기 위한 여러 과제에 관해 매우 착잡한 심정으로 논하였다. 그러나 우리가 한 가지 놓친 사실이 있는데, 이는 다름 아닌 세계 어느 교회의 성도들보다 신앙적 역동성이 강한 한국 교회 성도들이다. 한국 교회 성도들의 신앙적 열심에 더하여 올바른 영성 · 도덕성 · 공동체성을 회복할 수 있다면, 우리 한국 교회는 7천만 우리 민족의 삶과 정신세계에 깊이 뿌리를 내리고 이 민족이 가야 할 길을 밝히는 등대로서의 역할을 다시금 감당할 수 있으리라 믿어 의심치 않는다.

◆ 참고문헌

곽혜원, 『자살문제, 어떻게 할 것인가』, 서울: 21세기교회와신학포럼, 2011.

______, 『현대 세계의 위기와 하나님의 나라』, 서울: 한들, 2008.

권연경, "값싼 구원론에서 벗어나기", 『한국 교회, 개혁의 길을 묻다』, 서울: 새물결플러스, 2013.

기윤실, 「한국 교회의 사회적 신뢰도 여론조사 결과 발표 세미나 자료집」, 2008, 2009, 2010.

김명배, 『해방 후 한국 기독교 사회운동사』, 서울: 북코리아, 2009.

김선주, 『한국 교회의 일곱 가지 죄악』, 서울: 삼인, 2009.

김진호, 『시민 K, 교회를 나가다』, 서울: 현암사, 2012.

______, "한국 개신교의 친미성, 그 식민지적 무의식에 대하여", 「역사비평」 통권 70호(2005).

노길명, "한국 종교 성장의 사회적 배경 교회", 『한국 교회와 사회』, 서울: 도서출판 나단, 1989.

류대영, 『한국 근현대사와 기독교』, 서울: 푸른역사, 2009.

민문홍, "한국 사회의 자살 급증 문제에 관한 사회문화적 진단", 「생명연구」 제11집(2009. 6).

박영돈, "무속적 · 상업적 성령 운동에 대한 비판적인 고찰", 『한국 교회, 개혁의 길을 묻다』, 서울: 새물결플러스, 2013.

시사인 편집부 엮음, "MB 시대의 개신교: 한국 교회 예수 버리고 권력 탐하다", 「시사 IN」 제104호(2009. 9. 7).

신경규, "한국 교회의 공격적 선교", 『한국 교회, 개혁의 길을 묻다』, 서울: 새물결플러스, 2013.

신재식, "한국 개신교의 현재와 미래", 「2012년 전반기 한국종교학회 학술대회 자료집」.

______, "한국 사회의 종교 갈등의 현황과 구조 탐구: 한국 개신교 요인을 중심으로", 「종교연구」 제63호(2011).

옥성호, 『마케팅에 물든 부족한 기독교』, 서울: 부흥과개혁사, 2007.

이대형, "청년 선교 동원의 과제와 해결 방안", 「목회와 신학」 2012. 8.

이문장, "왜 한국에서의 기독교 이미지를 생각해야 하나", 「목회와 신학」 통권 184호(2004. 10).

이만열, "한국 문화와 기독교", 『한국 교회와 사회』, 서울: 도서출판 나단, 1989.

이원규, 『머리의 종교에서 가슴의 종교로』, 서울: 도서출판 kmc, 2013.
_____, 『한국 교회 무엇이 문제인가?』, 서울: 감리교신학대학교 출판부, 1998.
_____, 『한국 교회 어디로 가고 있나』, 서울: 대한기독교서회, 2000.
_____, 『한국 교회의 위기와 희망』, 서울: 예영커뮤니케이션, 2007.
_____, 『힘내라, 한국 교회』, 서울: 도서출판 동연, 2009.
이찬수 외 공저, 『한국 교회를 컨설팅하다』, 서울: 모시는 사람들, 2010.
조성돈 · 정재영 공저, 『그들은 왜 가톨릭 교회로 갔을까?』, 서울: 예영커뮤니케이션, 2007.
조엘 박, 『맞아죽을 각오로 쓴 한국 교회 비판』, 서울: 박스북스, 2008.
_____, 『한국 교회 이렇게 달라져야 한다』, 서울: 박스북스, 2008.
조현범, "핍박받는 대형 종교, 작은 것이 아름답다", 「사회비평」 제33호(2002).
「시사저널」, "교회가 돈의 지배를 받다", 정락인 기자 · 조혜지 인턴기자: 2013. 7. 23.
정재영, "사적 신앙에서 공적 신앙으로", 『한국 교회, 개혁의 길을 묻다』, 서울: 새물결플러스, 2013.
통계청 편집부 엮음, 『인구주택 총조사』, 서울: 통계청, 2006.
최윤식, 『2020 2040 한국 교회 미래지도』, 서울: 생명의말씀사, 2013.
최형묵, 『한국 기독교와 권력의 길』, 서울: 로크미디어, 2009.
한국갤럽 엮음, 『한국인의 종교와 종교의식』, 1984, 1989, 1997, 2004.
한국교회사학연구원 엮음, 『한국 교회 설교가 연구 1』, 서울: 한국교회사학연구원, 2000.
한국기독교목회자협의회 엮음, 『교인 감소 현상에 대한 의식조사 보고서』, 2006.
한미준 엮음, 『한국 개신교인의 교회 활동 및 신앙 의식조사 보고서』, 한국갤럽, 1998.
한미준 · 한국갤럽 엮음, 『한국 교회 미래 리포트』, 서울: 두란노, 2005.
한신대학교 학술원신학연구소 엮음, 『한국 개신교와 한국 근현대의 사회문화적 변동』, 한울아카데미, 2003.
한완상, 『예수 없는 예수 교회』, 서울: 김영사, 2008.
허호익 외 공저, 『위기의 한국 교회 진단과 대안』, 서울: 동연, 2010.
J. Moltmann, 『십자가에 달리신 하나님』, 김균진 옮김, 서울: 한국신학연구소, 1979.
__________, 『세계 속에 있는 하나님』, 곽혜원 옮김, 서울: 동연, 2010.

웹사이트
국가통계포털 http://kosis.kr
노컷뉴스 http://www.nocutnews.co.kr/Show.asp?IDX=2170540
예장(통합) 홈페이지 www.pck.or.kr
문화체육관광부 http://www.mcst.go.kr/web/dataCourt/reportData/reportView.jsp
한국세계선교협의회 http://www.kwma.org

8
한국 교회 개혁의 기초 작업에 관한 단상(斷想)[1)]

임헌준 박사(제2종교개혁연구소 부소장, 예은교회 목사)

1. 들어가는 말

'그리스도인' 이라는 이름은 거룩하고 귀한 이름이다. 아름답고 향기로운 이름이다. 더불어 '그리스도인' 들이 모인 '교회' 역시 거룩하고 귀하며 아름답고 향기로운 이름이다. 그런데 오늘날 한국 사회에서 '그리스도인' 과 '교회' 라는 이름은 그 빛을 잃고 부끄러운 이름이 되었다. 심하게 표현하면, 교회가 무슨 범죄 집단이나 되는 것처럼 비난받을 정도로 그 위상이 추락했다. 특히 교회의 지도자라고 할 수 있는 목회자들에 대한 세상 사람들의 시선은 가혹하다 싶을 정도로 좋지 않

---

1) 이 글은 필자가 「크리스챤신문」에 기고했던 다음 글들을 편집한 것이다.
"하나님의 심판대에 선 한국 교회", 2013. 3. 17, 1면, "크리스챤 논단."
"교회의 본질을 회복하자", 2014. 5. 31, 1면, "크리스챤 논단."
"율법은 행복으로 가는 길이다", 2013. 1. 13, 1면, "크리스챤 논단."
"하나님 나라를 이루는 수련", 2014. 4. 12, 1면, "크리스챤 논단."
"지역사회에서 좋은 이웃이 되는 교회", 2010. 8. 14, 1면, "크리스챤 논단."

다. 많은 이들이, 심지어는 교회에 다니는 이들 중에도, 목회자를 성직자로 존경하기는 고사하고, 정상적인 사람으로 취급하지 않는 경향이 있다. 그들은 많은 목회자들이 입으로는 정의와 선행을 외치지만 삶의 실상을 들여다보면 매우 불의하고 사악하다고 비난한다. 또한 목회자들이 대체로 일반 사람들보다 무지하고 무식하며 양심이 마비되어 있다고 비판한다.

이런 비난과 비판, 조소가 다 옳다고는 할 수 없다. 그렇다고 '한국 교회를 음해하려는 자들이 만들어 낸 말이므로 전혀 거론할 만한 가치가 없다'고 치부해 버릴 수도 없다. 한국 교회와 목회자들을 향한 이러한 말들을 귀 기울여 들어야 한다. 실상을 제대로 인식하여 회개할 것은 회개하고, 고쳐야 할 것은 고쳐야 한다. 우리 자신을 돌아보자. 우리 스스로가 얼마나 불의하고 악한가? 얼마나 더 위선적인가?

목회자가 강단에서 선포하는 말들과 목회자 자신의 삶은 얼마나 동떨어져 있는가? "너희는 이 세대를 본받지 말고 오직 마음을 새롭게 함으로 변화를 받아 하나님의 선하시고 기뻐하시고 온전하신 뜻이 무엇인지 분별하도록 하라"(롬 12:2)라고 잘도 선포하지만, 우리 삶의 현실은 어떠한가? 눈앞의 작은 이익을 위하여 하나님의 뜻을 외면하지 않는가? "오직 정의를 물같이, 공의를 마르지 않는 강같이 흐르게 할지어다"(암 5:24)라는 말씀을 입에 달고 있지만, 막상 현실에서는 자신이 조금이라도 불이익을 당할 것 같으면 불의를 못 본 척 눈감지 않는가? 그러면서 정의를 외치는 자를 향해 '하나님께 맡기라'고 회유하지 않는가? 아니, "너는 허물이 없느냐? 죄 없는 사람이 어디 있느냐?"라고 하면서 "어찌하여 형제의 눈 속에 있는 티는 보고 네 눈 속에 있는 들보는 깨닫지 못하느냐"(마 7:3)라는 주님의 말씀을 들이대지 않는가?

목회자들만 그러한가? 아니다. 목회자와 함께 교회를 이끌어 가는 장로들의 세계도 부패의 악취가 진동한다. 한국 교회의 장로 중 일부겠지만 젯밥에 눈이 어두운 일명 정치장로들이 교회와 노회 그리고 총회를 어지럽힌다.

오늘날 한국 교회는 너무나 많이 잘못되어 있다. 자력으로는 회생할 수 없을 정도로 심하다. 개인은 개인대로, 교회는 교회대로 잘못된 길을 브레이크가 고장 난 자동차처럼 질주하고 있다. 교인들과 교회를 바로 이끌어 가야 할 노회와 총회도 심하게 부패하여 악취를 내뿜고, 연합하여 선한 일을 하겠다고 결성된 교계 연합 기관 중 상당수가 한국 사회에 타락한 모습을 적나라하게 보여 주고 있다.

이러다가는 결국 침몰하고 말 것이다. 하나님께서 한국 교회를 심판하실 것이다. 그리고 무너진 터 위에 새로운 역사를 이루실 것이다. 한국 교회는 이제라도 몸부림치며 회개해야 한다. 말로만이 아니라 진정성 있는 회개를 해야 한다. 하나님의 준엄한 심판이 시작되었음을 깨닫고 하나님 앞에 통회하며 자비를 구해야 한다. 이러한 한국 교회의 현실을 바라보면서, 이 글에서는 한국 교회가 새롭게 거듭나기 위한 기본적인 방안들에 관해 생각해 보고자 한다.

2. 한국 교회 개혁의 기초 작업

1) 교회의 본질을 회복해야 한다

초대 교회나 70~80년대 이후 한국 교회에 들어온 사람들은 그 생각이 바뀌고, 삶이 바뀌었다. 그런데 바뀐 내용은 크게 달랐다. 초대 교회에서는 사람들의 가치관과 삶의 중심이 '세상 나라' 에서 '하나님 나라' 로 바뀌었다. 그 기뻐하는 것이 '세상 즐거움' 에서 '오직 예수' 로 바뀌었다. 그러나 한국 교회는 교인들이 세상 나라에서의 형통을 복으로 인식하게 하였다. 돈과 권력과 명예와 같은 욕망의 노예가 되게 했다. 교회가 그것을 앞장서서 보여 주었다. 교인들의 가치관과 삶이 이전보다 더욱 세상 나라 중심으로, 세상 즐거움을 추구하는 쪽으로 바뀌어 갔다. 축복을 외치며 감정을 부추기는 교회들은 크게 부흥하였다. 반면에 정의, 공의, 진정한 하나님 나라를 외치며 지성에 호소하는 교회는 외면당했다.

지금 한국의 많은 교회가 잘못된 습성에 길들여져 있다. 쉽고 편하게 사는 것에 길들여져 있다. 힘들어도 바르게 살자고 하면 외면한다. 불편해도 더불어 살자고 하면 싫어한다. 헛된 것을 헛된 것인 줄 모르고 달려간다. 참되게 살자고 하면 비웃는다. 사람 앞에 부끄러운 줄도 모르고, 하나님 앞에 두려운 줄도 모른다. 잘못된 습성에 깊이 길들여져 있어서 그것이 정상인 줄로 생각한다. 교회의 본질을 말하면 그것이 아니라고 생각한다. 잘못되었다고 생각한다. 잘못을 잘못으로 깨닫지 못한다. 그러니 뼈저린 반성도 없고 뼈저린 회개도 없다. 참으로 안타까운 일이다.

교회의 본질을 벗어난 교회는 더는 교회가 아니다. 교회는 하나님 나라를 추구해야 한다. 말로만 그러하지 말고 실제 삶에서 하나님 나라를 추구해야 한다. 세상에서의 부귀영화를 부러워하지 말고, 하나님 앞에서의 형통을 사모해야 한다. 교인들의 감정을 부추기려고만 하지 말고, 교인들을 차분히 가르쳐야 한다. 성경 말씀을 가르쳐야 하고, 하나님 나라를 가르쳐야 한다. 그리스도인으로서의 도리를 가르쳐야 한다. 깨닫게 하고, 감동받게 하고, 결단하게 해야 한다. 그리하여 성경 말씀이 삶 속에서 온전히 이루어지고, 성령 안에서 의와 평강이 이루어져야 한다. 참된 기쁨을 맛볼 수 있어야 한다. 그렇게 하나님 나라가 이루어져야 한다(롬 14:17).

교회의 본질을 회복하기 위해서는 무엇보다도 먼저 예배가 바로 드려져야 한다. '예배' 는 일시적인 평안, 위로, 쉼, 기쁨을 얻는 시간이 아니다. 하나님을 경배하는 시간이고, 하나님의 말씀을 듣는 시간이다. 하나님의 자녀가 아버지 하나님을 만나는 거룩하고 귀한 시간이다. 그러므로 예배드리는 자들은 마음가짐부터 새롭게 해야 한다. 하나님을 경외하고 사랑하며 하나님께 감사하는 마음을 품고, 영과 진리로 아버지께 예배해야 한다(요 4:24). 그래야만 예배 시간에 하나님을 만날 수 있고, 하나님의 말씀을 들을 수 있고, 영과 마음이 새로워질 수 있다. 그리고 세상에 나가서 말씀을 이루는 삶, 하나님 나라를 이루는 삶을 살 수 있게 되는 것이다.

예배를 바로 드리기 위해서는 예배를 인도하고 말씀을 선포하는 목회자가 먼저 자세를 바르게 확립해야 한다. 예배 시간을 교인 위로잔치로 생각하지 말아야 한다. 설교 시간을 만담(漫談) 시간으로 생각하지 말아야 한다. 목회자는 '예배 시간에 교인들이 마음에 위로를 받고, 쉼을 얻고, 기쁨을 얻도록 해야 한다. 교인들의 마음에 부담을 주지 말아야 한다' 는 강박관념에서 벗어나야 한다. 초대 교회 교인들이 일시적인 평안, 위로, 쉼, 기쁨을 얻기 위해 모였겠는가? 하나님 나라를 위해서 모인 것이다. 예배의 중심에 하나님과 하나님 나라가 있도록 힘써야 한다. 교인들에게 바른 예배를 가르치고, 온 교회가 함께 바른 예배를 드리도록 해야 한다.

한국 교회는 교인 하나하나가, 교회 하나하나가 스스로를 냉철하게 살펴보고 분석하여 잘못된 것들을 고쳐 가야 한다. 대충 살펴보고 대충 고치는 척하지 말고, 자신의 과거와 현재를 아주 세밀하게 살펴보고 무엇이 잘못되었는지를 구체적으로 인식한 후 뼈를 깎고 살을 도려내는 각오로 자신을 바로 세워야 한다. 그렇게 교회의 본질을 회복해 가는 것이 오늘 중병에 걸려 있는 한국 교회가 살아나는 길이다.

2) 율법을 준수해야 한다

한글 성경에서 '율법' 이라고 번역된 히브리어 '토라' 는 '가리키다, 지시(指示)하다' 라는 뜻이다. 이는 율법이 인간을 향한 하나님의 뜻을 가리키는 것, 인간이 행복하게 사는 길을 가리키는 것이라는 의미다. 율법은 '인간이 참된 행복을 누리도록 하기 위한 하나님의 명령' 이다. '더불어 행복하게 사는 세상을 이루기 위한 하나님의 명령' 이다. 율법은 사람이 하나님과 바른 관계를 맺으면서, 그리고 다른 사람들과 바른 관계를 맺으면서 행복하게 살도록 하나님께서 주신 삶의 나침반이다.

그런데 기독교인 중에는 율법을 폐기된 것으로 생각하는 이들이 있다. 그들은 예수님께서 오심으로 더는 율법을 지킬 필요가 없게 되었다고 주장한다. '십계명을 지킬 필요도 없고, 십일조를 드릴 필요도 없다' 는 식이다. 혹자가 그렇게 생각하고 주장하는 배경에는 이러한 논리가 자리하고 있다. "예수님께서 오시기 전에는 율법이 구원의 길이었다. 그러나 예수님께서 십자가에서 인간의 죄를 모두 대속하신 이후로는 율법으로 의롭게 되는 것이 아니고 믿음으로 의롭게 된다. 율법으로 구원을 받는 것이 아니고 믿음으로 구원을 받는다. 그러므로 이제는 율법을 지키지 않아도 된다." 이렇게 생각하는 이들은 교회에서 성도들에게 율법을 가르치고 실천하도록 하는 것은 예수 그리스도의 십자가의 은혜를 헛된 것으로 만드는 공로주의(功勞主義)라고 비판하고 비난한다.

과연 이러한 주장이 타당한 것인가? 예수님께서 오신 이후로 율법이 폐기되었으니 기독교회에서 공동체 구성원들에게 가르치거나 지키라고 하면 안 되는 것인가? 대답은 "아니다. 전혀 그렇지 않다" 이다. 율법이 폐기되었다는 것은 천부당만부당(千不當萬不當)한 소리다. 물론 우리가 구원을 받은 것은 우리의 공로(功勞) 때문이 아니고, 전적으로 은혜로 말미암은 것이다. "긍휼이 풍성하신 하나님이 우리를 사랑하신 그 큰 사랑을 인하여 허물로 죽은 우리를 그리스도와 함께" (엡 2:4-5) 살리셨다. "그 은혜에 의하여 믿음으로 말미암아 구원을" (8절) 받은 것이다. "사람이 의롭다 하심을 얻는 것은 율법의 행위에 있지 않고 믿음으로" (롬 3:28) 되는 것이다. 그러나 이것이 율법을 버려도 좋다는 뜻은 아니다. 율법을 가볍게 생각해도 좋다는 뜻도 아니다. 그리스도인들은 율법을 존중하고, 힘써 지켜야 한다. 그 이유를 마태복음 5장 17-20절의 예수님의 가르침에서 찾을 수 있다. 예수님께서는 "내가 율법이나 선지자를 폐하러 온 줄로 생각하지 말라 폐하러 온 것이 아니요 완전하게 하려 함이라" (마 5:17)라고 말씀하셨다. 예수님께서 오심으로써 율법이 폐기되었다고 오해하지 말아야 한다. 예수님의 가르침은 율법주의에서 벗어나 율법의 근본정신을 살리도록 하는 것이었다. 예수님은 율법을 형식적으로 지키고 율법의 근본정신은 저버린 율법주의자들을 비판하셨지, 율법 그 자체를 비판하신 것은 아니었다.

하나님께서 세상에 율법을 주신 이유는 지금도 존재한다. 율법은 오늘 우리에게도 여전히 중요하다. 예수님께서는 "진실로 너희에게 이르노니 천지가 없어지기 전에는 율법의 일점일획도 결코 없어지지 아니하고 다 이루리라"(18절)라고 말씀하셨다. 율법이 여전히 유효함을 천명하신 것이다. 예수님께서 또 말씀하시기를, "그러므로 누구든지 이 계명 중의 지극히 작은 것 하나라도 버리고 또 그같이 사람을 가르치는 자는 천국에서 지극히 작다 일컬음을 받을 것이요 누구든지 이를 행하며 가르치는 자는 천국에서 크다 일컬음을 받으리라"(19절)라고 하셨다. 율법을 버려도 좋다고 생각하고 실천하지 않는 사람은 천국에서 지극히 작은 자로 간주될 것이다. 그러나 율법을 존중하고 힘써 실천하는 사람은 천국에서 큰 자로 대접을 받을 것이다. 다시 말해서 율법을 경시(輕視)하는 자는 하나님 앞에서 경시당할 것이고, 율법을 존중하는 자는 하나님 앞에서 존중받을 것이다.

율법은 인간 세상을 향한 하나님의 선하시고 기뻐하시고 온전하신 뜻이다. 율법은 참된 행복으로 가는 길이다. 거듭난 그리스도인이 세상에서 이웃과 더불어 행복하게 살기 위해서는 율법을 힘써 지켜야 한다.

예수 그리스도의 대속의 은혜로 말미암아 구원받은 그리스도인들에게도 율법은 중요하다. 그리스도인들에게도 율법은 행복으로 가는 길이다. 율법의 길을 잘 따라가면 더불어 행복할 수 있다. 사랑의 꽃을 피울 수 있고, 사랑의 열매를 맺을 수 있다. 예수님께서 이르시기를, "너희 의가 서기관과 바리새인보다 더 낫지 못하면 결코 천국에 들어가지 못하리라"(20절)라고 하셨다. 물론 예수 그리스도의 십자가 은혜로, 믿음으로 온전한 의를 이루는 것이지만, 그리스도인들은 서기관이나 바리새인보다 더 율법을 존중하고 율법에 담긴 근본정신을 실현하도록 애써야 한다. 힘써 실천하고, 부득이 지키지 못한 것이 있을 때에는 통회(痛悔)하며 십자가 앞으로 나아가야 한다. 이것이 바른 믿음이다. 바른 믿음은 실천으로 이어진다. 바른 믿음은 율법을 버리는 것이 아니라 율법을 굳게 세운다. 그래서 바울 사도는 이렇게 역설한다. "그런즉 우리가 믿음으로 말미암아 율법을 파기하느냐 그럴 수 없느니라 도리어 율법을 굳게 세우느니라" (롬 3:31).

율법을 가볍게 여기고 입으로만 주여 주여 하는 것은 예수님의 십자가 은혜를 값싼 은혜로 전락시키는 것이다. 기독교회에서는 공동체 구성원들에게 율법을 잘 가르쳐야 하고, 그리스도인들은 율법을 힘써 지켜야 한다. 율법에 담긴 근본정신을 삶의 현장에서 구현해야 한다. 그렇게 할 때 이 땅 위에 하나님 나라가 이루어질 것이다.

3) 하나님 나라를 이루기 위해 수련해야 한다

2014년 4월 5일 미국의 유명한 복음주의 설교자이자 저술가인 존 파이퍼(John Piper) 목사는 자신의 팟캐스트에서 우리나라의 C 목사가 횡령 혐의로 유죄를 선고받은 사실에 대해 질문을 받고 이렇게 비판했다. "C 목사가 그리스도를 욕되게 하고, 그리스도의 말씀과 그리스도의 교회를 욕되게 했다." 한국 교회와 관련된 문제들이 세상에서 비난거리가 되고 조롱거리가 된 것은 어제오늘의 일이 아니다. 그런데도 잘 고쳐지지 않고, 크고 작은 안 좋은 일들이 한국 교회에서 끊임없이 일어나고 있다. 참으로 안타까운 일이다.

성령의 충만하심과 인도하심을 강조하는 한국 교회에서 왜 이러한 현상이 나타나는 것일까? 성령을 입에 달고 사는 이들에게서 왜 상식적으로 이해할 수 없는 일들이 일어나는 것일까? 성령의 충만하심과 인도하심이 사람의 기분이나 상황에 따라 들쑥날쑥하는 것인가? 롤러코스터처럼 오르락내리락하는 것인가? 아니다. 그런 것은 결코 아니다. 그렇다면 성경의 가르침은 인격, 품위, 사람의 도리, 윤리도덕, 이러한 것들과는 무관한 저 세상에 대한 것만 말하고 있는가? 그것 역시 아니다. 기독교 신앙은 절대로 그렇지 않다. 기독교 신앙은 사람이 사람답게 사는 세상을 추구한다. 사람이 사람의 도리를 지키며 사는 길을 제시한다. 그런데 왜 오늘날 한국 교회는 이런저런 안 좋은 모습을 자꾸만 보이는 것일까? 그것도 한평생을 그리스도인으로, 목회자로 살았던, 한국 교회에서뿐만 아니라 세계 교회에서도 내로라하는 목회자들까지 일반 상식으로 이해가 되지 않는 일들을 저지르는 것일까?

필자의 생각으로는 그리스도인으로서의 수련이 제대로 되지 않아서 그렇다. 한국 교회는 전반적으로 수련을 좀 더 강화할 필요가 있다. 그리스도인이 되는 수련을 해야 하고, 그리스도인으로서의 수련을 해야 한다. 단기간만 하고 그치는 수련이 아니라 하나님의 부르심을 받고 세상을 떠나는 그날까지 계속되는 수련을 해야 한다. 수련을 함으로써 인격이 성숙해지고, 그리스도인으로서의 품격이 다듬어져야 한다. 교회를 이루는 우리 한 사람 한 사람이 참으로 옛사람을 벗어 버리고 새사람이 되어야 한다. "유혹의 욕심을 따라 썩어져 가는 구습을 따르는 옛사람을 벗어 버리고"(엡 4:22), "하나님을 따라 의와 진리의 거룩함으로 지으심을 받은 새사람"(24절)이 되어야 한다.

수련의 시작은 자신과의 싸움에서 이기는 것이다. 성경에서는 "자기의 마음을 다스리는 자는 성을 빼앗는 자보다 낫다"(잠 16:32)라고 했다. 자신의 삶에서 하나님 나라가 이루어지도록 힘써 수련해야 한다.

하나님 나라가 무엇인가? "하나님의 나라는 먹는 것과 마시는 것이 아니요 오직 성령 안에 있는 의와 평강과 희락이라" (롬 14:17). 하나님 나라를 이루기 위해서 구체적으로 어떻게 수련할 것인가? 성경 말씀을 읽고, 묵상하고, 그것을 삶에서 실천하는 가운데에 육체의 욕망을 따르지 않고 성령의 인도하심을 따라야 한다. 육체의 욕망과 성령은 서로를 거스른다. 육체의 욕망을 따르면 성령을 거스르게 되고, 성령의 인도하심을 따르면 육체의 욕망에서 벗어나게 된다(갈 5:17). 악한 것을 멀리하고 선한 것을 가까이해야 한다. 악한 짓을 하였을 때에는 지체하지 말고 그 잘못을 깨닫고 돌아서야 한다.

성령의 도우심을 받으면서 이 수련을 꾸준히 힘써 하면, 그 사람은 반드시 변화한다. 믿음이 자란다. 인격과 품위를 갖추어 간다. 그렇게 되면 세상에서 신뢰받고 존경받는 그리스도인과 교회가 될 것이다.

4) 교회는 지역사회에서 좋은 이웃이 되어야 한다

이웃에 살면서 정이 들고 가깝게 지내는 사이를 이웃사촌이라고 한다. 어려울 때는 먼 친척보다 이웃사촌이 더 낫다고도 한다. 우리 사회에서 전통적으로 이웃은 가족과 같은 관계다. 기쁨도 함께 나누고, 슬픔도 함께 나누는 관계다. 이웃에 힘든 일, 어려운 일이 있으면 팔을 걷어붙이고 내 일처럼 달려든다. 정도 나누고, 마음도 나누고, 사랑도 나눈다. 함께 울고 함께 웃는다. 좋은 이웃은 세상을 살맛 나게 한다. 세상살이를 재미있고 즐겁게 한다. 오늘날 사회가 메말랐다고는 하지만, 세상이 삭막해졌다고는 하지만, 아직도 우리 사회 곳곳에 아름다운 이웃들이 살고 있다. 좋은 이웃들이 지역사회를 사람 사는 마을로 가꾸어

가고 있다.

교회는 지역사회의 일원이다. 당연히 교회는 지역사회에서 좋은 이웃이 되어야 한다. 그런데 우리나라의 많은 교회 중 지역사회에서 좋은 이웃이 되는 교회는 얼마나 될까? 지역사회 구성원들이 좋은 이웃이라고 생각하는 교회는 얼마나 될까? 교회 주변 사람들을 '우리 이웃' 이라고 생각하는 교회와 교인들이 어느 정도나 될까?

이런 질문은 교회 안에 있는 우리의 마음을 불편하게 한다. 적지 않은 수의 교회들이 지역사회에서 '이웃' 이라기보다 '섬' 처럼 존재하기 때문이다. 교회가 자리하고 있는 지역사회에 별 관심을 기울이지 않는다. 지역에 있되 지역사회의 구성원이 되지 못하고 있다. 참으로 안타까운 일이 아닐 수 없다.

교회는 지역사회의 일원으로서 지역사회에서 좋은 이웃이 되어야 한다. 지역사회에 관심을 갖고, 지역사회와 함께해야 한다. 지역사회를 행복하게 만드는 일에 적극적으로 참여해야 한다. 행복한 마을, 살기 좋은 마을을 만드는 일에 지역 구성원들과 함께해야 한다. 교회가 지역사회의 구성원으로서 기본적으로 감당해야 되는 일들을 성실하게 감당해야 한다. 그리고 교회의 유·무형의 자산을 지역사회를 위해 적극적으로 사용해야 한다. 도심에 있는 한 대형 교회는 주변 지역에 주차 공간이 부족하여 운전자들이 애태우는 것을 뻔히 보면서도 평일에 넓은 교회 주차장을 사용하지 못하도록 닫아 놓는다. 이유인즉슨 금요일이나 토요일에 지역 주민들이 주차해 놓고 주일날 그대로 두는 경우가 많아 교인들이 주일날 주차장을 사용하기가 어렵다는 것이다. 참으로 궁색한 대답이다. 주차하는 주민들과 대화로 얼마든지 해결할 수 있는 일인데도 그 수고가 귀찮아서 넓은 주차장을 월요일부터 토요일까지 닫아걸고 있는 것이다. 주차 공간을 찾아 그 주변을 빙빙 도는 운전자들이 텅 빈 채로 닫혀 있는 주차장을 보면서 그 교회를 향하여 뭐라고 하겠는가? 분통을 터뜨리며 욕을 퍼부어 대지 않겠는가? 교회는 유형의 자산이든 무형이 자산이든, 물적 자산이든 인적 자산이든 지역사회를 위해 적극적으로 개방하고 사용해야 한다.

교회와 지역사회의 관계는 구제의 차원을 넘어서야 한다. 교회가 주변의 어려운 이웃들 몇 명 돕는 것으로 사명을 다했다고 생각하지 말아야 한다. 교회는 지역사회에 '베푼다' 는 생각에서 벗어나야 한다. 교회가 주도적으로 무엇인가를 해야 한다고 생각하지 말아야 한다. 교회는 지역사회의 일원으로서 지역사회 구성원들과 연합하여 선한 일들을 해야 한다. 함께하는 것이다. 함께 논의하고, 함께 일하는 것이다. '지역에 필요한 것이 무엇인가?' , '더 살기 좋은 마을을 만들기 위하여 무엇을 해야 하는가?' 서로 머리를 맞대고 좋은 방안을 찾고, 그것을 실행하는 것이다. 손에 손을 잡고 나아가는 것이다.

이렇게 할 때 교회는 지역사회에서 좋은 이웃이 될 것이다. 지역사회에 기쁨을 주는 교회가 될 것이다. 지역사회의 등대가 되고, 희망이 될 것이다. 교회들이 모두 이러한 교회가 되기를 소망한다.

3. 나가는 말

오늘날 한국 교회는 세상에서 많은 지탄을 받고 있다. 교회가 세상을 걱정하는 것이 아니라 세상이 교회를 걱정한다고 한다. 이렇게 추락한 교회의 위상을 회복하기 위하여 한국 교회는 뼈를 깎는 노력을 해야 한다. 우리 자신의 실상을 바로 보고, 잘못된 것을 고쳐 가야 한다.

그 길에서 기초 작업으로 다음과 같이 해야 한다. 1) 교회의 본질을 회복해야 한다. 2) 율법을 준수해야 한다. 율법에 담긴 근본정신을 삶의 현장에서 구현해야 한다. 3) 하나님 나라를 이루기 위해 수련해야 한다. 성경 말씀을 읽고, 묵상하고, 그것을 삶에서 실천하는 가운데에 육체의 욕망을 따르지 않고 성령의 인도하심을 따라야 한다. 악한 것을 멀리하고 선한 것을 가까이해야 한다. 악한 짓을 하였을 때에는 지체하지 말고 그 잘못을 깨닫고 돌아서야 한다. 4) 교회가 지역사회의 좋은 이웃이 되어야 한다. 지역사회에 관심을 갖고, 지역사회와 함께해야 한다.

이러한 기초 작업 위에, 한국 교회 전반에 걸쳐 구체적이고 지속적인 개혁을 이루어 가야 할 것이다.

제2부
제2종교개혁의 성서적 근거

9
믿음과 행함의 변증법적 통일[1)]

임태수 박사(호서대 명예교수, 제2종교개혁연구소장)

종교개혁자 마틴 루터는 '믿음으로만(sola fide) 의롭게 되고 구원얻는다' 는 구원 도식을 제시하였다. 이러한 루터의 구원론의 문제점을 간단히 살펴본 다음, 민중신학의 구원론을 고찰하려고 한다. 민중신학은 전통적인 구원론과 다른 구원론을 주장한다. 특히 안병무의 '민중자력 구원론' , 그리고 서남동의 '성령론적 자력 구원론' 이 모두 전통적인 타력 구원론과 다른 구조와 강조점을 가지고 있다. 이 글에서는 루터의 '믿음으로만의 구원론' 과 안병무, 서남동의 민중신학적 '자력 구원론' 을 비판적으로 고찰한 다음, 필자가 생각하는 구원론을 성서에 근거해서 제시하려고 한다.

---

1) 이 글은 1995년 7월 16일에 새거레교회에서 "믿음과 행함의 변증법적 통일" 이라는 주제로 설교한 글에 근거하여, 1996년 12월 6일에 향린교회에서 개최된 "제3회 민중신학연구소 학술심포지엄" 에서 "행함 없이 구원 없다-구원에 있어서 믿음과 행함의 변증법적 통일" 이라는 제목으로 발제하고, 민중신학연구소 편, 「민중과 신학」 창간호(2000 봄), 4-31에 실린 글을 일부 수정한 것이다.

I. 루터 칭의론(稱義論)의 문제점

종교개혁자 루터는 로마서 1장 17절과 3장 28절에 근거하여 "사람이 의롭게 되는 것은 '오직 믿음'(sola fide)에 의해서"라는 이신득의(以信得義) 사상을 전개하였다. 이 '오직 믿음으로' 의(義)라는 사상은 종교개혁의 핵심 사상이 되었다. 루터가 '오직 믿음으로만 구원을 얻는다'는 사상을 말한 배경을 살펴보면, 루터가 구원을 이루기 위하여 자기의 힘으로 하나님의 의에 도달하려고 노력하다가 좌절한 자신의 개인적인 경험도 중요한 역할을 하였지만, 더 중요한 동기는 행위로 구원에 이를 수 있다는 당시 가톨릭 교회의 가르침과 신학의 폐해를 개선하기 위한 동기가 더욱 크게 작용하였음을 알 수 있다. 이 이신득의 사상은 5세기가 지난 오늘까지도 개신교회 신학의 핵심 사상으로 개신교회의 신앙과 신학을 지배하고 있다. 그러나 '믿음으로만 의롭게 된다'는 종교개혁 사상은 개신교회에 행함을 배제하고 공허한 믿음만을 남겨 둔 결과를 낳았다. 실천과 윤리적 차원이 결여된 개신교회를 만들어 버리고 만 것이다.

믿음과 실천의 균형 상실은 오늘에 이르러 비로소 나타난 현상만은 아니다. 이미 루터 당시에 이러한 현상이 나타나기 시작하였다. 루터가 "속죄권의 효력에 관한 토론"(Disputation zur Erläuterung der Kraft des Ablasses)이라는 95개조 토론 제목을 비텐베르크 교회 문에 붙인 것이 1517년 10월 31일이었다. 그 이후 "오직 믿음으로 구원을 얻는다"라는 루터의 주장은 행위로 구원에 이를 수 있다는 당시 기독교인들의 인식에 많은 변화와 혼동을 가져왔다. 루터 당시 사람들은 하나님의 구원을 얻기 위해서 선행은 더 이상 필요치 않다는 생각을 하기에 이르렀다. 더 나아가서 루터가 선행을 업신여긴다고까지 생각했다.[2] 이러한 상황에 직면한 루터는 이 문제에 대처하기 위하여 1520년에 『선행에 관하여』(*Von den guten Werken*)[3] 라는 긴 설교를 썼다.[4] 이 글에서 루터는 개신교의 윤리를 광범위하게 설명하였다. '오직 믿음으로' 라는 말이 결코 선행/행함을 배제하려 한 것이 아니라는 사실을 자세히 설명하였으며, 또 다른 글에서도 이 사실을 누누이 해명하고 강조하였다. 그러나 사람들은 루터 당시부터 오늘에 이르기까지 루터의 '오직 믿음으로' 라는 말을 '선행/행함은 기독교인에게 필요하지 않다' 는 의미로 오해 내지 곡해하고 있다.[5] 루터의 해명은 극히 일부 사람들에게만 제대로 전달되었을 뿐, 대다수의 사람들에게는 여전히 선행/행함을 배제하는 의미로 받아들여졌다. '오직 믿음으로' 라는 일방적인 믿음 우위의 신학의 폐해는 시간이 지날수록 더욱 심화되었고, 그 폐해는 5세기가 지난 오늘에 이르기까지 계속되고 있다. 엄격히 말한다면 루터의 진의를 잘못 이해한 책임은 오해한 사람들에게 있다. 그러나 그 책임이 반드시 곡해한 사람들에게만 있는 것은 아니다. 곡해를 할 수밖에 없도록 주장한 루터에게 더 근본적인 책임이 있다. '오직 믿음으로' 라는 말

---

2) Walther v. Loewenich, *Martin Luther, Der Mann und das Werk*(München, 1982), 144.

3) WA 6, 196-276.

4) K. Bornkam & G. Ebeling(hg.), *Martin Luther Ausgewählte Schriften*, Band 1(Insel Verlag, 1982), 38-149.

5) 프리체(Hans Georg Fritzsche)는 루터에게 행함(Werke)은 구원을 얻기 위해서 필요한 것이 아니라 동료 인간을 위해서, 그리고 자신이 게으르지 않도록 육체를 훈련하기 위해서 필요한 것이라고 말하면서, 행함(Werke der Frömmigkeit)은 과일나무가 열매를 맺는 것처럼 결과적인 것(die konsekutive)이지, 결코 조건적인 것(die konditional)이 아니라고 말한다. 다시 말하면, 루터에게 행함은 기독교인에게 필요한 것이기는 하지만, 구원의 조건은 될 수 없다는 해석이다. 이 말은 행함이 루터의 칭의론에서 어떠한 위치를 차지하고 있는지를 정확하게 지적해 준 해석이라고 생각된다. Hans Georg Fritzsche, *Lehrbuch der Dogmatik*, Teil IV(Vandenhoeck & Ruprecht, 1988), 218 참고.

자체가 잘못된 말이다. 바울은 "믿음으로 의롭게 된다"라는 말은 했지만(롬 3:28), 결코 "오직 믿음으로 '만' (monon/sola) 의롭게 된다" 고는 말한 적이 없다.

루터는 그가 시작한 종교개혁을 효과적으로 극대화하기 위하여 믿음으로 의롭게 된다는 바울의 칭의론에 '오직' (monon/sola)이라는 강조어를 덧붙여 '오직 믿음으로 의롭게 된다' 는 말로 바꿨다. 이 말은 효과를 발휘하여 중세 가톨릭 교회와의 차별성을 확실히 하고 루터의 종교개혁을 효과적으로 수행하는 데 큰 도움을 주었다. 그러나 이는 바울이 말한 칭의론의 범위를 벗어나 지나치게 과장한 것이었으므로 역효과와 부작용을 가져왔던 것이다. 그러므로 이제 '믿음으로 '만' 의롭게 된다' 는 말에서 '만' (sola)을 제거하고 '믿음으로 의롭게 된다' 는 바울 본래의 말로 되돌려 놓아야 한다. 그렇지 않으면 행함을 배제하는 개신교의 잘못된 전통은 시정되지 않고 계속될 것이다. 물론 행함 부재, 윤리 부재의 책임이 모두 루터에게만 있는 것은 아니다. 그러나 이 문제에 관한 한 루터의 책임은 매우 크다. 이 구호가 행함 배제의 가장 큰 원인을 제공해 오고 있기 때문이다.

루터가 믿음을 강조한 것은 업적과 행함을 강조하는 중세 가톨릭 교회에 맞서서 싸워야만 했던 상황에서 나온 주장임을 감안할 때 루터의 의도를 십분 이해할 수는 있다. 그러나 그의 일방적인 믿음 강조는 긍정적인 영향과 함께, 그에 못지않은 부정적인 악영향도 미치고 있기에, 루터의 일방적인 믿음 강조를 그대로 답습하고 있을 수만은 없다. 종교개혁 시대가 지난 지 5세기가 된 지금은 긍정적인 영향보다는 부정적인 악영향이 더욱 두드러지게 나타나고 있음을 감안한다면 그 필요성은 더욱 절실해진다. 칼빈은 루터가 소홀히 취급한 성화론을 칭의론과 불가분리적으로 연결시킴으로써 그리스도인의 실천적 삶을 보강하려고 많은 노력을 기울였다. 그러나 종교개혁자들의 "오직 믿음으로만"이라는 슬로건이 일방적으로 강조되고, 그 위력이 매우 강했기 때문에 루터나 칼빈이 말한 선행, 성화는 종교개혁 이후 그리스도인의 신앙생활에서 충분히 주목을 받지 못한 채 뒷전으로 밀려나 버리고 말았다. 그 결과 그리스도의 뒤를 따름이 없는 '값싼 은혜' 만을 사모하는 그리스도인들이 주류를 이루고 있다. 이러한 현상을 바라본 본회퍼는 이렇게 한탄하였다.

"우리는 까마귀들처럼 값싼 은혜의 시체 주위에 모였다. 이 값싼 은혜로부터 우리는 독약을 받았다. 이 독약 때문에 예수의 뒤를 따름이 우리 가운데서 죽어 버렸다."[6)]

이러한 행함 부재의 기독교, 윤리적 가치 결여의 기독교의 병폐를 어떻게 치유할 것인가? 민중신학의 창도자인 서남동과 안병무는 이러한 한국 기독교, 아니 세계 기독교의 현실을 보면서 '민중 자력 구원론' 이라는 가히 혁명적인 신학으로 그 병폐를 치유해 보려고 했다.

Ⅱ. 안병무와 서남동의 구원 이해

1. 안병무의 구원 이해

민중신학자 안병무는 종교개혁으로 시작된 개신교의 구원론 전통을

6) D. Bonhoeffer, *Nachfolge*(München: Chr. Kaiser Verlag, 1982), 24.

일거에 뒤집는 혁명적인 민중 자력 구원론을 주장하였다.

"나는 민중이 민중 사건 속에서 스스로를 구원한다고 봅니다. …의미가 모호한 구원이란 말 대신에 해방이란 말을 쓴다면 민중의 해방은 민중 스스로 하는 거지요."[7]

여기에서 안병무는 민중의 구원은 예수에 의해서 이루어지는 것이 아니라 민중 자신에 의해서, 즉 민중이 자력으로 구원을 얻는다는 사상을 피력한다. 민중은 민중 자신의 해방을 위하여 민중 사건에 참여함으로써 구원, 즉 해방을 얻는다는 뜻이다. 안병무는 예수의 피로 죄를 씻음받는다는 속죄 사상을 인정하지 않는다. 안병무의 민중 구원론에서는 '예수를 믿어서 구원' 이라는 믿음의 차원은 끼어들 틈이 없다. 예수가 구원하는 주체이고 민중이 구원받는 객체가 된다는 이른바 주객 도식을 안병무는 거부한다. 비민중은 민중 운동에 참여함으로써 구원받는다.[8] 비민중도 예수를 믿어서 구원을 얻는 것이 아니라 민중 해방을 위한 민중 운동에 참여하는 일을 통하여 구원을 얻는다. 이렇게 본다면 안병무의 구원론은 철저히 '행함' 에 의한 구원론이다. 행함이 없으면 민중도, 비민중도 구원을 얻을 수 없다. 안병무의 구원론은 철저히 인간이 행동으로 참여하는 '행함에 의한 구원론' 이다. 안병무의 자력 구원론은 믿음의 차원이 결여된, 행함에 치우친 구원론이다.

7) 안병무, 『민중신학 이야기』(한국신학연구소, 1987), 125-126.
8) 위의 책, 125-126.

2. 서남동의 구원 이해

서남동도 자력 구원론을 말하지만 안병무의 자력 구원론과는 상당히 다름을 알 수 있다. 서남동이 말한 자력 구원의 주요 내용들을 살펴보기로 하자.

"자력 구원이라는 것은 성령 감화의 길인데, 성령은 하느님의 내적인 존재 양태며, 성령의 감화는 내 마음도 생각도 새롭게 하며, 없던 힘도 생기게 하며, 중생시키는 구원임에 대하여, 타력적 구원을 강조하며 대변하는 신학은 거의 예수의 '피' 의 대속을 배타적으로 강조하며, 타력적 구원에서는 유대교의 종교의식에서 쓰이는 희생양의 피가 다만 예수의 피로 대치되었을 뿐이고, 그 대속은 율법적 · 기계적으로나 마법적 · 화학적으로 작용하는 것으로 이해되고 있는 것을 볼 수 있다."[9]

"예수 사건, 곧 구원은 나의 선택, 나의 결단으로 일어나는 것이지 단순히 2천년 전에 일어난 그 사건에 내가 동의하고 그것이 그대로 진리라고 고백하는 데 있는 것이 아닙니다. 그런데 그러한 나의 결단은 성령의 역사에 의한 것입니다. 성령을 받으니까 하나님의 결단을 내가 자발적인 나의 결단으로 내릴 수 있는 것입니다. 그래서 나는 그것을 '성령론적' 이라고 합니다."[10]

한마디로 서남동의 자력 구원론은 '신인 협력' (Synergismus)의 구원론이라고 말할 수 있다. 서남동이 말한 자력 구원은 결코 신의 차원을 무시하고 오직 인간에 의한 구원을 의미하는 것은 아니다. 서남동의 자력 구원론, 즉 신인 협력적 구원론은 성령론적 구원론으로, 구원에 신

9) 서남동, 『민중신학의 탐구』(한길사, 1983), 57.
10) 위의 책, 165-166.

적인 차원을 인정한다는 점에서 안병무의 자력 구원론과는 다른 측면을 가지고 있다. 그럼에도 자력 구원이라는 말이 마치 하나님 없이 인간 단독으로 구원을 이룰 수 있다는 말로 오해될 수 있다.

지금까지 '오직 믿음으로 구원' 이라는 종교개혁자 루터의 구원론과 민중신학자 안병무의 '민중 자력 구원론' , 그리고 서남동의 '신인 협력적 자력 구원론' 을 살펴보았다. 위에서 살펴본 것처럼 같은 민중신학자인데도 안병무와 서남동의 구원 이해는 서로 차이가 있다. 그러나 필자는 안병무나 서남동이 공통적으로 인간의 행함을 강조하고 있는 사실을 매우 중요하게 생각한다. 왜냐하면 행함을 강조하는 구원 이해는 5세기에 걸친 종교개혁의 구원 이해의 병폐와 결함을 시정하고 보완해 주는 결정적인 중요한 요소들을 가지고 있기 때문이다. 민중신학자들의 실천(praxis) 강조, 행함 강조의 신학은 70~80년대의 한국 상황에서 한국 교회가 적극적으로 민주화 운동과 반독재 투쟁에 참여하게 하기 위하여 나온 신학이요, 이에 큰 역할을 한 것은 사실이다. 그러나 안병무나 서남동의 구원론은 믿음의 차원을 결여하거나 약화시킨 구원론이요, 인간의 행함을 지나치게 강조한 구원론이다. 이러한 민중신학적 구원론은 성서가 말하는 구원론과는 거리가 멀다.

Ⅲ. 믿음과 행함의 변증법적 통일

필자는 루터의 종교개혁에 나타난 '믿음으로 의' 라는 구원 이해를 한 주춧돌로 두고, '행함으로 구원' 이라는 민중신학의 구원 이해를 또 다른 주춧돌로 삼아 믿음과 행함이 변증법적으로 통일을 이루고 조화를 이루는 민중신학적 구원론을 정리해 보고자 한다. 필자는 예수가 하나님의 아들이요, 메시아이며, '참 하나님이요 참 인간' 이라는 전제 하에서 구원론을 전개하려고 한다.

1. 믿음으로 얻는 의(義)

신약성서는 예수를 메시아임과 동시에 하나님의 아들이요 인자며 세상 죄를 지고 가는 하나님의 어린 양으로 고백한다. 그리고 구원의 제일 요건으로 예수에 대한 믿음을 요구한다. "예수 그리스도를 믿음으로 의롭게 된다"(롬 3:28; 갈 2:16)는 주장은 루터 종교개혁 이후 의심할 여지없이 모든 개신교도들이 진리로 인정하고 있다. 그러므로 이 부분은 더 이상 많은 설명을 할 필요가 없을 것이다. 다만 여기에서 이 문제를 잠깐 언급할 필요성을 느끼는 것은 이처럼 자명하게 인정받는 사실이 민중신학에서는 자명하지 않은 사항 가운데 하나로 주장되고 있기 때문이다. 특히 안병무에게서 그렇다.

위에서 언급한 바와 같이 안병무는 오직 민중에 의한 철저한 자력 구원론을 주장한다. 안병무는 예수가 메시아, 속죄주, 하나님의 아들이라는 사실을 인정하지 않는다.[11] 예수가 구원하는 주체이고 민중이 구원받는 객체가 된다는 주객 도식을 거부한다. 다시 말하면 안병무는 '예수를 믿음으로 의롭게 되고 구원받는다' 는 전통적인 칭의론을 인정하지 않는다. '예수를 믿음으로 의롭게 된다' 는 사상을 잘못 이해할 때

11) 이에 대해서는 필자의 "민중은 메시아인가? 안병무를 중심으로", 민중신학연구소 엮음, 『민중은 메시아인가?』(한울, 1995), 72-110을 참고하라.

인간의 행함을 약화시킬 가능성이 있는 것은 사실이지만, 이 측면을 부인하고서는 민중신학은 신학으로서 성립할 수 없을 것이다. '믿음으로 의롭게 된다' 는 차원 자체를 배제할 것이 아니라 루터 식의 " '오직' 믿음으로" 라는 칭의론의 문제점을 수정, 보완하면 될 것이다.

이런 의미에서 안병무의 구원론보다는 서남동의 구원론이 더 타당성이 있다고 생각된다. 위에서 살펴본 바와 같이 서남동은 '성령론적 자력 구원론' 을 주장한다. 서남동은 예수를 메시아, 속죄주, 참 하나님, 참사람으로 인정한다. 서남동이 '예수를 믿음으로 의롭게 된다' 고 명시적으로 말한 곳은 없지만, 그가 예수를 메시아, 속죄주로 인정하고 성령론적 구원론을 말할 때는 이 사실을 전제하고 있음이 분명하다.

우리가 모든 죄를 용서받고 하나님의 자녀가 되는 것은 우리 자신의 어떠한 공로나 자격이 있어서가 아니다. 이는 전적인 하나님의 은총이요 선물이다. 민중신학도 신학인 만큼 이 사실을 인정해야 할 것이다. 바울 사도는 로마서에서 다음과 같이 역설한다.

> "율법의 행위로 그의 앞에 의롭다 하심을 얻을 육체가 없나니…곧 예수 그리스도를 믿음으로 말미암아 모든 믿는 자에게 미치는 하나님의 의니 차별이 없느니라 모든 사람이 죄를 범하였으매 하나님의 영광에 이르지 못하더니 그리스도 예수 안에 있는 구속으로 말미암아 하나님의 은혜로 값없이 의롭다 하심을 얻은 자 되었느니라" (롬 3:20, 22-24; 참고. 갈 2:16).

우리 인간은 예수 그리스도의 대속의 공로로 모든 죄를 용서받고, 그리스도 안에서 새로운 피조물이 되고(고후 5:17), 하나님의 자녀가 된다(롬 8:14-16). 우리가 새로운 피조물이 되고 하나님의 자녀가 되는 것은 우리 자신의 공로나 업적에 의한 것이 아니다. 하나님이 거저 주시는 은총이요 선물일 뿐이다. 우리는 이 선물을 값없이 받는 것뿐이다. 죄인인 인간이 예수 그리스도를 믿음으로 의롭다 인정을 받는 것이다. 이 의(義)가 우리에게 필요한 첫 번째 의, 즉 '믿음으로 얻는 의' 다. 그러나 성서는 믿음으로 의롭게 되고 하나님의 자녀 된 새로운 피조물이 갖추어야 할 또 하나의 의를 이야기한다. 그것이 바로 '행함으로 얻는 의' 다.

2. 행함으로 얻는 의(義)

안병무나 서남동이 공통적으로 인간의 행함을 강조하는 사실은 매우 중요한 의미를 갖는다. 왜냐하면 '믿음만' (sola fide)을 강조하는 루터의 구원 이해는 루터의 본래 의도와는 달리 인간의 행함의 차원을 약화 내지는 배제시켜 버리는 엄청난 부작용을 가져왔기 때문이다. 믿음만으로 의롭게 된다는 신학 사상이 5세기 이상을 지배하고 있던 신학 풍토에서 믿음의 차원을 배제하고 인간 자신의 행함을 강조한 안병무의 자력 구원론 그리고 믿음에 대한 이해가 안병무와는 다르지만 성령론적 구원론을 말하면서 인간의 행함을 강조한 서남동의 구원론은 가히 혁명적인 선언이었다. 안병무나 서남동의 구원론이 과격한 혁명적인 성격을 갖는 것은 바로 이신득의의 구원론의 행함 배제적인 차원을 시정하고 보완해 주기 때문이다. 필자는 믿음에 더하여 행함을 강조하는 민중신학적 구원 이해를 성서에 근거하여 재정립해 보고자 한다.

1) 행함은 구원의 조건(마 7:21, 24-27)

예수는 산상수훈을 마감하는 자리에서 다음과 같이 행함을 강조한다.

"나더러 주여 주여 하는 자마다 천국에 다 들어갈 것이 아니요 다만 하늘에 계신 내 아버지의 뜻대로 행하는 자라야 들어가리라"(21절).

예수의 이 말씀 전후에는 거짓 예언자에 대한 비판적인 말씀이 나온다(15-20, 22-23절). 그러나 21절 말씀은 거짓 예언자들뿐만 아니라 모든 사람들을 향한 말씀이다.[12] 여기에서 예수가 "나더러 주여 주여 하는 자마다 천국에 다 들어갈 것이 아니다"라고 말한 것은 예수를 주(kyrios)로 믿고 고백하는 사람일지라도 21절 하반절에서 말하는 조건, 즉 '아버지 뜻대로 행하는' 조건이 충족되지 않은 사람은 천국에 들어갈 수 없다는 뜻이다. 마태복음에서 '주'라는 말은 예수에게서 멀리 떨어져 있는 일반 사람들(Außenstehenden)이 사용했던 말이 아니고 예수와 가까이 있었던 제자들이 예수를 부를 때 사용했던 호칭이다. 특히 심판주로서의 인자(人子)를 부를 때 사용된 호칭이다.[13] 그러므로 '주'라고 부를 수 있는 사람들은 예수를 믿는, 예수와 아주 가까운 사람들이라고 할 수 있다. 그런데 이런 사람들마저도 21절 하반절의 조건이 충족되지 않으면 천국에 들어갈 수 없다는 말은 매우 충격적이다. 그 조건이란 무엇인가? 그것은 '하늘에 계신 내 아버지의 뜻대로 행하는 것'이다. 아무리 예수를 '주'로 믿고 고백한다고 할지라도 이 조건이 충족되지 않으면 천국에 들어갈 수 없다. 그러므로 예수가 "하늘에 계신 내 아버지의 뜻대로 행하는 자라야 천국에 들어갈 수 있다"고 말한

12) J. Gnilka, *Das Matthäusevangelium*, HThK 1-1(Herder, 1986), 276.

13) U. Luz, *Das Evangelium nach Matthäus*, EKK 1-1(Benzinger Verlag, 1985), 405.

것은 아버지의 뜻을 '행함' 이 구원의 조건이 된다는 것을 의미한다.[14)]

21절과 같은 맥락에서 예수는 "반석 위에 지은 집과 모래 위에 지은 집" 의 비유를 들어 다시 한 번 행함을 강조한다.

"그러므로 누구든지 나의 이 말을 듣고 행하는 자는 그 집을 반석 위에 지은 지혜로운 사람 같으리니 비가 내리고 창수가 나고 바람이 불어 그 집에 부딛히되 무너지지 아니하나니 이는 주초를 반석 위에 놓은 연고요 나의 이 말을 듣고 행치 아니하는 자는 그 집을 모래 위에 지은 어리석은 사람 같으리니 비가 내리고 창수가 나고 바람이 불어 그 집에 부딪히매 무너져 그 무너짐이 심하니라" (24-27절).

이 비유는 최후 심판 때 나타나게 될 두 부류의 사람을 언급한다. 첫 번째 부류의 사람은 지혜로운 사람이다. 그는 반석 위에 집을 지었기 때문에 비바람이 불고 홍수가 나도 그 집이 무너지지 않는다. 집이 무너지지 않는다는 것은 최후 심판 때 구원을 얻는다는 의미다. 두 번째 부류의 사람은 미련한 사람이다. 그는 모래 위에 집을 지었기 때문에 비바람이 불고 홍수가 나면 그 집이 무너져 버린다. 집이 무너진다는 것은 최후 심판 때 구원을 얻지 못한다는 의미다. 이 비유는 21절과 연결되어 있는데, 21절에서 말한 천국과 연결해서 본다면, 첫째 부류의 사람은 천국에 들어갈 수 있고, 둘째 부류의 사람은 천국에 들어갈 수 없다는 말이다. 한 사람은 천국에서 살 집을 얻고(요 14:1-3), 한 사람은 천국에서 살 집을 얻지 못해 지옥으로 가게 된다(마 5:22; 10:28).

14) 빈디쉬(H. Windisch)는 산상수훈은 실행 가능한 윤리이며, 하늘나라에 들어가기 위해서 지켜야 할 윤리로 보았다. *The Meaning of the Sermon on the Mount*, tr. S. MacLean Gilmour (Philadelphia: The Westerminster Press, 1951).

이처럼 한 사람은 구원을 얻고 한 사람은 구원을 얻지 못한 기준, 즉 천국과 지옥으로 길이 갈라지게 된 기준은 무엇인가? 그 기준은 예수의 말씀을 듣고 이를 행하느냐, 행하지 않느냐이다. 집을 반석 위에 지은 지혜로운 사람은 예수의 말씀을 듣고 이를 행한 사람이고, 집을 모래 위에 지은 사람은 예수의 말씀을 듣고 이를 행하지 않은 사람이다. 예수를 알고, 예수를 믿고, 예수를 주로 고백하는 것만으로는 구원을 얻을 수 없다. 예수를 알고, 예수를 믿고, 예수를 주로 고백함과 동시에 예수가 말씀한 것을 행하는 사람만이 구원을 받을 수 있다. 이것이 이 비유가 말하려는 핵심 내용이다.

이 비유에서 강조하는 것은 행함이다. '행함' (poieo)이라는 말은 마태복음 7장 12절에서부터 주제어가 되고 있으며 반복해서 언급되면서 강조되고 있다. 예수는 산상수훈에서 여러 가지 교훈을 설교한 다음,[15] 그 마지막을 '행함' 을 강조하면서 마무리한다. 아무리 좋은 말이라도 그것을 행하지 않으면 아무 쓸모가 없다는 말이다. 이 행함 여부에 구원 여부가 달려 있는 것이다. 이처럼 교훈을 말한 다음 행함을 강조하는 말로 끝마무리를 하는 것은, 교훈을 준행하면 생명과 복을 얻고, 불순종하면 사망과 저주를 받는다는 사실을 알리면서 행함을 강조하는 레위기 26장, 신명기 28장 등의 구약 전통과도 일치한다.[16]

마태복음 7장 21절과 24-27절의 비유에서 예수가 말한 것을 종합해서 결론을 내리면, '행함은 구원의 조건' 이다. 그러나 이 말이 결코 예수를 주로 고백하는 믿음을 배제하는 것을 의미하지는 않는다. 행함

15) 7:24에서 "나의 이 말" 이란 산상수훈 전체를 가리킨다. U. Luz, 413 참고.

16) 에녹서(에티오피아 에녹서, 108), 모세승천기 12:10-13 등의 경우도 마찬가지다. U. Luz, 413 참고.

17) U. Luz, 411.

(Praxis)은 예수에 대한 믿음을 전제한다.[17] 다만 행함 없는 믿음을 경계하고 비판한 것이다. 기독교인이 된다는 것은 예수의 계명을 실천하는 것을 의미함을 말하려 한 것이다.[18]

2) 행함은 최후 심판의 기준(마 25:31-46)

마태복음 25장 31-46절은 최후 심판 때 일어날 사건에 대한 비유다. 인자가 심판주로 나타나 목자가 양과 염소를 가르듯이 세계 모든 민족을 두 편으로 갈라서 양은 오른편에, 염소는 그의 왼편에 세운다. 그때에 인자는 오른편에 있는 사람들에게는 하늘나라에 들어갈 수 있는 축복을 베푼다. 그러나 왼편에 있는 사람들에게는 지옥에 들어가라고 저주한다. 인자가 사람들을 두 편으로 갈라놓은 기준은 "'주'[19]가 굶주릴 때 먹을 것을 주고, 목마를 때 마실 것을 주며, 나그네 되었을 때 영접하고, 헐벗었을 때 입을 것을 주며, 병들었을 때 돌보아 주고, 감옥에 갇혔을 때 찾아 주었느냐"(35-36절), 아니면 그 반대로 "주가 굶주릴 때 먹을 것을 주지 않고, 목마를 때 마실 것을 주지 않으며, 나그네 되었을 때 영접하지 않고, 헐벗었을 때 입을 것을 주지 않으며, 병들었을 때 돌보아 주지 않고, 감옥에 갇혔을 때 찾아 주지 않았느냐"(42-43절)이다. 전자에 해당하는 사람은 축복을 받고, 후자에 해당하는 사람은 저주를 받았다.

예수는 이 비유에서 굶주리고, 목마르며, 나그네 되고, 헐벗으며, 병들고, 감옥에 갇힌 지극히 작은 자들, 즉 민중과 자기 자신을 동일시

18) 위의 책, 415.

19) 마태복음에서 주(kyrios)는 신적인 권위(divine authoriy)를 가진 그리스도론적인 의미로 사용되고 있다. J. D. Kingsbury, *Matthew:Structure, Christolgy, Kingdom*(Fortress Press, 1978), 103-113.

(identify)하고 있다.[20] 지극히 작은 자들을 대접하는 것이 곧 예수를 대접하는 것이 되는 것이다. 예수는 그만큼 민중들을 사랑했다. 여기에서 "이 지극히 작은 형제들"(40절)은 예수의 제자들만을 가리키는 것은 아니고 곤궁한 자들과 고난에 처한 자들을 모두 가리킨다.[21]

그런데 이 비유에서 우리의 주제와 관련하여 관심을 끄는 것은 천국과 지옥, 영생과 영벌의 판단 기준이 믿음과 함께 사람들의 행함이라는 사실이다. 그들이 선한 일을 행했느냐, 행하지 않았느냐의 여부가 판단 기준이 되고 있다. 마태복음 7장 21절, 24-27절에서와 마찬가지로 여기서도 행함을 강조하고 있으며, 행함이 '구원의 조건' 이다.

마태복음 7장 21절, 24-27절과 25장 31-46절의 최후 심판 비유에서 행함이 구원의 조건임을 보면서, '믿음으로만 의롭게 된다' 는 16세기 이래의 종교개혁적인 칭의론(稱義論)에 의문을 제기하지 않을 수 없다. 앞에서 말한 것처럼 믿음은 구원의 필수조건 가운데 하나다. 그러나 믿음만이 구원의 충분조건은 아니다. '행함 있는 믿음' 이 구원의 충분조건이다. 행함도 믿음과 마찬가지로 구원의 필수조건 가운데 하나다. 이 사실을 마태복음 7장 21절, 24-27절과 최후 심판 비유에서 확인하였고, 그리고 야고보서 2장 14-26절에서도 확인할 수 있다.

3) 행함으로 의롭게 됨(약 2:14-26)

종교개혁자 루터가 야고보서를 '지푸라기 서신' 이라고 폄하한 것은 유명한 이야기다. 루터는 1522년 9월에 출판된 이른바 『9월성서』 서문

---

20) 그러나 이 민중들 속에 예수가 흡수되어 버리지는 않는다. 예수는 여전히 주, 심판자로서 남아 있다. 에드워드 슈바이처, 『마태오복음』(한국신학연구소, 1982), 502 참고. "그러므로 이것은 하나님과 인간이 융합된다는 신비주의나 인류 전체와의 스토아적 유대와는 무관하다."

21) J. 예레미아스, 『예수의 비유』, 제4판, 허혁 옮김(분도출판사, 1988), 200.

에서 야고보서에 대하여 대략 다음과 같은 요지로 비판하였다.[22]

첫째, 야고보서는 바울과는 반대로 '행위에 의한 의'를 가르친다.

둘째, 야고보서는 그리스도를 설교하는 것이 아니라 율법을 설교하며, 하나님에 대한 일반적인 믿음만을 설교한다.

셋째, 요한복음, 바울서신 등 다른 책들과는 달리 "야고보서는 지푸라기 서신에 불과하다. 왜냐하면 야고보서에는 복음이 들어 있지 않기 때문이다"(Darum ist sanct Jacobs Epistel eyn rechte stroern Epistel gegen sie, denn sie doch keyn Euangelisch art an yhr hat).[23]

과연 루터가 말한 바와 같이 야고보서가 지푸라기처럼 무가치한 책인가? 그렇지 않다. 루터는 '오직 믿음으로'라는 종교개혁의 관점 때문에 야고보서를 제대로 보지 못했던 것이지 결코 야고보서 자체가 무가치하기 때문은 아니었다. 디벨리우스(M. Dibelius)가 바르게 해석했듯이 야고보서는 예수 그리스도의 복음과 평행하는 내용을 많이 포함하고 있다.[24] F. Mußner는 야고보서와 복음서에서 평행되는 내용을 27개나 찾아서 열거하였다.[25] 그중 중요한 것 몇 가지만 예로 들면 다음과 같다.

약 1:22…마 7:24(눅 6:47)

약 1:23…마 7:26(눅 6:49)

약 2:14-26…마 25:31-46

약 3:12…마 7:16b

22) F. Mußner, *Der Jakobusbrief* (HThK 13), 42-44.

23) WA, DB 6, 10. F. Mußner, *Der Jakobusbrief*, 44에서 재인용.

24) M. Dibelius, *Der Brief des Jakobus*(Komm NT Meyer, XV)(Göttingen, 1964), 8장 참고.

25) F. Mußner, *Der Jakobusbrief*, 48-50.

약 5:12…마 5:33-37

약 5:17…마 18:15(눅 17:3)

야고보서 가운데서 우리의 주제와 관련된 2장 14-26절의 내용을 좀 더 자세히 살펴보기로 하자. 야고보는 1장 22절에서부터 "너희는 도를 행하는 자가 되고 듣기만 하여 자신을 속이는 자가 되지 말라"라고 하며 행함을 강조한다. 이어서 고아와 과부를 돌보는 일(1:27), 부자를 우대하고 가난한 자를 괄시한 사람들에 대한 비판을 하는 등(2:1-13) 올바른 실천에 대하여 말한 다음, 2장 14-26절에서 행함과 믿음의 관계를 설명한다. 야고보는 2장 14절에서 다음과 같이 담대히 언급한다.

"만일 사람이 믿음이 있노라 하고 행함이 없으면 무슨 이익이 있으리요 그 믿음이 능히 자기를 구원할 수 있겠느냐"

여기에서 야고보는 행함 없는 믿음의 허구성을 비판한다. 이는 "믿음으로 의롭게 된다"(롬 3:28), "믿음으로 구원에 이른다"(3:22; 4:24-25)는 바울의 주장에 정면으로 반대되는 것 같은 인상을 준다. 그러나 야고보서 2장 14절은 사도 바울에 대한 비판이 아니라 사이비 바울주의(Pseudopaulinismus)에 대한 비판이다.[26] 믿음이 구원에 필수적이라는 사실에 대해서는 야고보도 바울과 마찬가지로 의심하지 않는다(약 2:24). 다만 믿음을 단지 하나의 종교적인 의견(pious sentiment)이나 혹은 기독교 교리를 지식적으로만 인정하고(가령 "하나님은 한 분이다" [2:19]) 행함이 없는 사람들을 공격하고 있는 것이다.[27] 실제로 기독교인

26) 위의 책, 130.

27) R. P. Martin, *James*, WBC 48(Word Books, 1986), 80.

중에는 '행함이 없는 믿음' (faith without works)을 가진 사람들이 많다. 이러한 기독교인들은 구원받을 수 없다는 것이 여기서 야고보가 말하고자 하는 핵심적인 내용이다. 야고보의 견해에 바울도 동의할 것이다.[28] 갈라디아서 5장 6절과 고린도전서 13장 2절이 이를 잘 말해 준다.

"그리스도 예수 안에서는 할례나 무할례가 효력이 없으되 '사랑으로써 역사하는 믿음' 뿐이니라" (갈 5:6).

"산을 옮길 만한 모든 믿음이 있을지라도 사랑이 없으면 내가 아무것도 아니다" (고전 13:2).

여기서 분명히 알 수 있는 것은 바울이 말한 믿음은 사랑의 행위를 포함한 믿음이었다는 사실이다(롬 13:8-14; 갈 5:14; 6:8; 엡 4:1-32). 바울은 결코 야고보가 비판한 것과 같은 행함 없는 믿음 혹은 행함을 반대하는 믿음을 말하지 않았다. 바울과 야고보는 결코 반대되거나 대립적인 입장이 아니었다. 그들이 말하고자 하는 중심 내용은 동일하였다. 다만 그 강조점과 출발점이 달랐을 뿐이다.[29] 바울은 기독교인의 삶의 첫 출발점에서 바라본 믿음과 행함의 관계를 설명했다. 즉 '율법의 행위' 로써가 아니라 '믿음에 의해서' 의롭게 된다고 말한 것이다. 바울이 로마서에서 칭의의 조건으로 간주할 수 없다고 말한 행함은 이신칭의 이전의 행함이다.[30]

앞에서 언급한 대로 우리 인간은 예수 그리스도의 대속의 공로로 모

28) 위의 책, 96.

29) 바울과 야고보의 관계에 대하여 이러한 입장을 가진 학자는 W. Barclay, J. Jeremias 등이 있다. 이 부분에 대한 논의는 R. P. Martin, *James*, 82 이하를 참고하라.

30) J. Wesley, *The Words of John Wesley*(Thomas Jackson Edition), vol. VIII, 277.

든 죄를 용서받고, 그리스도 안에서 새로운 피조물이 되고(고후 5:17), 하나님의 자녀가 된다(롬 8:14-16). 우리가 새로운 피조물이 되고 하나님의 자녀가 되는 것은 우리 자신의 공로나 업적이나 행위에 의한 것이 아니다. 하나님이 거저 주시는 은총이요 선물일 뿐이다. 우리는 이 선물을 값없이 받는 것뿐이다. 이런 의미에서 바울은 행위로써가 아니라 믿음으로 의롭게 된다고 주장한 것이다.

반면에 야고보는 기독교인이 행함 없는 잘못된 신앙생활을 해 나가는 것을 보면서, 참 믿음은 '선한 행함의 열매' 를 맺어야 한다는 사실을 말한 것이다. 선한 행함의 열매는 믿음이 거짓이 아니고 참 믿음임을 증명해 주는 징표다. 바울도 행함이 기독교인의 새 삶의 표징이며(갈 5:6; 롬 6:4-23), 최후 심판 때 요구되는 기준(롬 2:6-7)이라고 밝힌다. 물론 야고보도 믿음이 구원을 받는 데 필수적이라는 사실을 인정하고 있다(약 2:22, 24). 야고보는 여기에서 믿음의 구원 능력을 의심하거나 반대하는 것이 아니고, 다만 행함이 결여된 믿음의 허구성을 비판하고 경고하는 것뿐이다. 결코 믿음의 역할을 과소평가하거나 배제하려는 것이 아니다.

이렇게 본다면 바울과 야고보는 믿음과 행함을 말하는 시점과 강조점이 다를 뿐, 구원을 받는 데 믿음과 행함이 필수불가결한 요소들이라는 사실을 인정한다는 점에서 입장을 같이하고 있음을 알 수 있다.

구원에서 믿음과 행함은 선택 사항이 아니고 둘 다 함께 있을 때에만이 온전한 하나가 되는 불가분리적인 관계, 상호보완적인 관계임을 바울과 야고보는 모두 인정하고 있는 것이다. 특히 야고보는 행함 없는 믿음은 그 자체만으로는 불완전하고 미완성인 토르소에 불과하다는 점을 강조한다.

야고보는 2장 15-20절에서 행함 없는 믿음은 죽은 것이며, 그런 믿음은 사람을 구원할 수 없음을 말한 다음, 행함을 동반한 믿음의 모범으로 아브라함을 내세운다(약 2:21-23). 바울은 믿음으로 의롭게 된다는 예로 창세기 15장의 아브라함을 내세운 반면에(롬 4장), 야고보는 행함으로 의롭다 함을 받은 예로 창세기 22장의 아브라함을 내세운다. 여기에서 야고보는 아브라함이 이삭을 제사드린 사실을 언급하면서, 아브라함은 이 일을 통하여 "행함으로 의롭다 함을 받았다"고 말한다(21절). 창세기 22장에 문자 그대로 "행함으로 의롭다 함을 받았다"고 언급한 곳은 없다. 그러나 아브라함이 이삭을 아끼지 않고 제사지내려 한 사실을 하나님이 인정하고 "네가 네 아들 네 독자라도 내게 아끼지 아니하였으니 내가 이제야 네가 하나님을 경외하는 줄을 아노라"(창 22:12)라는 말씀이 나온다. 이 말은 곧 하나님이 아브라함의 제사지낸 행위, 하나님 명령에 순종한 행위를, 하나님을 믿는 사람으로서 해야 할 마땅한 행위, 옳은 행위, 의로운 행위로 인정했다는 것을 의미한다. 아브라함이 이삭을 제사지낸 행위는 아브라함의 믿음이 거짓이 아니고 참 믿음임을 입증해 주는 행위였다. 다시 말하면 아브라함은 이 행위를 통해서 하나님으로부터 올바른 사람, 의로운 사람으로 인정을 받았다.

반대의 경우를 생각해 보자. 만약 아브라함이 이삭 제사를 거부했다면 어떤 결과가 나왔겠는가? 하나님은 아브라함을 올바른 믿음의 사람, 의로운 사람으로 인정했을까? 그렇지 않았을 것이다. 하나님은 아브라함이 진정으로 '하나님을 경외하는 사람'이라고 인정하지 않았을 것이다. 이렇게 본다면 "아브라함은 행함으로 의롭다 함을 받았다"는 야고보의 말은 틀리지 않았다. 만약 아브라함이 이삭 제사를 거부했다면 아브라함은 하나님을 믿는다고 고백은 했으면서도(창 15:6), 실제로는 하나님을 믿지 않는 것으로 판명되었을 것이다. 그렇다면 이러한 믿음을 가진 아브라함을 하나님이 의롭다고 할 수는 없었을 것이다.

아브라함이 하나님의 명령대로 이삭을 제사지낼 수 있었던 것은 하나님을 믿는 믿음이 있었기에 가능했다. 다시 말하면 아브라함의 행함은 믿음에서 나왔으며, 아브라함의 행함은 그의 믿음의 열매요 성취며 완성이라고 할 수 있을 것이다. 창세기 22장에 나오는 아브라함의 이삭 제사는 창세기 15장 6절에서 말한 믿음의 완성이요 성취였다(약 2:23). 이렇게 본다면 창세기 15장 6절에서 의롭다고 인정을 받은 아브라함의 믿음은 단순히 입으로만 공허하게 고백한 거짓 믿음, 죽은 믿음이 아니고, 순종의 행위를 내포한 참 믿음이었음을 알 수 있다. 이 이삭 제사 사건으로 인정을 받은 아브라함에게 하나님은 창세기 15장 5절에서 말씀하신 자손에 대한 약속을 이행할 것을 다시 한 번 확언한다(창 22:17). 만약 아브라함이 이삭 제사를 거부했다면 이 자손 약속은 무효가 되고 말았을 것이다. 이런 의미에서 야고보가 "믿음이 그의 행함과 함께 일하고, 행함으로 믿음이 온전하게 되었다"(약 2:22)고 말한 것은 믿음과 행함의 관계를 정확하게 표현한 것이라고 할 수 있다. 야고보는 아브라함의 이삭 제사에 나타난 하나의 특수 예에서 '믿음과 행함과 의'의 관계에 대한 일반적인 규칙을 이끌어 낸다.[31]

"사람이 행함으로 의롭다 하심을 받고 믿음으로만(monon/sola) 아니니라" (약 2:24).

31) F. Mußner, *Der Jakobusbrief*, 145 이하 참고.

야고보가 말한 "믿음으로만 아니다"(nicht aus Glauben allein)는 위에서 말한 바와 같이 첫째, 믿음으로 의롭게 된다는 사실을 부인하는 것이 아니라 우선적으로 믿음으로 의롭게 된다는 사실을 인정하면서 '행함으로도 의롭게 된다'는 사실을 의미하는 것이다. 둘째, 반대로 '행함으로만(monon/sola) 의롭게 된다'는 사실을 말하려는 것도 아니다. 셋째, 야고보가 24절에서 주장하고자 한 것은 사람이 의롭게 되는 것은 믿음과 행함이 함께 작용해서(Synergismus) 의롭게 된다는 사실을 말하려고 한 것이다. 다시 말하면 이웃 사랑의 행위(약 2:14-16)로 입증된 믿음만이 구원의 능력을 가지고 있다는 것이다(갈 5:6).[32)]

마지막으로 분명히 알아야 할 점이 있다. 야고보서에 행함(erga)이라는 말이 12번 나오는데, 야고보는 이 말을 이웃을 사랑하는 의미로서의 '행위'로 사용하고 있다는 사실이다. 이는 결코 바울이 부정적으로 말한 믿음 이전의 '율법의 행위'(erga nomou. 롬 3:28; 갈 2:16)로서의 '행위'를 말한 것이 아니다. 그런 의미에서 위에서 언급한 대로 야고보가 말한 믿음으로 새로운 피조물이 된 사람의 사랑의 '행위'를 바울도 반대하지 않았다(갈 5:6; 6:10; 고후 5:10).[33)]

4) 행함의 열매도 하나님의 선물

여기에서 짚고 넘어가야 할 사실이 있다. 그것은 믿음으로 의롭다 함을 받는 것은 하나님의 값없는 은혜로 이해한 반면, 행함으로 의롭다 함을 받는 것은 인간의 공로로 인식하려는 가능성에 대한 문제다. 다시

32) 루터는 『갈라디아주석』(1535)에서 갈라디아서 5:6에 대하여 다음과 같이 말했다. "신앙의 업적들은 사랑에 의해 일어나지만 인간은 사랑에 의해 의롭다 함을 받지 못한다." 귄터 보른캄, 『바울』(이화여대 출판부, 1993), 213에서 재인용. 여기에서 루터는 바울의 '믿음으로 의' 사상과 야고보의 '행함으로 의' 사상은 조화될 수 없다고 본 것이다.

33) F. Mußner, *Der Jakobusbrief*, 132.

말하면 행함으로 의로워야 한다는 말은 인간의 공적주의가 아닌가 하는 문제다. 믿음으로 의롭게 되는 것이 하나님의 은총을 힘입은 것이라면, 행함도 하나님의 은총 없이는 불가능하다. 성서에서 요구하는 행함, 즉 사랑의 행위, 선행은 결코 인간 단독의 열매가 아니다. 하나님의 도움이 없이 선행은 불가능하다. 인생 자체가 하나님의 은혜의 선물일 뿐만 아니라, '믿음으로 의롭다' 고 인정해 주는 것은 더더욱 하나님의 전적인 은혜의 선물이다. 이 이신득의의 결과로 선행의 열매가 나오는 것이므로, 선행 또한 하나님의 전적인 은혜의 선물이 아니라고 누가 강변할 수 있겠는가? 선행은 죄인을 의롭다고 인정해 주시는 하나님의 은혜의 결과요, 하나님의 은혜에 대한 인간의 응답이요, 결단의 결과인 것이다. 인간의 적극적인 결단과 의지 없이는 선행의 열매는 불가능하다. 그러나 이러한 결단 또한 믿는 자에게 주시는 성령의 역사(役事)에 의한 것이라는 사실을 잊어서는 안 된다. 서남동이 말한 것처럼 "성령을 받으니까 하나님의 결단을 내가 자발적인 나의 결단으로 내릴 수가 있는 것" 이다.[34)]

'믿음으로 의' 가 하나님이 주시는 의를 일방적으로 받아들이는 '수동적인 의' 인 데 반하여, '행함으로 의' 는 인간이 자유의지적으로 참여하는 '능동적인 의' 이다.[35)] 그러나 선행은 믿는 자의 결단과 노력과 희생의 결과임과 동시에 하나님의 전적인 은혜의 선물이기도 하다. 역설이지만 사실이다. 이런 의미에서 선행은 신인 합작품(Synergismus)이다. 그러나 신인 합작품이라고 해서 인간의 공로를 내세울 여지는 조

34) 서남동, 『민중신학의 탐구』, 165.

35) 존 웨슬리(J. Wesley)는 인간의 자유의지적 참여로 성화의 행동이 신인 협력적으로 일어난다고 말하면서, 성화를 수동적 성화(imputation)와 능동적 성화(impartation)로 구분한다. 김홍기, "존 웨슬리의 구원론과 민중신학의 구원론", 『역사신학연구 I』, 김홍기 편저(성서연구사, 1996), 107 참고.

금도 없다. 왜냐하면 앞에서 말한 것처럼 인간 존재 자체가 하나님이 값없이 주신 선물이요, 죽음의 존재가 생명의 새로운 피조물이 된 것 또한 하나님이 값없이 주시는 은총의 선물이며, 이러한 존재가 선행을 할 수 있는 힘 역시 모두 하나님이 주시는 능력에서 비롯된 것이기 때문이다. 이런 인간 존재가 하나님이 명령한 선행을 했다고 해서 자신의 공로로 내세울 것이 있겠는가? 모든 것이 하나님의 은총의 결과이므로, 주신 달란트대로 최선을 다해 일한 다음, 예수의 비유에 나오는 종처럼 "나는 무익한 종입니다" 하고 고백할 뿐인 것이다(눅 17:7-10). 마땅히 해야 할 의무를 한 것뿐이다. "사랑의 빚"(롬 13:8)을 갚은 것뿐이다. 우리는 선행을 자기 공로인 양 자랑할 아무런 근거가 없다(갈 2:20).

Ⅳ. 종합 결론

믿음과 행함은 상반된 것이 아니고 상호보완적이며 불가분리의 관계다. 믿음과 행함은 변증법적인 통일을 이룬다. 예수 안에서 믿음은 행함을 전제하고, 행함은 믿음을 전제한다. 야고보는 행함이 없는 믿음은 죽은 것이라고 했다. 옳은 말이다. 반대로 믿음이 없는 행함은 인간의 자기 과시요 자랑일 뿐이다. 인간 자체가 하나님의 은총으로 주어진 것인데, 하나님을 믿는 믿음을 인정하지 않는다는 것은 그 자체가 잘못된 것이다. 그런데도 사람들은 이 두 가지를 늘 분리해서 생각하고 그렇게 행동하기를 좋아한다. 이는 잘못이다. 믿음과 행함은 늘 함께 있어야 할 필수불가결한 통일체다. 믿음과 행함은 구원의 두 축이다.

'믿음의 의'와 '행함의 의'[36]는 예수를 주로 고백하는 모든 사람들이 세상을 살아가는 동안 평생 갖추어야 할 의이다. 논리적으로 본다면 믿음의 의가 행함의 의보다 조금 시간적으로 앞선다고 볼 수 있으나, 실제적으로 본다면 이 둘은 거의 동시적으로 신앙생활 시작부터 최후 심판에 이르기까지 기독교인들이 간직해야 할 의이다. 그 믿음과 의가 올바른 믿음이요 올바른 행함이었느냐를 판가름하는 것은 최후 심판 때다(마 7:21, 24-27; 25:31-46).

바울의 칭의론에서 보면 믿음과 행함은 언뜻 상반되는 것처럼 보인다. 믿음을 강조하면 행함이 배제되거나 약화되고, 행함을 강조하면 믿음이 약화되는 것처럼 생각된다. 그러나 이러한 생각은 잘못이다. 둘은 서로 상반되는 것이 아니고 상호보완적이다. 불가분리적인 관계다. 하나가 다른 하나를 배제할 것이 아니라 서로 긴장 관계를 유지하면서 변증법적인 통일을 이루어야 한다. 믿음 없이 구원을 얻을 수 없듯이 행함 없이도 구원을 얻을 수 없다는 것이 지금까지 우리가 위에서 살펴본 성서의 결론이다. 믿음과 행함은 둘 다 구원의 조건이다. 이것이 성서가 말하는 믿음과 행함이 구원에 대하여 말하는 요지이다. 믿음이 하나님에 대한 관계를 말한 것이라면 행함은 인간에 대한 관계를 말한다. 즉 믿음은 하나님과 예수에 대한 사랑을 말하고(십계명의 전반부), 행함은 인간에 대한 사랑(십계명의 후반부)을 말한다. 예수도 성서의 요지를 '하나님 사랑'과 '인간 사랑'으로 요약하였다(마 22: 37-39).

36) 루터는 의를 밖으로부터 주어지는 '남의 의'(alien righteousness)와 '자기의 의'(proper righteousness)로 구분했다.

10
믿음은 곧 행함이어야 한다[1)]
-이신칭의 논쟁의 역사적 기원-

유승원 박사(전 나사렛대 교수, 미국 디트로이트한인연합장로교회 목사)

I. 들어가는 말

제2종교개혁연구소의 임태수 소장은 「민중과 신학」 창간호에서 민중신학의 구원론을 정립하기 위해 '믿음과 행함의 변증법적 통일'을 제시했다.[1-1)] 이 논문에서 임태수 소장은 종교개혁 이후 개신교 교리로 남용 내지 오용된 바 있는 루터의 칭의론을 적절하게 비판하면서 신약성서가 '믿음으로 얻는 의'뿐 아니라 '행함으로 얻는 의'도 분명하게 역설하고 있다는 사실을 밝혀 주었다.[2)] 물론 후자가 전자를 배제하여 공로주의를 표방하는 것은 결코 아니다. 믿음은 행함과 결합되어야 진정한 믿음이 된다. 즉 "구원에서 믿음과 행함은 선택 사항이 아니고 둘

1) 이 글은 「민중과 신학」 제6호(2001 여름), 민중신학연구소 편, 25-44에 실린 글이다.
1-1) 임태수, "행함 없이 구원 없다-구원에 있어서 믿음과 행함의 변증법적 통일", 「민중과 신학」 창간호(2000 봄), 민중신학연구소 편, 4-31.
2) 위의 글, 15-26.

다 함께 있을 때에만 온전한 하나가 되는 불가분리적인 관계…상호보완적 관계를 가지고 있다"는 것이다.[3] 임태수 소장은 신약성서 내에서 마태복음과 야고보서가 이러한 입장을 취하고 있다는 것을 확인한 뒤 이신칭의를 내세운 바울도 결코 '사랑의 행함'을 새 삶의 표징으로 소홀히 취급하지 않았다는 점을 바로 지적하여 언급했다.[4]

필자는 개신교 일반이 소홀히 여겨 왔던 '실천'의 구원론적 역할에 대해 임태수 소장의 주장과 연구가 성서의 통합적 입장을 올바로 간파하고 있다고 본다. 종교개혁 이후 개신교의 교의는 루터 당시의 역사적 정황의 극단성을 여과하지 않은 채 그대로 답습하여 신약성서의 구원관을 지나치게 '행위와 상관없는 믿음' 쪽으로 편향시켜 왔다. 이러한 교의적 방향의 중심과 논증의 근거로 활용되어 온 것은 다름 아닌 바울의 이신칭의 개념이었다. 본고에서는 이 이신칭의가 논의의 발생 당시 역사적으로 어떤 정황이었는지를 추적하면서 바울이 결코 '행함'을 구원론에서 등한시하지 않았다는 점을 밝히고자 한다.[5]

3) 위의 책, 24.

4) 위의 책, 22-26.

5) 이 글은 필자가 '믿음과 행위'의 문제에 대해 써 온 연구논문들이 민중신학의 구원관과 일맥상통하는 점이 있다고 보아 그 일부를 발췌하여 「민중과 신학」의 필요에 맞도록 정리한 것이다. 더 자세한 학술적 논의에 관심이 있는 분들에게는 필자의 "믿음으로만 의롭게 될 수 있는가: 이신칭의 교의의 기원과 그 의미에 대한 오해와 이해"(「현대와 신학」26[2001. 6])와 "신약의 믿음에 대한 소고: 바울의 영감인식론과 피스티스의 함의"(「성서사랑방」13[2000 가을])를 읽도록 권하고 싶다. 그 밖에 다소 가벼운 수상조의 글로는 "믿기만 하면 된다고요?"(「뒤집어 읽는 신약성서」 21장)와 "믿음으로만 의롭게 된다?"(「복음과 상황」97[2000. 1])를 참고하라.

II. 이신칭의 논쟁의 상황성

역사적으로 개신교의 핵심 교의가 된 이신칭의이지만 신약성서 전체를 놓고 볼 때 이 문제를 의미 있게 다루는 곳은 바울의 갈라디아서와 로마서뿐이다. 신약성서에서 '믿음' 은 거의 보편적으로 퍼져 있는 핵심 개념으로 그리스도인의 구원의 통로로 제시된다. 그러나 유대인의 율법과 연관된 개념인 '의' (義)를 획득하는 수단이 '믿음' 이라는 이신칭의의 논의, 즉 행위와의 관계에서 주어지는 '믿음의 원리' 자체에 대한 논의는 바울만의 것이고 그나마 갈라디아서와 로마서를 제외한 그의 다른 편지들에서는 전혀 또는 거의 이에 대해 언급을 하지 않고 있다.[6] 그리고 이신칭의를 다루는 두 편지 중에서도 로마서는 다른 여러 가지 논의들 중에 섞여 있는 한 부분만을 구성한다는 점에서 갈라디아서와는 다르다(롬 3:19-4:25). 반면에 갈라디아서는 이신칭의의 주장을 주목적으로 해서 쓰여졌다고 해도 과언이 아닐 만큼 그 문제를 핵심으로 다룬다. 또한 갈라디아서가 로마서에 앞서 쓰여졌다는 점과 다른 주요 서신들에서는 이 이슈가 다루어지지 않는다는 사실을 고려할 때, 갈라디아서를 이 교의의 발원지로 보아도 무방할 것이다.

바울은 갈라디아서를 쓸 때 주제로 삼은 '이신칭의' 를 초기 선교 시에 전하지 않았다. 그것은 갈라디아서 이전에 기록되었고 바울의 최초

6) 오늘날의 그리스도인들은 '구원' 과 '칭의' 를 동일한 것으로 취급한다. 하지만 신약성서 내에서 종교적 의미의 '구원' 이라는 말은 하나님의 진노나 심판으로부터 건짐을 받는 일을 가리키고(롬 5:10; 고전 7:16; 빌 3:20), '의롭게 된다' 는 것은 율법적 의미에서 하나님과의 관계에서 '바르게 된다' 는 뜻이다. 당시 이방인들에게 '구원을 받는다' 는 표현은 의미 있는 개념이 되겠지만 '의롭게 된다' 는 말은 별반 의미가 없었을 것이다. 후자는 율법을 가진 유대인의 개념이었다. 샌더스(E. P. Sanders)는 그의 책 *Paul*(Oxford and New York: Oxford University Press, 1991), 44-49에서 '의' (righteousness)의 개념이 어떻게 히브리적 의미에서 오늘날 영어의 justification이라는 사법적 의미로 전환되었는지를 잘 설명해 주고 있다.

의 서신이라고 할 수 있는 데살로니가전서에서 이 교의에 대한 언급이 일체 없는 데서도 확인된다.[7] 바울이 데살로니가에 들어가서 처음 전한 선교의 메시지는 '유일신 하나님에 대한 경배', '하나님의 아들의 죽음과 부활', '그리스도의 재림과 하나님의 심판'이 주 내용이었다(살전 1:9-10). 역시 갈라디아서 이전의 편지인 고린도전서에서도 바울이 전한 복음은 그리스도의 죽음과 부활 그리고 그것의 구속적 의미였다(고전 2:2; 15:1ff). 물론 이신칭의에 대해 일언반구도 없다.

믿음과 의의 문제에 대한 언급이 부분적이나마 등장하는 경우는 모두 갈라디아서와 비슷한 시기 또는 그 이후에 쓰여진 편지들에서이다. 고린도후서를 쓸 때 바울은 모종의 유대주의자들에게 시달림을 받았던 것으로 보인다. 그래서 바울은 자신의 유대적 기원에 대해 수사학적 열변을 토해 낸다. "저희가 히브리인이냐? 나도 그러하며 저희가 이스라엘인이냐? 나도 그러하며 저희가 아브라함의 씨냐? 나도 그러하며" (고후 11:22). 유대주의자들과의 언쟁이 포함되어 있는 고린도후서에는 우발적이고 막연하기는 하나 '의'에 대한 언급이 단 한 번 나온다. "정죄의 직분도 영광이 있은즉 의의 직분은 영광이 더욱 넘치리라"

7) 데살로니가전서의 저술 시기를 50~51년으로 잡는 데는 어려움이 없다. 사도행전이 보고하는바 바울이 고린도에 머물던 때와(행 18:1-11, 1년 6개월) 데살로니가전서 2:2; 2:17-3:6의 상황을 연결하고 글라우디오가 로마에서 유대인을 추방했던 주후 49년을(행 18:2) 염두에 두면 연대는 비교적 단순하게 확인된다. 갈라디아서에 바울이 과거를 언급하는 내용을 감안할 경우, 소명의 회심 전에 있었던 일정 기간의 교회 핍박(1:13-14), 회심 후 3년이 지나서 이루어진 첫 번째 예루살렘 방문(1:18), 14년 후의 두 번째 방문 언급(2:1), 그 이후 발생한 안디옥에서의 베드로 면박 사건(2:11f) 등을 모두 고려할 때 갈라디아서를 데살로니가전서 이전에 위치시키는 것은 무리한 일이다. 물론 바울의 구제 방문을 말하고 있는 사도행전 11:27-30을 갈라디아서의 두 번째 예루살렘 방문으로 보고 이른바 '남 갈라디아설'을(행 13-14장) 받아들여서 갈라디아서를 최초의 바울서신으로 보는 견해들도 있다. 이를 위해서는 F. F. Bruce, *The Epistle to the Galatians*(Grand Rapids: Eerdmans, 1982), 3-18, 43-56; D. A. Carson, Douglas Moo and Leon Morris, *An Introduction to the New Testament*(Grand Rapids: Zondervan, 1992), 290-294; R. Fung, *The Epistle to the Galatians*, 9-28 등을 보라.

(3:9). 마찬가지로 갈라디아서 이후에 기록된 것으로 추정되는 빌립보서에서도 할례를 강요하는 가르침을 베풀던 사람들을 "손 할례당"이라 불러 비판하고 있다(빌 3:2).[8] 여기서도 바울은 자신의 유대적 근원을 힘주어 강조한다. "그러나 나도 육체를 신뢰할 만하니… 팔일 만에 할례를 받고 이스라엘의 족속이요 베냐민의 지파요 히브리인 중의 히브리인이요 율법으로는 바리새인이요 열심으로는 교회를 핍박하고 율법의 의로는 흠이 없는 자로라" (4-6절). 그리고 역시 우발적이나마 이신칭의에 대한 언급이 나온다. "내가 가진 의는 율법에서 난 것이 아니요 오직 그리스도를 믿음으로 말미암은 것이니 곧 믿음으로 하나님께로서 난 의라" (9절).

바울의 편지들이 갈라디아서를 전후로 해서 '의' 에 대해 언급하지 않은 편지와 부분적으로나마 언급이 있는 편지로 갈린다는 사실은 이신칭의 교의가 갈라디아의 상황에서 불거져 나온 특정성을 지닌 논쟁이었음을 가리킨다. 이신칭의는 바울이 계시를 통해 받은 복음이 아니었다. 바울이 받았고 깨달았던 복음은 바울 이전의 복음 전파자들의 것과 다를 바 없이 '십자가에 달리신 그리스도가 하나님께서 인간을 위해 마련해 놓으신 구원의 길이라' 는 것이었다. 바울은 다른 곳에서와 마찬가지로 갈라디아에서도 이 '십자가에 달리신 그리스도' 를 선포했다(갈 3:1). 그러나 학자들에 의해 이른바 유대주의자라 불리는 사람들이 이곳을 방문하면서 문제가 야기되었고, 이에 대응하여 벌인 바울의 논쟁이 갈라디아서의 '이신칭의' 라고 보면 큰 무리가 없을 것이다.

8) 여기서 사용된 헬라어 '카타토메' (κατατομή)는 '절단' 이라는 뜻으로 거세를 암시하는 독한 풍자이다. 물론 할례를 주장하는 사람들을 빗댄 말이다.

Ⅲ. 과도기 교회의 신학적 혼란

갈라디아서에서 발생한 상황은 어찌 보면 복음이 이방인들에게 전파되면서 언젠가는 맞닥뜨릴 수밖에 없었던 일이었다. 역사적 바울을 논하는 데 사도행전의 기록을 그대로 원용하는 것은 현대의 바울 연구에서 금기로 치부된다.[9] 하지만 사도행전은 초기 교회의 정황을 짐작할 수 있게 해 주는 단서를 분명하게 제공한다. 사도행전의 기록자는 어떻게 복음이 이스라엘에서 시작하여 이방에게로 넘어갔는지를 나름대로 역사적으로 규명하려는 의도를 가지고 있었다.

사도행전에 따르면 예수의 제자들은 복음이 유대인들만을 위한 것으로 이해하고 있었다. 예수의 승천을 앞에 두고 제자들이 예수에게 한 질문은 "언제 하나님께서 이스라엘 나라를 회복하실 것인가" 였다(행 1:6). 이들은 온전한 12지파의 복원에 기초한 통일 왕국을 기대하고 있었던 것으로 보인다.[10] 그래서 그들이 한 첫 번째 일은 다름 아닌 배신자 유다의 자리를 채워 12지파의 대표성을 확보하는 일이었다(15-26

9) 누가가 묘사하는 바울과 바울서신에 나타난 바울 사이에 불일치가 있다는 주장은 바울 연구의 오래된 고정관념이었다. 이에 대한 정리로는 Ernst Haenchen, *The Acts of the Apostles: A Commentary*(Philadelphia: The Westminster Press, 1971), 112-116을 보라. 이러한 관점은 바울 신학의 중심이 '이신칭의' 였다는 가정에 크게 의존한다. 누가가 그리는 사도행전의 바울은 이신칭의를 주장한 적이 없다는 말이다. 본고에서 주장하는 바대로 바울 신학의 중심이 '이신칭의' 가 아니라면 이런 주장은 힘을 잃는다. 양자 간에 의미 있는 차이가 없다는 입장도 결코 만만치 않다. I. Howard Marshall, "Luke' s View of Paul", *Southwestern Journal of Theology* 33(Fall, 1990), 41-51을 보라.

10) 12지파의 복원을 통한 이스라엘의 회복을 기대하는 종말론적 소망은 1세기를 전후한 문헌의 여러 곳에서 발견된다. 집회서 35:11, 바룩 4:37; 5:5, 마카비하 1:27f, 희년서 1:15, 11QT 8:14-16, 1QM 2:2f 등을 보라. 이러한 소망은 에스겔 37:15-23, 이사야 49:6 등에 기초하고 있다. 예수의 제자가 '그 열둘' (οἱ δώδεκα)로 정의되고 사도행전에서 열둘의 숫자를 채우려 했던 것은 이러한 이스라엘의 완성에 대한 소망을 반영한다. E. P. Sanders, *Judaism: Practice & Belief 63 BCE - 66 CE*(London and Philadelphia: SCM Press and Trinity Press International, 1992), 291을 참고하라.

절). 이러한 이스라엘 회복의 기대로 복음을 유대인들에게만 전하던 제자들은 예기치 못하게 이방인들 가운데서 복음의 메시지가 먹혀들어 갈 뿐 아니라 오히려 더 흥왕하게 되는 것을 목격한다. 이 과정에서 생겨난 이념적 갈등과 그 해지(解止)를 변명하여 기록하고 있는 것이 유대 땅 안에 살던 로마 백부장 고넬료의 사건이다(10:1-11:18). 사도행전 내에서는 고넬료의 사건을 통해서 비로소 복음이 이방인들까지 포함한다는 것을 유대 그리스도인들이 깨닫는다. "저희가 이 말을 듣고 잠잠하여 하나님께 영광을 돌려 가로되 그러면 하나님께서 이방인에게도 생명 얻는 회개를 주셨도다 하니라"(11:18).

1. 이념적 혼돈을 야기한 비유대인 신자들의 회심

복음이 이방인들에게 들어가면서 복음에 내재하고 있던 긴장이 불거져 나온다. 다름 아닌 율법과 할례의 문제였다. '예수 그리스도'에 대한 복음이 유대인들의 신분 자체를 변화시키지는 않는다. 예수 자신이 충실한 율법의 준수자였고 한 번도 유대인들의 할례를 문제 삼은 적이 없었다. 그는 유대인들을 대상으로 하나님 나라의 사역을 했고 마태의 경우 예수의 입을 통해 그 점을 확언시키기까지 한다(마 15:24). 예수의 죽음과 부활 이후에도 제자들은 예루살렘에서 모였고 유대인의 종교의 중심인 성전을 활동의 본거지로 삼았다(행 2:46). 그들이 율법을 포기했다는 증거는 어디에도 없다. 비록 바리새인들의 전승과 갈등이 있다거나 안식일의 해석에 대해 이견을 보이는 측면은 없지 않았으나 율법 자체를 부인한 증거는 전혀 찾아볼 수 없다. 할례와 율법은 유대인의 삶의 문화적 아이덴티티였고 그것은 예수 그리스도의 복음 이후에도 그대로 이어졌다. 후에 율법의 의미와 전면전을 벌이는 바울조차 스스로 유대인들을 얻기 위해 유대인처럼 행동하고 율법을 지키는 자로 사는 것을 전혀 주저하지 않았다(고전 9:20).

그러나 이방인의 경우에는 복음을 받은 이후 해결해야만 하는 심각한 문제가 율법과 관계해서 생겨난다. 1세기 유대인들은 이방인들에게 율법의 준수를 요구하지 않았다. 율법은 유대인들에게 주어진 하나님의 선물로 이해되었기 때문에 이방인들과는 직접적 상관이 없는 것이었다. 물론 이방인들에게 할례를 요구하지도 않았고 안식일을 지킬 것을 강요하지도 않았다.[11] 율법은 유대인들에게 특권으로 받아들여졌기 때문에 이방인들이 율법을 지키지 않는 것을 비난할 이유가 없었다. 그러나 이방인들이 복음을 수용하고 난 뒤 유대 그리스도인들에게 사고의 혼란이 발생한다. 복음의 핵심은 유대인에게나 이방인에게나 '예수 그리스도의 죽음과 부활을 통해 하나님께서 하신 일' 이었다. 그러나 유대 그리스도인들은 그 복음을 통해 하나님께서 이스라엘 나라를 회복하시는 것으로 생각했을 것이다. 그런데 비유대인들에게도 성령이 임하고 복음을 수용하여 회심자들이 되는 것을 보고 그 현실을 받아들일 수 밖에 없자 유대 그리스도인들은 이러한 이방의 복음 수용이 의미하는 것이 무엇인지 이념적으로 정리할 필요가 있었다.

11) 유대인들은 이방인들에게 자신들의 율법을 적용하려는 생각은 없었다. 토라는 하나님께서 언약의 백성에게 준 선물로서 유대인들에게만 적용되는 특권으로 여겼다(레 27:34; 민 36:13). 초기 랍비들의 생각에 따르면 이방인들 모두, 즉 모든 인류에게 적용되는 법은 창세기 9장의 노아의 언약에 기초한다(*Jubilees* 7:20-25; *Gen. Rab.* 34; *b. Sanh.* 56a; *b. 'Abod. Zar.* 8:4 등). '노아의 계명' 에는 우상 숭배, 살인, 도적질, 근친상간, 신성 모독, 산 짐승의 고기를 먹는 것 등에 대한 금지 명령과 사법 기능 제정의 의무가 포함되어 있다(*b. Sahn.* 56a-60a). 노아의 언약에 신실한 이방인들은 새로운 시대에 그들을 위한 자리가 마련되어 있는 것으로 믿었다. 그러나 그렇다고 그들이 언약의 백성에 포함되는 것은 결코 아니었다.

2. 이방인 신자들도 이스라엘인가?

분명히 적지 않은 유대 그리스도인들은 복음을 통해 이방인이 이스라엘에 편입되는 것으로 생각했을 것이다. 즉 이방인들이 하나님의 언약의 상속자들인 유대인이 되는 것으로 본 것이다. 이 점은 바울의 로마서에서도 암시되어 있다. 이방인들이 복음을 수용하여 하나님의 구원의 대상이 된 것은 다름 아닌 이스라엘의 일부가 된 것이라는 메타포가 사용된다. 바울은 로마의 이방인 그리스도인들에게 이렇게 말한다.

"또한 가지 얼마가 꺾여졌는데 돌감람나무인 네가 그들 중에 접붙임이 되어 참감람나무 뿌리의 진액을 함께 받는 자 되었은즉 그 가지들을 향하여 자긍하지 말라 자긍할지라도 네가 뿌리를 보전하는 것이 아니요 뿌리가 너를 보전하는 것이니라"(롬 11:17-18).

이방인 신자들이 이스라엘이라는 원 줄기에 접붙임을 입어서 이스라엘의 일부가 되었다는 말이다. 바울이 이방인들의 회심을 이런 방식으로 인식했다면 유대의 율법에 충실하던 유대 그리스도인들이 이제 복음을 통하여 이스라엘이 된 이방 그리스도인들을 하나님과의 언약 관계에 들어온 새 유대인으로 보는 것은 오히려 당연한 귀결의 추론이었을 것이다. 그러므로 하나님의 유대인이 된 이방인들은 하나님과의 언약 관계를 정의하는 율법을 준수하고 유대인이 되었음을 상징하는 할례를 받는 것을 당연하게 여겼을 것이다.[12] 사도행전의 보고에 따르면 안디옥에서 첫 이방인 교회가 생겨났을 때 바리새파에 속해 있으면서

12) 요한 히르카누스는 이두메를 정복하고 난 뒤 그들에게 강제로 할례를 받게 하여 유대인이 되게 했다. 에버렛 퍼거슨, 『초대 교회 배경사』, 박경범 옮김(서울: 은성, 1993), 406.

예수 그리스도를 믿었던 유대인들이, 믿음을 갖게 된 이방인들은 필수적으로 할례를 받아야 하며 모세의 율법도 지켜야만 한다고 주장했다(행 15:5).[13]

이러한 해석과 주장은 결국 초기 그리스도인들 전체가 신학적 논쟁에 참여하는 종교회의로까지 발전했고 사도행전의 예루살렘 교회는 묘한 중도적 입장의 해석을 내린다. 성인 남자들에게 고통스럽고 불편하기 그지없는 할례는 필요하지 않고 복잡한 예전과 정결율을 포함하는 율법도 그대로 다 준수할 필요는 없다고 했다. 안식일 준수도 요구하지 않았다. 돈육 섭취를 금지시키지도 않았다. 단지 몇 가지 요긴한 유대적 관습과 윤리에 혐오감을 주는 우상의 제물 먹는 일, 피와 목매어 죽인 것을 음식으로 삼는 일, 음행 등을 삼갈 것을 사도들의 권위로 결정했다(22-29절). 사도행전에서는 이에 대한 논의가 일단락된 것으로 기록하고 있지만 이 이슈는 상당한 기간 동안 초기 교회 내에서 민감한 신학적 논쟁으로 계속되었을 터이고 보수적 유대 그리스도인들은 사도행전 15장에서 주어진 해석을 수용하지 않으려 했을 것이 분명하다. 사도행전은 이 과도기의 이슈가 할례와 율법의 필수성에 관한 것이었지 믿음과 행위의 대립 논쟁이 아니었음을 보여 준다.

13) 당시의 유대교가 이방인으로서 유대교로 개종하는 사람들에게 할례를 필수적으로 요구했는지에 대해서는 확정적인 결론이 유보된 상태이다. 일반적으로 요구되었지만 디아스포라에서는 면제되는 경우도 있었던 것으로 보인다. N. J. McEleney, "Conversion, Circumcision, and the Law", *New Testament Studies* 20(1974), 319-341을 보라. 이에 반대하여 할례가 이방인 개종자들에게 필수적이었다는 주장은 J. Nolland, "Uncircumcised Proselytes?", *Journal for the Study of Judaism in the Persian, Hellenistic and Roman Period* 12(1881), 173-194를 보라.

3. 신학 논쟁의 전선이 된 갈라디아

갈라디아의 상황은 이러한 초기의 신학적 갈등을 그대로 반영하고 있다. 바울이 갈라디아 교회를 개척하고 떠난 뒤 그들에게 보수적 유대주의 그리스도인 전도자들이 찾아왔던 것 같다. 바울은 이들을 "다른 복음"을 전하는 "어떤 사람들"(갈 1:7), 또는 "가만히 들어온 거짓 형제"(2:4)라고 불렀다.[14] 이들은 이방인인 갈라디아 교인들에게 할례를 받아야 할 것을 가르쳤다(2:3; 6:12). 바울은 이에 격렬하게 반대한다. 할례를 받는 것은 성령으로 시작했다가 육체로 마치는 일이다(3:3). 만일 할례를 받으면 구원의 길이었던 그리스도조차 너희에게 아무런 유익이 없게 된다(5:2). 바울 자신도 할례를 받는 것을 묵인하면 동료 유대 그리스도인들과 의를 상할 필요도 없었을 것이고(1:10), 핍박을 면할 수도 있었을 것이라고 말한다(6:12). 그러나 바울은 분명하게 '이방 그리스도인들의 할례 반대' 입장에 서서 그것을 강경하게 고집했고, 그 입장에 대한 신학적 논쟁은 오늘의 갈라디아서를 남겼다. 이방인들은 예수 그리스도로 충분하며 그 위에 유대인의 할례와 율법을 더할 필요가 없다는 것이 바울의 입장이었다. 이렇게 추가적인 할례와 율법의 불필요성을 역설한 것이 바로 바울의 '믿음'에 대한 해설로 나타난 것이다.

14) 루이스 마틴(Louis Martyn)은 이들을 '선생들'(the Teachers)로 명명하여 구체적으로 슈도 클레멘틴 문헌의 저자들과 연계시킨다. 그의 연구 논문, "A Law-Observant Mission to Gentiles: The Background of Galatians", *Scottish Journal of Theology* 38(1985), 314-316을 보라. 바울이 갈라디아서에서 논쟁을 벌이는 대상은 일반 유대교인이 아니라 다른 노선에 있는 유대주의 그리스도인들이라는 것에 대한 자세한 설명을 위해서는 E. P. Sanders, *Paul, the Law, and the Jewish People*(Minneapolis: Fortress, 1983), 48-49에 있는 미주 6을 읽도록 하라.

Ⅳ. 갈라디아서의 논리 구조

이신칭의는 이방인과 율법(할례)의 관계를 정의하는 가운데서 등장한 논쟁의 교의였다. 바울이 '믿음' 의 원리를 강조함으로써 반대하는 것은 '행위와 실천' 일반이 아니었다. 복음이 유대인에게서 이방인에게로 넘어가면서 발생할 수밖에 없었던 할례 의식과 율법 준수의 필요성에 대한 신학적 갈등의 정황에서 주장한 '이방 그리스도인들의 할례와 율법' 이 그가 반대한 내용의 핵심이었음을 감안하고 갈라디아서를 읽어야 한다.

1. 갈라디아서의 유대주의자들

바울의 복음을 통해 이미 신자가 된 갈라디아 교인들을 찾아와 할례와 율법의 필요성을 역설한 사람들의 능변과 성서적 박식은 강한 호소력을 갖고 있었던 것으로 보인다. 바울은 자신의 사람들을 미혹하여 생각을 바꾸어 놓은 저들에 대해 불쾌감과 분노를 숨기지 않는다(갈 1:6-7; 3:1; 4:17-20; 6:11-14). 바울은 저들의 주장이 그릇된 것임을 보이기 위해 이방인의 구원에 있어 율법의 무용성을 밝혀야 했다. 율법 수용이 필요 없는 것이라면 구원의 충분조건은 무엇일까? 갈라디아 교인들의 입장에서 보면, 그리스도의 복음이 선포되었을 때 그것을 들어서 수용하고 그에 따라 살아가는 것으로 충분하다. 이를 위해서는 우선 그리스도를 전했을 때 그 복음을 듣는 사람들이 마음에 갖는 수용적 자세인 믿음이 필요했다. 전달하는 내용에 대한 마음의 동의와 수용이 없이는 더 이상 아무것도 이룰 수 없었을 것이다. 바울은 이러한 믿음이 신령한 지식이며 이것이 성령을 통한 계시로 이루어진다고 보았다(고전 2:1-16). 그러나 갈라디아에서 이 상황이 발생하기 전에는 이 '믿음' 의 개념이 특별하게 신학적 논쟁의 핵심이 될 이유가 따로 없었다. 그것은 복음 전도의 현장에서 청자들에게 기대되는 당연한 현상이었을 뿐이었다.

갈라디아에서 율법의 문제가 이슈가 되면서 율법의 불필요성을 거증해야 했을 때 바울은 논쟁상 율법의 반대 명제로 이 '믿음' 의 개념을 끄집어 낸다. 사실상 바울이 율법의 무용성을 논하는 이유는 그리스도가 구원을 위해 충분하다고 믿었기 때문이었다. 그래서 본래 바울의 마음속에 세운 대립 명제는 '그리스도 대 율법' 이었다(갈 2:16, 21; 3:24; 5:2). 그러나 갈라디아를 찾아와 할례와 율법을 요구하던 보수주의자들도 그리스도의 복음을 전하는 사람들이었다. 전도자들은 그리스도를 통하여 아브라함의 자손이 된 이방인들이 할례를 받아야 하고(3:7, 29) '유대인 됨' 의 특성인 율법을 지켜야 한다고 주장했지, 그리스도 자체를 부인하는 것은 아니었다.[15]

2. 논쟁의 도구 개념으로서의 '피스티스'

따라서 율법과 그리스도를 대립 개념으로 설정하는 것은 전술상으로 별 의미를 갖지 못했다. 바울의 주장이 '그리스도만' 이라면, 저들의 주장은 '그리스도+율법' (할례)이었기 때문이다. 그래서 바울은 그리스

15) 이들은 아브라함의 자손이 되는 길에 대해 성서적 논쟁을 벌였던 것으로 보인다. 갈라디아서에서 발견되는 표현 ὑίοι Ἀβραάμ(아브라함의 아들들, 아브라함의 자손들)은 바울의 다른 편지들에서는 발견되지 않는다. 저들은 물론 창세기 17:9-14에 근거하여 그리스도를 통해 아브라함의 자손이 된 갈라디아 교인들이 할례를 받아야만 한다고 주장했을 것이다.

도의 복음을 수용할 때 요구되는 '믿음' 을 율법의 대립 개념으로 설정한다. '믿음' 을 뜻하는 헬라어 '피스티스' (πίστις)는 논쟁을 위해 여러 가지로 편리하고 효과적인 개념이었기 때문이다. 이 단어는 유대적 환경에서 '행함' 을 전제하는 '신실' (faithfulness)의 뜻으로 사용되면서도 그레코-로마의 환경에서는 복음 메시지의 수용을 가리키는 지적인 동의(belief)의 의미를 갖고 있었다.[16] 전통적으로 많은 오해를 불러온 '믿

16) 헬라어 '피스티스' (πίστις)는 지적인 동의(belief)의 의미만 갖고 있는 것이 아니다. 신약성서는 '신실함' , '충성' 등을 가리키는 말로 '피스티스' 를 사용한다(롬 1:5; 16:26; 갈 5:22; 히 11 등). 구약에서 믿음의 개념을 담은 동사로서 אמן의 *Hiph 'il* 형인 האמין은 「70인역」에서 거의 다 신약에서 '믿는다' 는 뜻의 동사로 쓰인 '피스튜오' (πιστεύω)로 번역되었는데 대부분 하나님에 대한 신뢰를 가리킨다(대하 20:20; 시 78:22; 116:10; 사 7:9 등). אמן의 명사형인 '애매트' (אמת)와 '애무나' (אמונה)는 '신실함' 또는 '진실' 등의 의미로 사용되었다. 바울이 로마서 1:17에서 인용한 하박국 2:4에서의 '애무나' 도 문맥상으로 볼 때 '신실함' (faithfulness)의 뜻이다. 따라서 구약의 믿음의 경우, 인간의 행위로서, 동사 차원에서는 하나님에 대한 신뢰를 가리키며, 명사 차원에서는 인간 쪽의 도덕적 자질로서 '신실함' 또는 '진실됨' 을 가리킨다. 신약의 '피스티스' 가 이러한 유대적 함의를 담고 있음을 간과해서는 아니 될 것이다.

17) 여기서 반복하여 나오는 πίστις Χριστοῦ 'Ιησοῦ는 한글 개역성경을 비롯하여 다수의 번역 성경들에서와 같이 목적격 소유격으로 '예수 그리스도를 믿음' 이 될 수도 있고, 주격 소유격으로 '예수 그리스도의 신실함' (faithfulness of Jesus Christ)이 될 수도 있다. 전통적으로 취했던 목적격 소유격으로의 해석을 따르면 본 문장은 별 의미 없는 동의어가 계속 반복되어 크게 어색하다. 전통적인 해석에 따르면 바울이 16절에서 주장하고자 하는 내용은 '율법에 의존하지 않고 예수를 믿어 의롭게 되는 이유' (ἡμεις εἰς Χριστὸν 'Ιησοῦν ἐπιστεύσαμεν)이다. 그런데 πίστις Χριστοῦ 'Ιησοῦ를 목적격 소유격으로 취급하면 율법에 의존하지 않고 예수를 믿어서 의롭게 되는 이유가 '율법에 의해서가 아니라 예수를 믿음으로 의롭게 되기 위한 것' 이라는 맥없이 이상한 설명이 되고 만다. 독자가 "왜 율법이 아니고 예수를 믿는 것으로 의롭게 되는가?" 라고 질문할 때 바울의 답변이 "율법으로가 아니라 예수를 믿는 것으로 의롭게 되기 위해서입니다" 가 되어, 그의 답은 답이 아니라 질문 자체를 평서문으로 바꾸어 놓은 이상한 답이 되고 만다. 그러나 단어의 배열대로 번역하는, 주격 소유격의 해석을 취하면 πίστις Χριστοῦ 'Ιησοῦ는 자연스럽게 '예수 그리스도의 피스티스' 가 된다. 이 경우 πίστις Χριστοῦ 'Ιησοῦ는 '예수가 가졌던 신실함' 또는 '예수의 충성됨' 을 뜻하는 '예수의 믿음' 이다. 이렇게 읽을 경우 전통적 독해가 갖고 있는 표현상의 논리적 어색함이 사라지고 본문의 의미가 분명해진다. 우리는 예수를 믿는다(ἡμεις εἰς Χριστὸν 'Ιησοῦν ἐπιστεύσαμεν). 그리고 우리가 예수를 믿는 것은 우리가 '예수의 믿음' 으로 의롭게 되기 때문이다. '율법의 일들' (ἔργα νόμου)이 우리를 의롭게 하는 것이 아니라 '예수의 신실하심' 이 우리를 의롭게 하는 것을 알기 때문에 예수를 믿는다는 말이다. 아직까지 대부분의 성서들은 목적격 소유격에 입각한 번역을

음' 대 '행위' 의 대립은 본래 '그리스도' 와 '율법' 의 대립이었고 바울은 이것을 '그리스도의 믿음' (신실하심)과 '율법의 행위' 의 대립으로 설정하였다(2:16).[17)]

여기서 '예수의 믿음' (충성, 신실함)은 하나님 앞에서 자신의 소명을 다하여 죽기까지 신실했던 '그리스도의 십자가' 에 대한 또 다른 표현이다(2:20; 3:1).[18)] 우리를 의롭게 하는 것은 '율법의 일들' 이 아니라 '십자가에 달려 돌아가신 예수 그리스도의 신실하신 역사' 의 공로 때문이다. 이렇게 해석할 경우 2장 19-20절의 의미도 더 논리적으로 나타난다.[19)] 여기서도 한글 개역성경의 "내가…하나님의 아들을 믿는 믿음 안

취하여 이 구절을 '예수 그리스도를 믿음' 으로 옮기고 있다. 하지만 리처드 헤이스(Richard B. Hays)가 *The Faith of Jesus Christ: An Investigation of the Narrative Substructure of Galatians 3:1-4:11*(Chico, California: Scholars Press, 1983), 139-191에서 주격 소유격의 해석을 주장한 이후 많은 호응을 얻고 있다. 물론 이러한 독해는 리처드 헤이스 이전에도 있어 왔다. 논쟁의 역사를 보려면 Arland J. Hultgren, "The *Pistis Christou* Formulation in Paul", *Novum Testamentum* 22(1980), 248-253을 참고하라. 헤이스와 같은 입장을 취하는 글들은, Sam K. Williams, "Again Pistis Christou", *The Catholic Biblical Quarterly* 49(1987), 431-447; Stanley K. Stowers, "EK PISTEOS and DIA TES PISTEOS in Romans 3:30", *Journal of Biblical Literature* 108(1989), 452-457; Bruce W. Longenecker, "Pistis in Romans 3:25: Neglected Evidence for the 'Faithfulness of Christ'?", *New Testament Studies* 39(1993), 478-480 등이다. 필자는 학위 논문에서 이 주장에 대해 다소 유보적인 입장을 취했었다(Seung Won Yu, "Paul's Pneumatic Epistemology: Its Significance in His Letters", Ph.D. Dissertation [Duke University, 1998], 209, fn 83). 하지만 갈라디아서 전체에서 바울이 펼치는 논쟁 중 '피스티스' 의 함의를 추적하면서, 이 구절의 애매함은 의도적일 수 있다는 생각이 들었다. 즉 바울은 두 가지로 달리 해석될 수 있는 이 애매한 구절을 통해 '예수 그리스도의 신실함' 과 '예수 그리스도를 믿음' 을 동시에 표현하여 '피스티스' 라는 용어에서 율법의 역할과 율법에 의존하는 사람들을 무력화시키는 최선의 무기를 발견한 것이다.

18) 예수 그리스도의 신실함이 그의 고난과 죽음으로 압축되는 내용은 빌립보서의 '케노시스 찬미' 에 잘 담겨 있다. "그는 근본 하나님의 본체시나·하나님과 동등됨을 취할 것으로 여기지 아니하시고 오히려 자기를 비어 종의 형체를 가져 사람들과 같이 되었고 사람의 모양으로 나타나셨으매 자기를 낮추시고 죽기까지 복종하셨으니 곧 십자가에 죽으심이라" (빌 2:6-8). 바울의 편지는 아니지만 히브리서에서도 예수를 "자기를 세우신 이에게 충성하" 신(πίστον) 분으로 제시하면서 그의 신실을 고난과 죽음에 연결한다(히 5:7-9).

19) 한글 개역성경의 20절 초반부 "내가 그리스도와 함께 십자가에 못 박혔나니"는 헬라어 성경에서 19절 말미에 붙어 있다.

에서 사는 것" 의 헬라 원문은 ἐν πίστει ζῶ τῇ τοῦ υἱοῦ του θεου인데 주격 소유격으로 볼 경우 "내가 하나님의 아들의 '피스티스' 안에서 사는 것" 이 된다. 아들의 '피스티스' (신실하심)는 다름 아닌 '아들'을 수식하는 "나를 위하여 자기 몸을 버리신" 그 일이다. 나는 십자가에 그리스도와 함께 못 박혔다. 그래서 이제는 내가 사는 것이 아니라 내 안에 계신 그리스도께서 사시는 것이다. 따라서 내가 살아 있는 것은 바로 내 안에서 사시는 '그리스도의 피스티스' 안에서 사는 것이라는 논리이다.

이렇게 '피스티스' 의 원리를 주장하면서 바울은 '그리스도의 피스티스' 와 '신자들이 갖게 되는 피스티스' 를 동일시하기 위해 이제 '아브라함의 피스티스' 논쟁으로 이행한다(3:6-14). 좀 더 구체적으로 '피스티스' 의 원리를 증거하기 위해 성서의 해석으로 진입하는 것이다. 물론 바울은 같은 단어가 사용된 '예수의 피스티스' 와 3장 6절의 '아브라함의 피스티스' 를 구분하려는 생각이 전혀 없다. 그리고 여기서 바울의 성서 해석은 상당한 정도 바울의 적대자들의 성서 해석에 대한 반작용으로 보아야 할 것이다. 그들은 누가 참 아브라함의 자손이 될 수 있는지를 설명하면서(3:7, 29) 아브라함에게 명령하신 할례와 그 할례를 규정하고 있는 율법의 준수를 요구했을 것이다(창 17:9-14). 그래서 바울은 바로 그 아브라함이 할례를 받기 전에 '피스티스' 로 의롭게 되었다는 것을 증명해야 했다. 하나님께서 아브라함을 의롭다고 한 것은 그가 믿었을 때이지 할례를 받았을 때가 아니었다(갈 3:6).

이 시점에 도달하면서 '그리스도의 피스티스' 와 '아브라함의 피스티스' 가 함께 통칭의 '피스티스' 로 불리기 시작한다. 즉 율법으로 말미암은 자들과 대립되는 위치에 있는 "믿음으로 말미암은 자들" (οἱ ἐκ πίστεως, 3:7)이라는 범주가 형성된 것이다. οἱ ἐκ πίστεως라는 표현은 그리스도의 피스티스로 말미암아 자신의 피스티스를 갖게 되었다는 의미에서 양자를 다 포함한다. 이것을 풀어서 쓴다면 '그리스도의 믿음과 자신의 믿음으로 말미암은 사람들' 이다. 바로 이 "믿음으로 말미암은 자들" 이 아브라함과 함께 복을 받고 그 약속을 이어받은 "아브라함의 아들" (υἱοί Ἀβραάμ)들이다(7-9절).

이를 더 확실하게 뒷받침하기 위해 삶과 관련해서 서로 대립의 위치에 있는 두 성경 구절이 인용된다. 하박국 2장 4절은 의인이 '피스티스' 로 말미암아 살 것이라 했다(11절). 반면에 레위기 18장 5절을 보면 율법을 행하는 자는 율법 안에서 살도록 되어 있다(12절). 현재 갈라디아의 상황에서 볼 때, 믿음으로 말미암아 사는 자들이 있고 율법 안에서 사는 자들이 있는데 성경은 '의인' 이 믿음으로 산다고 규정했다. 문제는 신명기 27장 26절에 기록된 바와 같이 "율법 책에 기록된 대로 온갖 일을 항상 행하지 아니하는 자는 저주 아래 있는 자" 로 정의되어 있다는 점이다(10절). 그러니 율법 안에서 사는 자들은 현실적으로 저주 아래 사는 자들이 되며 그래서 '율법으로 말미암은 자들' 은 "율법의 저주" 를 받은 자들임이 틀림없다(13절). 더구나 아브라함에게 주어진 그리스도의 약속을 430년이나 뒤에 등장한 율법이 무효로 만들 수는 없다(16-17절).

3. 그리스도와 율법의 대립 관계

그렇다면 율법은 무엇인가? 그것은 범죄 때문에 주어진 것으로 아브라함에게 약속된 자손, 곧 그리스도께서 오실 때까지 잠정적 효력을 갖고 있던 것이었다. 그래서 율법은 하나님께서 약속하신 것을 실현하기 위한 보조적 기능을 수행할 뿐이다(21-22절). 율법은 우리를 그리스도께로 인도하면 그 역할을 다하는 유치원 선생이다(24절). 이제 그리스도께서 오셨고 그로 말미암아 약속은 성취되었다. 그리스도의 오심은 율법과 대비되는 개념으로 '피스티스' 의 시대를 열었다. '그리스도의 피스티스' 를 통해 약속이 믿는 자들에게 주어졌다(24절). 바울은 '그리스도의 피스티스' 로 피스티스를 갖는 사람들이 생겨난 사건을 다시 통칭 '피스티스' 라 부른다. 지금 온 것은 그리스도인데 그것이 바로 '믿음이 온 것' 이나 다를 바 없다(25절). 그리스도가 온 후로 율법 아래 있지 않게 되었고 '믿음' 이 온 이후로 율법이 필요 없다고 한다(25절). "다 믿음으로 말미암아 그리스도 예수 안에서 하나님의 아들이" 되었다(26절).

이렇듯이 뚜렷하게 부각되는 대비는 율법과 그리스도이고, 그리스도는 '그리스도의 피스티스' 또는 그냥 '피스티스' 로 불린다. 그리고 바울은 메시지를 듣고 믿어 그리스도 안에 들어온 사람들이 갖는 마음의 상태인 '피스티스' 를 전혀 별개의 것으로 구분하지 않고 그의 논의 가운데 섞어 버려 그리스도의 피스티스(행함을 전제하는 신실함)와 같은 성격의 것으로 동일시하고 만다. 그런 논의의 과정 가운데 분명한 점 한 가지는, 적어도 갈라디아서에서 '피스티스' 의 대립 개념이 '실천' 이나 '선행' 이 아니라는 것이다. 바울은 '피스티스' 의 개념을 할례와 율법에 대항하기 위한 그리스도 또는 '그리스도의 신실함' 그리고 그로 말미암아 그리스도 안에서 새로운 신분에 진입한 그리스도인들의 마음과 삶의 양태를 정의하면서 전면에 부각시켰다. 이제까지 살펴본 이신칭의 논쟁의 대립 명제 구도는 이렇게 진행되어 왔다.

그리스도 ↔ 율법

↓

그리스도의 피스티스 ↔ 율법의 일(행위)

↓

신자의 피스티스 ↔ 신자의 율법 의존

V. 행함이 있어야 하나님 나라를 상속한다

바울이 갈라디아서의 이신칭의 논쟁에서 정의했던 '믿음' 이 인간의 선행과 대립되는 개념이 아니었다는 것은 같은 서신 뒷부분에서 바로 드러난다. 바울은 덕행의 중요성을 역설하면서 개신교의 전통적인 이신칭의 개념에 꼭 어울리지 않는 주장을 바로 갈라디아서 내에서 펼치고 있다. 바울은 "육체의 욕심"을 이루지 않기 위해서 성령을 좇아서 '행' (行)하라고 명한다(5:16). 여기서 '행하라' 는 의미의 단어는 '페리파테오' (περιπατέω)로 '걷는다' 는 뜻이고, 이는 히브리어의 '할라크' (הלך)에 상응하는 개념이다. 이것은 삶의 총체적 실천을 가리키는 말이고, 여기서 유대교의 율법적 실천을 위한 성서 해석을 지칭하는 '할라카' 라는 용어가 나왔다. 피스티스의 원리를 강력하게 주장한 바울이 독자들에게 행할 것을 요구한다. 즉 '행위' 할 것을 권한다. 물론 '율법으로' 행하라는 것으로 오인하지 않도록 분명하게 '성령으로' (πνεύματι)라는 단서를 달았다. 바울이 생각하는바 '믿음' 으로 의롭게 되는 사람들은 다름 아니라 '성령으로 행동' (πνεύματι περιπατεῖτε) 하는 사람들이다. 그들이 성령으로 '행동' 하지 않는다면 "육체의 욕심"을 이루게 된다. 성령을 좇아 행동하지 않고 육체의 욕심을 이루는 사람들의 말로는 어떻게 되는가?

"육체의 일은 현저하니 곧 음행과 더러운 것과 호색과 우상 숭배와 술수와 원수를 맺는 것과 분쟁과 시기와 분냄과 당짓는 것과 분리함과 이단과 투기와 술취함과 방탕함과 또 그와 같은 것들이라 전에 너희에게 경계한 것같이 경계하노니 이런 일을 하는 자들은 하나님의 나라를 유업으로 받지 못할 것이요"(5:19-21).

바울의 논리를 따르면 그가 그리스도인의 구원에 행위의 검증을 전제하고 있다는 것이 드러난다. 바울은 이때까지 '율법의 일'이 아니라 믿음의 원리로 살게 되어 있는 사람들에게 이렇게 권면한다. "성령으로 행동하는 실천의 삶을 살아야 한다(16a). 성령을 따라 행위하지 않으면 육체의 욕심을 따르게 된다(16b-17). 육체의 욕심을 따르는 일을 하게 되면 하나님의 나라를 유업으로 받지 못한다(21b). 따라서 하나님의 나라를 유업으로 받으려면 '성령으로 행동'(πνεύματι περιπατεῖτε)해야 된다." '행위'하는 자에게 하나님의 나라가 있다. 갈라디아서 전반부의 논리를 계속 잇자면 피스티스로 의롭게 되는 사람은 성령으로 '행위'하는 사람이며, 그렇게 '행위'하는 자에게만 하나님의 나라가 보장된다. 그리고 피스티스의 원리는 우리가 위에서 살펴본 바와 같이 '그리스도의 십자가'의 원리인데 그 원리는 다름 아닌 윤리적 실천이라고 정의한다. "그리스도 예수의 사람들은 육체와 함께 그 정과 욕심을 십자가에 못 박았느니라"(24절).

더욱 흥미로운 것은 바울이 이처럼 '믿음'에 있는 사람들을 '선행'

과 연결시킬 뿐 아니라 율법에 있는 자들을 오히려 '악행'에 연관시킨다는 점이다. 육체의 일을 하는 사람들에게 하나님의 나라가 없다는 것을 역설하기 위해 육체의 일들을 열거하기 직전에 율법 아래 있는 자들을 언급함으로써 바울은 율법 아래 있는 자들이 육체의 일들을 행하는 사람들이 되게 만든다. "너희가 만일 성령의 인도하시는 바가 되면 율법 아래 있지 아니하리라"(18절). 율법 아래 있는 자는 실천하는 자가 아니라 이어지는 욕심의 행위에 끌려다니는 사람이다. 그들은 율법 아래 있기 때문에 행위에 실패하고 행위에 실패하기 때문에 멸망에 이르고 하나님의 나라를 유업으로 받지 못한다. 반면에 피스티스에 있는 사람들은 성령의 인도를 받고 성령의 인도 아래 성령을 따라 행위하는 사람들은 그 검증된 행위 덕분에 하나님의 나라를 유업으로 받는다는 논리가 갈라디아서를 관통하고 있다. 그래서 갈라디아서 6장 7-9절의 결론에 이른다.

"스스로 속이지 말라. 하나님은 만홀히 여김을 받지 아니하시나니 사람이 무엇으로 심든지 그대로 거두리라. 자기의 육체를 위하여 심는 자는 육체로부터 썩어진 것을 거두고 성령을 위하여 심는 자는 성령으로부터 영생을 거두리라. 우리가 선을 행하되 낙심하지 말지니 피곤하지 아니하면 때가 이르매 거두리라."

VI. 맺는 말 : 피스티스는 적절한 행함을 내포한다

갈라디아서에서 바울은 행위와 상관없는 믿음을 생각하지 않는다.

바울이 생각하는 '믿음' 은 결코 행위를 배제하지도 않으며 행위와 무관하지도 않고, 오히려 건실한 행위를 포함하고 있다고 보아야 한다. 그는 이방 그리스도인들의 할례와 이어지는 유대 율법의 추가를 반대했다. 이방 그리스도인들에게 할례와 율법의 필수성을 반대하는 의미에서 역설(力說)된 '구원하는 믿음' 은 행위로 검증되어 행위를 당연시하는, '사랑을 통하여 작용하는 믿음' (πίστις δι ἀγάπησ ἐνεργουμενη)이다. "그리스도 예수 안에서는 할례나 무할례가 효력이 없되 사랑으로써 역사하는 믿음뿐이니라" (5:6).

물론 이렇게 믿음이 '행위' 특히 '선행' 을 배제하지 않는다고 해서 바울이 인간 중심의 공로주의를 주창한다는 것은 결코 아니다. 인간은 자신의 행위로 구원을 따낼 수는 없다. 바울은 그에 대해 감히 상상도 하지 않는다. 구원은 절대적으로 하나님의 주권적 행위이다. 즉 구원이 작용하는 원리는 철저하게 하나님의 은혜이다. 그리스도뿐 아니라 율법도 필요하다는 주장이 바울에게 문제가 되는 이유는 그것이 구원의 근본이라 할 수 있는 하나님의 은혜를 폐하기 때문이었다(2:21). 그것이 하나님의 은혜의 원리를 배신하기 때문이었다(5:4).

그리스도의 피스티스로 의롭게 되는 것은 전적으로 은혜의 원리이다. 그리스도께서 그의 죽음으로 우리를 율법의 저주에서 속량하셨고(3:13), 우리는 그리스도를 믿음으로써 그리스도의 피스티스를 통한 혜택을 누리게 된다(2:16). 믿음으로, 즉 '피스티스' 를 통하여 의롭게 된다는 것은 바로 하나님의 은혜의 원리를 말하는 것으로 이 둘은 동전의 양면과 같다. 하나님의 은혜의 원리가 구원받는 인간에게 적용되는 통로가 바로 '피스티스' 이다. 피스티스를 갖는 사람은 하나님의 은혜를 입어 구원에 이르고, 영생을 얻으며(6:8), 하나님의 나라를 유업으로 받는다(5:21). 그런데 그 피스티스는 사랑을 통하여 제구실을 하는(6절), 또는 행위를 통하여 검증되거나 확인된다고 할 수 있는 총체적 신실함이다.[20] 그런 의미에서 똑같은 단어인 '피스티스'가 성령의 열매 중의 하나로 제시되었고 이에 대한 한글 개역성경의 번역은 '충성', 표준새번역 성경의 번역은 '신실'이다(22절). 예수의 피스티스가 죽기까지 순종하는 십자가의 신실함이었고 그 신실함이 우리를 구원하듯이, 예수 그리스도를 믿는 인간의 피스티스도 그와 같은 '신실함'을 함의한다고 볼 수 있다.

그렇다면 구원하는 '피스티스'는 지적인 동의와 메시지의 수용, 그리고 예수 그리스도에 대한 신뢰를 뜻하지만 그 안에 결코 선행을 배제하지 않는 '신실함 속의 실천'을 당연한 것으로 여겨 내포하고 있다고 보아야 할 것이다. 개신교는 구원에 있어 '행함'의 역할을 좀 더 진지하게 묵상해 보아야 한다.

20) 선행의 필요성을 인식한다고 해서 그것이 바로 공로주의가 되는 것은 아니다. 임태수는 이에 대해 이렇게 쓰고 있다. "믿음으로 의롭게 되는 것이 하나님의 은총을 입은 것이라면, 행함도 하나님의 은총 없이는 불가능하다…선행 또한 하나님의 전적인 은혜의 선물이 아니라고 누가 강변할 수 있겠는가? 선행은 죄인을 의롭다 인정해 주시는 하나님의 은혜의 결과요 하나님의 은혜에 대한 인간의 응답이요 결단의 결과인 것이다"("행함 없이 구원 없다", 27).

11
'오직 믿음만' 을 강조하는 신앙생활에 대한 성서신학적 반성[1]

김득중 박사(전 감신대 총장)

들어가는 말

우리의 과제는 한국 교회가 위기에 처했다는 점을 전제하면서, 한국 교회는 지금 어떤 병을 앓고 있는지, 그런 병에 걸리게 된 이유는 무엇인지를 진단하고, 그런 병을 고칠 수 있는 길은 무엇인지 나름대로 처방을 내려 보는 일이다. 그러나 한국 교회는 지금 어느 한 가지 병만을 앓고 있는 것이 아니라 여러 가지 질병의 합병증세로 고생을 하고 있는 것으로 보인다.[2] 이 글에서는 시간과 지면에 제한이 있기에 한국 교회가 앓고 있는 모든 질병들을 하나하나씩 진찰하면서 일일이 그 처방을 내릴 수는 없다. 그래서 필자는 성서신학적인 관점에서 아주 중요하다

1) 이 글은 「민중과 신학」 제10호(2005. 10), 민중신학연구소 편, 1-31에 실린 글이다.
2) 「설교자노트」 제14호(한국기독교연구소, 1998), 102-103에 보면, '교회 성장을 방해하는 질병'으로 다음과 같은 것들을 지적한다. '영적인 굶주림', '영적인 동상', '전도의 열심이 없는 불임증' (sterility), '단지 말씀을 먹기만 하고 그대로 살지는 않는 비만증' (obesity), '분명한 비전을 갖지 못한 백내장' (cataracts) 등의 증세들.

고 생각되는 것 하나만을 골라 집중적으로 진찰하면서, 그 원인을 찾아 보고, 나름대로의 처방을 내려 보고자 한다.

필자에게 주어진 과제에는 '성서신학적 접근' 이라는 단서가 붙어 있다. 즉 성서적인 혹은 성서신학적인 관점에서의 진단과 처방이어야 한다고 제한되어 있으며, 이것은 또한 필자의 연구가 임상학적(臨床學的) 연구라기보다는 오히려 의학적(醫學的)인 연구라는 말이기도 하다. 따라서 성서, 특히 신약성서의 신학적 관점에 국한해서 한국 교회의 문제점에 대한 나름대로의 성서신학적인 진단과 처방을 내려 보고자 한다.

1. 한국 교회의 위기 증세는 어떤 것인가?

한국 교회는 어떤 병을 앓고 있는가? 필자가 주로 관심을 갖고 다루려는 한국 교회의 질병은 비유적으로 말해서 많이 먹기만 하고는 움직이기를 싫어하여 생기는 과다비만증(過多肥滿症, obesity)이다. 한국 교인들처럼 예배에 열심히 참석을 잘하는 교인들이 어디 있는가? 한국 교인들만큼 기도 많이 하는 교인들이 어디 있는가? 한국 교인들처럼 은혜와 축복을 간절히 사모하는 교인들이 어디 있는가? 그러나 열심히 예배에 참석하고 기도 많이 하고 은혜를 많이 받았다고 말하면서도, 새 사람으로 변화되지 못한 채 믿음 이전의 옛 사람으로 그대로 남아 있고, 더구나 자신의 믿음을, 그리고 받은 은혜를 자신의 생활 속에 충실히 실천하지 못하고 열매 맺지 못하고 있는 것(sterility)이 문제다. 마치 많은 영양을 섭취하면서도 그리고 섭취하려고만 하면서, 적절한 운동으로 에너지를 소모하는 데는 별로 관심이 없는, 그래서 결국 운동 부족으로 건강에 이상이 생기는 증세라고 말할 수도 있다. 달리 표현한다면, 열심히 집회에 참석하여 많은 말씀을 듣고 열심히 전도하기도 하지만, 들은 말씀대로, 증거하는 말씀대로 실천하며 행하지 못하는 무기력증 또는 행동 장애 증상에 빠진 것이다. 정신적으로 혹은 영적으로는 제법 옳은 판단을 하는 것 같으면서도 실제의 삶 속에서는 마음먹은 대로, 혹은 뜻하는 대로 행동하지 못하는, 또는 하지 않는 이중적인 성격 파괴 증상의 모습을 보이고 있는 것이기도 하다. 결과적으로 교회의 신앙적인 생활과 사회의 실제적인 생활을 하나로 통합시키지 못한 채 이중적인 삶을 살아가는 이상 증세다.

더 구체적으로 말한다면 한국 교회가 앓고 있는 병의 이름은 곧 도덕 불감증(道德不感症) 혹은 후천성 도덕결핍증(後天性 道德缺乏症)이다. 저 높은 곳만을 사모하고 그곳에 계신 하나님에 대한 믿음에만 집착한 나머지 이 낮은 곳에서 사는 동안 맺어야 할 믿음의 아름다운 열매, 곧 선한 행동에는 진지하게 관심을 두지 않는 것이다. 초월주의(超越主義), 타계주의(他界主義)에 몰두하여 이 세상에서의 삶의 책임 의식을 잃어버렸다. '신앙생활' 에서 '신앙' 만이 강조되고 '생활' 은 중요시되지 않는 기이한 현상을 보인다. 그래서 자연히 신앙 따로, 행동 따로, 그리고 교회생활 따로, 사회생활 따로 하는 교인들이 많아졌다. 한국 교회의 주요 목표는 교회 성장이지 교인의 내적 변화의 인격적인 성숙은 아니었던 것이다. 더구나 한국의 많은 교회들이 지향했던 성장 제일주의의 문제점은 교회 성장을 위해서 신앙 제일주의의 의식을 더욱 강하게 심어 주는 것이다. 오로지 하나님에 대한 충성만을 강조한다. 그리고 그것이 교회 출석, 기도, 공부, 헌금, 그리고 전도의 형태로 표현된다. 관심의 초점이 하나님에 대한 신앙과 충성에 집중되면서 신앙인의 생활과 행동의 문제가 간과되거나 소홀해져 버렸다. 수직적 관심에만 집중됨으로써 수평적 관심이 쉽게 간과되어 버렸다. 자연히 믿음이 좋다고 하는 사람일수록, 기도 많이 한다는 사람일수록 도덕적으로나 윤리적으로 지탄을 받는 일이 많아졌다.

이원규 교수가 한국 교회는 "수직적 믿음과 수평적 사랑이 조화를 이루지 못하고 생활 실천이 뒤따르지 못하는 공허한 신앙의 수준에 머물고 있는 교인들을 만들어 버릴 가능성이 있다"[3] 고 지적한 바 있지만, 그러나 이것은 가능성이 아니라 이미 현실이며 이것이 바로 한국 교회가 당면하고 있는 중요한 문제점이다. 수직적인 믿음과 수평적인 생활의 분리, 곧 신학과 윤리가 분리되어 버린 것이 문제이다. 행함이 없는 믿음, 즉 아무런 열매도 맺지 못하는 신앙생활이 별다른 비판이나 자성 없이 일반화, 보편화되었고 그래서 나중에는 문제로 의식되지도 않게 되어 버렸다. 이원규 교수는 또 한국 교회의 문제점을 다음과 같이 지적한다. "신앙은 점점 좋아지는데 사회적인 인상은 점점 나빠지고 있다는 데 있다…교회 내의 신앙은 성장했지만, 교회 밖의 생활 실천은 미흡했던 것이다. 그리고 교회는 자체의 성장, 발전에는 치중했지만, 사회의 빛과 소금이 되지 못했고 사랑을 심어 주지 못했던 것이다. 이와 같이 겉과 속이 다른 개신교의 이중성은 결국 교회의 양적, 질적인 면에서 위기를 초래하는 데 중요하게 한몫을 했다."[4] 거의 같은 의미로 김준우 박사는 최근 그의 논문[5]에서 한국 교회의 위기를 '한국 교회의 대실패' 라는 말로 표현했다. 한국 교회가 현재 '대실패' 앞에 직면하

3) 이원규, 『한국 교회의 현실과 전망』(성서연구사, 1994), 193.

4) 이원규, "한국 종교 어떻게 변하고 있는가: 한국 종교의 현실과 전망(II)", 「기독교사상」 9월호(1998), 201-208.

5) 김준우, "피땀을 쏟으시며 통곡하시는 하나님: IMF 시대의 한국 교회의 과제", 「세계의 신학」 39(1998), 16-32.

게 된 신학적 원인들을 밝히면서, '궁극적 원인은 윤리적인 적자' 라고 못 박았다. 내세 지향적 신앙이 사회에 대한 책임 회피적 신앙의 형태가 되어 버렸고, 입과 머리로만 믿고 실제로 행동하지 못하는 잘못된 신앙생활, 삶의 변화를 확인하지 못하는 윤리 없는 신앙, 도덕 없는 믿음으로 전락해 버렸다는 것이다. 한국 교회가 이런 위기에 그대로 머물러 있는 한, 사회의 인정과 존경을 받을 수 없을 것이며, 그런 상황 속에서 교회가 지향하는 선교적 노력은 허공을 울리는 꽹과리 소리로 끝나 버리고 말 것이다.

2. 한국 교회의 이 같은 위기의 주요 요인은 무엇인가?

한국 교회가 외형적으로는 많은 성장을 이룩했으면서도, 내적으로나 질적으로 제대로 성숙하지 못한, 교회의 외적인 변화만 추구했지 교인의 내적이며 인격적인 변화는 간과한, 그래서 기독교인에게서 신학과 윤리가 분리되고 믿음과 행동이 하나가 되지 못한 이런 기형적 증상을 노출하게 된 주요 요인은 무엇인가? 먼저 그 이유 중 하나를 신학적인 데서 찾아보고자 한다. 신학적인 관점에서 볼 때 개신교 신학 전통에는 일반적으로 인간보다는 하나님, 도덕과 윤리보다는 믿음과 은총이 더 중요시되어 왔다. 그래서 신앙생활 가운데서 도덕과 윤리, 선행과 행위가 무의식적으로나마 그리고 부분적으로나마 경시 혹은 도외시되는 경향이 나타난 것도 어느 정도 사실이다. 개신교 신학 전통에 뿌리박고 있는 한국 교회가 바로 이런 경향에 무비판적으로 몰입하여 신앙생활에서 윤리와 도덕을 충분히 강조하지 못했던 것이 문제라면 문제일 것으로 생각된다. 결국 한국 교회가 당면한 문제의 뿌리 가운데 하나는 부분적으로 한국 교회가 뿌리박고 있는 종교개혁의 신앙 전통에 있다고 보이며, 필자는 특별히 종교개혁자인 마틴 루터의 잘못된 성서관에서 그 원인을 찾아보고자 한다.

종교개혁 전통의 주요한 신학적 특징은 분명히 '오직 믿음으로만' (sola fide), 혹은 '오직 은총으로만' (sola gratia)이라는 사실은 잘 알려져 있다. 루터의 종교개혁은 가톨릭 교회의 행위를 통한 의인(義認, justification by works) 사상을 배격하고 믿음으로 말미암은 의인(義認, justification by faith) 사상을 강조하였다. 인간은 그의 행위, 그의 선행으로 구원을 얻는 것이 아니라 오직 믿음으로만, 그리고 오직 은총으로만 구원을 얻는다는 점을 강조한 것이다. 하나님 앞에서 인간이 행할 수 있는 가장 선한 행동은 오직 믿음일 뿐이며 그것 이외에 다른 선행이란 있을 수 없다. 죄인인 인간이 행하는 선행 자체가 하나님 앞에서는 오직 죄의 산물일 뿐이다. 이런 입장은 자연히 한편으로는 은총만을 중요시하면서, 다른 한편으로는 인간의 자유 의지나 행위, 선행을 배제하는 결과를 가져왔다.[6]

결과적으로 신앙생활에서는 오직 믿음만이 중요하고 행함은 중요치 않은 것처럼 생각하게 되어 버렸다. 이 같은 신앙 우선주의 혹은 신앙 지상주의 때문에 루터는 자연히 신약성서 중에서 믿음으로 말미암은

6) "기독교인의 자유"라는 논문에서도 루터는 다음과 같이 말함으로써 기독교인의 행함 혹은 선행의 가치를 배격하고 있다. "모든 기독교인의 첫 번째 관심은 마땅히 선행에 대한 모든 신뢰를 버리고 더욱더 믿음만을 강화하며, 또한 믿음을 통해서, 선행에 대한 지식이 아니라 그리스도 예수에 대한 지식 가운데서 자라는 것이다." Cf. Dillenberger, *Martin Luther*, 56. "행위가 그를 선하거나 악하게 만들지 못하고 그 자신이 그의 행위를 선하거나 악하게 만드는 것이다…사람이 신자인가 혹은 불신자인가에 따라 역시 그의 행위도 결정된다. 만일 이것이 신앙으로 행해졌다면 선할 것이며 불신으로 행해졌다면 악할 것이다." Cf. 말틴 루터, 『크리스챤의 자유』, 지원용 옮김(서울: 컨콜디아사, 1961), 60.

의인을 강조하는 로마서와 갈라디아서를 중요시하면서 다른 한편으로는 "행함으로 의롭다 함을 얻는 것이지 믿음으로만 아니라', '행함이 없는 믿음은 무익할 뿐만 아니라 그 자체가 죽은 것이라" 고 하면서 행함의 중요성을 강조하는 야고보서에 대해서는 '지푸라기 서신' 이라고 혹평했다.[7] 루터의 신앙 지상주의는 자연히 신약성서 저자들 중 특히 바울만을 절대화하는 경향으로 기울어질 수밖에 없었다. 결국 루터의 문제점은 신약 정경 가운데서 바울 이외의 저자들의 문서를 너무나도 쉽게 무시하거나 경시하고 있다는 점이다.[8] 우리의 신약 정경 가운데는 이방 기독교회의 산물인 바울의 문서들만 있는 것이 아니라 유대 기독교회의 산물인 마태복음이나 또한 야고보서와 같은 일반 서신들도 있다는 사실을 루터는 쉽게 간과했고 또 무시해 버렸다. 결과적으로 행함과 윤리를 중요시하는 유대 기독교회의 문서들을 경시 혹은 도외시하면서, 믿음과 은총만을 중요시하는 이방 기독교회의 문서들, 즉 주로 바울의 문서들만을 일방적으로 중요시함으로써 루터는 그리고 그 이후 개신교 신학 전통은 기독교 신앙의 절대적 '기준' (canon)이 되고 있는 신약 정경의 신앙을 전체적으로 올바로 대변하지 못하는 오류에 빠

---

7) "야고보서는 성서 가운데 신약성서의 가장 중요한 책들에 속하지 않는다" (그것들에 비해서 야고보서는 단순히 지푸라기 서신에 지나지 않는다. 왜냐하면 그 속에는 복음의 본질이 전혀 없기 때문이다). W. G. Kuemmel, *Introduction to the New Testament*, 406. "the epistle of St. James is an epistle full of straw, because it contains nothing evangelical." Cf. John Dillenberger, *Martin Luther: Selections from his Writings edited and with an Introduction*, 19. 우리는 다음과 같은 루터의 말에서 야고보서에 대한 그의 편견을 잘 볼 수 있다. "He(=James) does violence to Scriptures, and so contradicts Paul and all Scriptures. I(=Luther) therefore refuse him(=James) a place among the writers of the true canon of my Bible." Cf. Dillenberger, *Martin Luther*, 36.

8) 앤드루 체스터(Andrew Chester)는 루터의 문제점에 대해서 다음과 같이 지적하였다. "여기서 문제는 첫째로 루터가 야고보를 신학적으로 바울의 표준에 의해서 평가하고 있는 점이며, 둘째로는 야고보가 가지고 있는 것보다 그가 가지고 있지 않은 것에 대해서 평가하고 있다는 점이다." Cf. *The Theology of the Letters of James, Peter, and Jude*(Cambridge University Press, 1994), 54.

져 버리고 말았다.[9]

1) 교회사 안에 나타난 '오직 믿음'에 대한 반발(反發)

마틴 루터에서 비롯된 종교개혁 신학 전통의 '신앙 지상주의' 혹은 '바울 지상주의'의 문제점에 대한 지적과 반발은 교회사에서 곧바로 나타났다. 여기서는 대표적으로 재세례파 운동(Anabaptism)과 존 웨슬리 운동을 중심으로 종교개혁 전통의 신앙 지상주의의 문제점이 무엇인지, 그리고 그것을 극복하는 길은 어떤 것인지를 살펴보고자 한다.

일반적으로 종교개혁 전통 가운데 서 있으면서도[10] 신앙 지상주의에 반대했던 대표적인 운동은 재세례파 운동(再洗禮派 運動)이다. 프리드먼(R. Friedmann)은 재세례파 운동과 (규범적인) 프로테스탄티즘이 똑같은 정신을 공유하고 있지 않다는 사실을 지적하면서, "재세례파를 프로테스탄티즘의 광범한 흐름(이른바 루터파와 개혁 기독교)으로부터 분리시키는 것이 좀 더 정확할 것이라"[11]고 주장한다. 재세례파가 자유 의지에 대한 확고한 신념을 가지고 있으며, 그래서 예정론과 노예의지(the bondage of the will)를 완전히 배격하고 있는 점에서 그 차이

9) 게르하르트 하젤(Gerhard Hasel)은 마틴 루터가 '경전 중의 경전'(the canon within the canon)을 인정함으로써 오늘날에 이르기까지 어둡고 '긴 그림자'를 남기고 있다고 비판한다. Cf. *New Testament Theology: Basic Issues in the Current Debate*(Eerdmans, 1978), 15.

10) 재세례파 운동의 신앙적 경향이 종교개혁 전통과 여러 가지 점에서 차이를 보이는 것도 사실이지만 재세례파는 일반적인 프로테스탄티즘의 주요 신조들을 그대로 받아들인다. 예를 들면, 로마 가톨릭 교회에 대해 반대하는 것이라든지, '오직 성서'의 원칙, 사도신경, 두 개의 성례전, 행함으로 구원받는 것이 아니라 믿음으로 구원받는다는 신앙 등을 그대로 받아들이고 있는 것이 그것이다. 그래서 재세례파를 'a radical extension of general Protestantism'이라고 부르기도 한다. Cf. Robert Friedmann, *The Theology of Anabaptism*(Herald Press, 1973), 17.

11) R. Friedmann, *The Theology of Anabaptism*, 18.

점을 분명히 볼 수 있다.

16세기 프로테스탄트들은 그들 나름대로 재세례파가 일종의 자기 의(義)의 형태를 대변하고 있다고, 그래서 행함의 의를 가르치는 사람들이라고, 일종의 완전주의적 이단자들(a sort of perfectionist heresy)이라고 비판했고, 재세례파 사람들은 오히려 프로테스탄트 지도자들이 하나님의 은혜만을 강조한 나머지 그 은혜를 받기에 합당한 인간의 자격은 너무 경시한다고 비판하였다. 즉 믿음만을 너무 강조한 나머지 행함을 경시한다는 비판이었다. 그리고 재세례파 운동은 신앙과 행위, 신학과 윤리를 나누어 생각하는 가톨릭 교회나 개신교회에 반대하여 신학과 윤리, 그리고 믿음과 행위는 분리될 수 없다는 확신을 가지고 있었으며, 자연히 신앙과 행위의 일치를 강조하는 윤리적 전통을 보여 주었다. 그리고 이들은 칼빈이 말하는 죄에 매여 있는 노예 의지나 예정론 등이 인간의 자유 의지를 말살시켜 결국 도덕 무용론이나 율법 폐기론을 초래한다고 보아 반대하였다.[12] 따라서 재세례파의 윤리적 특징 중 하나는 예수의 말씀을 철저히 지키며 실천하는 제자직의 윤리이다. 물론 루터나 칼빈에게서 제자직의 윤리가 없는 것은 아니다. 그러나 루터나 칼빈에게도 윤리적 실천이란 은총에 뒤따르는 것이므로 철저한 윤리적 삶에 대한 요구는 강하지 않았다. 다시 말한다면, 루터는 은총이 필요한 인간의 죄의 현실을 강조하였지, 윤리적 삶만으로 구성된 제자직의 윤리를 강조하지는 않았으며, 칼빈도 신자의 윤리적 삶보다는 오히려 적극적인 하나님의 사랑의 질서에 더욱 관심하였다. 그러나 그들에 비해서 재세례파의 윤리는 예수의 명령을 받아들여 실천하는 윤리를 강조했다.[13] 그래서 믿음에 대한 강조보다는 오히려 행함에 대한 강조

12) 박충구, 『기독교 윤리사』(대한기독교서회, 1994), 236-237.

가 더 두드러지게 나타난다.

비엔나의 루터파 목사였던 한스 게오르그 피셔(Hans Georg Fischer)도 일찍이 "루터교와 재세례파에 관한 논문"(Lutheranism and the Vindication of the Anabaptist Way)에서 루터파가 너무 의인(義認, justification)만을 강조한 나머지 또 다른 측면인 성화(聖化, sanctification)는 완전히 무시해 버렸다고 탄식하였다. 그에 의하면 오직 은총의 원리가 죄인인 인간의 의인에만 국한되어서는 안 되고, 그리스도를 따르는 인간의 성화에까지 적용되어야 했다.[14] '믿음으로 말미암은 의인'은 프로테스탄트 신학의 초석이며 중심 교리인데, 개신교 신학에서는 믿는 자들의 생활 속에서 이루어져야 할 성화가 상당히 무시된 것은 사실이었다. 그래서 재세례파는 '의인'(Rechtfertigung) 그 자체에 대해서는 거의 아무런 언급도 하지 않고, '의인화'(義認化, Gerechterklaerung)와 의인화(義人化, Gerechtmachung)를 구분하면서 오히려 후자에 대해 더 강조한다. '죄 가운데서 의롭다 함을 받는 것'(Justification in sin)만이 중요한 것이 아니라, 오히려 '죄로부터 의롭다 함을 받는 것'(Justification out of sin or from sin)이 중요하다는 것이다. 의롭다고 칭함을 받는 의인(義認)만으로는 충분하지 않고 의롭게 되는 데까지, 즉 의인화(義人化)되는 데까지 이르러야 한다는 주장이다. 여기서 의롭다고 칭하는 것은 하나님의 몫이지만 의롭게 되는 데까지 이르도록 노력하는 것은 인간의 몫인데, 이 후자의 것이 신앙생활에서 중요하다고 보는 것이다. 이 점은 존 웨슬리에게서 다시 반복적으로 그리고 더 분명히 나타난다.

13) 위의 책, 243.

14) R. Friedmann, *The Theology of Anabaptism*, 90.

존 웨슬리에게서도 오직 믿음과 오직 은총만을 강조함으로써 인간의 책임과 윤리적 삶을 도외시하는 행위 무용론(行爲 無用論)에 대한 반발을 볼 수 있다. 루터에게 하나님은 '의를 찾으시는 재판관과 같은 하나님', 곧 진노하시는 하나님이었고, 칼빈에게는 인간의 모든 삶과 운명을 예정하시고 인간에게 절대 복종을 요구하시는 절대 주권자, 곧 왕중의 왕이신 군주적 하나님이었다면, 웨슬리에게 하나님은 선행 은총으로 모든 인간에게 넉넉한 은혜를 베푸시며, 하나님의 보편적인 은총 안에서 인간의 새로운 결단을 요구하시는 '자비로우신 하나님' 이다. 이 같은 신론의 차이는 인간론의 차이로도 나타난다. 웨슬리가 이해한 인간은 절대적인 하나님의 주권 밑에서 노예 의지에 사로잡힌 존재가 아니라 하나님의 선행 은총에 힘입어 선택의 자유를 지니고 있으며, 따라서 스스로 복종의 삶을 살아갈 수 있는 존재다. 바로 여기에서 인간의 책임적인 삶, 곧 윤리적인 삶에 대한 요구가 강조된다.[15] 따라서 웨슬리에게 '믿음' 은 윤리적 믿음이며, 윤리적 믿음에 대한 강조가 믿음과 행위의 종합적인 강조로 이어진다. 이런 경향이 '교리적 또는 교회론적 표준보다 윤리적 표준을 더 강조' 하는 데서 드러나며,[16] 의인(義認)보다는 성화와 완전 사상이 더 강조되는 데로 발전하고 있는 것이다.

웨슬리의 신학적 경향에 대해 박충구 교수는 다음과 같이 평가한다. "정체적이고 교의적인 체계보다는 사람과 사회의 구체적 변화를 위한 실천에 관심했던 웨슬리는 관념적인 믿음이 아니라 살아 있는 믿음, 윤리적 믿음을 강조했던 것이다."[17] 이것이 바로 '오직 믿음' 과 '오직 은혜' 만을 교리적으로 강조하는 종교개혁 전통의 관념적 신앙에 반대하

15) 박충구, 『기독교 윤리사』, 255-258.
16) 위의 책, 276.
17) 위의 책, 262.

여, “행함이 없는 믿음은 죽은 믿음이라”(약 2:17, 26)고 강조했던 성서, 곧 야고보서와 그리고 “하나님의 뜻을 행하지 않고서는 결단코 하나님 나라에 들어갈 수 없다”(마 7:21)고 가르쳤던 성서, 곧 마태복음의 정신을 되살리려고 했던 노력 이외의 다른 것이 아니다.

웨슬리는 그의 설교 “하나님의 포도원에 관하여”에서 한편으로는 로마 가톨릭 교회가 성화를 강조한 반면에 의인화(義認化)에 무관심하였다고 비판하면서, 다른 한편으로는 개신교회가 의인화를 너무 강조하고 성화에는 무관심하였다고 비판하였다.[18] 웨슬리는 루터나 칼빈과 마찬가지로 믿음으로 말미암아 의롭게 된다는 교리를 받아들이기는 했으나 그들과 달리 의인화(義認化)에만 관심하는 것이 아니라 더 나아가 의인화(義人化)에 관심했다. 이것은 곧 웨슬리가 믿음으로 말미암은 ‘의로 덧입히기’(imputation of extra nos)만을 말하지 않고 더 나아가 ‘의를 심어 주기’(impartation of righteousness in nobis)를 강조하고 있음을 뜻한다. 결국 웨슬리는 종교개혁자들(루터와 칼빈)의 신앙의인화(信仰義認化)와 가톨릭 교회의 성화를 종합 혹은 통합함으로써 각각의 약점과 한계를 극복했다고 말할 수 있다. 이 점에서 웨슬리는 종교개혁의 신앙(의인화)과 로마 가톨릭의 선행(성화)을 종합하였고, 또한 로마서와 야고보서를 종합하였다.[19] 웨슬리야말로 신약성서를 부분적으로가 아니라 통전적으로 올바로 이해하고 받아들인 사람이라고 말할 수 있다.

우리는 재세례파 운동과 존 웨슬리의 신앙 운동을 통해서 마틴 루터의 종교개혁 신학의 문제점이 무엇인지 더 잘 알 수 있게 되었고 또한

18) John Wesley, “On God's Vineyard,” *The Works*, vol. 3, 505. 김홍기, 『존 웨슬리의 구원론』(성서연구사, 1996), 22에서 재인용.

19) 김홍기, 『존 웨슬리의 구원론』, 51.

우리 개혁신학 전통의 문제점을 극복할 수 있는 길이 어디에 있는지를 생각할 수 있게 되었다. '오직 믿음' 과 '오직 은총' 만을 강조하는 마틴 루터의 신학 전통의 문제점은 무엇보다도 잘못된 그의 성서관에 그 뿌리를 두고 있는 것으로 생각된다. 즉 마틴 루터는 '오직 믿음' 과 '오직 은혜' 만을 강조한 나머지 한편으로는 신약성서 가운데서 그런 사상을 가장 잘 뒷받침하는 바울의 문서, 곧 로마서와 갈라디아서만을 '성경 중의 성경' 혹은 '정경 중의 정경' (the canon within the canon)으로 높였고, 다른 한편으로는 행함을 중요시하며 강조하는 야고보서를 '지푸라기 서신' 으로 혹평하는 잘못을 범했다. 신약성서에 대한 편견(偏見)과 편식(偏食)이 문제였다. 비록 그가 '오직 성서' (sola Scriptura)를 외치기는 했지만, 그가 외쳤던 성서는 신약 정경 27권 전체를 의미하는 것이 아니라 오직 로마서와 갈라디아서와 같은 책을 의미하는 것이었다. 다시 말하자면 '오직 성서' 가 아니라 실제로는 '오직 로마서와 갈라디아서' 였던 것이다. 교회의 전통이 성서보다 더 중요시되는 것에 반대하여, 즉 교회의 결정 곧 인간의 결정이 하나님의 말씀보다 더 중요시되는 것에 반대하여 '오직 성서' 를 외쳤던 그가 하나님의 말씀인 성서 중 어떤 것을 다른 어떤 것보다 더 중요시함으로써 하나님의 말씀인 성서를 교회 전통으로부터 구해 내려고 했던 그의 본래 의도를 스스로 무색하게 만들고 말았다. 결국 루터는 자신의 판단을 성서보다도 더 우위에 놓는 어처구니 없는 잘못과 모순을 범하고 말았다.

2) 신약성서 안에 나타난 '오직 믿음'에 대한 반발

마틴 루터는 선행 사상을 중요시하는 중세기 로마 가톨릭 교회에 대항하여 '오직 믿음'과 '오직 은총'을 강조하였다. 그런데 이미 초대 교회 초기에도 거의 똑같은 일이 일어났었다. 바울은 (율법의) 행함을 중요시하는 당시 유대교에 대항하여 '오직 믿음'과 '오직 은총'을 강조했다. 역사는 반복된다고 말했던가? 루터는 바울이 했던 일을 나중에 다시 반복한 것에 지나지 않았다고 말할 수 있다.

그런데 종교개혁 이후 마틴 루터의 일방적인 신학적 주장에 대해 재세례파 운동이나 존 웨슬리 운동 등의 비판과 반대가 있었던 것과 거의 비슷한 일이 이미 초대 기독교의 역사 내에서 일어났던 것으로 보인다. 1세기 중엽에 초대 기독교 문헌 역사상 최초로 쓰인 바울의 서신들, 그 중에서도 특히 갈라디아서와 로마서에서 강조되고 있는 일방적인 신앙 지상주의(오직 믿음)에 대한 반발과 비판이 1세기 후반에 들어서면서 곧바로 나타났던 것으로 보이는데, 그 구체적인 증거를 신약 정경 문헌들 가운데서, 특히 마태복음과 야고보서에서 찾아볼 수 있다.

신약성서 27권 중 가장 초기에 기록된 것으로 알려진 바울의 문서들은 주로 이방 기독교의 산물들이라고 생각된다. 바울은 이방 지역의 선교사로서 복음을 전하면서, 이방인들에게 하나님 앞에 의롭다 함을 받고 구원을 받는 길은 유대인들의 경우와 달리 율법의 행함을 통해서가 아니라 오직 예수 그리스도에 대한 믿음을 통해서라고 가르쳤다.

"사람이 의롭다 하심을 얻는 것은 율법의 행위에 있지 않고 믿음으로 되는 줄 우리가 안정하노라"(롬 3:28, cf. 4:11; 5:1).

"사람이 의롭게 되는 것은 율법의 행위에서 난 것이 아니요 오직 예수 그리스도를 믿음으로 말미암는 줄 아는 고로 우리가 그리스도 예수를 믿나니"(갈 2:16).

"하나님 앞에서 아무나 율법으로 말미암아 의롭게 되지 못할 것이 분명하니 이는 의인이 믿음으로 살리라 하였느니라" (갈 4:11).

율법의 행위를 배격하면서 '오직 믿음' (또는 '오직 은총')만을 강조하는 경향은 자연히 이방 기독교 안에서 그리고 점차 바울의 영향력이 증대되고 있던 전체 기독교 공동체 안에서, 은연중에 또는 서서히 반율법주의(反律法主義, antinomianism)와 연결되었으며, 나중에는 율법 폐기론 혹은 도덕 무용론의 형태로 드러나기 시작했다. 그런데 이런 경향이 교회 안에 생기는 것에 대한 우려와 반발 속에서 초대 기독교의 일각에서는 율법의 엄격한 준수와 도덕적인 선행을 중요시하며 강조하는 문서들이 기록되기 시작했다. 이런 문서들은 주로 유대 기독교회의 산물들로 알려지고 있으며, 신약 정경 중 가장 대표적인 것이 바로 야고보서와 마태복음이다.

우리는 먼저 우리 신앙의 절대적인 기준(canon)이 되는 신약 정경 중에는 이방 기독교의 문서들인 바울의 문서들만 있는 것이 아니라, 즉 믿음과 은총을 강조하는 문서들만 있는 것이 아니라, 그것들 이외에 그리고 그런 문서들과 나란히 유대 기독교의 산물인 마태복음과 야고보서와 같은 문서들, 곧 율법의 행함과 도덕적 선행을 강조하는 문서들도 있다는 사실을 인정해야 한다. 그리고 27권의 문서들은 그것이 바울의 것이건 야고보의 것이건 간에 모두 하나님의 말씀으로서의 동등한 권위를 갖는 문서라는 사실을 인정해야만 한다. 이런 전제 아래서 바울의 문서들과 동등한 권위를 지닌 유대 기독교 문서들이 강조하는 교훈들은 어떤 것인지, 그리고 특히 그런 문서들에서 바울의 주장에 대해 어떤 비판과 반발이 나타나고 있는지를 살펴볼 필요가 있다.

(1) 야고보서의 反바울주의

신약성서 가운데서 '믿음으로 말미암은 의인'(義認)을 강조하는 바울의 문서들과는 대조적으로 '행함으로 말미암은 의인'(義認)을 강조하는 대표적인 문서가 야고보서라는 사실은 이미 잘 알려져 있다. 분명히 야고보서에서는 '믿음'에 대한 강조보다는 '행함'에 대한 강조가 더 두드러진다. 야고보서에서 가장 대표적인 본문은 2장 14-26절이다. 여기에서 저자는 다음과 같이 행함의 중요성을 강조한다.

"만일 사람이 믿음이 있노라 하고 행함이 없으면 무슨 이익이 있으리요. 그 믿음이 능히 자기를 구원하겠느냐?"(2:14)

"이와 같이 행함이 없는 믿음은 그 자체가 죽은 것이라"(2:17, cf. 2:21).

"사람이 행함으로 의롭다 하심을 받고 믿음으로만 아니니라"(2:24, cf. 2:21).

야고보서의 주장들은 분명히 "사람이 하나님 앞에 의롭다 하심을 얻는 것이 믿음으로 말미암은 것이지 율법의 행위로 말미암은 것은 아니다"라고 가르치는 갈라디아서나 로마서의 강조점과는 아주 대조적인 입장이다.[20] 그러나 야고보서의 행함에 대한 강조가 2장 14-26절에만 나오는 것은 아니다. 똑같은 강조점이 이미 이 본문 앞에서도 그리고 뒤에서도 계속되고 있어 행함에 대한 강조가 가히 야고보서의 주요한,

---

20) 이런 대조적인 입장에 대해 모순과 대립으로 보는 시각이 있는가 하면 또 상호보충적인 관점이라고 보는 시각도 있다. 바울과 야고보의 차이에 대해서 차일즈(B.S. Childs)는 어거스틴의 말을 인용하면서 다음과 같이 말하기도 했다. "바울은 믿음 이전의 행함에 대해 말하고 있는 반면에 야고보는 믿음 이후의 행함에 대해 말하고 있다." "행함의 역할에 대한 바울의 증거는 개종 이전의 시기에 해당되며, 야고보의 증거는 개종 이후의 시기에 해당된다." Brevard S. Childs, *The New Testament as Canon: An Introduction*(Philadelphia: Fortress Press, 1984), 441-442.

두드러진 주제임을 금방 알 수 있다. 좀 더 구체적으로 지적한다면, 이미 1장 19-25절에서 "말씀을 행하는 자가 되라"(새번역 1:22)는 권면과 함께 "행함으로 복을 받을 것이라"(새번역 1:25)는 말씀이 나온다. 그리고 3장 13절에서도 "너희 중에 지혜와 총명이 있는 자가 누구뇨. 그는 선행으로 말미암아 지혜의 온유함으로 그 행함을 보일지니라"고 언급하며 '선행'과 '행함'을 강조한다. 4장 11절에서 "율법을 심판하는 자가 되지 말고 율법을 지키는 자가 되라"는 취지의 교훈이 있은 후에 4장 17절에서는 "사람이 선을 행할 줄 알고도 행치 아니하면 죄니라", 즉 선을 행하지 않는 것이 죄라고 규정한다. '행함' 혹은 '선행'에 대한 강조는 야고보서 전체를 꿰뚫는 중심 주제라고 말할 수도 있다.

여기서 먼저 야고보와 바울 간의 분명한 차이와 모순에 대해 주목하는 것이 중요하다. 바울이 율법의 행함을 배격하면서 믿음의 중요성을 강조하는 데 비해서 야고보는 분명히 바울이 정죄하는 율법의 행함을 강조하며 "행함이 없는 믿음은 죽은 것이며 무익한 것이라"고 말한다. 야고보가 그 나름대로의 독특한 신학적 관점, 곧 바울과는 다른 신학적 관점을 가지고 있음이 분명해 보인다. 그렇다면 신약성서 안에서 이토록 다른 주장과 강조점이 나타나는 이유는 무엇인가? 바울의 서신이 신약성서 문서들 중 가장 초기에 기록된 문서들이라는 점을 인정한다면 분명히 야고보서는 갈라디아서나 로마서 이후에 기록된 문서임이 틀림없을 것이며, 또한 바울의 문서 혹은 그의 교훈에 대한 반응 혹은 반발로 기록되었을 가능성을 생각해볼 수 있다. 디벨리우스(M. Dibelius)도 비록 야고보를 바울의 적대자라고 부를 수는 없을지라도 야고보서를 바울의 선교 없이 상상할 수 없다고, 즉 야고보서 2장 14-16절에 나오는 야고보의 주장은 바울이 그 이전에 '행함이 아니라 믿음'

이라는 슬로건을 내세우지 않았다면, 전혀 생각할 수 없는 주장이라고 인정한다.[21] 따라서 많은 학자들은 야고보서가 '오직 믿음'을 강조하는 바울의 교훈을 공격하기 위해서, 또는 바울의 교훈 때문에 생긴 잘못된 신앙 풍조에 대한 반발로 기록되었을 것이라고 생각한다.[22] 야고보서 연구가들은 야고보서가 바울에 대한 직접적인 공격을 목적으로 기록된 문서인지, 아니면 바울의 문서 때문에 생겨난 잘못된 풍조 곧 율법 폐기론이나 도덕 무용론에 대한 반발로 기록된 문서인지 하는 점에서만 약간의 이견을 보이고 있을 뿐이다. W. Popkes와 같은 학자들은 야고보서가 바울의 문서보다 훨씬 뒤에(주후 80~120년 사이에) 기록되었으며, 바울을 공격하고 있는 것은 아니고 다만 곡해된 바울 사상에 대해 공격하고 있다는 입장을 보인다.[23] 그러나 다른 한편으로 헹겔(Hengel)과 린데만(Lindemann)과 같은 학자들은 거기서 더 나아가 야고보가 바울을 직접 공격하고 있다는 입장을 취한다. 앤드류 체스터는 야고보가 바울을 신학적으로만 아니라 인격적으로도 공격하고 있다고 말하는 헹겔의 주장을 그대로 받아들이지는 않지만, 바울 복음의 핵심적인 부분들이, 특히 하나님이 사람을 오직 믿음으로만 의롭게 하신다

21) Martin Dibelius, *A Commentary on the Epistle of James*(Hermenia-*A Critical and Historical Commentary on the Bible*, Translated by M.A. Williams, Fortress Press, 1976), 179. 큄멜(Kuemmel)도 '야고보서가 바울 이전에 기록되었다는 것은 생각할 수 없다(a pre-Pauline writing of James cannot be assumed)고 말한다. Cf. *Introduction to the New Testament*(SCM Press, 1978), 414.

22) 물론 야고보서가 바울 문서보다도 이전에, 가령 주후 48년경에 기록되었기에 야고보와 바울이 서로 아무런 접촉이나 반목이 없었다는 주장도 있으며(cf. J .B. Adamson, *James: the Man and his Message*, Grand Rapids, 1989, 352, 195-227), 또는 야고보서가 바울 문서보다 더 이전에 기록되었기에 오히려 바울의 주장이 야고보서에 대한 반발이요 공격이라는 주장도 있기는 하다(cf. D. Guthrie, *New Testament Introduction*, London 1970, 752-753). 그러나 이런 주장들은 오늘날 많은 학자들이 받아들이고 있지 않은 예외적인 주장들에 지나지 않는다.

23) W. Popkes, *Adressaten, Situation und Form des Jakobusbriefes*(Stuttgarter Bibe1studien 125/126), (Stuttgart 1986), 53-91.

는 바울의 주장과 행함에 대한 바울의 배격이 야고보서에서 실제로 공격의 대상이라는 사실을 중시하고 있다.[24] 비록 야고보의 반응이 충분히 발전된 바울 신학과 관련된 것이 아닐 수 있고 또 신학적으로 심오한 맛이 없을지라도, 그러나 야고보의 반응은 여전히 바울의 근본적인 입장에 대한 공격으로 나타나고 있다는 것이다.

분명히 야고보는 바울이 (율법의) 행함을 배격하고 오직 믿음만을 강조하는 것에 반발하면서 바울을 비판 혹은 공격하고 있는 것으로 보인다. 이 점은 야고보가 2장 24절에서 바울 복음의 핵심인 신앙 의인론을 거론하면서 "사람이 행함으로 의롭다 하심을 받고 믿음으로만 아니니라" (not by faith alone)고 말한 데서도 드러난다. '믿음으로만 아니다' 라는 야고보의 이 슬로건은 '오직 믿음으로만' (by faith alone)이라는 바울의 슬로건에 대한 반발로 이해할 때만 가장 잘 이해될 수 있기 때문이다. 또한 야고보가 자신의 주장을 정당화하려고 아브라함의 예를 언급한 것도 이미 바울이나 또는 야고보의 적대자들이 아브라함을 그들의 주장을 내세우기 위해 끌어들이고 있기 때문일 것으로 보인다.[25] 그래서 바르트(G. Barth)는 다음과 같이 주장한다. "따라서 우리는 여기에서 공격당하고 있는 적대자들의 배후에 사도 바울이 서 있는 것을 보지 않을 수 없다."[26] 그는 또 야고보서의 공격 대상이 바울 이외의 다른 사람이 아니라는 점을 다음과 같은 말로 강력히 시사한다. "야고보서 해석자들 중 어느 누구도 '행함 없는 믿음' 과 같은 것을 대변하는 바

24) Andrew Chester, "The Theology of James", in: *The Theology of the Letters of James, Peter, and Jude*, by A. Chester and Ralph P. Martin(Cambridge University Press, 1994), 49-50.

25) Gerhard Barth, "Matthew' s Understanding of the Law", in: *Tradition and Interpretation in Matthew*(Philadelphia: the Westminster Press, 1963), 162. "The example of Abraham, which the opponents obviously brought forward in their argument, also points in the same direction."

26) 위의 책, 161.

울을 제외하고는 달리 역사적으로 확인할 수 있는 1세기나 2세기의 어떤 인물을 하나의 가능성으로 제시하는 데 성공한 사람은 없다."[27)]

(2) 마태복음의 반(反)바울주의

바울이 신약성서에서 순수한 은총의 신학(a theology of pure grace)을 옹호하는 대표적인 사람이라면 마태는 행함의 신학(a theology of deeds), 아마도 행함이나 공로의 의(a righteousness of theology of works)를 옹호하는 대표적인 사람이다.[28)] 이 점에서 마태도 분명히 야고보와 마찬가지로 신약성서 안에서는 신학적으로 바울과 대립되는 인물이라고 말할 수 있다.[29)] 울리히 루즈(Ulrich Luz)는 바울과 마태에서 나타나는 여러 가지 신학적 차이점들을 지적하면서 다음과 같이 말한다. "요약컨대, 마태와 바울 사이에는 심오한 갈등이, 아마도 심연(abyss)이 있음을 볼 수 있다."[30)]

바울은 '오직 믿음'과 '오직 은총'만을 강조하면서 율법의 행함을 정죄한다(갈 3:10, "율법 행위에 속한 자들은 저주 아래 있나니"). 바울이 이처럼 율법에 대해 부정적인 태도를 보이는 이유를 다음과 같은 바울의 주장에서 잘 찾아볼 수 있다. "그리스도는 율법의 마침이 되시니라"(롬 10:4). "너희가 법 아래 있지 않고 은혜 아래 있음이니라"(6:14). 믿는 사람들에게는 더 이상 율법이 구속력을 갖지 못한다는 주장이다.

---

27) 위의 책, 161-162.

28) Ulrich Luz, *The Theology of the Gospel of Matthew*(Cambridge University Press, 1995), 146.

29) 반대로 R. Mohrlang, *Matthew and Paul: a Comparison of Ethical Perspectives*, MSSNTS, 48(Cambridge University Press, 1984)은 마태와 바울 간의 갈등을 최소화하려는 경향을 보이고 있는 연구서이다. 마태와 바울은 서로 contradictory한 것이 아니라 complementary하다고 보는 입장이다.

30) Ulrich Luz, *The Theology of the Gospel of Matthew*, 149.

율법은 약속하신 자손인 그리스도가 오시기까지만 필요한 것이며(갈 3:19), 그래서 "율법이 우리를 그리스도에게로 인도하는 몽학선생"(3:24)에 지나지 않기 때문이다.

그러나 마태는 바울과 달리 예수께서 오신 것이 율법을 폐하기 위한 것, 끝장내기 위한 것이 아니라 완성하기 위함이기(마 5:17) 때문에 무릇 믿는 사람들은 율법의 일점일획까지라도 다 이루어야 한다고 강조한다(18절). 이런 말씀들은 분명히 유대 기독교의 철저한 율법주의의 산물로 반바울주의적 전통에서 나온 것으로 생각된다. 특히 "이 계명들 중 지극히 작은 것 하나라도 지키지 않아도 된다고 가르치는 사람은 천국에서 지극히 작은 자라 일컬음을 받을 것이라"(19절)는 말씀은 직접적으로 바울을 공격하는 구절로 자주 해석되기도 했다. 초대 교회 안에서 율법의 계명을 지키지 않아도 된다고 가르치는 사람은 분명히 이방 기독교의 헬라파 사람들이거나 아마도 그 대표적 인물인 바울이었을 것이기 때문이다. 또한 "지극히 작은 자"라는 표현 자체가 바울을 가리키는 문구라는 지적도 제기되었다. 그 문구가 고린도전서 15장 9절에서 바울이 자신을 가리켜 사도 중에 "지극히 작은 자"(the least of the apostles)라고 말한 것을 상기시키고 있기 때문이다. 더구나 '바울'이라는 이름 자체가 '지극히 작다'는 의미를 갖고 있지 않은가?[31] 그래서 바이스(J. Weiss)는 "율법을 폐하고자 하는(5:17, 19) 교사들에 대한 위협은 비록 '지극히 작은 자'라는 단어가 고린도전서 15장 9절에서 바울이 자신을 가리켜 언급한 것이 아니라고 하더라도 바울의 활동과 교훈들에 대한 암묵적인 반대로 이해할 때에 가장 잘 이해될 수 있다"

31) 불트만(R. Bultmann)도 "지극히 작은 자"(마 5:19)라는 표현이 바울을 가리키는 것일 수 있다고 말한다. Cf. *Theology of the New Testament* I, 54.

고 주장한다.[32] 베츠(H. D. Betz)도 산상설교가 주후 50년대 중반에 반바울적인 유대 기독교 공동체로부터 나온 것이라고 보면서 특히 마태복음 5장 17절과 7장 15-23절이 반바울적인 논쟁(anti-Pauline polemic)을 포함하고 있다고 주장한다.[33]

바로 이런 점에서 신약성서 문서 중 야고보서가 상당한 정도로 마태복음과 밀접히 관련되어 있다. 야고보도 "누구든지 율법 전체를 지키다가도 한 조목에서 실수한다면 전체를 범한 것이 된다"(약 2:10)고 말함으로써 율법 전체의 모든 조항을 다 지켜야 한다는 입장을 고수하고 있으며, 또한 "율법에 의해서 장차 심판을 받을 것"(12절)임을 강조하기 때문이다. 그러나 분명히 율법에 관한 한 마태가 야고보보다는 바울로부터 더 멀리 떨어져 있다고 생각된다. 이런 점 때문에 울리히 루즈는 "마태와 바울은 그들이 서로 상대방을 알았다고 하더라도 분명히 친밀한 우호 관계를 맺지는 않았을 것이다"라고 지적했다.[34]

이와 함께 마태복음이 야고보서에 못지않게 행함을 아주 중요시하며 강조하는 문서라는 점에 주목할 필요가 있다. 무엇보다도 행함에 대한 마태의 강조를 산상설교(마 5-7장)에서 쉽게 찾아볼 수 있다. 마태는 산

32) J. Weiss, *Earliest Christianity*, vol. II, 753. 다른 한편으로 고겔(Goguel)은 "마태가 이 구절이 반바울적인 편견을 갖고 있음을 아마도 보지 못한 채 기계적으로 그 말씀을 인용했을 것이라"는 조심스러운 견해를 보이고 있으며(cf. *The Setting of the Sermon on the Mount*, 335), 데이비스와 앨리슨(Davies and Allison)도 비교적 소극적으로 다음과 같은 입장을 취하고 있다. "본래 바울이 의도된 목표였을 가능성을 배제할 수는 없다. 그러나 이런 가능성은 확실성의 범주를 멀리 떠나 있다"(cf. *The Gospel According to Saint Matthew*, vol. I, 497).

33) G. N. Stanton, *A Gospel for a New People: Studies in Matthew*(Westminster John Knox Press, 1992), 309-318로부터의 재인용. 스탠턴(Stanton)은 마태복음 5:11-12로 미루어 보아 마태 공동체가 분명히 유대교로부터 박해를 받고 있던 공동체임이 틀림없으며, 산상설교가 반바울적인 유대 기독교 공동체였다면 유대교 당국으로부터 그런 박해를 받았을 수 없다고 말하면서 베츠(Betz)의 이론을 일축하고 있다(314).

34) Ulrich Luz, *The Theology of the Gospel of Matthew*, 148.

상설교의 서두에서 "너희 빛을 사람 앞에 비취게 하여 너희 착한 행실을 보고 하늘에 계신 너희 아버지께 영광을 돌리게 하라"(마 5:16)고 말한다. 착한 행실, 곧 선행의 중요성이 강조되고 있는 부분이다. 마태복음에서만 "좋은 열매를 맺지 않는 나무마다 찍어 불에 던지우리라" 같은 말씀이 세례 요한의 설교(3:10)에서, 그리고 예수의 설교(7:17)에서 반복되는 것도 마태 자신의 선한 행실에 대한 관심 때문인 것으로 보인다. 마태복음에서 "열매"란 믿음의 열매, 곧 선행 이외의 아무것도 아니기 때문이다. 또한 마태의 산상설교는 두 건축자의 비유로 결론지어지는데, 그 비유의 강조점이 바로 행함에 있다는 점에도 주목할 필요가 있다. 비유에서는 말씀을 듣기만 하고 행하지 않는 사람을 모래 위에 집을 짓는 어리석은 건축자로, 그리고 말씀을 듣고 행한 사람을 반석 위에 집을 짓는 지혜로운 건축자로 규정한다. 더구나 마태는 산상설교의 결론 부분에서 "나더러 주여 주여 하는 자마다 천국에 다 들어갈 것이 아니요 다만 하늘에 계신 내 아버지의 뜻대로 행하는 자라야 들어가리라"(7:21)는 예수의 말씀을 소개함으로써 하늘 아버지의 뜻을 행하는 것이 천국에 들어가는 절대 조건이 된다는 점을 강조한다. 믿음이 있는 사람만이, 그리고 특히 성령을 받은 사람만이 예수를 주님이라고 즉 "주여"라고 말할 수 있다는 바울의 증언을 염두에 둔다면(고전 12:3), 마태는 도리어 믿음이 있고 성령을 받아서 예수를 가리켜 "주여 주여"라고 고백할지라도 모두 천국에 들어가는 것이 아니라 오직 하나님의 뜻대로 행하는 사람이라야 천국에 들어갈 수 있다고 강조한다. 따라서 마태복음 7장 21절도 '오직 믿음'만을 강조하는 바울의 교훈을 일축하기 위한 말씀으로 반바울적인 관점에서 더 잘 이해될 수 있다.

마태복음에 나오는 예수의 마지막 설교인 최후 심판 비유(마 25:31-

46)도 마태를 이해하는 데 중요한 열쇠다. 이 비유는 복음서 전승들 가운데서 오직 마태복음에만 나온다. 그런데 이 비유가 행함을, 또는 선행을 구원의 절대 조건으로 강조하고 있는 점에 주목해야 한다. 이 비유는 특히 마지막 심판 때에 구원받을 자와 멸망받을 자, 축복받을 자와 저주받을 자들이 어떤 기준에 의해서 구별되는지를 가르치는 점에서 아주 중요한 교훈이 된다. 이 비유에서는 바울의 교훈에서처럼 '믿음' 의 여부로 구원이나 멸망이 결정되는 것이 아니라, 지극히 작은 사람 하나를 위해 무엇을 '행했는지' 또는 '행하지 않았는지' 에 따라 결정된다고 역설한다. 바울에 의하면 우리는 '오직 믿음으로' 또는 '오직 은총으로' 구원을 받는다. 그러나 야고보가 "행함으로이지 믿음만으로 되는 것은 아니다"(약 2:24)라고 말한 것처럼, 마태도 '행함' 으로 영원한 생명에 들어가며, '행하지 않음' 으로 어두운 데 쫓겨나 슬피 울며 이를 갈게 될 것이라고 말한다. 더구나 심판자는 멸망받는 사람들이 저지른 악행(the sins of commission)에 대해서는 한마디도 없이 오히려 그들이 행하지 않은 일(the sins of omission) 때문에 저주하고 정죄하였다. 이것은 야고보가 "선을 행할 줄 알면서도 행치 않는 것이 죄니라"고 말한 것과 맥을 같이한다. 야고보나 마태나 모두 '행하지 않은 죄' 를 범법죄보다 더 중요시하고 있는 것이다. 이런 내용들이 바로 야고보나 마태가 '오직 믿음' 만을 강조하는 바울의 교훈에 반발하여 기독교인의 '행함' 을 강조하는 데서 나온 것이다.

마태복음 13장의 천국 비유 설교에 나오는 가라지 비유도 복음서 전승들 중 오직 마태복음에만 나오는데, 마태복음 연구가들은 이 비유에서도 마태의 반바울주의가 드러난다고 지적한다. 이 비유는 분명히 교회 안에 악한 자들이 선한 자들과 함께 존재하고 있는 문제를 다룬 비유이다. 알곡은 밭의 주인이 뿌린 좋은 씨에서 나왔지만, 가라지는 "원수"가 뿌린 씨에서 나왔다. 교회 안에 가라지를 뿌려 놓은 "원수"는 누구를 가리키는 것일까? 디벨리우스가 지적했듯이 마태복음 저자는 이 비유에서 "원수"를 마치 잘 알려진 인물처럼 소개한다.[35] 그렇다면 마태복음의 독자들에게 이 "원수"는 누구로 비추어졌을까? 쉐프스(H. J. Schoeps)는 마태복음 13장 24-28절에 나오는 "원수"(ἐχθρὸς ἄνθρωπὸς)가 바울을 가리키는 비유적인 표현이라고 주장하며,[36] 홀츠만(H. J. Holzmann)과 바이스는 극단적인 바울주의자(ultra-Paulinists)를 가리킨다고 보았다. 그래서 브랜든(S. G. F. Brandon)은 "가라지 비유에서 도덕적으로 이완된 이방인들을 교회에 받아들이는 바울의 정책에 대한 공격을 보는 것은 당연한 일일 것이다"라고[37] 언급했다. 교회 안에서 믿음만을 말하면서 도덕적으로나 윤리적으로 아무런 열매를 맺지 못하는 사람들을 가라지로, 그리고 그런 사람들을 교회 안에 많이 심어 놓은 "원수"가 마태복음 저자에게는 바울이었을 것이라는 해석이다.

마태복음에만 나오는 예복 비유(마 22:11-13)도 같은 관점에서 이해할 수 있다. 마태는 본래 독립적으로 전해지던 예복 비유를 결혼 잔치

---

35) M. Dibelius, *From Tradition to Gospels*, 253.

36) H. J. Schoeps, *Theologie und Geschichte des Judenchristentums*, 120, note 1; 127, note 1. Cf. Bornkamm, Barth, and Held, *Tradition and Interpretation in Matthew*, 160.

37) S. G. F. Brandon, *The Fall of Jerusalem and the Christian Church*(London: SPCK, 1957), 236. 이런 해석에 대해서 보른캄(Bornkamm)은 마태복음 저자 자신이 13:39에서 "원수는 마귀"라고 말하고 있기 때문에 원수를 바울로 보는 입장을 받아들일 수 없다고 말하기도 한다(*Tradition and Interpretation in Matthew*, 160). 그러나 거기에 대해 브랜든은 가라지 비유의 해석 본문을 후대의 삽입으로 보면서 만일 비유의 해석 부분이 없었다면 원수를 마귀로 보는 생각이 전혀 명확치 않을뿐더러 "ἔχθρος ἀνθρώπος"라는 표현 자체가 마귀에 대한 표현이라기에는 "오히려 기이하고 놀랍도록 온순한"(a rather strange and a surprisingly mild) 표현이라고 일축해 버린다(234).

비유(22:1-10)에 일종의 결론으로 첨가하였다.[38] 그렇다면 마태만이 예복 비유를 첨가한 이유는 무엇일까? 그것은 교회가 이방 선교의 과정에서 도덕적인 변화나 윤리적인 책임을 보이지 않는 사람들을 무차별적으로 받아들이는 사실에 반발하여 마태가 오직 '예복'을 입은 사람만이 교회 안의 잔치에 남아 있을 수 있다는 일종의 공로 사상을 가르치기 위한 것이며, 곧 선행의 필요성을 강조하기 위함이다.[39] 부르심의 초청에 응하는 것(=믿음)만으로는 충분치 않고 거기에 상응하는 예복(=선행)이 있어야 한다는 것을 강조하는 것인데, 이것이 바로 '오직 믿음'만을 강조하는 바울의 교훈을 일축하는 것 이외의 다른 것이 아니다.

결국 마태복음 안에 나타나는 이런 여러 본문 증거들은 마태가 그의 복음서를 기록할 때 이미 교회 안에 퍼진 바울의 영향력들, 곧 오직 믿음만을 강조하면서 실제로 아무런 믿음의 열매나 행함을 보이지 않는, 그리고 더 나아가 '행함'과 '선행'을 배격하는 경향에 반대하며 공격하려는 의도가 있었다는 점을 뒷받침한다. 마태복음 안에 반바울주의가 강하게 드러나고 있다는 말이다.

---

38) 예복 비유(마 22:11-13)가 본래 결혼 잔치 비유(마 22:1-10)와는 독립적으로 전해지던 비유였다는 사실은 다음의 세 가지 점에서 분명히 드러난다. 첫째는 오직 마태복음에서만 예복 비유가 결혼 잔치 비유의 결혼 형태로 첨가되어 있을 뿐이지, 결혼 잔치 비유의 평행 본문을 소개하는 누가복음(14:15-24)이나 도마복음(말씀 64)에서는 전혀 예복 비유가 나오지 않는다. 둘째는 결혼 잔치 비유에서는 "종"(δουλοζ)이라는 단어가 사용되고 있는데(3, 4, 6, 8, 10절), 예복 비유에서는 "사환"(διακονοζ)이라는 단어가 사용되고 있어, 단어 사용의 일관성, 혹은 연결성이 없다. 셋째로는 두 비유 간의 내용적 모순을 지적할 수 있다. 즉 10절에서는 빈자리를 채우기 위해 "악한 자나 선한 자나 만나는 대로 모두 데려왔다." 그런데 12절에서는 갑자기 예복을 입지 않고 참석했다는 이유로 수족을 결박하여 밖으로 내던지고 있다. 이런 점들은 두 비유가 본래 아무런 관계가 없이 독립적으로 전해지던 비유였음을 뜻하는 것으로 생각된다. Cf. 김득중, 『복음서의 비유들』, 81.

39) J. Jeremias, *The Parables of Jesus*(SCM Press, 1969), 65-66.

마태복음과 야고보서가 모두 유대 기독교의 산물이라는 점과 또 초대 교회 안에서 유대 기독교와 이방 기독교 간의 신학적 강조점의 차이로 적지 않은 긴장이 있었다는 점을 고려한다면,[40] 마태와 야고보의 행함에 대한 강조는 이방인 선교로 이미 발생한 도덕 폐기론과 율법 무용론의 위험에 대한 유대 기독교회의 견제, 혹은 공격으로 이해할 수 있다. 비록 견제와 공격이 꼭 바울을 염두에 둔 것이 아니라고 하더라도 바울의 이방 선교가 낳은 초대 교회 내의 도덕적 혼란상에 대한 적절한 대응 조치였음이 틀림없을 것이다. 우리는 이미 바울의 서신들, 특히 고린도서와 갈라디아서에서 이방 기독교회 안의 도덕적 혼란상이 꽤 심각했었다는 점을 알고 있다. 유대 기독교회는 이런 영향이 초대 교회 전반에 드러나는 것을 경계하려고 애썼던 것으로 보인다. 그런데 나중에 초대 교회가 드디어 신약성서를 정경화할 때 초대 교회 지도자들은 '오직 믿음' 만을 강조하는 바울의 서신들, 곧 갈라디아서나 로마서 이외에, 그것들과 나란히 '행함' 이나 '선행' 을 강조하는 마태복음이나 야고보서를 비롯한 일반 서신들도 정경으로 확정시켰다. 기독교인의 신앙이 어느 한편으로 치우쳐서는 안 된다는 것을 보여 주는, 의미 있고 중요한 결정이라고 말할 수 있다. 바로 이 점에서 마틴 루터의 잘못이 무엇이었는지를 더 분명히 알 수 있다. 그것은 곧 그가 '정경 중의 정경' 을 인정한 것이다. 다시 말해서 신약 정경을 전체적으로 통전적으로 받아들이지 못한 것이 문제였다. 그런 것이 신약 정경의 기독교 신앙을 올바로 대변하는 것이라고 말할 수는 없을 것이다.

하르나크(Harnack)는 일찍이 '교회사는 이단사' (異端史)라고 말했다

40) Cf. James Dunn, *The Unity and Diversity in the New Testament*, 252-257. 그는 유대 기독교의 특징 가운데 하나를 'exaltation of James and denigration of Paul' 이라고, 즉 바울을 격하시키는 것이라고 지적한다.

고 한다. 그런데 교회사에 나타난 대부분의 이단들은 그들의 신앙 전부가 이단적인 것은 아니었고, 그 일부가 어떤 점에서는 중요한 일부가 이단적이라서 결국 이단으로 정죄되었다. 오늘날 우리의 신앙이 얼마나 정통적인지 혹은 얼마나 이단적인지를 가름하는 절대적 기준은 무엇인가? 분명히 신약 정경이라고 말할 수 있을 것이다. 그런데 신약 정경 중에서 일부만을 정경으로 중요시하고 다른 일부를 그보다 못한 문서로 본다면, 또한 성경의 일부를 마치 성경의 전부처럼 간주한다면, 그리고 그 관점과 토대 위에서 신앙생활을 한다면, 우리는 마땅히 그런 신앙이 얼마나 정통적이며 정경적인지를 물어보아야 할 것이다.

'오직 믿음' 만을 강조했던 바울, 그리고 그런 바울만을 절대화해서 '오직 갈라디아서와 로마서' 만을 '정경 중의 정경' 으로 안정했던 루터, 그리고 루터의 종교개혁 전통에 깊이 뿌리박고 있는 한국 교회는 결국 바울의 약점, 루터의 과오, 그리고 종교개혁 전통의 문제점을 그대로 드러내고 있는 것으로 보인다. 행함과 선행에 대한 강조를 뒷전으로 밀어낸 후, 은연중에 율법 폐기론과 도덕 무용론의 목소리를 높였고, 그로 말미암아 도덕과 윤리 의식을 상실한 초월주의적 · 내세주의적 신앙에 빠져 버렸다.

3. 한국 교회가 위기를 극복해 낼 수 있는 길은 무엇인가?

한국 교회는 종교개혁의 전통에 따라 '오직 믿음으로만' 을 지나치게

41) 한글 개역성경에서는 로마서 1:17; 3:27; 4:13; 12:3; 고린도후서 8:7; 10:15; 갈라디아서 2:16,20; 빌립보서 3:9; 히브리서 10:38; 야고보서 1:6에서 "믿음으로" 라는 말 앞에 "오직" 이 덧붙여 번역되어 있는데, 헬라어 원어 성경이나 영어 흠정역 등에도 없는 말이 삽입된 셈이며 결과적으로는 원문의 본래 의미와는 다른 분명한 오역이라고 말할 수 있다.

강조함으로써[41] 믿음으로 말미암은 칭의 교리가 그 본래의 역사적이며 신학적인 맥락에서 벗어나 마치 불교에서 고행 대신에 더 손쉬운 염불을 약삭빠른 구원의 수단으로 택했던 것처럼 힘든 선행과 성화의 과정 대신에 더 손쉬운 구원의 교리로 이해되었다. 즉 율법을 준수하여 하나님 앞에서 스스로 의롭게 살아 보려고 온갖 노력을 다 기울인 후에, 마지막으로 하나님의 은총에 자신의 구원 문제를 맡기면서 고백한 믿음에 의한 구원의 교리가 그 깨달음에 도달하기까지의 과정이 간과된 채, 입술로 주를 그리스도라 시인하기만 하면 쉽게 구원을 받는 것으로 잘못 이해하게 되었다. 플레처(Joseph Fletcher)가 종교개혁자들의 윤리적 위험에 대해 다음과 같이 경고했던 바가 바로 오늘날 우리 한국 교회에도 잘 들어맞는 경고로 보아도 틀림이 없을 것이다. "나는 거룩함은 전혀 없이 헛배만 부른 사람들을 많이 발견했다. 그들은 은혜론을 의에 대한 면죄의 구실로, 범행과 악행에 대한 형벌의 도피성으로 악용한다. 그들은 그리스도의 의에 대한 도리를 박력 있는 성결한 생활 향상의 대용품으로 여겨 실제 윤리 생활에 커다란 해독을 입히고 있다."[42] 이것이 바로 한국 교회가 당면한 위기 가운데 하나였고, 그 부분적인 원인이 개신교가 너무나도 바울에 편중하여 그의 문서만을 중요시하는, 그럼으로써 다른 성서들을 경시해 버리는 잘못된 성서관에 있다는 점을 앞에서 지적한 바 있다. '정경 중의 정경'을 인정하는, 그래서 어떤 정경은 중시하고 어떤 정경은 경시하는 잘못된 태도를 버려야 한다. '오직 믿음'만을 강조하고 '행함'을 배격하는, 그리고 '오직 바울'을 외치면서 야고보나 마태를 포기하는 잘못된 태도를 버려야 한다. 여기서 우리는 큄멜(Kuemmel)이 그의 『신약개론』 책에서 교회들이 야고보

42) 박충구, 『기독교 윤리사』, 275. n. 43에서 재인용.

서를 중시하지 않음으로써 스스로 자신들에게 중대한 해악을 입혔다고 말했던 슐래터(Schlatter)가 옳았다고 지적했던 사실을 기억할 필요가 있다.[43)]

만일 한국 교회가 일찍부터 바울서신에 대한 강조에 못지않게 마태복음과 야고보서를 중요시하면서, 그리스도인들에게 믿음의 열매가 얼마나 중요한지, 행함이 우리의 구원과 의인(義認)에 얼마나 중요한지를 설교하며 교육하는 일에 좀 더 힘써 왔다면, 그리고 '정경 중의 정경' 이라는 성서 편식을 버리고 신약 정경 27권을 모두 똑같이 하나님의 말씀으로 중요시해 왔다면, 오늘의 한국 교회는 분명히 지금의 모습과는 달랐을 것이다. 명목상의 교인들, 머리와 입술로만 믿는 교인들 이외에 믿는 대로 손과 발로 몸으로 실천하는, 살아 생동하는 교인들을 더 많이 양육했을 것이며, 따라서 기독교 신앙과 교회에 대한 사회적인 신뢰를 충분히 받을 수 있었을 것이다. 골고루 먹어야 영양 편중과 영양 결핍을 피할 수 있듯이 신약성서에 대한 편중적 읽기, 곧 신약 정경 중 이방 기독교 문서인 바울서신 중심의 성서 읽기에서 벗어나 신약 정경에 포함되어 있는 유대 기독교 문서인 마태복음이나 야고보서들을 포함하여 통전적으로 성서를 읽어야 한다. 신약 정경 27권에 대한 편식을 벗어나야 한다는 말이다. 그럴 때 한국 교회는 다시 건강을 회복하여 정상적인 성장과 성숙을 이룰 수 있을 것이다.

43) "Schlatter was undoubtedly right in saying that the churches have done serious injury to themselves in that they have given James only a superficial hearing." Cf. Kuemmel, *Introduction to the New Testament*, 415.

12
한국 교회의 위기와 제2종교개혁[1)]

-마 7:15-27 : 행함 있는 믿음(fide cum opera)은 구원의 조건-

임태수 박사(호서대 명예교수, 제2종교개혁연구소장)

1. 서론

1884년에 미국 선교사인 아펜젤러(Henry Appenzeller)와 언더우드(Horace Underwood)가 선교를 시작한 이후 한국 교회는 빠른 성장을 하여 세계를 놀라게 하였다. 그래서 현재 한국의 기독교인은 신구교를 합해 29.2%의 높은 비율을 차지하고 있다(개신교 18.3%, 가톨릭 10.9%, 불교는 22.8%에 불과하다). 그러나 1990년 이후 한국 개신교회는 성장을 멈추었을 뿐만 아니라, 그 숫자가 줄어드는 위기에 처했다. 한국인들로부터 많은 비판도 받고 있다. 왜냐하면 한국 개신교회가 마땅히 해야 할 일은 제대로 하지 않은 반면에, 하지 말아야 할 일들은 많

1) 이 글은 필자가 2012년에 "Crisis of Korean Church and Second Reformation - Faith with Works (fide cum opera) is the Condition for Salvation"이라는 제목으로 *Journal of Korean-American Ministries & Theology*, No.5, 2012-Bible(Columbia Theological Seminary in Decatur, Georgia, USA(www.webkam.org/journal), 41-55에 기고한 것을 번역한 글이다.

이 하여 신뢰를 상실하였기 때문이다. 이러한 한국 개신교회의 위기의 원인은 무엇일까? 그 원인들 가운데는 사회적 · 경제적 · 문화적인 이유도 있고 신학적인 이유도 있을 것이다. 이 글에서 필자는 신학적인 이유에 대하여 말하려고 한다. 신학적인 이유 중 가장 큰 이유, 근본적인 이유는 루터가 말한 '믿음으로만'(sola fide)의 신학이라고 생각한다. '믿음으로만'의 신학은 윤리와 도덕, 사회봉사 등 행함을 약화시키고, 심지어는 배제하게 만드는 결과를 가져와 한국 교회를 오늘의 위기에 몰아넣었다.

시사저널과 한국 반부패협회가 조사한 2011년 한국 부패인식지수(CPI)에 의하면, 87.5%가 '한국 개신교회 목사들은 부패했다'고 응답했다. 이 결과는 한국 목사들의 신뢰도가 매우 낮다는 것을 의미한다. 우리 기독교인들에게는 매우 충격적인 결과가 아닐 수 없다. 2010년 11월에 실시한 기독교윤리실천운동의 조사에 따르면, 응답자의 17.6%만이 한국 개신교회를 신뢰한다고 했다. 가톨릭은 43.4%, 불교는 33.6%가 신뢰한다고 응답한 것에 비하면 매우 낮은 수치다. 또 2009년 7월 29일에 한국 종교 지도자의 신뢰도에 대해 시사저널이 조사한 바에 의하면, 가톨릭 신부가 74.6%, 불교 승려가 64%인 데 반하여, 개신교 목사의 신뢰도는 53.7%에 불과했다. 한국 종교 지도자들 가운데서 개신교 목사의 신뢰도가 가장 낮게 나타난 것이다. 한국 직업 33개의 선호도를 조사한 결과, 가톨릭 신부는 11위, 불교 승려는 18위인 데 반하여, 한국 개신교 목사의 선호도는 25위로 나타났다. 개신교 목사의 선호도가 다른 종교 지도자들 가운데서 가장 낮게 나왔다. 이처럼 한국 개신교의 부패지수가 높고, 개신교와 목사들의 신뢰도가 낮은 이유는 무엇일까? 신학자들은 대략 다음과 같은 다섯 가지를 그 이유로 든다.

A. 교회 성장주의 신학

B. 믿음과 행함의 불일치

C. 말과 행동의 불일치

D. 지나친 명예 추구, 사치, 성범죄

E. 믿음으로만 의롭게 된다는 신학

이 다섯 가지 이유 중 A를 제외한 나머지 4개가 행함과 관련이 있다. 다시 말하면 믿음만을 내세우고, 바른 행함과 선행이 없는 것이 한국 교회의 문제로 지적되고 있는 것이다. 한국 교회는 많은 문제들을 가지고 있지만, 가장 큰 신학적인 이유는 '믿음으로만' 의 신학이라고 생각한다. 그러므로 한국 교회의 많은 문제점을 극복하려면 '믿음으로만' 의 신학을 극복해야 할 것이다. 한국 교회만 위기에 처해 있는 것은 아니다. 지금 세계의 전통적인 개신교회들 모두가 위기에 빠져 있다. 특히 유럽의 교회들은 비어 가고 있고 무너져 가고 있다. 그 원인이 무엇인가?

1520년에 루터는 『그리스도인의 자유』[2]라는 논문을 썼다. 이 논문에서 루터는 '믿음으로만' 의 중요성을 다음과 같이 강조하였다.

"'성경에 행함, 의식(儀式), 율법에 대한 기록이 아주 많다는 사실을 감안해 볼 때, 어떻게 행함 없이 믿음만이 의롭게 하며, 우리에게 큰 은혜(benefits)의 보화를 줄 수 있는 있는 일이 일어날 수 있는가' 라고 당신이 묻는다면, 그에 대한 나의 대답은 이렇다. 첫째, 행함 없이 믿음만이 의롭게 하고 자유하게 하고 구원한다(Faith alone, without works, justifies, makes free and saves)고 말해지고 있

2) "The Freedom of a Christian", in H. J. Grimm(ed.), *Luther's Works*, American Edition, vol. 31 (Philadelphia: Muhlenberg Press, 1976), 348.

는 사실을 기억하라는 것이다."[3)]

16세기 종교개혁으로부터 5세기가 흐른 지금 21세기의 개신교인들의 기억 속에는 '루터' 하면 '믿음으로만' 이 생각날 정도로 루터의 신학은 완전히 '믿음으로만' 의 신학으로 굳어지고 말았다. 위에서 인용한 루터의 글에 의하면 '믿음으로만' 의 신학은 우리의 구원에서 행함을 배제하는 것인데, 과연 이 신학은 올바른 신학인가? 루터의 신학을 점검하기 위하여 필자가 선택한 본문인 마태복음 7장 15-27절은 루터의 신학을 지지하는가, 아니면 반대하는가? 필자는 정경적 방법(canonical approach)을 따라 "성서는 하나님의 영감서"(딤후 3:16; 벧후 1:21)라는 영감론(inspiration theory)의 입장에서 이 글을 쓰려고 한다.[4)]

2. 산상설교와 마태복음 7장 15-27절

산상설교는 예수의 가르침의 중심이요 핵심이요 총화다.[5)] 산상설교의 최초의 청중은 예수의 제자들과 무리들(마 5:1; 7:28)이었다. 오늘날 산상설교는 예수를 믿는 모든 크리스천을 향한 설교요 교훈이다. 산상설교는 예수를 주(主)로 고백하는 사람들, 즉 크리스천들이 어떻게 살

3) 위의 책, 348. "Should you ask how it happens that faith alone justifies and offers us such a treasure of great benefits without works in view of the fact that so many works, ceremonies and laws are prescribed in the Scriptures, I answer: First of all, remember what has been said, namely that faith alone, without works, justifies, makes free and saves."

4) 경전적 방법에 대해서는 B. S. Childs, *Biblical Theology in Crisis* (Philadelphia, 1970), 13-147; K. Barth, *Der Römerbrief*(Zürich, 1981), v; Yim Taesoo, *Minjung Theology towards a Second Reformation* (Hong Kong: CCA 2006), 55-60 참고.

아야 하는지에 대한 삶의 지표들, 행해야 할 일들에 대하여 말씀한다. 최초의 제자들인 12사도나 수도승 같이 특별한 사람들만을 위한 것이 아니고, 예수를 주로 고백하는 모든 크리스천이 실천해야 할 목표를 제시한 것이다.[6] 그러므로 산상설교는 우리 기독교인의 생활의 목표가 되어야 한다. 우리는 이 목표를 향하여 그리스도 예수 안에서 하나님이 위에서 부르신 부름의 상을 위하여 달려가야 한다(빌 3:14). 이를 실천하는 것이 쉬운 일은 아니지만 실천 못 할 것도 없다. 우리가 실천할 수 없다면 예수께서 실천하라고 말씀하시지 않았을 것이다. 우리 힘만으로는 불가능하지만, 성령의 도우심으로 가능하다(롬 8:1-17).

마태복음 7장 15-27절은 산상설교의 결론 부분이다. 이 부분에서는 행함을 강조한다. 필자는 15-27절을 편의상 15-20절, 21절, 22-23절, 24-27절 등 네 부분으로 나누어 살펴보려고 한다. 이 네 부분에서 모두 '행하다' 라는 의미를 가진 동사 poieõ가 사용되고 있다.[7]

17절 poiei(poieõ의 현재 능동 3인칭 단수)

5) 산상설교에서 예수께서 말씀하시는 행함이란 다음과 같은 것들이다. 복 있는 사람이 되라(5:1-12), 세상의 빛과 소금이 되라(5:13-16), 철저히 율법을 지키라(5:17-20), 성내지 말라(5:21-26), 간음하지 말라(5:27-30), 이혼하지 말라(5:31-32), 맹세하지 말라(5:33-37), 보복하지 말라(5:38-42), 원수를 사랑하라(5:43-48), 자선을 자랑하지 말라(6:1-4), 은밀하게 기도하라(6:5-6), 주기도(6:7-15), 은밀하게 금식하라(6:16-18), 하늘에 보물을 쌓아라(6:19-21), 좋은 눈 (good eye)을 가지라(6:22-23), 재물보다 하나님을 섬기라(6:24), 먼저 하나님 나라를 구하라(6:25-34), 남을 판단하지 말라(7:1-5), 거룩한 것을 욕되게 하지 말라(7:6), 구하라, 찾으라, 문을 두드리라(7:7-11), 대접을 받고자 하는 대로 남을 대접하라(7:12), 좁은 문으로 들어가라(7:13-14), 좋은 열매 맺는 나무가 되라(7:15-20), 행함 있는 신자가 되라(7:21), 거짓 예언자(신자)가 되지 말라(7:21-23), 들은 말씀을 실천하는 지혜로운 자가 되라(7:24-27).

6) 산상설교를 끝마치는 부분인 마태복음 7:24에서는 "그러므로 누구든지 나의 이 말을 듣고 행하는 자는 그 집을 반석 위에 지은 지혜로운 사람 같으리니" 라고 말한다.

7) Nestle-Aland(ed.), *Das Neue Testament Graece et Germanice*(Württembergischer Bibelanstalt Stuttgart, 1973), 16.

21절 poiõn (poieõ의 분사 현재 능동 주격 남성 단수)
22절 epoiõsamen (poieõ의 과거 능동 1인칭 복수)
24절 poiei (poieõ의 현재 능동 3인칭 단수)
26절 poiõn (poieõ의 분사 현재 능동 주격 남성 단수)

그리스어 poieõ의 기본 의미는 '행하다' (do)이다. 21절은 '아버지의 뜻대로 행하다', 22절은 '권능을 행하다', 24절과 26절은 '나의 말을 듣고 행하다, 행하지 않다' 는 의미로 쓰이며, 17절의 poiei는 '열매 맺다' (bear fruit)의 의미다.

15-27절에 나타난 행함들은 두 가지로 분류할 수 있다. 하나는 올바른 행함이고(17a의 아름다운 열매를 맺음, 21절의 하나님 아버지의 뜻을 행함, 24절의 예수의 말씀을 행함), 다른 하나는 올바르지 못한 행함(17b의 나쁜 열매를 맺는 행함, 22절의 권능을 행함, 23절의 불법을 행함)이다.

1) 15-20절: 양의 옷을 입은 이리

15절에 나오는 "거짓 선지자들" 은 선지자들이니 예수를 믿는 사람들이요, "양의 옷" 을 입고 있으니 예수 믿는 사람들이다. 왜냐하면 "양" 은 예수 믿는 사람을 의미하기 때문이다(요 21:15-17). 그런데 15절의 거짓 선지자들은 "노략질하는 이리" 다. 어떻게 예수를 믿는 사람이요 선지자로서, 지도자의 위치에 있는 사람들인데, "노략질하는 이리" 가 될 수 있을까? 그러나 유감스럽게도 이것이 현실이다. 구약 시대에는 많은 거짓 선지자들이 있었다. 그들은 여호와 하나님을 믿는 사람들이었지만 거짓 선지자들이었다. 유다는 12사도의 하나로 부르심을 받았지만, 스승이신 예수를 죽음에 넘겨주지 않았는가!(마 26:47-50) 겉모습만 가지고는 참 선지자들과 거짓 선지자들을 구별하기 어렵다. 참 선지자들과 거짓 선지자들의 겉모습은 동일하기 때문이다. 마찬가지로 오늘날에도 교회에서 예배드리는 신자들의 겉모습만 보고는 누가 알곡(밀) 신자이고 누가 가라지 신자인지 구별할 수 없다. 그래서 예수께서도 가라지를 뽑지 말고 추수 때까지, 즉 최후 심판 때까지 가만 두라고 하셨다(마 13:24-30).

그렇다면 이 양자를 어떻게 구별할 수 있을까? 예수께서는 "그들의 열매로 그들을 구별할 수 있다"(7:16)고 말씀하신다. 좋은 열매 맺는 사람은 참 선지자요 알곡 신자며, 나쁜 열매 맺는 사람은 거짓 선지자요 가라지 신자라는 말씀이다. 그렇다면 그 열매란 무엇을 의미하는가? 열매란 사람의 행위를 말한다. 행위에는 좋은 행위가 있고 나쁜 행위가 있다. 좋은 행위를 하는 사람은 좋은 열매를 맺는 사람이요, 나쁜 행위를 하는 사람은 나쁜 열매를 맺는 사람이다. 성령의 열매를 맺는 사람(갈 5:22-23)은 참 선지자며 알곡 신자요, 육의 열매를 맺는 사람(갈 5:19-21)은 거짓 선지자며 가라지 신자이다. 산상설교의 말씀대로 행하는 사람은 참 선지자며 알곡 신자요, 산상설교 말씀대로 행하지 않는 사람은 거짓 선지자며 가라지 신자이다. "아름다운 열매를 맺지 아니하는 나무마다 찍혀 불에 던져진다"(마 7:19)는 말은 구원을 얻지 못하고 영벌에 처해짐을 의미한다(마 25:46). 여기에서 믿음만이 구원의 유일한 조건이 아니고 열매, 즉 행함도 구원의 조건 가운데 하나임을 알 수 있다.

2) 21절: 행함 있는 믿음으로 구원

21절에서 예수께서는 "나더러 주여 주여 하는 자마다 다 천국에 들어갈 것이 아니요 다만 하늘에 계신 내 아버지의 뜻대로 행하는 자라야 들어가리라"라고 말씀하신다. 예수를 "주여 주여"(kyrie kyrie) 하고 고백하는 사람들은 예수에 대한 믿음을 가진 크리스천들이다. 그런데 크리스천이라고 해서 모두 천국에 들어갈 수 있는 것은 아니라는 말씀이다. 15-20절에서 참 선지자와 거짓 선지자, 알곡 신자와 가라지 신자를 구별하는 것과 같은 이치다. 21절에서 천국에 들어가고 못 들어가는 조건은 무엇인가? 그것은 "하늘에 계신 내 아버지의 뜻대로 행하는 자인지 아닌지" 하는 것이다. 다시 말하면, 행함 있는 믿음을 가진 사람인지 행함 없는 믿음을 가진 사람인지가 그 기준이요 조건이다.

그렇다면 여기에서 말하는 "하늘에 계신 내 아버지의 뜻"이란 어떤 것일까? 일차적으로는 바로 앞에 나오는 산상설교의 말씀일 것이다. 이 말씀대로 행하는 사람들, 즉 예수를 "주여 주여"(kyrie kyrie) 하고 고백하고, 좋은 열매를 맺은 사람들(15-20절)은 천국에 들어갈 수 있고, 아무리 예수를 주로 믿고 "주여 주여" 하고 주로 고백하는 사람일지라도, 예수의 말씀대로 행하지 않은 사람들, 즉 나쁜 열매를 맺은 사람들은 천국에 들어갈 수 없다는 것이다. 여기서도 믿음만이 구원의 조건이 아니라 행함도 구원의 조건이라는 사실을 알 수 있다. 이런 기준과 조건은 22-23절에 나오는 거짓 선지자들과 24-27절에 나오는 집 짓는 자의 비유에서도 이어진다. 21절은 15-27절의 핵심 구절이다. 나머지 구절은 21절을 뒷받침하는 역할을 한다.

3) 22-23절: 거짓 선지자

22-23절에서는 천국에 들어갈 수 없는 사람에 대해서 구체적으로 설명한다. 이 구절은 최후 심판날에 일어날 사건을 묘사하고 있다. 22절의 "그날"이 바로 최후 심판날을 의미한다. 이 사람들은 심판주이신 주님을 향하여 "주여 주여 하며 주의 이름으로 선지자 노릇 하며 주의 이름으로 귀신을 쫓아 내며 주의 이름으로 많은 권능을 행한 사람들"(22절)인 것으로 보아 예수를 구주로 믿는 신자들이요 지도자들이다. 그런데 주님께서 "내가 너희를 도무지 알지 못하니 불법을 행하는 자들아 내게서 떠나가라"(23절)고 말씀하신 것으로 보아 그들은 참 선지자가 아니다. 15-20절에 나오는 거짓 선지자들과 동일한 거짓 선지자임이 분명하다.

이런 의미에서 22-23절은 15-20절에 연결된 내용이다. 이 거짓 선지자들은 불법(anomia)을 행한 사람들이요, 예수의 말씀대로 행하지 않은 사람들이다. 좀 더 구체적으로 말하면, 산상설교의 말씀대로 행하지 않고, 산상설교의 말씀을 어기며 산 사람들이다. 이 사람들은 나쁜 열매를 맺은 사람들이다. 그래서 그들은 주님께 인정을 받지 못하고 쫓겨난 것이다. 쫓겨난다는 것은 구원을 받지 못하고 영벌에 처해짐을 의미한다(25:46).

여기서도 행함이 구원의 조건이 되고 있다. 그들은 믿음은 가지고 있으나 주님이 원하시는 행함이 결여된 사람들이어서 구원에서 제외된 것이다. 22-23절 본문에는 나오지 않지만, 여기서 말하는 불법을 행하는 사람과 반대되는 사람들은 그리스도의 법(the law of Christ)[8]을 행하는 사람들일 것이다. 이런 사람들이 주님의 인정을 받고 구원을 받을 수 있다고 본문은 밝힌다. 여기서도 믿음만이 구원의 조건이 아니라 행함도 구원의 조건의 하나임을 알 수 있다. 15-20절과 22-23절은 거짓 선지자들에게만 해당되는 말씀이 아니고, 모든 크리스천들에게 해당되는 말씀이다.

4) 24-27절: 반석 위에 지은 집과 모래 위에 지은 집

24-27절은 집을 지은 사람들에 관한 비유로, 하나님 아버지의 뜻을 행함이 천국행을 결정한다는 21절의 내용을 좀 더 구체적으로 설명해준다. 이 비유는 최후 심판 때에 일어날 일을 묘사한다. 집을 지은 사람들은 모두 주님의 말씀을 들은 사람들, 즉 예수를 주로 고백한 사람들이다. 그런데 이 사람들이 예수를 주로 고백했다고 해서 자동적으로 구원을 얻는 것이 아니고, 그들의 행함 여부에 따라서 구원을 받을 수도 있고 받지 못할 수도 있음을 경고하고 있다.

반석 위에 집을 지은 지혜로운 사람은 주님의 말씀을 듣고 행하는 사람이다. 그런데 무엇을 행한다는 의미일까? 좁게는 산상설교의 예수님 말씀이고 넓게는 복음서에 나오는 예수님 말씀 전체를 가리킨다. 지혜로운 사람들이 지은 집은 "비가 내리고 창수가 나고 바람이 불어 그 집에 부딪치되 무너지지 않는다." 그 이유는 "주추를 반석 위에 놓은 까닭이다." 이 구절에 나오는 "반석"의 의미는 "주님의 말씀을 듣고 행함"(24절)이다. "비가 내리고, 창수가 나고, 바람이 불어도 집이 무너지지 않는다"(25절)는 것은 두 가지를 의미한다고 할 수 있다. 하나는 신

---

8) 갈라디아서 6:2 "너희가 짐을 서로 지라 그리하여 '그리스도의 법'(nomon tou Christou)을 성취하라"(Carry each other's burdens, and in this way you will fulfill 'the law of Christ').

자가 이 세상을 살아가는 동안에 닥치는 여러 가지 어려움을 잘 이겨낼 수 있다는 의미이고, 다른 하나는 최후 심판 때 구원을 얻는다는 의미이다. 이렇게 두 가지 의미로 해석이 가능하지만 앞에서 말한 세 가지 경우와 연결해서 본다면, 두 번째 의미, 즉 최후 심판 때 구원을 얻는다는 의미가 더 강하지 않나 생각한다.

모래 위에 집을 지은 어리석은 사람은 주님의 말씀을 듣고 행하지 않은 사람이다. 이 사람이 지은 집은 "비가 내리고 창수가 나고 바람이 불어 그 집에 부딪치매 무너져 그 무너짐이 심하게 된다." 그 이유는 그 집을 모래 위에 세웠기 때문이다. 모래 위에 세웠다는 말은 예수를 구주로 고백하고 주님의 말씀을 듣기는 했지만, 그 말씀을 행하지는 않았다는 뜻이다. 그래서 이 사람은 세상을 살면서도 갖가지 재난과 어려움을 당하고, 최후 심판 때 구원을 얻지 못한다는 의미다. 모래 위에 집을 짓는 일은 반석 위에 짓는 것보다 쉽다. 반석 위에 집을 짓기 위해서는 땅을 깊이 파야 한다(눅 6:48 "집을 짓되 깊이 파고 주추를 반석 위에 놓은 사람과 같으니"). 그런데 모래 위에 집을 짓는 사람은 이런 수고를 하지 않으니 쉬울 수밖에 없다. 그러나 그 결과는 참담하다. 그가 지은 집이 무너져 버리고 만다.

실제로 행함 없는 믿음을 가진 사람들은 쉽게 신앙생활을 한다. 하나님을 사랑하기 위하여 노력할 필요도 없고, 이웃을 사랑하기 위하여 애쓸 필요도 없이 자기 자신만을 위하여 살아갈 뿐이다. 이렇게 쉬운 신앙생활을 하는 것이다. 그러나 결국에는 최후 심판 때 구원도 얻지 못하고 영벌에 처해지게 된다(마 25:46). 이 비유는 행함을 매우 강조한다. 여기에서도 믿음만이 구원의 유일한 조건이 아니고 열매, 즉 행함도 구원의 조건 가운데 하나임을 알 수 있다.

3. 네 구절은 하나의 진리를 말한다

앞에서 설명한 네 가지 경우를 알기 쉽게 도해하면 아래와 같다.

	긍정적인 평가를 받은 크리스천	부정적인 평가를 받은 크리스천
① 15-20절 열매	①좋은 열매=②행함 있음(21절)=③그리스도의 법을 행함(22-23절)=④반석 위의 집(24-27절) · 찍혀 불에 던져지지 않음	①나쁜 열매=②행함 없음(21절)=③그리스도의 법을 행치 않음(22-23절)=④모래 위의 집(24-27절) · 찍혀 불에 던져짐
② 21절 행함	②행함 있음=①좋은 열매(15-20절)=③그리스도의 법을 행함(22-23절)=④반석 위의 집(24-27절) · 천국에 들어감	②행함 없음=①나쁜 열매(15-20절)=③그리스도의 법을 행치 않음(22-23절)=④모래 위의 집(24-27절) · 천국에 못 들어감
③ 22-23절 불법 행함	③그리스도의 법을 행함=①좋은 열매(15-20절)=②행함 있음(21절)=④반석 위의 집(24-27절) · 주님이 알아줌. 주님과 함께함	③그리스도의 법을 행치 않음(22-23절)=①나쁜 열매(15-20절)=②행함 없음(21절)=④모래 위의 집(24-27절) · 주님이 알지 못함. 주님이 내쫓음
④ 24-27절 집 지음	④반석 위의 집=①좋은 열매(15-20절)=②행함 있음(21절)=③그리스도의 법을 행함(22-23절) · 집이 무너지지 않음	④모래 위의 집=①나쁜 열매(15-20절)=②행함 없음(21절)=③그리스도의 법을 행치 않음(22-23절) · 집이 무너짐

이 네 가지는 결국 한 가지 사실을 말하고 있다. 다시 말하면, 한 가지 사실을 네 가지로 설명한다. 예를 들면, ① 15-20절의 열매에 관한 비유에서 좋은 열매 맺는 사람은 ② 21절에서 말하는 행함 있는 사람이고, ③ 22-23절에서 말하는 그리스도의 법을 행하는 사람이고, ④ 24-27절에서 말하는 반석 위에 집을 지은 사람이다. 반대로 ① 15-20절의 열매

에 관한 비유에서 나쁜 열매를 맺는 사람은 ② 21절에서 말하는 행함 없는 사람이고, ③ 22-23절에서 말하는 불법을 행하는 사람, 즉 그리스도의 법을 행하지 않는 사람이고, ④ 24-27절에서 말하는 모래 위에 집을 지은 사람이다. 이처럼 ① 15-20절의 열매 ② 21절(행함) ③ 22-23절(불법 행함) ④ 24-27절(집 지음)은 서로 연결되어 있으며 같은 사실을 다른 방식으로 표현하고 있다.

이 네 가지 경우는 모두 열매와 행함의 두 가지 코드로 설명하면서 특별히 행함을 강조한다. 물론 모두 믿음이 전제되어 있다. 믿음이 있지만 좋은 열매를 맺지 않고, 행함이 없고, 불법을 행하면, 찍혀 불에 던져지고, 천국에 들어가지 못하고, 주님이 알아주지 않아서 주님을 떠나야 하고, 지은 집이 무너진다. 표현은 각각 다르지만, 행함이 없으면 구원을 얻지 못한다는 사실을 경고한다. 다시 말하면, '믿음으로만' (sola fide)으로는 구원을 얻을 수 없고, 믿음과 함께 주님의 말씀을 지켜 행하는 행함이 있어야 구원을 얻을 수 있다는 것이 15-27절에 나오는 네 이야기가 주는 교훈이다.

1) 행함을 강조하는 사복음서의 성구들

행함이 있어야 구원을 얻을 수 있음을 강조하는 말씀은 15-27절 외에도 마태복음의 다른 구절들과 세 복음서에도 나온다. 행함을 강조하는 복음서들의 내용은 다음과 같다. 물론 이 행함 강조는 믿음을 전제한 것이다.

(1) 마태복음

“어떤 사람이 주께 와서 이르되 선생님이여 내가 무슨 선한 일을 하여야 영생을 얻으리이까? 예수께서 이르시되 어찌하여 선한 일을 내게 묻느냐 선한 이는 오직 한 분이시니라 네가 생명에 들어가려면 계명들을 지키라. 이르되 어느 계명이오니이까? 예수께서 이르시되 살인하지 말라, 간음하지 말라, 도둑질하지 말라, 거짓 증언 하지 말라, 네 부모를 공경하라, 네 이웃을 네 자신과 같이 사랑하라 하신 것이니라”(19:16-19).

“그 때에 임금이 그 오른편에 있는 자들에게 이르시되 내 아버지께 복 받을 자들이여 나아와 창세로부터 너희를 위하여 예비된 나라를 상속받으라. 내가 주릴 때에 너희가 먹을 것을 주었고 목마를 때에 마시게 하였고 나그네 되었을 때에 영접하였고 헐벗었을 때에 옷을 입혔고 병들었을 때에 돌보았고 옥에 갇혔을 때에 와서 보았느니라”(25:34-36).[9)]

(2) 마가복음

“만일 네 손이 너를 범죄하게 하거든 찍어버리라. 장애인으로 영생에 들어가는 것이 두 손을 가지고 지옥 곧 꺼지지 않는 불에 들어가는 것보다 나으니라. 만일 네 발이 너를 범죄하게 하거든 찍어버리라. 다리 저는 자로 영생에 들어가는 것이 두 발을 가지고 지옥에 던져지는 것보다 나으니라. 만일 네 눈이 너를 범죄하게 하거든 빼버리라. 한 눈으로 하나님의 나라에 들어가는 것이 두 눈을 가지고 지옥에 던져지는 것보다 나으니라. 거기에서는 구더기도 죽지 않고 불도 꺼지지 아니하느니라”(9:43-48).

---

9) YIM Tesu, “Work is a Necessary Condition for Salvation in Matt. 25:31-46”, in Jung Eun Moon ed., *CTC Bulletin* vol. XXVIII, No. 2(Chiang Mai: Thailand, 2012), 79-85.

"예수께서 길에 나가실새 한 사람이 달려와서 꿇어 앉아 묻자오되 선한 선생님이여 내가 무엇을 하여야 영생을 얻으리이까? 예수께서 이르시되 네가 어찌하여 나를 선하다 일컫느냐? 하나님 한 분 외에는 선한 이가 없느니라. 네가 계명을 아나니 살인하지 말라, 간음하지 말라, 도둑질하지 말라, 거짓 증언 하지 말라, 속여 빼앗지 말라, 네 부모를 공경하라 하였느니라" (10:17-19).

(3) 누가복음

"너희는 나를 불러 주여 주여 하면서도 어찌하여 내가 말하는 것을 행하지 아니하느냐? 내게 나아와 내 말을 듣고 행하는 자마다 누구와 같은 것을 너희에게 보이리라. 집을 짓되 깊이 파고 주추를 반석 위에 놓은 사람과 같으니 큰 물이 나서 탁류가 그 집에 부딪치되 잘 지었기 때문에 능히 요동하지 못하게 하였거니와 듣고 행하지 아니하는 자는 주추 없이 흙 위에 집 지은 사람과 같으니 탁류가 부딪치매 집이 곧 무너져 파괴됨이 심하니라 하시니라" (6:46-49).

"어떤 율법교사가 일어나 예수를 시험하여 이르되 선생님 내가 무엇을 하여야 영생을 얻으리이까? 예수께서 이르시되 율법에 무엇이라 기록되었으며 네가 어떻게 읽느냐? 대답하여 이르되 네 마음을 다하며 목숨을 다하며 힘을 다하며 뜻을 다하여 주 너의 하나님을 사랑하고 또한 네 이웃을 네 자신 같이 사랑하라 하였나이다. 예수께서 이르시되 네 대답이 옳도다. 이를 행하라. 그러면 살리라" (10:25-28).

"어떤 관리가 물어 이르되 선한 선생님이여 내가 무엇을 하여야 영생을 얻으리이까? 예수께서 이르시되 네가 어찌하여 나를 선하다 일컫느냐? 하나님 한 분 외에는 선한 이가 없느니라. 네가 계명을 아나니 간음하지 말라, 살인하지 말라, 도둑질하지 말라, 거짓 증언 하지 말라, 네 부모를 공경하라 하였느니라"

(18:18-20).

(4) 요한복음

"너희가 나를 사랑하면 나의 계명을 지키리라"(14:15).

"나는 참포도나무요 내 아버지는 농부라. 무릇 내게 붙어 있어 열매를 맺지 아니하는 가지는 아버지께서 그것을 제거해 버리시고 무릇 열매를 맺는 가지는 더 열매를 맺게 하려 하여 그것을 깨끗하게 하시느니라. 너희는 내가 일러준 말로 이미 깨끗하여졌으니 내 안에 거하라. 나도 너희 안에 거하리라. 가지가 포도나무에 붙어 있지 아니하면 스스로 열매를 맺을 수 없음 같이 너희도 내 안에 있지 아니하면 그러하리라. 나는 포도나무요 너희는 가지라. 그가 내 안에, 내가 그 안에 거하면 사람이 열매를 많이 맺나니 나를 떠나서는 너희가 아무 것도 할 수 없음이라. 사람이 내 안에 거하지 아니하면 가지처럼 밖에 버려져 마르나니 사람들이 그것을 모아다가 불에 던져 사르느니라"(15:1-6).

마태복음뿐만 아니라 사복음서 모두 믿음과 함께 행함이 있어야 구원을 얻는다고 밝히고 있다. 이러한 사실은 '행함 없이 믿음으로만 의롭게 되고, 구원을 얻는다'(Faith alone, without works, justifies, makes free and saves.)[10]는 루터의 신학과는 다르다.

2) 루터의 '두 종류의 의'와 '선행에 관하여'

이번에는 '믿음으로만의 신학'과는 다른 루터의 신학에 대해 살펴펴

10) "The Freedom of a Christian", in H. J. Grimm(ed.), *Luther's Works*, American Edition, vol. 31 (Philadelphia: Muhlenberg Press, 1976), 348.

보자. 1519년에 루터는 "두 종류의 의"(Two Kinds of Righteousness)[11] 라는 글에서 이렇게 서술했다.

"첫째는 낯선 의(alien righteousness)인데, 이 낯선 의(義)는 밖에서 들어온 의요 다른 분으로부터 오는 의이다. 이 의는 믿음으로 의롭게 하는 그리스도의 의이다…그래서 이 의는 사람들이 세례받을 때, 그리고 사람들이 진심으로 회개할 때 주어지는 의이다."[12]

"두 번째 종류의 의(義)는 우리 자신의 고유한 의(our proper righteousness)다. 이 의는 우리가 단독으로 행해서 얻는 의가 아니고, 낯선 의인 첫 번째 의와 함께 행해서 얻는 의이다. 이 의는 선행을 하면서 의미 있게 사는 삶의 태도를 말한다. 첫째로 갈라디아서 5장(24절)에 나타난 바와 같이 육(肉)을 죽이고, 자기 자신만을 존중하는 욕망을 십자가에 못 박는 삶이요…둘째로, 이 의는 자기 이웃을 사랑하고, 셋째로 겸손하고 하나님을 경외함을 통해서 얻는 의이다. 이 의는 첫 번째 유형의 의의 산물이요, 사실상 그 열매요 결과이다. 이에 대해서는 갈라디아서 5장(22절)을 보라."[13]

11) "Two Kinds of Righteousness", in H. J. Grimm(ed.), *Luther' s Works*, American Edition, vol. 31 (Philadelphia: Muhlenberg Press, 1976), 297-306.

12) 위의 책, 297. "The first is alien righteousness, that is the righteousness of another, instilled from without. This is the righteousness of Christ by which he justifies through faith…This righteousness, then, is given to men in baptism and whenever they are truly repentant."

13) 위의 책, 299-300. "The second kind of righteousness is our proper righteousness, not because we alone work it, but because we work with that first and alien righteousness. This is that manner of life spent profitably in good works, in the first place, in slaying the flesh and crucifying the desires with respect to the self, of which we read in Gal. 5[:24]:…In the second place, this righteousness consists in love to one' s neighbor, and in the third place, in meekness and fear toward God. This righteousness is the product of the righteousness of the first type, actually its fruit and consequence, for we read in Gal. 5[:22]."

이 글에서 루터는 '믿음으로 얻는 낯선 의'와 함께, '행함으로 얻는 고유한 의'를 설명한다. 이 행함으로 얻는 의는 육을 죽이고, 자기 자신만을 존중하는 욕망을 십자가에 못 박고, 자기 이웃을 사랑하고, 겸손하고 하나님을 경외함을 통해서 얻는 의이다. 이 의가 야고보가 말한 '행함으로 얻는 의'(약 2:24)이다.

또 루터는 1520년에 『선행에 관하여』(*On Good Works*)라는 긴 글을 썼다. 이 글에서 루터는 십계명을 지키는 것이 선행(good work)임을 자세히 설명하면서, 십계명을 지킬 것을 아래와 같이 강조했다.

"첫째로 알아야 할 것은 하나님이 명령하신 행함들(works)을 제외하고는 다른 선행이 없다는 사실이다. 마태복음 19장(17절)에서 그리스도께서는 이렇게 말씀하신다. '네가 생명에 들어가려면 계명들을 지키라.' 그리고 마태복음 19장(16-22절)에서 한 청년이 '내가 무슨 일을 하여야 영생을 얻으리이까' 하고 물을 때에, 그리스도께서는 십계명 외에 다른 것을 그에게 요구하지 않았다."[14)]

그런데 행함으로 얻는 의와 선행을 강조하는 루터의 신학은 '믿음으로만'의 신학에 밀려나서 사람들에게 별로 주목을 받지 못했다. 그래서 그 이후 개신교회의 역사는 루터가 생각하는 방향으로 가지만은 않았다. 16세기 종교개혁 당시에 로마 가톨릭 교회의 잘못된 제도와 잘못된 행함을 물리치기 위하여 '믿음으로만'의 신학의 필요성이 특별히 강조되었다. 행함을 강조하는 "두 종류의 의"와 십계명을 지키는 것을

14) "Treatise on Good Works", in H. J. Grimm(ed.), *Luther's Works*, American Edition, vol. 44 (Philadelphia: Muhlenberg Press, 1976), 23. "The first thing to know that there are no good work except those works of God has commanded…Thus in Matthew 19[:17] Christ says, 'If you would enter life, keep the commandments.' And when the young man in Matthew 19[:16-22] asks what he should do to inherit eternal life, Christ sets before him nothing else but the Ten Commandments."

강조한 『선행에 관하여』의 루터 신학은 '믿음으로만' 의 신학에 밀려 점점 뒷전에 머물게 되었다.

루터는 믿음과 행함이 모두 필요하고, 믿음과 행함이 균형을 이루는 크리스천의 삶을 목표로 그의 종교개혁 신학을 전개했지만, 'sola fide' 라는 표현 때문에 이 균형이 깨어지고, 믿음만이 강조되는 개신교회가 되고 말았다. 그래서 교회가 무너지고 있는 것이다. 이를 바로잡는 것이 오늘 우리의 시급한 과제다. 바로잡지 않으면 "행함 없는 믿음은 죽은 것"(약 2:26)이라는 야고보의 말처럼, 예수께서 경고한 모래 위에 지은 집처럼, 교회의 무너짐은 더욱 가속화될 것이다. 오늘날 개신교회에서는 행함을 말하고 강조하는 신학자와 목사를 만나기가 어렵다. 이런 개신교회를 살리는 길은 '행함 있는 믿음' (fide cum opera)을 갖는 길밖에 없다. sola fide 구호 대신에 fide cum opera의 제2종교개혁의 신학이 절실히 요청된다. 루터가 이 시대에 살아 있어서, 행함 없이 비어 가고 무너져 가는 교회를 본다면 sola fide가 아니라 fide cum opera를 외칠 것이라 믿는다.

4. 결론

위에서 살펴보았듯이 마태복음 7장 15-27절에 나오는 네 가지 말씀들은 행함이 기독교인의 삶에서 중요한 위치를 차지하고 있음을 강조한다. 특히 7장 21절은 '행함 있는 믿음' 이 구원의 필수조건임을 분명히 밝힌다. 이 구절은 핵심 구절이고 나머지 말씀들(15-20절; 22-23절; 24-27절)은 21절을 뒷받침해 준다.

16세기 제1종교개혁의 '믿음으로만'의 신학과 구분하기 위하여 필자는 1997년부터 '행함 있는 믿음'의 신학을 '제2종교개혁'[15]의 신학이라고 부르고 있다. 제2종교개혁의 목표는 16세기 루터의 제1종교개혁을 완성하는 것이다. 제1종교개혁은 '믿음으로만'을 강조했지만, 제2종교개혁은 '행함 있는 믿음'의 필요성을 강조한다. 16세기의 상황은 '믿음으로만'의 신학이 필요했지만, 21세기의 오늘의 교회들은 너무나 '믿음으로만'의 신학에 기울어져 행함이 결여되어 있기 때문에 '행함 있는 믿음'의 신학이 필요하다. "행함이 없는 믿음은 죽은 것"이라는 말씀처럼 행함 없는 21세기의 교회는 죽어 가고 있기 때문이다. 죽어 가는 교회를 살리기 위해서는 fide cum opera의 신학이 절실히 요청된다. 루터는 16세기 교회의 요청에 따라 sola fide라는 표현을 썼지만, 그는 믿음과 행함이 균형 잡힌 크리스천을 원했다. "두 종류의 의"와 『선행에 관하여』라는 글이 이를 증명해 준다. 이런 의미에서 fide cum opera를 강조하는 제2종교개혁은, 루터가 지향했던 제1종교개혁을 완성하는 것이다. 지금 21세기의 교회는 루터가 바랐던 믿음과 행함이 균형 잡힌 교회가 아니고 믿음에만 크게 기울어진 교회가 되고 말았다. 그가 강력하게 내세운 sola fide의 신학이 행함을 약화시키고 배제시키는 결과를 가져왔으므로, 이제 21세기에는 sola fide 대신에 fide cum opera의 신학을 전개해야 할 것이다. 그래야 루터가 목표로 했던 믿음과 행함이 균형을 이루는 결과를 가져와서 비어 가고 무너져 가는 교회가 다시 살아나고 일어설 것이다. fide cum opera의 신학이 우리가 위에서 살펴본 7장 15-27절 본문과 성서가 말하는 진리이기 때문이다. 우리는 '믿음으로만' 구원을 얻는 것이 아니다. 그렇다고 '행함으로만'

15) 제2종교개혁에 대한 필자의 다른 글들은 http://www.cafe.daum.net/secondreformation 참고.

구원을 얻는 것도 아니다. '행함 있는 믿음으로' 구원을 얻는다(We are saved not by faith alone, not by works alone, but by faith with works).

"우리는 진리를 거슬러 아무 것도 할 수 없고 오직 진리를 위할 뿐이다"(고후 13:8).

◆ 참고문헌

K. Barth, *Der Römerbrief*, Zürich, 1981.

B. S. Childs, *Biblical Theology in Crisis*, Philadelphia, 1970.

M. Luther, "The Freedom of a Christian", in H. J. Grimm(ed.), *Luther's Works*, American Edition, vol. 31, Philadelphia: Muhlenberg Press, 1976.

________, "Two Kinds of Righteousness", in H. J. Grimm(ed.), *Luther's Works*, American Edition, vol. 31, Philadelphia: Muhlenberg Press, 1976.

Nestle-Aland(ed.), *Das Neue Testament Graece et Germanice*, Württembergischer Bibelanstalt Stuttgart, 1973.

Yim Taesoo, *Minjung Theology towards a Second Reformation*, Hong Kong: CCA, 2006.

13
로마서에 나타난 바울의 율법 이해

김종길 박사(제2종교개혁연구소 기획위원, 덕성교회 목사)

I. 서론

1. 문제 제기 및 연구 목적

일반적으로 개신교회는 복음과 믿음을 강조하고 율법과 행함을 부정적으로 평가하는 경향이 있다. 구약성서는 옛 법이고 신약성서는 새 법이라는 아퀴나스(Thomas Aquinas)의 견해를 수용한 루터(Martin Luther)는 율법은 복음에 비하여 열등한 것이라고 보았다.[1] 율법과 행위는 옛 시대 이스라엘에게 해당하는 것이고, 죄 용서와 은혜는 새 시대의 교회에 주어지는 것이라고 여겼다. 이러한 루터의 주장은 오랫동안 기독교 신학을 지배했다.[2] 종교개혁 신학의 영향 아래에 있는 한국

1) Martin Luther, *Lectures on Galatians*, 『말틴 루터의 갈라디아서 강해(상)』, 김선회 옮김(경기: 루터신학대학교 출판부, 2003), 314.

교회는 대부분 루터의 칭의 사상을 편향되게 수용하여, 율법과 윤리적 실천을 과소평가한다. 율법과 복음을 분리하는 이분법적 사고는 믿음과 행위의 분열을 초래하고, '율법주의' 또는 '율법 폐기론'으로 기울어진다. 임태수가 지적하듯이, "'믿음으로만 의롭게 된다'는 종교개혁 사상은 개신교회에 행함을 배제하고 공허한 믿음만을 남겨 둔 결과를 낳았다."[3] 오늘날 한국 교회가 지닌 문제점은 윤리적 실천이 결여되고, 신앙과 행실이 조화를 이루지 못하는 것이라고 본다.

루터의 견해처럼, 모세의 '율법'이 그리스도의 '복음'과 상반되는가? 유대교는 행위 구원론에 입각하고, 기독교는 은혜 구원론에 근거하는가? 과연 바울이 행함이 없는 믿음만을 강조하고, 율법을 배척하는가? 구약 시대의 율법이 현대의 그리스도인들에게는 전혀 상관이 없는가? 이러한 문제에 대하여, 필자는 로마서에서 율법의 긍정성을 입증하고, 바울이 구원의 방편으로 '오직 믿음'(sola fide)을 내세우며 '행위 없는 구원'을 주장하지 않았음을 밝히고자 한다.

2. 연구 방법 및 연구 범위

본 연구는 '새로운 관점'(new perspective)[4]에서 율법을 평가하고,

---

2) 루터는 중세의 부패한 교회를 개혁하는 데에 불을 붙인 위대한 신학자임이 틀림없다. 그런데 종교적 행위를 중요시한 로마 가톨릭에 반대하여 내세운 '오직 믿음'(sola fide)이라는 기치는 당시에 시대적 사명을 감당하였으나, 그 이후 개신교 역사에서 율법과 행함을 부당하게 취급하도록 이끌었다.

3) 임태수, "행함 없이 구원 없다-구원에 있어서 믿음과 행함의 변증법적 통일",「민중과 신학」창간호(2000 봄), 5.

4) James D. G. Dunn, "New Perspective on Paul", in *Jesus, Paul and the Law: Studies in Mark and Galatians*(Louisville: Westminster Knox, 1990), 183-214. 던(James Dunn)의 '새로운 관점'은 샌더스(E. P. Sanders)가 그의 저서 *Paul and Palestinian Judaism*에서 제2성전 시대의 유대교를 언약적 율법주의(covenantal nomism)로 규정한 주장에 기초한 것이다.

'사회학적 연구 방법' (sociological approaches)[5]을 수용하여 바울이 로마 지역에 소재한 교회들에 보낸 서신에 접근하겠다. 바울의 율법관을 올바르게 이해하려면, 옛 관점(루터 신학)에서 벗어나 '새로운 관점' 으로 로마서를 읽을 필요가 있다. 바울의 믿음을 강조하는 '칭의론' 의 본뜻을 파악하려면, 당시 로마 교회가 처한 '사회적 정황' 을 이해하는 것이 요구된다. 지면 관계상 로마서 3장 21-31절, 8장 1-11절, 10장 4절, 5-8절, 13장 8-10절 등의 본문에 제한하여, 바울이 진술한 율법(νόμοζ/노모스)의 용례를 살펴볼 것이다.

로마서는 경우에 따라서 율법의 속성을 상이하게 진술한다. 그래서 레이제넨(H. Raeisaenen)은 바울이 율법에 대하여 일관성을 결여하고 있다고 지적한다.[6] 샌더스도 율법에 관한 바울의 진술에 일치하지 않는 부분이 있다고 본다.[7] 율법에 대한 모순된 진술은 로마 교회가 처한 상황과 무관하지 않다. 로마서는 로마 제국과 교회의 역학 관계에서 산출되었다. 기원후 49년에 로마 제국의 클라우디우스(Claudius) 황제는

5) 사회학적 성서 해석에 관해서는 서중석, "신약성서 해석을 위한 사회학 이론", 『바울서신 해석』(서울: 대한기독교서회, 2002), 301-341 참조.

6) 레이제넨은 '율법의 개념', '율법의 유효성', '율법의 성취', '율법의 기능', '율법과 그리스도' 등 다섯 가지 주제를 예로 들어 바울의 비일관성을 입증한다. H. Raeisaenen, *Paul and the Law*(Tubingen: J. C. B. Mohr, 1983); H. Raeisaenen, "Paul's Theological Difficults with the Law", in *Studia Biblica* 1978, Supp Series 3(Sheffield: JSOT Press, 1980), 301.

7) 샌더스는 바울이 상황에 따라서 상이하게 율법을 서술한다고 본다. E. P. Sanders, *Saint Paul*, 『바울』, 이영립 옮김(서울: 시공사, 2003), 152. 이러한 불일치는 율법에서 그리스도의 믿음으로 나아가는 바울 사상의 유기적인 발전을 보여 준다. E. P. Sanders, *Paul, the Law, and the Jewish People*, 『바울, 율법, 유대인』, 김진영 옮김(경기: 크리스챤다이제스트, 2001), 120.
샌더스는 바울이 율법과 죄와 하나님의 뜻의 내적 상호 연관성을 세 가지 다른 방식으로 진술했다고 지적한다. ① 갈라디아서 3:22-24 및 로마서 5:20 이하에서 바울은 율법과 죄를 하나님의 뜻에 예속시킨다. ② 로마서 7:7-13은 하나님이 주신 율법이 하나님의 뜻에 거역하는 범죄를 일으키도록 죄에게 이용당한다. ③ 로마서 7:14-15은 율법과 범죄 사이의 연관성을 깨뜨리고 있다. Sanders, 『바울, 율법, 유대인』, 119.

유대인들을 로마에서 쫓아내는 추방령을 선포하였고, 기원후 54년에 네로(Nero) 황제가 그 칙령을 철회하였다. 로마 제국의 정책은 로마 교회에 변화를 초래하였다. 추방당한 유대인들이 로마로 돌아왔을 때, 교회에는 이방계 신자가 대세를 이루고 있었다. 로마 교회 안에서 유대인과 이방인 사이에 갈등이 발생했다. 왓슨(Francis Watson)에 따르면, 두 집단이 서로 의심하고 공동 예배를 기피할 정도로 상황이 심각하였다.[8] 로마서 14-15장에서 등장하는 '강한 자'는 이방계 신자를 가리키고, '약한 자'는 유대계 신자를 가리킨다. 약한 자와 강한 자의 긴장은 교회의 지도력과 연관된 주도권 다툼에서 발생했다.[9] 바울은 양자의 갈등을 해소하고 교회의 일치를 도모하고자 하였다. 이러한 상황에서 '칭의론'이 제시된 것이다. 유대인이든지 이방인이든지 차별 없이 믿음으로 의롭게 된다는 것이다. 전통적으로 유대교는 율법 준수와 의로움을 연결하는데, 바울은 선교 전략의 차원에서 믿음과 의로움을 결합하였다. 그리하여 '율법으로 인한 의'와 '믿음으로 말미암은 의'를 대비시킨다. 여기서 율법에 대한 오해가 생겼다.

바울의 본의를 파악하려면 이제 '새로운 관점'이 필요하다. 종래의 로마서 해석은 주로 루터 신학의 지배를 받아 왔다. 루터는 유대교를 은혜에 대립하는 율법주의로 보았다. 유대교에 대한 샌더스(E. P. Sanders)의 연구는 기존의 관점에서 벗어나, 예수와 바울 시대의 유대교에 대한 이해의 지평을 확장했다. 샌더스에 따르면, 기원후 1세기에 팔레스타인에 존재한 유대교는 '언약적 율법주의'(covenantal

8) Francis Watson, "The Two Roman Congretation: Romans 14:1-15:13", *The Romans Debate*, Karl P. Donfried (ed.)(Peabady, Massachusetts: Handrickson Publishers, 1995), 206.

9) Sung-Woo Chung, *Paul, Jesus and the Roman Christian Community: New Perspective on Paul's Jewish Christology in Romans*(Seoul: Christian Herald Publishing Company, 2005), 171.

10) E. P. Sanders, *Paul and palestinian Judaism*(London: SCM Press, 1977), 75, 420, 544 참조.

nomism)[10]에 근거하고 있었다. 언약적 율법주의는 유대교가 은총의 종교임을 보여 준다. 하나님의 언약과 구원 행동이 하나님의 주도로 선행적으로 이루어졌다. 인간의 순종은 하나님의 은혜에 대한 반응이다. 율법 준수는 하나님의 백성이 하나님과 맺은 언약을 유지하는 길이다. 이스라엘이 율법을 지키는 목적은 구원받기 위함이 아니라, 언약 안에서 살기 위한 것이다. 이러한 주장은 율법에 대한 새로운 이해를 제공한다. 언약적 율법주의는 바울의 율법관과 무관하지 않기 때문이다. 샌더스의 견해를 수용한 던(James D. G. Dunn)은 성서 연구에 '새로운 관점'을 설정한다. '새로운 관점'은 신약 시대의 율법 연구에 획기적으로 기여한다. 던은 선교적 관점, 변증적 관점, 목회적 관점에서 로마서의 기록 동기와 목적을 살피고,[11] 상황에 따라서 율법의 용례가 다른 이유를 설명한다. 그는 토라(Torah)와 제의적 법규를 구분함으로써, 모순적으로 진술된 율법에 관한 난제를 해결하고자 한다.

Ⅱ. 바울의 율법 이해

1. 토라와 율법의 행위(3:21-31)

로마서 3장 21-31절에서 바울은 칭의론을 집중적으로 다룬다. 하나님의 의가 '율법 외에'(21절) '믿음'(22절)에 나타났다. 율법의 행위로는 하나님 앞에서 의롭다 하심을 얻을 육체가 없고(21절), 모든 사람이 차별 없이 '믿음'으로 말미암아 하나님의 의를 얻게 된다는 것이다(22

11) James D. G. Dunn, *Romans 1-8*, WBC 38A(Dallas Texas: Word Books Publisher, 1988), lv-lviii.

절). 27-28절에서 '행위의 법' 과 '믿음[의 법]' 이 대비되고, '율법의 행위' 와 '믿음' 이 대비되고 있다. 21절의 '율법 외에' 는 28절에 나오는 '율법의 행위에 있지 않고' 와 상응한다. 27절의 '행위[의 율법]' 은 28절에 뒤따라 나오는 '율법의 행위' 와 동의어로서 부정적인 의미로 진술된다. '율법' (21절), '행위의 법' (27절), '율법의 행위' (28절) 등은 던의 구분을 따르면 안식일, 할례, 음식물 등에 관한 제의적 법규를 가리킨다.[12] 그것은 유대인이 독점한 율법, 민족적 편견으로 치우쳐 유대인의 표지로 내세우는 율법이다.

반면에 바울은 믿음의 관점에서 율법을 재해석한다. 21절에서 구약성서를 가리키는 '율법과 선지자' 및 31절의 '율법' 은 앞선 용례와는 달리 넓은 의미의 율법인 '토라' 를 말한다. 31절에서 바울은 '믿음으로 세우는 율법' 진술에서 적극적으로 율법을 옹호한다. 27절에 '믿음의 법' 이라는 독특한 용어가 나온다. 여기서 사용된 '법' (νόμοζ/노모스)은 율법을 가리키는가, 아니면 원리를 뜻하는가? 던은 믿음의 법을 믿음의 차원에서 이해된 율법이라고 설명한다.[13] 31절은 27절의 '믿음의 법' 이 확장된 것이다. 이 구절에서 토라로서의 율법이 긍정된다. 율법은 삶의 길이다. 삶은 행위다. 권연경은 '행위 없는 구원' 에 이의를 제기한다. "바울이 칭의의 유일한 근거로 제시하는 믿음은 도덕적 행위를 부정하는 개념이 아니다."[14] 바울은 율법 자체를 부정하지 않았다. 바울이 비판한 것은 유대인들이 율법을 자랑하면서도 정작 율법을 실천하지 않는 것이었다.[15] 한국 교회가 '행위 없는 구원' 을 내세운다

12) 위의 책, lxxi.
13) 위의 책, 186.
14) 권연경, 『행위 없는 구원』(서울: SFC출판부, 2007), 205-206.
15) 위의 책, 188.

면, 그것은 소위 '구원파' 라는 사이비 종파가 주장하는 바와 다르지 않다. 믿음은 율법을 굳게 세운다는 31절의 의미는 신앙과 생활의 통합, 곧 윤리적 실천이 믿음에서 분리되지 않는다는 뜻이다.

2. 율법과 영(8:1-11)

로마서 8장 1-11절은 어떻게 율법이 새로운 의미와 효력을 지니게 되는지를 설명한다. 바울은 로마서 8장에서 율법과 '영' 의 관계를 진술한다. '영' (πνεύμα/프뉴마)[16] 이란 무엇인가? 8장 9절에 따르면, '영' 은 '하나님의 영' 이며 '그리스도의 영' 이다. 영은 하나님의 임재를 상징하며, 인간 안에서 활동하는 하나님의 현존을 의미한다. 죄로 인하여 변질된 인간의 본성 안에서, 영은 율법과 관련하여 어떤 역할을 하는가?

1) 영의 법과 죄의 법(8:1-4)

8장 2절에서는 '생명을 주는 영의 법' 과 '사망으로 이끄는 죄의 법' 이 대조된다. '영의 법' 은 그리스도 안에서 주어진 새로운 원리를 가리킨다. 반면에 '죄의 법' 은 세상을 따르는 방식을 가리킨다. 바르트는 영을 '결단' 이라고 해석한다. "영은 인간을 위해 하나님 안에서 내려진 결단이요, 하나님을 위해 인간 안에서 내려진 결단이다. …육신은 하나님에 반하여 인간 안에서 내려진 시간적인 결정이고, 인간에 반하

16) 프뉴마(πνεύμα)는 '바람', '영혼', '성령' 으로 번역된다. 일반적으로는 '성령' 으로 번역되는데, 이 글에서는 '영' 으로 표기하겠다. 우리는 바울이 영/성령을 실체론적으로 인식한 것인지 단언할 수 없다. 박익수도 말했듯이, "바울이 그의 서신들에서 '성령' 을 말한 경우는 후대의 요한복음서 저자가 보혜사 성령을 한 인격적 존재로까지 이해한 것과는 전혀 다르다." 박익수, 『바울의 서신들과 신학 III』(서울: 대한기독교서회, 2001), 243.

17) Karl Barth, *Der Roemerbrief*, 『로마서 강해』, 조남홍 옮김(서울: 한들출판사, 2000), 420.

여 하나님 안에서 내려진 시간적인 결정이다."[17] 육신은 하나님을 대적하고 율법에 복종하지 않는다. 율법은 죄 때문에 변질된 인간의 본성 안에서 본래의 목적에서 벗어나 작용하게 되었다. 죄의 지배를 받는 자아에게 율법은 도리어 죄와 사망의 법이 된 것이다. 생명을 주는 영의 법이 그러한 모순을 극복한다. 영으로 말미암아 율법은 본래의 의도를 회복한다. 2절에서 바울은 영의 법이 죄의 법에서 인간을 해방하였다고 선언한다. 이어서 3절에서 "율법이 육신으로 말미암아 연약하여 할 수 없는 그것을 하나님은 하신다"고 말한다. 육신을 가진 우리는 연약하여 율법을 지킬 수 없지만 영의 도움으로 율법을 지킬 수 있다. 그런 뜻에서 4절은 "육신을 따르지 않고 그 영을 따라 행하는 우리에게 율법의 요구가 이루어지게 한다"고 서술한다. 율법은 영 안에서 새로운 의미를 지니게 된다. 모세의 율법은 그리스도와 영 안에서 신자의 윤리가 된다.[18]

슈미트(H. W. Schmidt)는 3장 27절과 8장 2절을 결합시켜 '모세의 법'과 '그리스도의 법'이 관련되어 있음을 보여 준다. "그리스도인에게는 율법이 그 본래적 목적에서 계시된다. 그것은 '믿음의 법'(3:27)이든지 '영의 법'(8:2)이 된다. 율법은 그리스도의 진리의 증언으로서 다시 세워진다(3:31)."[19] 율법은 그리스도 안에서 영의 지배를 받는 신자들에게 새롭고 긍정적으로 기능한다. 영은 율법을 회복하는 원리이며 그리스도인의 삶의 방식이다.

18) 최갑종, 『바울연구 I』(서울: 기독교문서선교회, 1995), 73.

19) H. -W. Schmidt, *Kommentar zum Roemerbrief*, 9, 31; 전경연, 『로마서 신학』(서울: 대한기독교서회, 1999), 191에서 재인용.

2) 영의 길과 육의 길(8:5-11)

로마서 8장 5-8절은 두 가지 삶의 방식, 곧 '육의 길'과 '영의 길'을 설명한다. 5절에서는' 육신을 따라 사는 사람'과 '영을 따라 사는 사람'이 대조되고, 6절에서는 '육신에 속한 생각'과 '영에 속한 생각'이 대립한다. 바울에게 '영'과 '육'이란 '두 반대되는 세력들' 또는 '두 대조적인 존재 양태'[20]를 대비하는 것이다. 프롬(Erich Fromm)의 용어를 빌리면, 하나님과 바른 관계를 유지하는 영의 길은 '존재적 실존 양식'과 상응하고, 하나님과 소외 상태에 있는 육의 길은 '소유적 실존 양식'을 가리킨다.[21] 신자의 삶은 '육'과 '영' 사이에서 일어나는 갈등과 긴장이다(4-5절). 둘은 전혀 다른 과정과 결과를 이끈다. 육에 속한 자는 하나님의 법을 따르지 않고(7절), 하나님을 기쁘시게 하지 못한다(8절). 육을 따르는 자는 육신에 속한 생각을 하고, '육신의 행실'(갈 5:19-20)을 초래한다. 영을 따라 사는 사람은 영에 속한 생각을 하고 능동적으로 하나님의 뜻에 순종한다. 진리에 순종하는 삶은 '영의 열매'(갈 5:22-23)를 맺는다.

3. 율법과 그리스도(10:4)

로마서 10장 4절에서 바울은 "그리스도는…율법의 마침"이라고 선언한다. 그런데 '마침'이라는 헬라어 '텔로스'(τέλος)[22]를 해석하기가

---

20) 박익수, 『바울의 서신들과 신학 III』(서울: 대한기독교서회, 2001), 247.

21) Erich Fromm, *To Have or To Be*, 『소유냐 존재냐』, 차경아 옮김(서울: 까치글방, 2000), 101, 123.

22) 헬라어 'τέλος/텔로스'는 ① 마치다, 종결하다(finish, end) ② 이루다, 성취하다(fulfill, accomplish)의 뜻을 지니고 있다. 그러므로 'τέλος νόμου/텔로스 노무'를 '율법의 종결' 또는 '율법의 성취'로 번역할 수 있다. 전자는 율법과 복음의 단절을 명시하고, 후자는 율법과 복음의 연속성을 인정한다.

간단하지 않다. 이 구절에서 텔로스는 마침인가, 이룸인가, 아니면 둘 다를 뜻하는가? 이에 대한 답변은 세 가지 입장으로 정리된다.[23] 첫째 입장은 텔로스를 '종료' 또는 '폐기' 로 본다. 루터 신학의 영향 아래 있는 학자들은 대부분 첫 번째 입장을 따른다. 케제만(Ernst Kaesemann)에 따르면, "바울로는 아직은 율법과 복음의 변증법을 발전시키지 않았다. 그는 율법과 복음을 상호 배타적인 반명제로 보았다."[24] 여기서 율법과 그리스도는 대립 관계에 있다. 두 번째 입장은 텔로스를 '목표' 또는 '성취' 로 해석한다. 던은 바울이 사용한 텔로스가 목표를 의도할 가능성도 있다고 본다.[25] 캠벨(W. S. Campbell)[26] 및 바데나스(R. Badenas)[27]는 텔로스를 시간상의 종국이기보다는 목적론적인 방법으로 본다. 그리스도가 모든 사람들을 위하여 가져온 의는 율법이 지향하는 것과 동일하다는 것이다. 세 번째 견해는 이중적 의미로 받아들여, 텔로스에 '종료' 와 '성취' 의 뜻이 공존한다고 본다. 슈라이너(T. R. Schreiner)는 율법을 '도덕적 율법' 과 '제의적 율법' 으로 구분한다.[28] 제의법이 믿는 자들에게 더 이상 유효하지 않다는 의미에서, 그리스도는 율법의 마침이다. 그러나 율법의 도덕적 요구는 믿는 자에게

23) 서중석, 『바울신학 해석』(서울: 대한기독교서회, 2002), 105-106.

24) von Ernst Kaesemann, *An die Roemer Handbuch zum Neuen Testament*, 『로마서』, 한국신학연구소 편집부 옮김(서울: 한국신학연구소, 1982), 460.

25) James D. G. Dunn, *Romans 9-16*, 38B(Dallas, Texas: Word Books Publisher, 1988), 597.

26) W. S. Campbell, "Christ the End of the Law: Romans 10:4", in *Studia Biblica* 1978: III. *Papers on Paul and Other New Testament Author: Sixth International Congress on Biblical Studies*. Oxford, April 1978, E. A. Livingstone(ed.)(Sheffield: JSOT Press, 1979), 173-181. 서중석, 『바울서신 해석』, 111에서 재인용.

27) 바데나스에 따르면, "만일 이스라엘이 율법과 하나님의 의를 오해했다면, 그것은 이스라엘이 그리스도 안에서 모든 사람을 구원으로 인도하는 율법의 주요 목적을 성취한 메시아를 인지하는 데 실패했기 때문이다." R. Badenas, *Christ the End of the Law: Romans 10:4 in Pauline Perspective*(Scheffield: JSOT Press, 1985), 117.

28) T. R. Schreiner, "The Abolition and Fulfillment of the Law in Paul", *JSNT* 35(1985), 56.

여전히 유효하다는 의미에서, 그리스도는 율법의 완성이라는 것이다.[29] 서중석도 이중 의미를 지지한다. "율법의 행위가 아니라 그리스도에 대한 믿음이 하나님의 의에 이르는 유일한 통로라는 측면에서 그리스도는 그 배타적인 통로의 폐기이다. 동시에 바울이 이해한 율법의 목적, 곧 하나님의 포괄적인 의의 획득은 그리스도 안에서 구현되었기 때문에 그리스도는 율법의 목표라 할 수 있다."[30]

본문의 문맥을 고려하면, 10장 4절의 텔로스는 이중적 의미를 지니는 것으로 보인다. 한편으로 율법을 좁은 의미로 한정하는 경우에 그리스도는 종교적 행위와 관련된 율법을 종결시킨다. 전후 구절에서 하나님의 의에 이르는 두 가지 길, 곧 '믿음' 과 '행위' (9:32), '하나님의 의' 와 '자기 의' (10:3), '율법에 근거한 의' 와 '믿음에 근거한 의' (10:5, 6) 가 대립한다. 이러한 문맥에서 볼 때, 4절에서 '그리스도' 와 '율법' 이 대비되는 것으로 볼 수 있다. 여기서 율법은 '그리스도의 믿음' 과 대립하는 '율법의 행위' 로 한정된다. 다른 한편으로 10장 4절을 마태복음 5장 17절과 연결하여 읽는다면, 그리스도는 율법의 완성자임을 의미한다. 그리스도께서는 율법을 "폐하러 온 것이 아니라 완성하러 왔다." 하나님이 수여한 토라는 하나님의 의를 지향하고 있기 때문이다.

4. 율법의 완성(13:8-10)

마태복음 5장 21-48절은 구약의 율법에 대한 예수의 새로운 해석이다. 예수는 옛 율법을 부분적으로 심화하기도 하고(5:22, 28), 부분적으

29) Schreiner, "The Abolition and Fulfillment of the Law in Paul", 59, 66.
30) 서중석, 『바울신학 해석』, 120.

로 교정하거나 폐기하기도 한다(32, 34, 39, 44절). 유대의 전통을 중시하는 마태복음은 예수가 율법을 폐기한 것이 아니라 완성하려는 것임을 보여 주려 한다(17절). 율법을 완성한다(πληρώσαι/플레로사이)는 것은 율법을 종결하는 것이 아니라, 재해석하고 회복한다는 것을 의미한다. 여기서 "계명"(ἐντολή/엔톨레, 19절)은 "율법"(νόμος/노모스, 17, 18절)과 동의어로 사용된다. 본문은 유대의 전통에 따라서 율법/계명과 의로움을 연결한다(20절). 의로움의 기준은 '하나님 사랑'과 '이웃 사랑'이다(22:37-39). 사랑은 율법을 완성한다. 이것이 율법과 예언서의 본뜻이다(40절).

율법을 완성한다는 주제는 갈라디아서에도 나타난다. 바울이 강조하는 것은 "사랑으로써 역사하는 믿음"(갈 5:6)이다. "모든 율법은 '네 이웃을 네 몸과 같이 사랑하여라' 하신 한 마디 말씀에 다 들어 있습니다"(새번역 5:14). 율법은 그리스도의 법과 연결된다. "여러분은 서로 남의 짐을 져 주십시오. 그렇게 하면 여러분이 그리스도의 법을 성취하실 것입니다"(새번역 6:2). '그리스도의 법을 성취한다'는 것은 무슨 의미인가? 홍인규는 '율법 전체'(5:3)와 '온 율법'(5:14), 그리고 '그리스도의 법'(6:2)이 동일하게 모세의 율법(토라)을 가리킨다고 본다.[31] 율법을 성취한다는 진술은 "율법의 요구 사항들의 참된 목적이나 의도가 사랑을 통하여 완전히 만족된다"[32]는 것을 뜻한다.

바울은 행위가 배제된 믿음을 주장하지 않는다. 로마서 13장 8-10절에서 바울이 율법을 긍정하는 것을 더욱 분명하게 볼 수 있다. "서로 사랑하는 것 외에는 아무에게도 빚을 지지 마십시오. '간음하지 말라. 살

31) 홍인규, 『바울의 율법과 복음』(서울: 생명의 말씀사, 2002), 213, 218.
32) 위의 책, 221.

인하지 말아라. 도둑질하지 말라. 탐내지 말라' 하는 계명과, 그 밖에 또 다른 계명이 있을지라도, 모든 계명은 '네 이웃을 네 몸과 같이 사랑하여라' 하는 말씀에 요약되어 있습니다. 사랑은 이웃에게 해를 입히지 않습니다. 그러므로 사랑은 율법의 완성입니다"(새번역). 8절에서 바울은 서로 사랑하라는 예수님의 명령을 상기시키고, 이어서 9절에서 십계명을 비롯한 율법을 반드시 지킬 것을 요구한다. 그리고 10절에서 바울은 "사랑은 율법의 완성"이라고 선언한다. 여기서 말하는 율법은 하나님이 이스라엘에게 수여한 본래적인 율법(토라)을 가리킨다.

앞에서 살펴본 세 본문을 비교하면, 갈라디아서 6장 2절에 제시된 '그리스도의 법'과 로마서 13장 10절에 언급된 '율법'은 마태복음 5장 17절의 '율법'과 일맥상통한다. 이러한 구절들에서 '모세의 율법'과 '그리스도의 법'이 상충하지 않는다. 믿음은 사랑으로 역사하고, 사랑은 율법을 완성한다. 바울의 선포는 근본적으로 예수의 복음과 일치한다.

5. 신명기와 로마서

구약성서와 신약성서는 공통적으로 구원의 진리를 증언한다. 구약에도 은혜와 복음이 있고, 신약에도 율법과 계명이 있다. 예를 들면, 신명기는 하나님의 은혜로 말미암는 구원을 진술한다. 로마서는 복음을 믿고 계명을 지킬 것을 선언한다. 신명기 30장 11-14절과 로마서 10장 5-8절에서 모세의 율법은 바울의 복음과 만난다. 신명기 30장 6-8절은 야웨의 은총을 통한 구원을 진술한다. "야웨 너희의 하나님이 너희의 마음과 너희 자손의 마음에 할례를 베푸셔서 순종하는 마음을 주실 것이다"(30:6). '마음에 할례를 베푸심'은 예레미야가 선포한 '새 언약'

(렘 31:31)을 뜻하며, 에스겔에서 '새 영' 또는 '하나님의 영'을 마음에 둔다는 구절과 일치한다. "너희 속에 내 영을 두어, 너희가 나의 모든 율례대로 행동하게 하겠다. 그러면 너희가 내 모든 규례를 지키고 실천할 것이다"(새번역 겔 36:27). 새 언약을 상징하는 '마음의 할례'와 '마음에 둔 새 영'은 율법에 대한 순종을 가능하게 한다. 은혜로 말미암은 마음의 변화로 인간은 하나님이 원하시는 방식으로 살아갈 수 있다.

로마서는 '율법으로 말미암는 의'(10:5)와 '믿음으로 말미암는 의'(10:6)를 비교한다. 전자는 제의적인 규정들을 지킴으로써 스스로 의로움을 얻고자 하는 율법주의를 가리킨다. 반면에 후자는 하나님의 은혜로 말미암아 믿음으로 얻는 의로움을 뜻한다. 바울은 로마서 10장 6-8절에서 신명기 30장 12-14절을 인용하면서, 율법 준수를 '복음'으로 해석한다. 모세가 반포한 '하나님의 말씀'(신 30:14)은 바울이 전파하는 '믿음의 말씀'(롬 10:8)과 일치한다. 실로 내면화된 명령/율법은 '믿음의 말씀', 곧 '복음'(10:16)이다. 신명기 30장 6-8절에 나오는 마음의 할례는 그리스도 사건에 상응한다. 바울은 율법에 관한 신명기 30장 12-14절의 언급이 그리스도를 가리키는 것이라고 해석한다. 그런 뜻에서 브라울리크(Georg Braulik)는 '마음의 할례'가 신학적으로 '칭의'(Rechtfertigung)를 의미한다고 본다.[33]

언약은 율법을 배제하지 않는다. 옛 언약과 마찬가지로, 새 언약의 중심에 율법이 자리한다. 하나님은 새 언약을 통하여 이스라엘과 새로운 관계를 맺으셨다. 새 언약 안에서 율법은 하나님과 함께 살아가는 길이다. 만약에 내 스스로의 힘으로 율법을 지키고자 한다면, 율법은

---

33) Georg Braulik, "Gesetz als Evangelium: Rechtfertigung und Begnadigung nach der deuteronomischen Tora", in *Studien zur Theologie des Deuteronomiums*(Stuttgart: Verlag Katholisches Bibelwerk GmbH, 1985), 157.

인간을 속박하는 멍에가 된다. 그러나 '그리스도 안에서' 또는 '성령을 따라' 율법에 순종하면, 율법은 생명과 자유의 길이다. 야웨의 은총으로 이스라엘은 회개하고 율법에 순종할 수 있었다. 마음에 할례를 받아 율법에 순종하는 것은 믿음에 근거한 의가 된다. 그러므로 신명기의 메시지와 로마서의 복음이 근본적으로 일치한다.[34)]

Ⅲ. 결론

로마 제국의 정책에 의해 기원후 49년에 로마에서 유대인들이 추방된 사건은 로마 교회에 변화를 가져왔다. 유대교의 전통을 고수하려는 보수적인 입장을 견지하는 유대계 신자(약한 자)와 율법에 대하여 비교적 자유로운 견해를 지닌 이방계 신자(강한 자) 사이에 알력이 발생했다. 교회의 지도력과 연관된 집단 간의 주도권 다툼으로 유대인 신자와 이방인 신자 사이에 발생한 갈등에 당면하여, 두 집단의 화해를 도모하고 공동체의 일치를 목적으로 바울은 칭의론을 개진한다. 의로움의 근거를 율법 준수에 두는 유대교와는 달리, 바울은 선교 전략의 차원에서 의로움의 근거로 믿음을 내세운다. 유대인이든지 이방인이든지 누구나 평등하게 믿음으로 의로움을 얻는다. 두 집단에게 공통적으로 적용되는 '믿음' 을 강조하다 보니, 상대적으로 '율법' 을 부정적으로 진술한 것이다. 그러나 바울이 율법 자체를 부정한 것은 아니다. 다음과 같은 본문들에서 율법의 긍정성을 발견할 수 있다.

34) Georg Braulik, "The Development of the Doctrine of Justification in the Redactional Strata of the Book of Deuteronomy", in *The Theology of Deutoronomy: Collected Essays of Georg Braulik*, O.S.B tr. Ulika Sindblad(Dallas: Bibal Press, 1994), 164.

로마서 3장 21-31절은 바울의 칭의론을 집약한다. 하나님의 의가 '율법' 외에 '믿음'을 통하여 나타났다. 여기서 부정적으로 묘사되는 '율법'(21절), '행위'(27절), '율법의 행위'(28절) 등은 제의법 내지 종교적 행위를 가리키는 용어들이다. 반면에 21절과 31절에 나오는 토라로서의 율법은 긍정적인 의미를 지닌다. 8장 1-11절은 '율법'과 '영'의 관계를 다룬다. 영은 율법의 목적과 기능을 회복한다. 죄가 율법을 악용하지만, 영은 율법을 통하여 하나님의 의를 추구한다. 율법은 영을 통하여 본래 기능을 회복하고 선한 목적을 달성한다. 10장 4절은 그리스도가 율법의 '종결'이자 율법의 '성취'라는 것을 선언한다. 그리스도는 종교적 행위에 집착하는 율법주의를 종결시키고, 율법의 본래적 의미와 목적을 회복하였다. 13장 8-10절은 율법을 적극적으로 권장한다. 바울은 행위가 배제된 믿음만을 주장하지 않는다. 로마서는 믿음으로 말미암는 의로움과 아울러 사랑의 실천으로 이루어지는 율법의 완성을 강조한다. 구약성서와 신약성서는 연속성을 지닌다. 신명기가 은혜를 증거하고, 로마서는 계명 실천을 권장한다. 야웨는 마음에 할례를 베풀고 마음에 새 영을 두심으로써, 야웨와 이스라엘은 새로운 언약을 맺는다. 하나님의 은혜로 말미암아 인간은 율법에 순종하게 된다. 율법 준수를 통하여 언약 관계를 유지한다.

요컨대 율법과 복음은 양자택일이 아니라 변증법적 관계에 있다. 로마서는 행위 없는 구원을 복음으로 규정하지 않는다. 율법을 세우는 믿음은 행함을 배제하지 않는다. 본래 율법은 선하고 거룩하다. 영은 율법의 본래성을 회복시킨다. 그리스도는 사랑으로 율법을 완성하신다. 그리스도 안에서 율법은 새롭게 작용한다. 새 언약의 빛에서 보면, 율법은 곧 복음이다.

14
하나님의 법 규정을 지키는 것이 사랑

전철민 박사(강남대 교수)

1. 법에 대한 바른 이해

법(law)의 개념은 광범위하다. 좁은 의미의 법은 외면성과 사회성을 위주로 하는 사회 통제(social control)를 위한 규범에 한정한다. 곧 사회법, 국가법이다. 그러나 넓은 의미의 법은 자연법, 양심법, 관습법, 윤리와 도덕법, 종교법 등을 망라한다. 우리는 자칫 법이 힘을 가지고 살아있을 뿐 아니라 어떤 사람도 법을 이길 수 없을 만큼 강력하다는 것을 간과할 수 있다. 하나님의 법이나 자연법뿐 아니라 사람이 만든 법도 사람보다 더 강하다. 적지 않은 경우에 많은 사람들이 이 사실을 모르고 살아서 그 법의 힘에 제약을 받아 갖가지 재난으로 고통을 겪는다.

상당수의 재난은 물과 불의 법칙을 어길 때 발생한다. 재난(災難)의 '災'는 물 '水'와 불 '火'로 구성되어 있다. 물과 불은 생존과 생활에 필수적인 물질이다. 그러나 이 물과 불이 지닌 성질의 법칙을 어기면

물에 침몰되고 불에 타서 화상을 입거나 죽게 되며 생명과 재산에 손상을 입는다. 세월호 참사는 물의 힘을 무시했기 때문에 일어났고, 매일 같이 일어나는 수많은 화재 사건은 불이 지닌 힘의 법을 간과하여 발생한다.

눈에 보이지 않으나 모든 사람에게 항상 보편적으로 작용하는 가장 강력한 법이 있는데 그것은 다름 아닌 '죄의 법' 이다. 필자가 알기로 '죄의 법' 을 가장 깊이 드러내고 있는 것은 하나님의 말씀인 성경이다. 로마서 7장 23절에서는 "내 지체 속에서 한 다른 법이 내 마음의 법과 싸워 내 지체 속에 있는 '죄의 법' 으로 나를 사로잡는 것을 보는도다!" 라고 하였다. 죄는 법과 같이 체계를 이루고 있다. 바늘도둑과 소도둑은 분리되어 있지 않다. 바늘도둑이 소도둑 된다. 십계명이 하나님께서 모세를 통하여 주신 10개의 법조문으로 한 덩어리로 체계를 이루고 있듯이 1-4, 5-10계명들을 어기는 죄들도 분리된 개체가 아니라 한 덩어리이다. 죄가 거대한 한 덩어리로 법처럼 강력한 힘을 가지고 "견고한 진" (고후 10:4)을 형성하고 있기 때문에 불행하게도 아담 이래 그 어떤 사람이나 집단도 이 죄의 법과 싸워 이길 수 없었고 늘 처참하게 패배했다. 유일한 예외가 하나님의 아들 예수 그리스도이시다.

사도 바울은 부활하신 예수 그리스도를 만나서 회개하고 성령의 충만을 받은 후 3년간 아라비아에서 주님과 깊은 교제로 깊은 영성과 강력한 믿음을 소유하게 되었다. 그러한 그였지만 "내 속사람으로는 하나님의 법을 즐거워하되 내 지체 속에서 한 다른 법이 내 마음의 법과 싸워 내 지체 속에 있는 죄의 법으로 나를 사로잡는 것을 보는도다! 오호라 나는 곤고한 사람이로다. 이 사망의 몸에서 누가 나를 건져내랴?" (롬 7:22-23)라고 한탄하였다. 바울의 속사람은 하나님의 법을 지니고 그 법을 기뻐하며 그 법을 따라 살려고 하였으나 자기 지체, 곧 겉사람 속에 내재한 죄의 법이 하나님의 법을 따르려는 마음의 법을 대적하여 자기를 속박한 것이다. 죄의 법이 얼마나 강력한가! 그 법은 바울과 같은 사람도 사망으로 끌고 갈 만큼 강하였다. 이 부분은 바울의 중생 이전의 상태가 아니라 로마서를 쓰고 있는 당시의 현재형으로 기술되어 있다.

그러나 그는 다음 순간에 "우리 주 예수 그리스도로 말미암아 하나님께 감사하리로다! 그런즉 내 자신이 마음으로는 하나님의 법을 육신으로는 죄의 법을 섬기노라"(25절) 하며 기쁨의 탄성을 외친다. '죄의 법'이 그토록 강력한 것은 그 자체의 힘에 마귀의 역사가 함께하기 때문이며, 그래서 육신을 입은 사람이 그 힘을 이기기 어려운 것이다. 그러나 하나님의 아들이 오신 것은 마귀의 일을 멸하기 위함이기에(요일 3:8) 주 예수 그리스도를 의지할 때 '죄의 법'을 이기고 승리한다.

법에 대한 그릇된 이해는 법의 힘을 경시하고 사람의 힘으로 그 법을 이길 수 있다는 착각에서 시작된다. 우리는 위에서 관습의 법을 보았는데 어떤 행위가 반복될 때 그것이 습관이 되고 그 습관은 제2의 천성이 되어 우리를 지배한다. 흡연, 술, 특정 음료, 게임 등의 중독 현상이 그러하다. 이 습관이 집단의 지속적 행위가 될 때 관습이 되고 그것이 하나의 법으로 계속해서 힘을 발휘한다. 이 글에서는 법의 무서움을 간과하여 불법 행위가 관습화된 대한민국 사회와 교회의 불법적이고 무법적인 현상을 고찰하면서 그 근본 원인을 찾아보고 해결책을 모색해 볼 것이다.

2. 한국 사회의 무법 현상

한국 교회가 몸담고 있는 대한민국이라는 나라는 엄청난 역동성을 지닌 국가다. 1997년 말에 불어닥쳤던 환란을 빠른 기간 내에 극복했을 뿐 아니라, 2008년 미국에서 시작하여 세계적으로 급속히 확산된 국제 금융 위기를 그 어느 나라보다도 먼저 벗어나고 있다. 반도체, TV, 조선, 휴대폰, 자동차 등에서 주변국을 누르고 괄목할 상승세를 보인다. 세월호 사건 여파로 내수 부진을 비롯한 청년 실업 문제 등 여전히 어두운 그림자가 있기는 하지만, 상당수의 나라들이 경제적으로 중병을 앓고 있는데도 이 나라는 지난 7월 경상수지 흑자가 79억 1천만 달러로, 29개월 연속 흑자 행진을 기록하고 있다.

그러나 그와는 달리 심각한 부정적 현상이 전 사회에 퍼져서 쉽사리 고쳐질 것 같지 않은 것이 있다. 다름 아닌 무법 현상이다. 교통법규를 제대로 지키는 운전자를 만나 보기가 어렵다. 고르고 골라 뽑았을 국무위원 내정자들 중 국회 청문회에서 범법 행위가 밝혀지지 않은 인물이 거의 없다. 그들의 비리를 신랄하게 지적하는 국회의원들은 어떠한가? 그 장면들을 지켜보는 방청객들과 뉴스로 그러한 모습을 접하는 일반 시민들의 준법 의식은 또 어떠한가? 사회 각계각층 전반에 걸쳐서 불법적이고 무법적인 현상이 점점 더 만연해지고 있다는 사실을 부인할 사람이 있을까?

세월호 참사는 결코 우연히 일어난 것이 아니다. 고질적인 무법 현상이 표출된 것이다. 세월호가 침몰되어 수많은 고귀한 목숨들이 참혹한 죽음에 처해지기까지 수많은 과정이 있는데, 큼직한 과정만 열거해 보면 다음과 같다.

낡은 선박 도입 - 무리하게 선실 증축 - 세월호가 항해하는 동안 선체가 안전하지 않고 위험을 느껴서 그 배에 승무원으로 있었던 사람들이 떠나곤 했던 일들 - 한 승무원이 침몰 수개월 전에 위험한 상태를 고발했지만 묵살당함 - 인천에서 출항 당일 평형수(平衡水)를 상당수 빼고 과적함 - 갑판에 실어서는 결코 안 되는 컨테이너를 실음 - 울돌목 다음으로 유속이 빠르다는 맹골수도를 미숙한 3등 항해사에게 맡기고 선장이 딴짓한 것 - 진도해상교통관제센터(VTS)의 태만 - 사고 후 뒤늦게 제주관제센터로 조난 신고 등.

이 일련의 과정에서 청해진의 실질적인 선주와 승무원 및 해당 관청이 단 한 번이라도 법 규정을 지켰으면 결코 발생하지 않았을 사건이었다. 그리고 침몰이 시작되었을 때 즉시 선내 방송으로 승객들을 대피시켰더라면, 또 구조 해경이 신속이 도착하여 승객들 구조를 위해 선미로 접근하였더라면, 구명정이 제대로 작동했더라면 거의 다 구출했을 가능성이 높았을 것이다. 참으로 통탄할 일이 아닐 수 없다. 이 사건은 한마디로 돈 때문에 법 규정을 어겨서 일어난 것이다. 수많은 과정 중 단 한 차례만 규정을 지켰어도 이토록 오랫동안 유가족들과 온 나라가 심적 · 경제적 고통을 겪지 않았을 것이다. 그런데 더 기가 막힌 것은 그 후로도 보통 때보다 더 많은 사고들이 계속해서 일어나고 있다는 사실이다. 이 무법 현상을 치유할 길은 무엇인가? 교회가 이를 해결하기 위해 앞장서야 할 텐데, 오히려 더 심각한 무법의 회오리 속에서 헤어 나오지 못하고 점점 더 깊이 빠져들고 있지는 않은가?

3. 한국 교회의 무법 현상

오늘날 교회, 특히 한국 교회는 무법선을 타고 맹골수도보다 더 거센 울돌목 같은 수로에 빠져들고 있다. 교회가 무법 행위를 한다고 할 때 두 측면이 있다. 한 면은 교회에 속한 교인이 사회에 나가서 세상 사람들과 똑같이 불법을 저지르고 무법적으로 사는 것이다. 다른 한 면은 교회 내적으로 하나님의 법을 무시하고 자연법과 세상 법도 도외시하는 행태다. 한국 사회에 4~5명 중 한 사람이 그리스도인인데 사회 질서가 이렇게 혼란스러운 이유가 무엇일까? 그것은 두말할 것 없이 교인들이 세상과 짝하여 세상의 풍조를 따라 살고 있기 때문이다. 우리가 세상과 벗이 되면 하나님과 원수가 된다(약 4:4). 하나님의 법을 따라 살지 않기 때문이다. 하나님의 말씀과 성령의 법을 따라 살지 않으니 "성령이 시기하기까지" 하신다(5절).

교회 내의 무법 현상 중 몇 가지를 언급하면, 목회자를 청빙할 때나 사임을 받아들일 때 정당한 절차를 거치지 않아 종종 심각한 갈등을 표출하는 교회들이 적지 않다. 그리고 부총회장 선거 등에서 불법적인 사례들을 수없이 저질러 일반 사회의 선거보다 더 부끄러운 모습을 보인 것은 어제오늘의 일이 아니다. 한 교단 부총회장 선거에서 선거 자금으로 10~30억을 쓰고서도 떨어졌다는 소리들이 들린다. 교회의 크고 작은 결정 사항들은 말씀에 근거하고 기도 가운데에 정당한 절차를 밟아 이루어져야 한다. 달리 말하면, 성령의 인도하심 아래 모든 일들을 진행해야 한다. 그런데 인간적인 생각에 따라 교회의 중요한 일들을 결정하는 경우가 많다. 성령의 인도하심을 모른다면 율법(긍정적 의미에서)을 따라야 하고, 그것도 모르면 상식대로라도 행하여야 할 것이다.

교회가 상식도 통하지 않는 무법적인 집단의 모습을 보여 온 것을 역사는 알고 있다. 저 유대교인들이 상식이라도 지켰더라면 그렇게 대망하던 메시아를 자기들이 가장 멸시하던 이방인(로마인)의 손에 넘겨 십자가에 못 박지 않았을 것이다.

오늘 우리 개신교회가 일곱 촛대 사이를 거니시는 주님을 다시 십자가에 못 박으려 하고 있지는 않은가? 그리스도인들이 먼저 교회 안에서 법 규정을 지키고 사회에 나가서 각자의 자리에서 법을 따라 산다면 무법적이고 불법적인 현상들이 점차 사라지고 공의가 시행되면서 서로 사랑하는 풍조가 자리 잡을 것이다. 그러기 위해서는 어떤 조치들이 이루어져야 할까?

4. 기강을 바로잡아야 한다

무엇보다 먼저 교회 안에서 기강(紀綱)을 바로잡아야 한다. 가정과 학교, 군대와 직장, 그리고 사회와 국가 전반에 걸쳐서 기강이 무너졌다. 그 모든 영역에서 기강이 무너진 일차적인 책임이 교회에 있다. 교회의 지도층 곧 목회자들에게 책임이 있는 것이다.

'기강'이란 무엇인가? 사전에 의하면, "으뜸이 되는 중요한 규율과 질서"를 말한다. 기강의 '紀'와 '綱' 모두 '벼리'를 가리키고, '벼리'는 어망(漁網)의 '그물코를 꿴 굵은 줄'이다. 그물의 핵심은 그물코가 아니라 그 그물코들을 꿴 굵은 줄이다. 이 줄에 그물코들이 매달려 있어야 그물망이 제 역할을 할 수 있다. 다시 말하면, 한 그물코 한 그물코는 이 벼리에 묶여 있어야 제 힘을 발휘하는 것이다. 어부들이 그물

속에 든 물고기를 건져 올릴 때 이 벼리를 잡고 끌어올려야 그물코들이 얽히거나 찢어지는 것을 막을 수 있는 것이다.

법을 구체적으로 법망(法網)이라고 한다. 법만 있고 망(網, 그물, 규정들)이 없으면 몸만 있고 손발이 없는 것과 같아서 법은 무용지물이 된다. 어떤 이는 동양에서는 법(法)이라는 말만 주로 사용하지만 서구인들은 반드시 '법의 규정' (the rule of law)을 함께 말한다고 한다. Webster' s New World Dictionary에 의하면, 법(law)은 "어떤 주어진 공동체나 국가 또는 어떤 다른 집단의 권위나 입법 또는 관습에 의해 제정되고 강제된 모든 규정들"(all the rules of conduct established and enforced by the authority, legislation, or custom of a given community, state, or other group)이다. 이전에는 법망이라는 표현을 자주 사용하였다. 법이 'law' 라면 망은 'rules' 이다. 법이 기강으로 바로 서서 각종 규정들을 잘 잡아 주어야 공동체가 살아난다.

5. 교회의 기강이란 무엇인가?

교회와 기강이라는 단어는 전혀 어울리지 않는 것 같다. 기강이라는 말은 학교나 군대나 운동선수들, 공직 사회, 교도소 등에서나 필요하고 어울리는 것으로 여길 수 있다. 그러나 이러한 느낌을 가지는 자체가 교회가 교회다움을 잃어버리고 부패하고 무질서한 집단이 되어 있다는 것을 반증한다.

사도 바울은 고린도 교회가 교회로서 당연히 지켜야 할 기강을 상실했다는 말을 글로에의 집 편으로 들은 후(고전 1:11) 가슴에 사랑을 품고 있으면서도 엄한 태도로 책망하는 편지를 써서 보냈다. 그들이 잘못된 것은 첫째로 '분쟁' 이었다. 분쟁의 원인은 교인들이 바울파, 아볼로파, 게바파, 그리고 그리스도파로 분열되어 있었기 때문이었다. 십자가의 도(logos), 곧 십자가의 법을 따르지 않고 육체를 따르며 세상을 따라 살면서 성령을 외면하고, 인간의 지혜를 좇아서 사람을 자랑하며, 그리스도의 사람이 아니라 바울의 사람, 아볼로의 사람, 베드로의 사람, 그리스도의 사람(이들도 진정한 그리스도의 사람들인지 불분명함)이 되어서 각자가 하나님의 자녀요 그리스도의 사람이면서 성령이 거하시는 성전이 된 것을 알지 못하여 그 성전을 파괴하고 있었다. 바울은 돌이키지 아니하면 하나님이 그 사람을 멸하실 것이라고 경고한다(3:17).

오늘날 수많은 교회들 안에서 그리스도의 사람으로서 성령을 따르지 않고, 힘 있는 사람을 중심으로 인맥을 형성하는 현상이 보편화되어 있지는 않은가? 고린도 교회에는 교만하여 남을 판단하는 자들도 있었다. 바울은 그들을 향하여 "내가 매를 가지고 너희에게 나아가랴? 사랑과 온유한 마음(영)으로 나아가랴"(4:21) 하고 엄하게 말했다. 지금 주께서 우리에게 이렇게 말씀하고 계시지 않을까?

심지어 고린도 교회에는 성적으로 타락한 자들도 있었다. 로마 가톨릭 사제들을 비롯하여 한국 교회 지도자들과 평신도들 중 많은 자들이 그러한 죄에 빠져서 헤어 나오지 못하고 있을지 모른다. 바울은 음행하는 자들, 탐하는 자들이나 우상 숭배자들을 교회 안에서 내쫓으라고 언급한다(5:13).

12-14장은 은사 문제를 다룬다. 고린도 교회에는 영적 은사를 지닌 자들이 많았다. 그런데 서로 다른 은사를 지닌 자들이 갈등과 분열을

일으켰다. 어떤 은사가 더 좋고 높은지, 방언 은사를 받지 않았다면 성령을 받지 않았다는 식의 다툼이 있었다. 그래서 바울은 "다 방언을 말하는 자이겠느냐?"(12:30)라고 질문한다. 그리고 영적 은사는 그리스도의 몸 곧 교회의 유익을 위해 일하라고 성령께서 그 뜻대로 나누어 주시는 것이라고 하면서 '한 몸'을 강조한다. "더 약하게 보이는 몸의 지체가 도리어 요긴하고…덜 귀히 여기는 그것들을 더욱 귀한 것들로 입혀 주며 우리의 아름답지 못한 지체는 더욱 아름다운 것을 얻느니라"(22-23절). 그러면서 더욱 큰 은사를 사모하라고 권면하는데 그것은 '가장 좋은 길'로서 '사랑의 은사'다(13장). 그런데 대다수의 사람들은 사랑의 은사를 구하지 않는다. 왜냐하면 사랑한다는 것은 수고로운 일이며 인내가 필요하고 자기의 유익을 추구하지 않는 것이기 때문이다. 사랑하는 자가 성숙한 자이다(13:11). 14장은 방언의 은사보다는 말씀(예언)의 은사를 더 귀하게 여기라고 하면서 "모든 것을 품위 있게 하고 질서 있게 하라"고 명한다(14:39-40).

다음으로 바울은 15장에서 부활에 관하여 많은 분량을 할애한다. 그는 먼저 그리스도께서 우리 죄를 위하여 죽으시고 장사 지낸 바 되셨다가 사흘 만에 다시 살아나셔서 게바에게, 열두 제자에게, 일시에 5백여 형제에게, 그 후 야고보에게, 그리고 마지막으로 자기에게 보이셨다고 밝힌다. 그런 다음에 그리스도께서 부활하시지 않았다면 우리의 부활도 없을 것이고, 부활이 없다면 복음 전파가 헛것이요 우리 믿음도 헛것일 뿐 아니라 우리가 하나님의 거짓 증인으로 드러날 것이라고 강조한다(15:13-15). 바울은 그리스도 안에서 부활할 것을 믿기 때문에 그리스도의 복음 전파를 위해 항상 기꺼이 위험을 무릅쓰고, "나는 날마다 죽노라"(30-31절)고 간증한다. 믿는 자들 중에 악하여 선한 행실을 더

럽히는 자들은 부활 신앙이 분명하지 않기 때문이기에 "깨어 의(義)를 행하고 죄를 짓지 말라"고 권면한다. 부활을 믿지 않는 자들은 하나님을 알지 못하는 자들로서 수치스러운 자들이다(34절).

마지막으로 16장에서 바울은 "깨어 믿음에 굳게 서서 남자답게 강건하라. 너희 모든 일은 사랑으로 행하라"(16:13-14)고 권고한다. 그리고 "우리 주여 오시옵소서! 주 예수 그리스도의 은혜가 너희와 함께 하고 나의 사랑이 그리스도 예수 안에서 너희 무리와 함께 할지어다"(22-24절) 하며 편지를 마감한다.

이제 우리는 고린도 교회의 교회다움을 상실한 모습을 듣고 사도 바울이 성령으로 주님을 대신하여 편지한 내용의 요강(要綱)을 통하여 오늘 우리 교회의 모습을 돌아보면서 바로 세워야 할 기강이 무엇인지 말할 수 있다.

첫째로, 하나 됨, 곧 일치가 교회 기강의 바탕이다. 분쟁의 주요 요인은 인맥이다. 교회 내에서 혈연, 지연, 학연, 직장연이나 사업연뿐 아니라 신앙연(信仰緣)이라도 인간적인 연고(緣故)로 친소 관계를 형성하면 그리스도의 몸을 분열시키는 중대한 범죄 행위가 된다. 은사주의, 성과주의 등도 갈등과 분쟁을 조장한다. 주 예수께서 "주의 이름으로 선지자 노릇 하며, 주의 이름으로 귀신을 쫓아내며, 주의 이름으로 많은 권능을 행한 자들"(마 7:22)을 향하여 "내가 너희를 도무지 알지 못하니 불법을 행하는 자들아 내게서 떠나가라"(23절)고 하신 까닭은 그들이 주님의 십자가와 부활의 은혜로 주님 앞에 서지 않고 자기들이 받은 은사로 이룬 업적을 가지고 주님 앞에 섰기 때문일 것이다. 주님의 입장에서 그것은 명백한 불법 행위이다. 사람을 내세우고 사람의 행위를 내세우면 결코 일치를 이룰 수 없다. 일치가 안 된 교회는 그리스도의 온전한 몸이라 할 수 없는 것이다.

둘째로, 십자가 신앙과 부활 신앙이 기강이 되어야 한다. 고린도 교회가 사람 위주, 은사와 성과 위주로 분쟁을 일으킨 것은 십자가와 부활의 신앙이 약화되었기 때문이다. 십자가 신앙이란 그리스도의 십자가에서 내가 함께 죽었고 함께 장사되었으며 함께 부활하였음을 믿고, 그 부활에 참여하기 위하여 날마다 나를 죽이고 내 안에 부활의 주님이 살아 역사하도록 하는 믿음이다. 몰트만의 표현을 빌리면 '십자가와 부활' 이 아니라, '십자가의 부활' 이며 '부활의 십자가' 이다. 이를 수학기호로 표현하면 '십자가+부활' 이 아니라 '십자가×부활' 또는 '부활×십자가' 이다. 둘은 결코 분리할 수 없는 하나이다. 그물의 벼리는 한 줄인데 두 끝이 있다. 한 끝은 기(紀)이고 다른 끝은 강(綱)이다. 어느 한 끝만 당기면 잡았던 물고기들이 다 빠져나가고 만다. 십자가에만 치중하거나 부활에만 치중하는 교회들이 있는데 둘 다 온전치 않다. 오늘의 교회들은 십자가와 부활 이 두 기강이 다 무너져 버리지 않았는지 모르겠다.

마지막으로, 사랑의 기강이 서야 한다. 일치와 십자가×부활 신앙이 살아 있다 하더라도 사랑이 없으면 아무것도 아니다. 그런데 이 사랑은 혈육의 사랑(storge)이나 친구 간의 사랑(philia)나 남녀 간의 사랑(eros)이 아니라 하나님의 사랑(agape)이다. 이 아가페는 공의를 품은 거룩한 사랑이다. 공의가 없는 사랑은 참된 사랑이 아니다. 그리고 이 사랑은 '하나님을 사랑하는 것' 과 동시에 '이웃을 향한 사랑' 이다. 예수께서는 이 두 사랑의 계명을 "온 율법과 선지자의 강령"(綱領)이라고 하셨다(마 22:40). 강령으로 번역된 원어는 '크레만누미'(kremannumi)로서 '~에 달려 있다'(hang up, suspend)는 뜻이니, 구약의 모든 율법 조항들과 선지자들의 말씀들이 이 두 계명(신 6:5; 레 19:18)에 매달려 있는 것이다. 마치 기강에 그물망들이 달려 있듯이 말이다. 기강(강령)이 서지 않으면 아무리 촘촘한 법망을 지니고 있어도 소용이 없다. 그러므로 그리스도의 교회에서 아무리 많은 예배를 드리고 수많은 활동을 하며 봉사한다고 하더라도 '하나님 사랑'과 '이웃 사랑'의 실천이 없다면 기강이 무너져서 짠맛을 잃은 소금처럼 밖에 버려져 사람들에게 짓밟힌다. 이제 어떻게 해야 다시 기강을 바로 세울 수 있을까?

6. 마음을 다하고 목숨을 다하고 뜻을 다하여 법 규정을 지켜 행하자

우리가 알게 모르게 크게 오해하는 것이 있다. 다름 아닌 사랑과 법의 관계이다. 사랑과 법은 결단코 상반된 관계가 아니다. 에덴동산에서 하나님께서 "선악을 알게 하는 나무의 열매는 먹지 말라"(창 2:17)고 명령하신 그 첫 계명을 하와와 아담은 자기들을 참으로 사랑하시지 않기 때문에 금하신 것으로 오해했을 것이다. 그 이후로 동서고금을 막론하고 모든 사람들은 법은 사랑과 반대되는 것이거나 제한하는 것으로 여겨서 할 수만 있으면 어기려고 한다. 그러나 사실은 하나님께서 주신 법 규정들은 우리를 진정 사랑하시기 때문에 주신 것이다.

너무나 엄격하여 두려운 구약성경의 율례들 속을 자세히 들여다보면 하나님의 은혜와 사랑이 깊이 숨어 있다. 그 속에 고이 숨겨진 두 계명이 바로 '하나님 사랑'(신 6:5)과 '이웃 사랑'(레 19:18)이다. 앞에서 고찰한 대로 구약에 기록된 수백 가지가 넘는 율례들과 선지자들의 글들이 모두 이 두 기강(紀綱, 계명)에 매달려 있는 그물망들이니, 모든 계명들은 사랑의 보석들인 것이다. 야고보는 이를 "자유하게 하는 온전한 율법"(약 1:25)이라고 표현한다. 바울의 말대로 우리가 육신에 있을 때는 율법이 우리를 정죄하고 구속하며 죽이지만 그리스도 예수 안에 있는 생명의 성령의 법이 우리 안에 임하면 그 모든 계명들은 우리를 자유하게 하고 기쁘게 하고 즐겁게 하는 사랑의 양식들이다. 하나님의 영이 충만했던 시인은 주의 계명들을 즐거워한다는 말을 일곱 번이나 읊조릴 뿐 아니라(시 119:14, 16, 35, 47, 70, 162, 174), "주의 말씀의 맛이 내게 어찌 그리 단지요 내 입에 꿀보다 더 다니이다"(103절)라며 감격스러워한다.

예수께서 말세에 일어날 징조를 말씀하시는 중에 "불법이 성하므로 많은 사람의 사랑이 식어지리라"(마 24:12)고 하셨다. 이 말씀은 불법과 사랑이 반비례한다는 뜻이니 법은 사랑과 비례한다는 의미이다. 달리 말하면, 법을 존중하여 지키고 행하는 것이 곧 사랑인 것이다. 또한 "너희가 나를 사랑하면 나의 계명을 지키리라"(요 14:15)고 하셨다. 우리가 주님을 사랑하면 그분의 말씀을 기쁘게 따른다. "나의 계명을 지키는 자라야 나를 사랑하는 자니 나를 사랑하는 자는 내 아버지께 사랑을 받을 것이요 나도 그를 사랑하여 그에게 나를 나타내리라"(21절). 하나님을 사랑한다는 것은 무엇인가? 하나님의 계명을 기뻐하여 준행하는 것이다. 그런데 주님을 사랑한다고 하면서 왜 법 규정들을 지키지 않는가? 그 까닭을 몇 가지 살펴보자.

1) 그리스도의 생명이 없기 때문이다

그리스도의 생명이 없는, 거듭나지 못한 사람은 근원적으로 하나님의 법을 지킬 능력도 없을 뿐 아니라 알지도 못한다. “육신에 있는 자들은 하나님의 법에 굴복치 아니할 뿐 아니라 할 수도 없음이라”(롬 8:7). 회개하고 예수 그리스도를 마음에 영접하라(요 1:12). 그리하면 그리스도의 새 생명이 성령과 함께 당신의 심령에 임하실 것이다.

2) 세상을 사랑하기 때문이다

그리스도의 생명은 소유했지만 세상을 사랑하여 십자가의 삶을 버리는 사람들이 있다. “그리스도로 말미암아 세상이 나를 대하여 십자가에 못 박히고 내가 또한 세상을 대하여 그러하니라”(갈 6:14). 십자가의 법이 곧 그리스도의 법이다(고전 1:18-25). “누구든지 세상과 벗이 되고자 하는 자는 스스로 하나님과 원수 되는 것이니라”(약 4:4). “내 사랑하는 형제들아 속지 말라. 온갖 좋은 은사와 온전한 선물이 다 위로부터 빛들의 아버지께로부터 내려오나니”(1:17).

3) 천국에 대한 소망이 분명치 않기 때문에 법을 어긴다

“너희가 그리스도와 함께 살리심을 받았으면 위엣 것을 찾으라”(골 3:1). 롯은 아브라함과 달리 하늘에 있는 본향(히 11:16)에 대한 소망이 없었기에 현세의 이익을 좇아 불법의 성 소돔으로 들어갔다. 그러나 아브라함과 이삭과 야곱은 이 세상은 타국이라고 인식했다. “더 나은 본향을 사모하니 곧 하늘에 있는 것이라. 이러므로 하나님이 그들의 하나님이라 일컬음 받으심을 부끄러워하지 아니하시고 그들을 위하여 한 성을 예비하셨느니라"(16절). 하나님은 천국을 믿지 않는 사람에게 그 사람의 하나님이라고 불리는 것을 수치스럽게 여기신다.

4) 자기 유익 곧 자기 사랑 때문이다

"때가 이르리니 사람이 바른 교훈을 받지 아니하며 귀가 가려워서 자기의 사욕을 좇을 스승을 많이 두고 또 그 귀를 진리에서 돌이켜 허탄한 이야기를 좇으리라"(딤후 4:3-4). 그리스도를 위한 고난을 회피하지 말자. "믿음으로 모세는 장성하여 바로의 공주의 아들이라 칭함 받기를 거절하고, 도리어 하나님의 백성과 함께 고난 받기를 잠시 죄악의 낙을 누리는 것보다 더 좋아하고, 그리스도를 위하여 받는 수모를 애굽의 모든 보화보다 더 큰 재물로 여겼으니 이는 상 주심을 바라봄이라"(히 11:24-26). 성령을 의지하여 모세보다 더 주님을 위해 헌신하자.

5) 은혜와 사랑과 용서에 대한 오해 때문이다

"은혜를 더하게 하려고 죄에 거하겠느뇨?"(롬 6:1) 이 말은 '은혜를 핑계로 법을 어기겠느냐?'는 말과 상통한다. 그리스도의 은혜와 용서와 그 크신 사랑을 역이용하여 죄를 짓고 법을 어기기를 함부로 하는 자들을 향한 경고다. 이는 공의 위에 사랑이 서 있고 율법 속에 은혜가 들어 있고 형벌 가운데에 용서가 있는 것을 모르는 무지에서 유래한다. 그리스도의 그 참담한 십자가를 바라보면서 "떨며 범죄하지 말지어다"(시 4:4)라는 말씀을 심령에 깊이 새겨야 하겠다.

6) 법에 대한 오해와 경시 때문이다

"마땅히 두려워할 자를 내가 너희에게 보이리니 곧 죽인 후에 또한 지옥에 던져 넣는 권세 있는 그를 두려워하라 내가 참으로 너희에게 이르노니 그를 두려워하라"(눅 12:5). 하나님은 참으로 두려우신 분이다. 그러므로 하나님의 법도 두려워하지 않으면 안 된다. 이제부터 결단코 법을 가볍게 여기지 말고 마음으로 존중하여 기쁘게 지키기에 힘쓰자.

7) 하나님의 법과 사람들이 만든 법은 관계가 없다는 생각 때문이다

우리는 모든 법이 최고의 입법자이신 하나님의 권위와 사랑에 연결되어 있다는 진리에 무지해서 세상 법을 어긴다. 모든 불법은 죄다(요일 3:4). 불법은 하나님의 권위를 거역하는 것이며 무법적 언행은 하나님의 절대 주권을 무시하는 것이다. "악법도 법이다"(Dura lex, sed lex, 법은 가혹하나 그래도 법이다)는 말은 간단히 말할 수 없는 복합성을 지니고 있다. 어쩌면 지극히 선한 법이며 지고한 사랑의 법인 하나님의 법을 어긴 인류가 회개할 길은 악법을 순하게 받아들이는 모순된 과정을 거쳐야 할지 모른다. 르호보암의 독재를 수용하고 바벨론의 무지막지한 침공에 항복할 때 하나님의 법으로 돌아오는 길이 열릴 수 있다.

교회는 그리스도의 제자다. 제자는 스승이 가신 길을 따라 걸어가야 한다. 우리 주 예수 그리스도는 역사상 가장 불법적이며 무법적인 빌라도의 법정에서 가장 지독한 악법의 판결을 겸손과 인내로 받아들여 묵묵히 십자가를 지셨다. 이는 "위에서 주지 아니하셨더면 나를 해할 권세가 없었으리니"(요 19:11)라고 하신 말씀대로 주님은 빌라도의 무법적인 재판을 하나님의 권위 아래 있는 것으로 보고 순종하신 것이다.

교회와 성도는 교회 안에서나 사회에서 모든 법을 지키며 살아야 한다. 법 규정을 지키는 것이 십자가를 지키는 것이며 앞서 가신 주님을 따르는 사랑의 길이다. "하나님을 사랑하는 것은 이것이니 우리가 그의 계명들을 지키는 것이라 그의 계명들은 무거운 것이 아니로다"(요일 5:3). 단호하게 목숨을 걸고 지키려고 하면 성령께서 도와주신다.

"누구든지 나를 따라오려거든 자기를 부인하고 자기 십자가를 지고 나를 따를 것이니라"(마 16:24).

15
한국 개신교회 예배의 위기와 성서적 대안

한미라 박사(호서대 신학대학원장)

I. 예배 위기의 실상

1. 참석인가, 참여인가?

예배를 영어로 말할 때는 worship이라는 단어 뒤에 자연스럽게 service가 따라 붙는다. 마치 wedding service(결혼식), funeral service(장례식)처럼 예배도 식(式)이 되어 버린다. 그래서 킴벌(Dan Kimball, 2003, 112)은 worship service가 아닌 worship gathering(예배 모임)이라고 해야 한다고 주장한다. 물론 예배도 의식(liturgy)으로서의 요소가 다분히 있기 때문에 service인 것을 부인할 수는 없다. 그래서 외국의 교회들은 예배를 선포(proclamation, 하나님 말씀)와 축하(celebration)로 부르기도 한다. 문제는 매 주일 1시간여 남짓 드리는 우리의 예배가 주기적으로 행해지는 제의(祭儀)로만 보기에는 크리스천의 삶 속에서 차지하는 비중이 너무 크다는 것이다. 그렇기 때문에 특별한 생각 없이 예배당의 한 신자석(pew)에 앉았다가 돌아오는 참석이 아니라 다른 예배자들과 함께 예배에 관여하고, 섞여서 한 무리가 되어 보는(경험하는) 소위 참여(參與)하는 것이 되어야 한다. 이와 같은 신자의 참여를 영어로 표현하면 engagement 또는 participation이다. 참석이든 참여든 모든 예배자가 경험하고 싶은 것은 하나님께 매 주일 출근 도장 찍듯 그저 마주치는 만남(meeting)이 아닌 심도 있는 하나님과의 만남(encounter)이다.

요한복음 1장 41-47절은 예수와 처음 5명의 제자와의 만남이 상세히 기록되어 있다. 먼저 세례 요한의 제자였던 사도 요한과 안드레가 세례 요한의 소개로 예수를 만나 제자가 된다. 그런 직후 친형제인 베드로를 예수에게 데려온다. 그리고 그 다음 날(43절) 예수께서 갈릴리로 향하시다가 빌립을 만나 제자를 삼으시고, 또다시 빌립이 나다나엘을 예수에게 데려와 그도 예수의 제자가 된다. 여기서 필자가 관심하는 단어는 본문 요한복음 1장 43절의 "그 이튿날"이다. 이 말이 중요한 이유는 예수와 그 제자들의 만남이 어떤 만남이었나를 짐작할 수 있는 중요한 단서(clue)가 되기 때문이다. 오늘날과 같이 피상적이고 건조한 인간관계 속에서는 찾아보기 힘든 만남, 즉 meeting이 아닌 encounter가 이루어졌음을 확인할 수 있는 대목이다. 사실 성경과 같이 제한된 지면에서 예수를 처음 만난 사람들이 느낀, 마치 불에 덴 것 같은 감격을 표현한다는 것은 문학적으로도 지극히 어려운 난제일 것이다. 분명한 것은 한때 세례 요한의 제자였던 안드레나 그의 주변 인물들이 예수를 만나(encounter) 예수의 제자가 되기로 결심한 것은 우리가 상상하는 것 이상의 큰 감격이 있었음을 암시한다는 것이다. 사도행전 3장 8절에서는 미문 앞에 앉혀져 있던 앉은뱅이(평등 언어로 대체하면 그 의미가 약화되어 원문의 용어를 사용함)가 베드로와 요한에 의해 치유받고 다음과 같이 반응하였다고 전한다.

"벌떡 일어나 걷기 시작하였다. 그리고 그들과 함께 성전으로 들어가면서 걷기도 하고 껑충껑충 뛰기도 하며 하나님을 찬양하였다"(공동번역 행 3:8).

예수를 만난 감격, 그리고 그 제자들을 직접 만난 감격은 위의 본문의 표현으로 미루어 보아 기쁨이라는 joy와 그보다 더한 환희를 넘어선 광희(狂喜), 즉 사리 분별을 할 수 없을 정도로 기뻐하는 exultation이었다고 말할 수 있다.

현대 교회 예배에서 감격과 환희를 체험하려면 신자들이 예배에 참석하는 것이 아니라 참여해야 한다. 간단한 예를 들면, 한국 교회 대부분이 예배 중 신자의 교제 시간을 회중이 참여할 수 있는 기회로 활용하지 못한다. 옆자리의 신자들과 눈인사조차 교환하는 것도 인색한 회중의 태도도 문제지만 그렇게밖에 할 수 없도록 만드는 교회의 분위기와 예배의 구조 또한 문제다. 이러한 경직된 예배 분위기는 한국 교회에서 예배의 꽃은 아직까지 설교이며 다른 요소들은 부수적으로 여기고 있음을 말해 주는 것이다. 신자들의 교회 선택 기준 중 목회자의 설교 능력이 지배적인 요인으로 꼽혔다.[1] 신자들은 자신이 듣고 싶은 메

1) 「빛과 소금」은 2006년 5월 서울 소재 9개 중대형 교회의 남녀 신자 453명을 대상으로 교회 선택 기준에 관한 설문조사를 실시하였다. 그 결과 신자들의 교회 선택 기준은 '교회 비전'(29.7%), '목회자'(25.8%), '거리'(4.3%) 순으로 나타났다. 연령별로 살펴보면 20대는 목회자(26.3%), 20~50대는 교회 비전(33.3%)에 가장 큰 비중을 두고 있었다. 신앙 경륜별로 볼 때 10~20년 이상의 경륜을 가진 자는 목회자, 20년 이상의 경륜을 가진 자는 교회 비전을 교회 선택의 가장 큰 기준으로 삼고 있음을 알 수 있었다.

시지를 전달하는 목사를 선호하기 마련이다. 그러나 참된 설교는 설교 내용이 신자의 영적 성장을 촉진시키는 디다케가 되어야 한다. 가르쳐 지키게 하는 것이 모든 복음 선포자들의 책임임을 성경은 분명히 밝힌다.[2] 예배를 예배답게 하는 데는 많은 사람들의 협력이 필요하다. 설교자만이 예배를 이끌어 가는 사람은 아니다. 찬양, 봉헌, 사회, 기도자, 안내자 등과 같이 예배에 직접 참여하여 예배를 이끌어 가는 팀의 역할도 중요하지만 예배를 존재하게 하는 주된 자원은(main resource)은 바로 청자(聽者)로서 참여하는 대다수의 회중이다.[3] 따라서 회중의 예배에 대한 욕구와 참여는 언제나 역동적으로 수용되고 반영되어야 예배가 살아 있고 생동감 있는 예배가 되어 감격이 살아날 것이다.

디지털 시대로 진입하면서 현대 예배에도 최첨단 전자 음향 장치와 멀티미디어 장비 및 매체들이 도입되어 예배의 외적 요소들을 더욱더 매력적으로 만들어 가고 있다. 회중의 세련된 미디어에 대한 욕구 수준에 따라 점점 더 현란한 장식과 디자인이 예배 환경을 구성하고 있다.

그뿐만 아니라 예배를 고도로 잘 연출된 한 편의 이벤트로 만들려는 예배의 세속화도 유행처럼 퍼지고 있다. 예배를 마치 회중을 즐겁게 해주는 쇼프로그램 정도로 인식한다면 거룩함과 성경 말씀과는 또다시 멀어질 것이다. 예배란 천박한 대중 언어로 회중에게 재미와 유머를 제

2) "예수께서 나아와 일러 가라사대 하늘과 땅의 모든 권세를 내게 주셨으니 그러므로 너희는 가서 모든 족속으로 제자를 삼아 아버지와 아들과 성령의 이름으로 세례를 주고 내가 너희에게 분부한 모든 것을 가르쳐 지키게 하라 볼지어다 내가 세상 끝날까지 너희와 항상 함께 있으리라 하시니라" (마 28:18-20).
"너는 마음을 다하고 성품을 다하고 힘을 다하여 네 하나님 여호와를 사랑하라 오늘날 내가 네게 명하는 이 말씀을 너는 마음에 새기고 네 자녀에게 부지런히 가르치며 집에 앉았을 때에든지 길에 행할 때에든지 누웠을 때에든지 일어날 때에든지 이 말씀을 강론할 것이며 너는 또 그것을 네 손목에 매어 기호를 삼으며 네 미간에 붙여 표를 삼고 또 네 집 문설주와 바깥 문에 기록할지니라" (신 6:5-7).

3) 문맹(文盲)과 색맹(色盲)도 큰 장애지만 청맹(靑盲) 역시 불행한 것임이 틀림없다.

공하는 원맨쇼가 아니라 성령에 사로잡힌 열정적인 설교자가 하나님의 말씀을 선포하고 교훈하여 회중에게 영적 각성과 하나님을 높이는 거룩한 감격을 느끼게 하는 것이다. 예배의 본질에 위배되는 다른 문화적 요소들이 그 도를 넘을 때 결국 교회 성장에 독소가 될 것이라는 것은 필자의 사견이 아니라 이미 신구약성경의 여러 곳에서 다룬 내용이다(각주 15 참조).

2. 디다케의 실종

필자는 최근 6년 동안 거의 매년 3주씩, 아직까지는 개신교가 그 교세를 꾸준히 유지하고 있다는 미국 바이블 벨트(Bible belt)[4] 지역의 중심인 조지아 주 애틀랜타(Atlanta) 시를 직접 방문하여 보수적인 교회에서부터 복음적이면서도 개방적인 남침례교와 초교파 교회를 포함한 5~7개 교회의 예배를 집중적으로 관찰할 기회를 가졌다. 미국 남부의 모든 교회를 다 본 것은 아니므로 관찰의 범위에서 오는 오차가 있음을 인정하면서도 분명한 것은 이 지역 교회의 예배는 북동부의 그것과 차이가 있었다.

북동부 교회는 주변의 명문 신학교가 주도하는 개방적이면서도 진보적인 신학하고는 달리 주 회중이 백인인 주일 예배의 경우 전통 예배의 형식에서 크게 벗어나지 않고 있다(특히 주일 낮 예배 시 사용하는 교회 음악은 찬송가에 국한됨). 그러나 젊은 층을 위한 예배에서는 남부

4) H. L. Mencken, "The old game, I suspect, is beginning to play out in the Bible Belt", *Chicago Daily Tribune* (November 19, 1924). 이 용어는 미국 저널리스트인 H. L. Mencken이 1924년 11월 19일 시카고 일간지 「트리뷴」에서 처음 사용한 것으로, 보수적이고 복음적인 개신교- 남침례교단이 성한 미국 남부의 지역을 일컫는다. 가톨릭과 진보적인 개신교가 주류를 이루는 북동부 지역과 대조를 이룬다.

나 북동부의 보수적인 교회에서조차 CCM과 현대 악기(기타, 드럼 등)의 사용을 점차로 허용하는 추세다. 이는 한국의 대도시와 농촌의 어느 개신교회를 가 보아도 설교단 앞에 드럼이 놓여 있는 것과 같다. 미국 남부의 개신교회는 특히 음악과 미디어 사용 면에서는 매년 과감해지고 있으며 더 전문적으로 현대화하고 있다는 느낌을 받았다. 그러나 남부 지역 교회의 목사들은 대부분이 강해 설교 방식을 따르면서 해석된 말씀을 삶에 적용하는 부분이 보완된 설교가 대세였다.

흥미로운 점은 남부 지역의 교회들이 차별화하려고 역점을 기울이는 목회 영역은 한국 목사들처럼 설교가 아니라 오히려 디다케(교육)라는 점이었다. 미국 남부 교회들이 교육에 투자해 놓은 모습은 "백문이 불여일견"(百聞不如一見)이라는 표현이 가장 적합할 것 같다. 던우디 침례(Dunwoody Baptist)교회의 교회 학교는 마치 디즈니랜드를 연상시키고, 노스포인트(North point)교회의 영유아 아동 부서의 교육 시설은 병원의 신생아실에서 고급 어린이집과 유치원 이상을 방불케 하는데 육아와 보육과 아동 복지(child care)까지가 잘 조합된 신개념의 교육 서비스이다.

미국이나 한국이나 현대 개신교 목사들은 지금 기존 신자들과 구도자들, 그리고 예배 형식과 음악 사용 등 서로 다른 욕구를 지닌 세대들을 어떻게 만족시킬 것인지로 고심하고 있다. 그러나 예배 때문에 가장 고민하는 사람들은 개교회 목사나 예배를 준비하는 평신자 사역자가 아니라 사실은 어떤 예배를 가야 하나 매 주일 고민하는 신자들이다. 필자는 매 주일 교회 제자훈련학교에서 성경을 가르친다. 예배에 관련하여 갈급해하는 소리를 현장에서 듣다 보면 신자들이 얼마나 예배의 형식과 요소(음악과 설교와 기도 등)에 민감한지 실감할 수 있다.

예수께서 직접 제자들에게 본을 보이셨듯이 교회의 예배도 전형(典型)이 반드시 필요하다. 이를 위해 예배의 위기 상황을 연구하고 가능한 해결책을 제시하는 실천적인 연구들이 많이 나왔으면 하는 바람이다. 예배는 예배학을 전공한 사람만이 연구하는 분야가 아니다. 전언(前言)하였듯이 개신교의 예배는 관련된 모든 사람들이 다 연구할 수 있는 개방된 화두이며 연구 주제다. 예배를 연구하는 학자들의 방법과 그 결과에 의하면 저마다 십인십색의 주장을 내놓고 있고 또한 교회마다의 여건과 상황이 다르므로 실질적으로 예배 현장을 개선하도록 도움을 주는 모델을 찾기란 쉬운 일이 아니다. 따라서 필자는 오늘날의 개신교 예배의 문제에 대한 개선의 실마리를 성서로부터 찾아 성찰해 보고자 한다.

II. 예배의 정신

현대의 예배학자들은 한국 교회의 예배가 궤도를 벗어나는 현상을 두고 예배의 실종, 예배의 위기라는 말로 표현한다.[5] 그렇다면 다음의 작업은 이러한 예배의 위기를 어떻게 극복할 수 있으며 그 대안은 어떻게 찾을 수 있는지를 물어야 할 것이다. 예배의 위기는 예배의 본질로부터 멀어져 있기 때문에 야기된 것이므로 예배의 정신을 성찰하는 작업이 선행되어야 할 것이다. 본고에서는 우리가 예배를 드리는 이유가 하나님의 존재 자체의 속성과 그분을 대하는 인간의 태도에서 기인한다는 전제하에 이것을 가장 잘 드러내는 성경 본문을 통해 예배의 정신

---

5) 조기연, 『한국 교회의 예배 갱신』(서울: 대한기독교서회, 2004).

과 성격을 규명해 보고자 한다.

1. 경외(awe)함의 회복-예배는 하나님을 경외하는 것이다

출애굽기 3장 5절에서 하나님은 모세에게 "이리로 가까이 하지 말라 너의 선 곳은 거룩한 땅이니 네 발에서 신을 벗으라"고 말씀하신다. 하나님은 모세가 선 곳은 거룩한 땅이기 때문에 신발을 벗으라고 하셨다. 누구 앞에서 신발을 벗는 행위는 그 상대방을 높이 받들고 존경하는 행동이다. 모세는 신을 벗고 겸비한 자세로 하나님 앞에 섰다. 80세가 다 되도록 모세는 이름도 없이 미디안의 목동처럼 양을 치고 있었다. 출사표를 받을 수 있을 정도로 젊은 나이도 아니었다고 생각한 모세에게 신발을 벗으라는 하나님의 명령은 어쩌면 믿을 수 없는 일이었을 것이다. 그러나 한편 오랫동안 희망을 버리지 않고 있었던 모세는 이제 하나님의 부르심에 응할 준비가 되었기에 하나님 앞에서 이생의 자랑과 영광을 벗어 버리는 해방의 상징적 행위로 신발을 벗어 하나님께 경외감을 표했던 것이다. 신의 거룩함 앞에서 존경을 표하는 것은 우리가 예배하는 첫 번째 이유이며, 시대의 변화를 막론하고 훼손하지 말아야 할 가장 우선시되는 예배의 정신인 것이다.[6]

2. 승복함의 회복-예배는 삶의 최우선 순위다

요한복음 4장 28절은 예수님과 우물가에서 대화를 나누던 사마리아 여인이 갑자기 물동이를 버려두고 자기가 살던 동네로 들어가 예수님

6) 매튜 헨리, 『출애굽기: 매튜 헨리 성서주석 시리즈』, 황장욱 옮김(서울: 기독교문사, 1975), 63.

에 대해 전하는 기사를 보도한다. 여기에서 물동이는 이 여자의 삶의 무게로 볼 수 있을 것이다. 동시에 이 여자가 사는 데 없어서는 안 될 생수를 길어 오는 도구이기도 하다. 그러나 이 여인은 먹고사는 일상의 문제보다 신령과 진정으로 드리는 예배에 더욱 목말라 있었던 자였다. 여인은 예수와의 대화 중에 자신이 추구하던 참된 예배는 무엇보다도 먼저 자신의 삶의 무게를 벗어 버리는 데 있음을 깨닫고 생존의 도구였던 물동이를 던져 버린다. 물동이를 던졌다는 것은 사마리아 여인을 짓눌러 왔던 생존의 무게로부터 해방되었음을 의미한다. 그러므로 참된 예배란 하나님께 백기 들고 나아가 자신을 항복시키는 것과 같다. 즉 하나님 앞에서 자기의 삶을 철저히 내려놓는 자기 비움이라고 할 수 있다.

사마리아 여인과 예수님과의 대화에서는 예배의 요건에 대한 중요한 해석의 포인트가 들어 있다. 첫째, 예수님이 말씀하시는 예배에 관한 새로운 진리는 먼저 예배 처소에 관한 것이다. 하나님은 예루살렘도 그리심 산도 아닌 곳에서 신령과 진정으로 예배하는 자를 찾으신다는 것이다. 신령과 진정으로 예배하는 자란 그리스도의 대속적 은혜를 받아 예배하는 자이며 자신을 하나님이 기뻐하시는 거룩한 산 제사로 드리는 자이며(요 4:23-24; 롬 12:1), 동시에 하나님의 자녀가 되는 권세를 받은 자들이다. 그뿐만 아니라 하나님은 영이시기 때문에 물질적이고 비인격적인 요소가 강한 예배는 하나님을 향한 최고의 예배가 될 수 없다는 것을 함축하고 있다.[7]

둘째, 예배자가 하나님의 뜻에 자신을 맡기는 것을 영어로 'self-

7) W. 프랭크 스코트, 『요한복음(상): 베이커 성경주석』, 박근용 옮김(서울: 기독교문사, 1984), 249-253.

surrender' (자기 포기, 항복)라고 한다. 현대 교회에서는 예배의 이러한 정신을 약화시키고 설교, 기도, 헌금, 찬양 등에서 지나치게 인간의 공로와 의지를 드러내어 자신이 하나님의 뜻에 승복하는 것이 아니라 하나님을 오히려 자신의 뜻에 승복시키려는 교만이 쉽게 관찰되고 있다. 신자들의 재능을 발견하고 그것을 예배를 위해 사용하는 것도 중요하지만 하나님의 예배를 위해서는 자신에게 주신 달란트를 포기할 줄도 아는 설교자, 찬양자, 기도자, 반주자, 사회자, 안내자, 예배 엔지니어 등을 훈련하는 것도 현대 교회가 해야 할 사명이다. 예배는 모든 면에서 하나님의 뜻에 따라야 한다는 정신을 목사부터 어린 신자에 이르기까지 다 가르쳐 철저히 실천하도록 해야 한다. 이 말은 예배가 신자의 삶에서 최우선 순위에 해당함을 뜻하기도 한다. 생수를 길으러 온 사마리아 여인이 추구하던 생의 가치관이 예수를 만나 구원을 체험한 이후 완전히 바뀌었다. 그는 이제 자신이 진실로 섬겨야 할 대상이 누구인지를 분명히 알게 되었고, 자신의 삶의 굴레를 벗겨 주신 분이 또한 예수님이라는 사실을 깨달음으로써 전혀 새로운 삶을 결단한다. 사마리아 지역의 첫 번째 이방 선교사가 된 것이다.

3. 드림(offering)의 회복-예물은 철저한 헌신의 표시이다

예배란 존경하는 대상, 즉 하나님께 자신의 가진 것 중 가장 귀한 것을 예물로 드리는 행위이다. 마가복음 14장 3절을 보면, 예수께서 베다니 문둥이 시몬의 집에서 식사하실 때에 한 여자가 매우 값진 향유 곧 순전한 나드(nard, 인도산 향유) 한 옥합을 가지고 온다. 그 여인은 옥합을 깨뜨려 향유를 예수님의 머리에 부었다. 이 사건은 마태복음과 누가복음(마 26:7; 눅 7:37)에도 똑같이 나오는데 이 여인의 이름이 세 복음서 어느 곳에서도 정확히 드러나지 않고 오직 "베다니의 한 여자"라고만 밝히고 있다. 그 여인이 깨뜨렸다는 옥합은 알라바스타라는 옥으로 만든 그릇이었고 그 옥합에는 매우 귀하고 값비싼 향유가 들어 있었다. 석고(gypsum) 중 특히 설화 석고 또는 섬유 석고는 장식 재료로 중요하게 쓰이는데 색도 무색, 백색, 담황, 또는 담갈색 등 여러 가지이고, 대리석보다 세공하기가 쉽다. 설화 석고의 경도는 2.0 정도 이어서 상하기 쉬운 흠점이 있으나, 조직은 치밀하여 견사광택(絹絲光澤)을 나타내고, 탁마(琢磨)한 표면은 아름다운 대용 보석 또는 인장(signet)으로도 쓰이고, 잔, 꽃병, 상자, 흉상 등도 만들었다. 고대의 질 좋은 설화 석고 재료는 이탈리아에서 주로 산출되었다고 한다.[8] 이 사건이 주는 의미는 예수의 죽음을 예고하며 애도하는 사건이라는 점에서 예배는 언제나 예수 그리스도의 인간 구원을 위한 대속적 죽음을 기념하며 우리의 가장 소중한 것을 예물로 드려야 함을 시사한다. 물론 하나님이 가장 기뻐하시는 예물은 하나님께 우리 자신을 드리는 철저한 헌신일 것이다.[9]

4. 무릎 꿇음(kneeling)의 회복-예배는 감사를 드리는 것이다

예수님이 예루살렘에 가시는 길에 사마리아와 갈릴리 사이를 지나시다가 어느 마을에서 10명의 나환자를 치유하신 일이 있었다. 병을 치유하신 후 예수님은 그들에게 제사장에게 가서 몸이 완치된 것을 보이라

8) W. 프랭크 스코트, 『마가복음(상): 베이커 성경주석』, 박근용 옮김(서울: 기독교문사, 1984), 353.
9) 이상근, 『신약 주해』(서울: 영진출판사, 1975), 225.

고 명하신다. 이에 다들 제사장에게 가고 있는데 그중 사마리아인이라고만 알려진 한 사람이 돌아와서 예수의 발아래 엎드리며 사례하였다(눅 17:11-16). 예배란 이처럼 하나님께 진심으로 감사하는 마음으로 무릎을 꿇는 것이다. 이 본문에 나오는 나환자는 자기가 치유된 것을 보고 큰 소리로 하나님을 찬양하면서 영광을 돌렸고 또한 예수님께 돌아와 무릎을 꿇고 감사를 표하였다.[10] 베이징 올림픽에서도 금메달을 딴 크리스천 선수들이 감격의 눈물을 흘리며 제일 먼저 한 일은 무릎을 꿇고 하나님께 감사의 기도를 드린 것이었다.[11]

이상에서 살펴본 것과 같이 우리가 하나님을 예배해야 하는 이유는 하나님이 존경과 두려움의 대상이기 때문이다. 인간의 조건이 아무리 탁월하다 할지라도 하나님의 거룩함과 경이로움에 견줄 수는 없다. 그러므로 앞에서 언급한 예배의 정신 중 처음 두 가지의 성경적 준거는 하나님의 피조물인 인간이 그를 만드신 창조주의 거룩함에 대한 경외감 때문에 이에 대해 항복하는 행동으로, 이는 어쩌면 당연한 귀결일 것이다. 삶의 무게를 다 뺀 상태, 즉 철저한 자기 비움의 상태에서 하나님께 항복하며 다가가서, 하나님께 자신의 전부를 헌신하는 예배, 하나님에 대한 전적 신뢰가 전제된 예배가 곧 신령과 진정으로 드리는 예배다.

세 번째로 살펴본 예배의 정신은 철저한 헌신과 드림이다. 아벨의 제사를 가인의 것보다 더 나은 제사로 여기신 이유는 드림의 양적 화려함

10) 트렌드 C. 버틀러, 『Main Idea로 푸는 누가복음』, 장미숙 옮김(서울: 도서출판 디모데, 2003), 390.

11) 2008 베이징 올림픽 첫날 유도 55kg 체급에서 금메달을 딴 최민호 선수가 무릎을 꿇고 두 손 모아 기도드리는 모습이 1분 이상 TV를 통해 전 세계에 생중계 방송되었다.

보다 제사의 순수한 동기가 하나님을 감동시켰기 때문이다. 자신의 전 재산 두 렙돈을 봉헌한 과부처럼(눅 21:2-4), 죽을 각오로 마지막 남은 음식을 엘리야에게 대접한 사르밧의 과부처럼(왕상 17:10-16) 온 맘과 정성으로 봉헌해야 하나님이 기뻐하시는 예배가 될 것이다. 현대 교회 안에는 사도행전 5장의 아나니아와 삽비라와 같은 예배자들이 많은 것 같다. 현대 예배자들은 하나님을 속인 죄로 3시간 간격으로 한 쌍의 부부가 차례대로 죽어 나간 저 무서운 심판 사건을 기억하며 예배에서 순수한 드림이 얼마나 중요한 것인지를 깨달아야 한다. 봉헌의 순수함은 현대 교회의 예배에서 시급히 회복되어야 할 예배 정신임이 분명하다.

끝으로 살펴본 네 번째 예배의 정신은 우리가 왜 모든 예배를 감사(thanksgiving)로 덧붙여 부르고 있는지를 설명해 준다. 죄와 사망에서 자유로울 수 없는 인간은 하나님의 사랑으로 구원받았다. 그리고 영생도 얻었다. 인간은 스스로 자신의 죄를 용서받을 수 있는 능력이 결핍된 존재들이다. 어느 누구도 죄로부터 자유로울 수 없다. 이것은 기독교의 인간관의 전제이며, 이 사실을 인정하는 것은 곧 예수 그리스도를 대속의 주로 시인하는 것이다. 그러므로 예배를 드릴 때마다 인간은 그리스도의 대속의 은총을 깨닫고 이것에 감사해야 한다. 무릎을 꿇는다는 것은 하나뿐인 외아들을 인간을 위해 기꺼이 희생시키신 하나님의 긍휼과 사랑 앞에 감사한다는 정신을 은유한 것이다. 인간의 죄를 대속해 주신 그리스도의 희생적 사랑과 치유와 회복해 주심에 대한 보답은 예수께서 우리를 위해 헌신하신 것처럼 우리도 이웃과 형제에게 사랑과 희생을 실천하는 것이다. 이런 의미에서 예수 그리스도를 시인하고 감사하는 믿는 자의 삶 전체가 사실은 예배라고 할 수 있을 것이다.

Ⅲ. 성서적 대안: 예배의 내용을 중심으로

하나님을 알게 된 인간은 때로는 자신의 기도로, 때로는 공동체의 예배를 통해 끊임없이 하나님과의 영적 소통을 시도한다. 이것이 우리가 자신에게 맞는 예배를 찾도록 하며, 또한 예배 자체에 대한 개선을 도모하게 한다. 그렇다면 이제 예배에서 갖추어야 할 내용을 성서에서는 무엇이라고 말하는지 좀 더 구체적으로 찾아볼 필요가 있다. 성경은 예배에서 갖추어야 할 내용을 다음과 같이 네 가지로 언급한다.

첫째, 하나님의 임재, 쉐키나(shakan)가 있는 예배이어야 한다. 즉 하나님의 나타나심(현현), 하나님의 구름이 덮이는 예배이어야 한다. 출애굽기 40장 34-35절은 모세가 성막 건립을 완성하자 회막에 하나님의 임재가 구름과 같이 나타났다고 보도한다. 이스라엘 백성이 성막을 완성했을 때 구름이 그 위에 덮이고 하나님의 영광이 성막에 충만하였다. 이것은 하나님의 임재를 상징하며 이스라엘에 대한 하나님의 보호하심을 확증하는 것이다. 출애굽기에 나타나는 하나님의 임재는 성막을 덮고 있는 구름에 의해 차별화된다. 구름은 성막을 덮을 뿐 아니라 이스라엘 백성의 행군을 진두지휘하는 역할도 했다. 하나님의 임재는 단순히 함께하심이 아니라 동적으로 이스라엘의 역사를 주도하시고 이끌어 가심을 의미한다. 이 점은 부족의 토착 신 성격을 띠는 고대 근동의 종교와는 확연히 다르다. 하나님은 역동적으로 인간을 끌어들이시고 자신의 계획에 의하여 목적을 완성하시는 분이므로 인간의 역사는 어떤 경우도 하나님의 계획을 벗어날 수 없음을 깨달아야 한다.

또한 열왕기상 8장 10-11절에서 솔로몬의 성전 봉헌식 때도 하나님의 구름(임재)이 있었으며, 에스겔은 미래의 성전(겔 40-48장)을 묘사하며 그 땅에 하나님의 영광이 빛난다고 하였는데 여기서 영광이란 하나님의 현현을 나타내는 임재를 뜻한다. 이와 같은 예들은 구약성서가 말하는 예배의 전형(모델)들이다.

둘째, 예배에 있어야 할 둘째 요소는 느후스단(Nehushtan, 놋 조각)을 제거하는 일이다(왕하 18:1-4). 느후스단은 예루살렘 성전에 안치되어 있던 놋뱀의 이름이다. 이것은 원래 모세가 만든 것인데, 이스라엘 자손이 당시까지 예배의 대상물로 분향하였다.[12] 놋뱀은 모세 시대에 광야에서 불뱀에 물렸을 때 고침을 받기 위해 만든 구원의 징표였다(민 21:4-9). 그러나 이것을 부수지 않고 보관하고 있었는데 세월이 흐르면서 놋뱀의 본래 의미는 상실하고 우상화되었다.

유다 왕국의 가장 위대한 왕 중의 하나인 히스기야는 특히 하나님과의 바른 관계 맺기에 힘쓰는 왕이었다. 그는 하나님이 싫어하시는 일을 일소하던 중 종교개혁을 위하여 이것을 부수어 버렸다(왕하 18:4). 예수님은 친히 자신이 십자가에 달려 돌아가실 것을 놋뱀에 비유하셨다(요 3:14). 놋뱀을 보는 자가 구원을 얻었듯이 십자가에 달리신 예수 그리스도를 믿고 바라보는 자들만이 구원을 얻고 영생을 소유할 수 있다.

또한 구약의 다섯 번째 사사요 3백 명의 용사로 미디안을 격파하고 40년간 평화를 가져오게 한 기드온이 말년에 저지른 결정적인 실수는 사후에 그와 그 집안의 올무가 되었다. 기드온은 금 약 20kg(1,700세겔)

---

12) 출애굽하여 가나안으로 가던 도중 에돔 땅을 통과하지 못하고 우회하게 되자 이스라엘 백성은 모세와 하나님에 대해 불평을 늘어놓았다. 그러나 하나님은 불뱀들을 보내어 그들을 물게 하셨다. 그러나 그 후 하나님은 백성을 긍휼히 여기시어 놋뱀을 만들어 장대 위에 달아 그것을 쳐다보는 자에게 구원의 기회를 열어 주셨다. 불뱀과 놋뱀은 징계와 사랑이라는 하나님의 두 가지 속성을 극명하게 드러내 준다(민 21:4-9).

을 전리품에서 취하여 에봇(대제사장의 복장 중 하나)을 만들었다. 이 행동으로 기드온은 자신뿐 아니라 이스라엘 백성을 우상 숭배로 전락하게 만든 책임에서 벗어날 수가 없게 되었다.

이처럼 구약의 지도자나 사사들도 한때의 미혹함으로 실족하여 씻을 수 없는 우상 숭배의 전례를 남겼음을 성서는 증거한다. 현대 교회 목회자들도 이렇게 되지 않을 것이라고 장담할 수 없다. 현대는 고가의 멀티미디어 및 오디오 음향 장비, 의복, 잘못된 간증과 진리를 대체하는 많은 것들이 있어 모세의 놋뱀과 기드온의 금 에봇보다도 더 많이 우상 숭배의 길로 빠질 수 있다. 따라서 오늘날 예배가 갖추어야 할 내용은 잘못된 예배의 대상물을 제자리로 돌려놓는 것이다.

셋째, 예배에는 두 개의 축(기둥, pillars)이 있다. 구약 시대 솔로몬 성전에는 청동을 녹여 만든 높이 18규빗(약 8.2m), 둘레 12규빗(약 5.5m)인 커다란 놋 기둥이 두 개 있었는데 하나는 야긴(저가 세우리라)이라는 이름으로, 다른 하나는 보아스(그에게 능력이 있다)라는 이름으로 불렸다(왕상 7:21). 이 기둥들이 주는 메시지는 하나님의 성전은 하나님께서 세우실 것이고 그 능력은 오직 하나님께 있다는 것이다. 여기에서 놋 기둥은 성전의 주인이신 하나님은 불변하시는 분이고 성결하시고 거룩하신 분이라는 것을 상징한다(출 28:36). 거대하고 변치 않는 솔로몬 성전에 놋 기둥을 세운 의도는 이것을 볼 때마다 백성은 하나님이 진실하신 것과 같이 진실한 삶을 살아야 한다는 것을 깨달으라는 것이었다. 신약 시대에 들어오면서 성전의 기둥은 이제 놋 기둥이 아니라 은혜와 진리의 두 개의 축만이 존재할 뿐이다. 그런데 현대 교회의 예배는 지나칠 정도로 은사주의와 은혜의 기둥에 쏠려 있어 진리(말씀)

의 축이 침묵하고 있다. 따라서 예배의 축이 은혜 중심에서 진리 중심으로 이동해야 할 필요가 있다. 진정한 영적 예배란 은혜와 진리 둘 다 충만한 예배를 뜻한다.

"말씀이 사람이 되셔서 우리와 함께 계셨는데 우리는 그분의 영광을 보았다. 그것은 외아들이 아버지에게서 받은 영광이었다. 그분에게는 은총과 진리가 충만하였다" (공동번역 요 1:14).

또 다른 예로 느헤미야 8장에 나오는 수문 앞 광장의 초막절 예배를 살펴보자. 에스라가 수문 앞 광장에서 말씀을 읽자 이스라엘 백성은 하나님의 말씀 앞에 무릎을 꿇어 부복하였다. 그리고 손을 들어 말씀으로 인한 감동을 표현하였으며, 그들이 진리에 감동을 받았을 때는 눈물을 흘리기도 하였다(느 8:9). 오늘날 현대 교회 예배는 에스라가 주도했던 예배처럼 진리에 대한 깊은 해석도 없고, 감동도 일어나지 않는다. 에스라의 예배는 결과적으로(느 9:1-3) 백성의 삶에서의 변화를 이끌었으며, 이 예배는 그 축을 은혜 중심에 두지 않고 말씀 중심에 두었다. 즉 말씀의 진리가 공동체 구성원의 삶 속에 진정으로 체화(embodiment)된 것이다. 체화되었다는 것은 말씀이 전인격적 인식의 작용을 통해 오히려 은혜를 더욱 구체적이고 확실하게 경험한 것이다.

넷째, 예배에 있어야 할 내용은 가르침(didache)이다. 역대하 34장 14절은 종교개혁으로 유명한 요시야 왕이 그의 선조 때 잃어버렸던 율법책을 발견하는 사건을 보도한다. 같은 본문 8-27절을 보면, 당시의 종교적 상황은 할아버지 므낫세 왕으로부터 아버지 아몬 왕에 이르기까지 이스라엘의 우상 숭배로 여호와의 종교가 파괴되고 있었음을 알 수 있다. 요시야 왕 18년째 되던 해에 성전을 수리할 때, 제사장 힐기야가 모세를 통해 전해진 율법책을 발견했다. 이것은 실로 57년 동안 잠자고 있던 말씀의 침묵이 깨어진 사건이라고 할 수 있다.[13] 이때 요시야 왕은 비로소 그동안 자기 민족이 여호와로부터 왜 버림을 받았었는지를 깨달았다. 그 이유는 선조의 과오로 하나님 말씀이 읽히지 않고 들려지지 않았기 때문이다. 요시야 왕은 말씀의 진리를 체득하면서 깨달음을 얻었고, 국가의 운명까지도 바꿀 수 있었던 왕으로 지금까지 기억되고 있다(대하 34:30-31). 한국 교회도 혹시 하나님의 말씀을 잊어버린 채 살아가고 있지는 않은지 반성해 보아야 한다.

예배에 참여하는 회중은 의식하지 못하지만 예배를 자세히 들여다보면 예배 자체는 그 시작에서부터 끝까지 다양한 영역에서 교육을 하고 있다. 공 예배(public worship)로서 예식은 예배에 사용하는 다양한 상징(십자가, 설교단의 스톨, 촛대 등)들이 어떤 용도로 사용되고 있는지, 왜 스톨의 색깔은 절기마다 바뀌는지, 그 색은 어떤 의미가 있는지, 예배 인도자의 몸 언어(body language)와 성가대의 아멘코드와 송영의 의미, 성만찬에서 떡과 포도주의 의미, 그것을 받아먹을 때의 마음가짐, 기도하는 법, 헌금의 종류와 헌금 태도, 설교 듣는 방법과 자세, 주기도문을 암송하는 이유와 그 유래와 의미, 사도신경의 암송 이유, 축도의 내용(고후 13:13), 예배 후의 인사와 교제, '예배 후 예배'로서의 성경 공부 등과 같은 많은 내용들에 대한 교육은 때로는 무언적으로, 때로는 의도적으로 언어를 사용하여 예배 속에서도 실시될 때가 있지만 대부분 잠재적 교육 과정(latent curriculum)처럼 예배 참여자 스스

13) 참조. 역대하 33:1, 21.

로 우연한 호기심으로 또는 자발적 학습 동기로 일어난다.

예배드리는 성전은 각기 다른 학습 의욕과 동기를 가진 다양한 연령의 회중을 때로는 의도적으로, 때로는 우연히 신앙을 교육하는 중요한 장이다. 그러므로 주보의 설교 내용부터 모니터의 영상 이미지 하나하나까지도 회중을 교육시키는 중요한 내용임을 인식하며 철저하게 예배를 준비해야 한다. 이런 맥락에서 필자는 예배를 교회가 전 교인을 대상으로 전인격적 교육을 실시하는 아주 좋은 기회라고 본다. 설교하는 목사들은 설교 시간을 자신의 카리스마를 과시하는 시간으로 삼기보다는 차분히 계획을 세워 단계별로 기독교의 기본 교리를 설교하거나 회중의 신앙을 성장시키는 디다케로 삼아야 한다.

Ⅳ. 결론

지금까지 한국 개신교 예배의 위기의 실상을 살펴보고 그 대안으로 예배의 기본 정신과 내용을 성서적 관점에서 논의하였다. 이것을 토대로 기독교 교육학자의 안목에서 다음과 같이 예배 위기를 재정의하고 가능한 개선점을 결론으로 제시하고자 한다.

첫째, 말씀의 침묵(silence of the Word)이다. 오늘날 교회의 설교단은 성서의 진리보다는 삶의 증거에 더 많은 시간을 할애한다. 이것을 필자는 성서 또는 말씀의 침묵이라고 표현하였다. 케리그마(kergyrma)의 선포보다는 사회적 윤리에 대한 설교가 더 많이 설파되고 있다는 말이다. 케리그마, 즉 기독교의 기본 사상이요 교리의 핵심인, 하나님의 창조와 인간의 죄, 그리스도의 오심과 십자가의 구속 사건 그리고 그의 부활과 재림에 대한 말씀을 선포하는 것은 설교의 기본 축이며 아무리 강조해도 지나치지 않는 불변하는 설교의 코어(core)다. 그런데 현대 교회 설교는 '어떻게-how to' 에 그 중심을 내주고 철학적 메시지 전달에 치중하면서 케리그마를 침묵하게 한다. 예수 믿는 신앙을 출세와 목적 성취의 도구로 격하시키는 원색적 신앙 간증과 개그쇼(gag show)와 같은 여흥적 설교(entertaining sermon)는 대중에게 쉽게 다가가는 전도의 효과는 있을지 모르지만 신성한 설교 강단까지 popularism에 잠식당하는 결과를 초래하고 있다. 시대의 변화에 따라 복음을 담아 내는 그릇은 변할 수 있으나 그 속의 내용은 변하지 말아야 한다. 그러나 결국 최근의 emerging church[14] 의 현상을 보면 "media is message" 라는 맥루언의 말을 실감할 수가 있다(McLuhan, 1994). 분명한 것은 제도적인

14) Emerging Church는 21세기 포스트모던 문화 내에서 예수의 방식을 실천하는 새로운 공동체 형태의 교회이다. 이는 18~19세기에 모이는 회중 교회의 형태처럼 교구 자체가 도시의(산업화된 유럽) 영적 욕구를 충족하기에는 적절치 못해 새로운 교회의 형태가 필요하다는 인식에서 등장하게 되었다. Emerging Church는 다음 세가지 특성을 지닌다.
첫째, 고대와 미래의 접목(ancient-future: 미국의 로버트 웨버가 창안해 낸 신조어)을 지향하는 예배(worship)이다. '현대화' 라는 명분보다는 역사적인 맥락을 되살리는 게 더 중요하다고 생각하기 때문에, 음악과 그림 등 다양한 미디어와 비주얼한 이미지(future)를 활용하되 여기에 그레고리안 성가 등 고대의 아이콘(ancient)을 접목한다는 것이다.
둘째, 교회의 의미 재정립이다. 교회의 의미도 건물이나 종교적 상징물이라는 공간적 의미에 국한하지 않으며, 상황에 따라 전혀 새로운 방식의 교회 되기가 가능하다. 기존 교회와 이머징 교회를 각각 고체 교회(solid church)와 액체 교회(liquid church 또는 aqua church)로 비유하면서 이머징 교회는 주일 예배 공간이 반드시 교회당일 필요는 없다고 본다. 즉 거룩하고 세속적인 장소는 따로 있는 것이 아니라 카페, 술집, 집 등 특별한 빌딩이 아닐 수도 있다는 것이다. 실제로 미국에서는 여름에 해변에 다 같이 모여 예배를 드리고 식사도 하는 교회가 있다.
셋째, 라이프 스타일의 중요성 인지이다. 포스트 기독교 왕국 시대에서 교회 모임은 그 문화에 더 이상 원초적인 것도, 복음의 신앙에서 필요한 것도 아니다. 차라리 공동체 그 자체의 실천이 교회 모임보다 더 중심이 되고 있다. 그들은 개인의 문제뿐만 아니라 사회의 문제에 깊이 관계하여 예수처럼 살아가려고 한다며, 빈곤, 성(性), 인종 차별, 환경 문제, 어떤 예배에서는 정의와 환경 문제가 핵심이 되기도 한다.

교회가 전통 고수라는 주장으로 예배를 지루하고 무겁게 만드는 것도 문제이지만 초기 교회의 예수 공동체를 실현한다는 미명 아래 2천 년 기독교 교회의 전통을 무시한 채 교회 예배를 여흥과 비즈니스의 수단으로 이용하는 것은 예배의 기본 정신인 케리그마의 선포에 반하는 행위이며 이는 성공하는 예배(하나님이 기뻐하시는 예배)가 될 수 없다.[15)]

둘째, 예배 신학에 대한 인식 부족이다. 필자의 기독교 영성은 크리스마스와 더불어 시작되었다 해도 과언이 아니다. 성탄절 때의 교회는 예수를 믿지 않는 사람에게도 보는 즐거움과 듣는 기쁨과 나누는 흐뭇함이 복합적으로 경험되는 시기이다. 12월의 추운 날씨인데도 불구하고 필자의 어린 시절 겨울이 늘 따뜻하게 느껴졌던 것은 교회의 성탄절이 있었기 때문이다. 성탄의 계절이 오면 교회는 1년 중 가장 멋있고 예쁜 장식과 옷으로 갈아입고 신자들과 행인들의 오감을 즐겁게 해 준다. 예배당은 기독교 절기에 따라 예전 색을 바꾸고, 교회 내의 장식과

15) 성공한 예배의 전형: 히스기야의 임직 예배(대하 29:25-30). 실패한 예배의 전형: 민수기의 놋뱀 사건(민 21:4-9), 사사 기드온의 에봇 사건(예배의 개인화의 샘플, 삿 8:22-28), 웃시야의 성소의 향로 분향 사건(개인화된 예배는 하나님이 축복하지 않으심, 대하 26:16-21).

16) 사순절의 시작을 알리는 교회력의 절기로서 가톨릭 교회가 매년 열심히 지키는 절기 중의 하나이다. 재를 이마에 바르고, 죄를 고백함으로써 그리스도의 고난을 40일간 묵상하는 기간이다. 로마 가톨릭과 성공회, 감리교 등에서 지키고 있다.

17) 사순절은 그리스도의 수난을 기념하는 교회력의 절기를 말한다. 부활주일 전의 40일의 기간 동안 지킨다. 이 기간에는 금식 등의 자기 절제와 회개를 한다. 영어로 Lent라고 하는데, 그 어원은 만물의 소생을 말한다. 그리스도의 수난을 통해 인류에게 주어진 영원한 생명(요 3:16)을 의미하는 것이다.

18) 대림절(待臨節, 영어 Advent, 라틴어 Adventus에서 유래) 또는 대강절은 성탄 전 4주간 예수의 다시 오심을 기다리는 교회력 절기다. 교회력은 대림절로 시작하기 때문에, 한 해의 시작을 알리는 의미도 있다. 대림절에 사용하는 예전 색은 기다림을 뜻하는 보라색이다.

19) 영대(stole): 옷을 뜻하는 헬라어 스톨(stole)에서 나온 말이다. 비단으로 만든 띠로 목에 걸친다. 교회력 절기별로 색상이 달라진다. 그리스도에 대한 순종을 상징한다고 한다.

예배 음악도 절기에 맞게 준비한다. 예를 들어, 재의 수요일(Ash Wednesday),[16] 사순절,[17] 대림절[18] 절기에는 성직자가 가운 위에 스톨[19]을 걸치는데 예전 색은 보라색으로 참회를 나타낸다. 이처럼 예배는 교회력에 따라 예전학적 요소와 예물을 사용하는데 그 의미와 올바른 사용에 대해 대다수의 신자들은 잘 모르며 성직자조차 잘 모르는 경우도 있다. 그만큼 한국의 신학 교육에서 예전과 예배 신학에 대한 교육 과정이 결핍되어 있다. 교회는 회중에게 교회력과 예배 신학에 대한 기초를 가르쳐야 한다.

이제 한국 기독교는 외래 종교라는 태를 벗을 만큼 120년이 넘는 역사를 가졌다. 그뿐만 아니라 전 국민의 20%를 교세로 가진 명실공히 국민 종교 중 하나가 되었다. 한 종교의 예전은 그 종교의 전통을 함축적으로 말해 주는 정체성의 상징이기도 이다. 따라서 대다수의 개신교 신자들이 개신교 예배의 예전학적 기초 지식을 잘 인식하지 못한다는 사실은 교회가 한국 개신교의 전통과 정체성을 제대로 전승하지 못한다는 비판으로부터 자유롭지 못할 것이다. 따라서 새로운 예배 모형의 개발도 중요하지만 한국 교회의 시급한 과제는 개신교적 영성을 전승하는 예전과 예배 신학을 체계화하여 교역자와 평신도에게 모두 올바른 예배 신학을 가르쳐 지키도록 하는 것이다.

셋째, 안식일 신앙이 흔들리고 있다. Holy day는 없고 holiday만 있다는 말이 있다. 주일은 분명 홀리데이(거룩한 날)이어야 하는데 그 주일이 오히려 홀리데이(휴일, 축제일, 일명 노는 날)가 되어 버렸다는 풍자다. 서양에서 거룩한 날은 주님이 안식하는 날이요, 따라서 그의 피조물인 우리도 모두 휴식을 취하는 축제일로 유래되어 왔다. 그러나 한국의 상황은 주일에 정부에서 실시하는 공인 시험을 치르는가 하면, 주일에 일을 시키는 회사도 있다. 몇 년 전부터는 또 다른 복병이 나타났는데 주 5일 근무제와 주 5일 수업의 실시다. 교회마다 다양한 방법으로 주일 성수를 하도록 신자 관리에 역점을 두고 있으나 이전보다는 전반적으로 주일 예배 참석률이 눈에 띄게 떨어지고 있다. 어느 때보다도 예배의 정신에 대한 교육과 영적 재무장이 필요한 때다. 거룩한 주일에 드리는 '예전 예배'(liturgical worship) 없이 크리스천의 '삶의 예배(worship of life)가 가능한가? 근로 제도의 변화는 역행할 수 없는 시대의 조류다. 이러한 시류(時流)를 타고 새롭게 등장하는 전원(田園) 교회, 리조트 교회, 골프장 교회, 카페 교회 등과 같이 우리의 상상을 초월한 emerging church가 나타났다가 사라지고 있다.

최근 미국 여론조사 기관인 엘리슨 연구소(Ellison Research)의 2008년 5월 조사에 의하면, 이사나 근무지 이동 등으로 교회를 옮긴 사람들의 성향을 조사해 본 결과, 교회를 옮긴 자의 35%는 전과 비슷한 예배를 드리는 교회를 찾아 이동했고, 29%는 전보다 더 현대 예배를 드리는 교회로 이동했으며, 흥미로운 것은 전보다 더 전통 예배를 드리는 교회로 이동한 사람들은 36%로 가장 높게 나타났다는 것이다. 이 사실로 알 수 있는 것은 미국 교회 회중이 선호하는 예배 스타일은 적어도 세 유형으로 나눌 수 있다는 점이다. 전통 예전 예배, 현대 예배, 두 가지를 혼합한 혼합 예배(mixed worship). 한국 교회 상황보다 반세기를 앞서 달려가고 있는 미국 교회의 동향을 보면 머지않아 한국 신자들에게도 이와 유사한 현상이 나타날 것으로 예측할 수 있다.[20]

20) Ellison Research, Change in where people worship often result in changes of style, size, and theology, 2008, 5(www.ellisonresearch.com).

넷째, 거룩함(the Holy)의 실종이다. 20세기를 빛낸 독일 신학자 중 한 사람인 루돌프 오토(Rudolph Otto)는 1917년 처음으로 『거룩의 의미』(*The Idea of the Holy*)라는 책을 저술하였다.[21] 그는 이 책에서 거룩을 초자연적 신비로 the numinous라고 정의한다. 또한 오토는 the numinous를 비이성적, 비감각적 경험이나 감정으로 그것의 일차적 직접적 대상은 자아 외부에 존재한다고 설명한다. 여기서 새로운 용어인 라틴어 numen, 즉 신성이라는 말을 만들어 낸다. 오토가 말하는 the numinous는 라틴어로 mysterium, 신비를 뜻한다. 두려움(tremendum)과 황홀(fascinans)을 동시에 경험하는 것을 뜻한다. 출애굽기 3장 2-4절에서 모세는 신비에 이끌려 떨기나무 쪽으로 가까이 갔으나 하나님의 얼굴을 보기가 두려워 자신의 얼굴을 가렸다. 이러한 행위는 존귀하신 하나님에 대한 인간의 본능적인 행동이다. 많은 선지자들도 하나님을 뵈올 때 이처럼 행동했다(왕상 19:13; 사 6:2). 인간은 신의 임재를 경험할 때 두려움과 황홀을 동시에 느끼면 모세처럼 이를 거절하게 된다. 성경의 많은 곳에서 하나님의 신비에 이끌린 사람들은 하나님의 거룩함에 의해 소멸되지 않기 위해 경외심과 두려움으로 물러선 모습을 볼 수 있다. 그러므로 오토가 말하는 것처럼 거룩함의 속성과 그것의 체험은 다음과 같은 세 가지 관점으로 이해할 수 있다.

첫째, 거룩은 하나님과의 동행이다. 창세기 5장 24절에 나오는 아담의 7대손이요 가인의 아들인 에녹은 하나님과 동행하며 죽음을 경험하지 않고 하늘로 올라가는 은혜를 입은 사람이다. 하나님과 동행하는 삶

21) *Das Heilige - Über das Irrationale in der Idee des Göttlichen und sein Verhältnis zum Rationalen* (The Holy - On the Irrational in the Idea of the Divine and its Relation to the Rational), German Edition, by Rudolf Otto(Jan 1, 1922). 번역하면 신성의 개념에서 비이성적인 것으로서의 거룩과 이성적인 것과의 관계, 20세기 가장 성공적인 독일 신학 저술 중의 하나로 손꼽힌다.

이란 하나님의 마음에 내 마음을 맞추는 것이다. 따라서 내 삶에서 내 뜻은 없고 오직 하나님의 뜻대로 살며 전적 순종과 오직 믿음으로 하나님을 기쁘시게 하는 자로서 인정을 받는 삶, 그것이 바로 거룩에 있어서 동행의 관점이다(히 11:5). 성경에는 에녹 이외에도 하나님과 동행한 사람으로 불의 마차를 타고 승천한 엘리야(왕상 19:10, 14)와 그리스도(막 16:19)를 소개한다. 이들의 삶 속에는 언제나 하나님의 뜻만이 존재했다. 자유인으로서의 개인은 없었다. 언제나 하나님의 마음이 거하는 삶을 살았던 예언자와 메시아의 삶은 그 자체가 신비요 거룩이었다. 이들의 삶은 우리에게 하나님과 동행하는 삶은 죽지 않고 영원히 사는 영광스러운 세계가 존재한다는 것을 보여 준다. 그러므로 하나님께 전적으로 의지하고 따라가는 동행은 우리가 예배 속에서 경험해야 할 거룩의 임재요 하나님의 신비인 것이다. 한국 교회 예배에서 회복되어야 할 것이 바로 하나님과 동행하는 거룩의 경험, the numen의 회복이다. 우리의 예배가 에녹처럼 전적으로 하나님을 기쁘시게 하는 예배가 될 때 하나님의 임재를 경험할 수 있다. 이제 우리도 하나님과의 동행을 꿈꾸며 하나님의 마음에 나를 맞추는 예배의 거룩성을 회복해야 한다.

둘째, 거룩은 두려움(terrifying)이다. 야곱은 아버지와 형을 속이고 장자권을 차지한 후 살던 곳인 브엘세바를 떠나 하란으로 도망가던 중 루스에서 하룻밤을 보냈다. 낯선 땅 루스에서 하나님의 음성을 들은 야곱은 "아, 여기까지 하나님이 계실 줄 몰랐다. 이 얼마나 두려운가?"라고 독백한다.[22] 교회만이 하나님이 임재하시는 곳이 아니다. 예배드릴 때만이 하나님의 거룩을 경험하고 느낄 수 있는 것은 아니다. 교회 밖에서 우리의 삶이 이동하는 곳이면 어느 곳이든 하나님은 우리와 함께

22) 창세기 28:16-17.

계시며, 우리를 감찰하시고, 우리의 기도를 다 들으신다. 이 얼마나 두려운 분인가? 어느 곳에서 드리든 루스에서 야곱에게 나타나신 하나님은 오늘 우리의 예배에도 그 두려운 거룩함(terrifying holiness)을 드러내실 것이다. 우리의 예배가 참여하는 모든 사람들에게 이러한 두려운 거룩을 느끼고 경험할 수 있게 해야 한다. 하나님의 신비와 하나님의 임재가 드러나는 예배의 경건성을 되찾아야 한다.

거룩의 셋째 관점은 거절(refusal)이다. 모세가 떨기나무에 가까이 갔으나 하나님이 두려워 그 얼굴 보기를 거절한 이유는 무엇일까? 하나님의 존재감은 두렵고 떨림 그 자체이다. 하나님 앞에 선다는 것은 황홀하고 영광스럽지만 그 존귀함에 인간은 본능적으로 두렵고 떨려 그 거룩함을 완전히 체험하기를 거부하게 된다. 그러나 이러한 두려움은 흉기를 가진 악의적인 세력 앞에서 위협을 느끼는 그런 두려움과는 차별화되는 고상한 두려움(noble tremendum)이다. 요셉이 천신만고 끝에 얻은 안정된 직업은 이집트 보디발 장군의 집사 역할이었다. 그런데 그의 젊은 아내가 욕정을 이기지 못해 끈질기게 요셉과의 동침을 요구하였으나 요셉은 이를 거절하여 누명을 쓰고 옥에 갇히기까지 하였다. 요셉은 이렇게 말하였다. "이 집에는 나 외에 아무도 없다. 그러나 나는 하나님께 득죄하지는 않겠다"(창 39:9-12). 사실 요셉은 주인의 부인이 요청하기 때문에 거절하기가 무척 어려웠을 것이다. 또 요셉 자신도 혈기 왕성한 청년이므로 거절하기 힘든 유혹이었을지도 모른다. 그러나 요셉은 끈질긴 유혹에 빠지지 않고 단호히 거절함으로써 그의 몸과 마음에 하나님의 거룩을 모실 수 있게 되었다. 결국 그는 하나님께서 다시 사용하셔서 일국의 총리대신이 되어 그의 꿈이 이루어진다. 그가 보여 준 거절의 영성은 하나님의 거룩을 지키고 마귀의 유혹과 싸워 이기는 영적 무기였다. 하나님의 거룩한 임재를 내 안에 모시기(경험) 위해서, 즉 하나님과 동행하는 삶을 살기 위해서는 우리 모두 거절의 영성을 훈련해야 한다. 불의와 유혹에 대처할 수 있는 영성을 길러 주기 위해 2만 4천 명의 염병을 그치게 한 비느하스의 의로운 분노(하나님의 질투, 민 25:11)와 요셉처럼 거절할 수 있는 용기가 배양될 수 있도록 예배 속에서도 영성 훈련을 해야 할 것이다.

끝으로 릭 워렌(Rick Warren)은 우리가 하나님께 항복할 때 더 강해진다고 하였다.[23] 이 말에 고개가 끄덕여지는 이유는 우리의 삶을 하나님께 드리면 다른 것에 의해 항복당할지도 모른다는 두려움에서 벗어날 수 있기 때문이다. 우리의 믿음이 가장 많이 성장할 때는 바로 우리의 삶이 바닥까지 내려가 무너지고 있는데 하나님은 보이지 않을 때라고 한다.

지금까지 한국 교회의 예배에 적신호가 켜졌다는 우려를 가지고 논의를 시작하였으나, 실상은 그 위기가 오히려 기회가 되기를 바라며 성서가 주는 지혜를 해석해 보려고 노력하였다. 필자의 성서적 접근이 예배 위기를 회복하는 데 일조하기를 바라며 가인처럼 실패한 예배자의 후예로 살지 말고 하나님이 기뻐하신 제사를 드린 아벨처럼, 하나님과 동행한 에녹처럼 살아가는 믿는 자들이 되었으면 한다. 그러나 모든 예배자는 아브라함처럼 무엇보다도 먼저 하나님을 예배하기 위한 단을 쌓고 야훼의 이름을 큰 소리로 불러야 한다. Here I am to worship!

---

23) Rick Warren, "Forewords" in the *Emerging Church* written by Dan Kimball(Grand Rapids, MI: Zondervan, 2003), 103-111.

◆ 참고문헌

Ray S. Anderson, *An Emergent Theology for Emerging Churches,* Downers Grove, IL: IVP Books, 2006.

Robert W. Bailey, *New Ways in Christian Worship,* Nashville TN: Braodman Press, 1981.

D. A. Carson, *Becoming Conversant with Emerging Church: Understanding a Movement and Its Implications,* Grand Rapids, MI: Zondervan, 2005.

Iris V. Cully, *Christian Worship and Church Education,* Philadelphia: The Westminster Press, 1967.

Tim Conder, *The Church in Transition: The Journey of Existing Churches into Emerging Culture,* Grand Rapids, MU: Zondervan, 2006.

Christopher Ellis, *Gathering: a Theology and Spirituality of Worship in Free Church Tradition,* London: SCM Press, 2004.

Eddie Gibbs and Ryan K. Bolger, *Emerging Churches: Creating Christian Community in Postmodern Cultures,* Grand Rapids, MI: Baker Academic, 2005.

Todd Hunter, *Stories of Emergence,* Zondervan/Youth Specialties, 2003.

Deborah J. Kapp, The Portrayal of Pastoral Authority in Worship, *Liturgy,* 19, 4, 45–56, 2004.

Dan Kimball, *Emerging Worship: Creating Worship Gatherings for New Generation,* Grand Rapids, MI: Zondervan, 2004.

____________, *The Emerging Church–Vintage Christianity for New Generation,* Grand Rapids, MI: Zondervan, 2003.

Kara Mandryck, The Convergence Movement in Contemporary Worship, *Didaskalia,* 17, 2, 19–36, 2006.

____________, Worship Wars or Worship Awakening?, *Liturgy,* 19, 4, 39–44, 2004.

Brian McLaren, *A New Kind of Christian,* San Francisco: Jossey–Bass, 1998.

____________, *Reinventing Your Church,* Grand Rapids, MI: Zondervan, 1998.

M. McLuhan, *Understanding Media: The Extensions of Man,* The MIT Press, 1994.
Leonard Sweet, *Postmodern Pilgrims: First Century Passion for the 21st Century World,* Nashville, TN: Broadman & Holman Publishers, 2000.
____________, *The Church in Emerging Culture: five perspective,* Grand Rapids, MI: Zondervan, 2004.
Richard Tiplady, Emerging Church?: New thinking about the church in Europe in the 21st century. *GLOBAL CONNECTIONS,* Occasional Paper, 28, Summer, 2008.
Rick Warren, "Forewords" in the *Emerging Church* written by Dan Kimball, Grand Rapids, MI: Zondervan, 2003.
Robert E. Webber, *Blended Worship*, Massachusetts: Hendrickson Publishers, 2000.
Mike Yaconelli(ed)., *Stories of Emergence: Moving from Absolute to Authentic,* Grand Rapids, MI: Zondervan, 2003.

김도일, A Wholistic Christian Religious Education Approach to Postmodern Challenges Through the Insights of Leonard Sweet's EPIC Model. 미래교회 컨퍼런스, 미간행 자료집, 2005.
김성기, 『포스트모더니즘과 비판 사회과학』, 서울: 문학과 지성사, 1992.
김연택, 『건강한 교회와 예배』, 서울: 도서출판 프리셉트, 2000.
김영한, 『21세기 개혁신학』, 서울: 한국장로교출판사, 1998.
트렌드 C. 버틀러, 『Main Idea로 푸는 누가복음』, 장미숙 옮김, 서울: 도서출판 디모데, 2003.
신국원, 『포스트모더니즘』, 서울: 한국기독교학생회출판부, 2002.
W. 프랭크 스코트, 『누가복음(하): 베이커 성경주석』, 박근용 옮김, 서울: 기독교문사, 1984.
____________, 『마가복음(상): 베이커 성경주석』, 박근용 옮김, 서울: 기독교문사, 1984.
____________, 「요한복음(상): 베이커 성경주석』, 박근용 옮김, 서울: 기독교문사, 1984.
이상근, 『신약 주해』, 서울: 영진출판사, 1975.

이성희, 『미래목회 대 예언』, 서울: 규장문화사, 1998.
이정현, 『개혁주의 예배학』, 서울: 샘터, 2005.
주승중, "고전적 가치를 지닌 믿음의 예배를 꿈꾸며", 「목회와 신학」9, 66, 2006.
조기연, 『예배 갱신의 신학과 실제』, 서울: 대한기독교서회, 1999.
______, "영상예배(멀티미디어 예배)의 예배학적 이해", 「신학과 선교」27, 325, 2002.
______, 『한국교회의 예배 갱신』, 서울: 대한기독교서회, 2004.
조성국, 『열린 예배, 무엇이 문제인가』, 부산: 고신대출판부, 2004.
채영남, 「교회의 활성화를 위한 통합적 예배에 대한 연구」, 목회학박사 학위논문, 장로회신학대학교 목회전문대학원, 124, 2006.
매튜 헨리, 『출애굽기: 매튜 헨리 성서주석 시리즈』, 서울: 기독교문사, 1975.

웹사이트

http://www.elizabethbaptist.org/new/home.html
http://www.daeshin-church.org
http://www.dbc.org
http://www.onnuri.or.kr
http://www.northpoint.org
http://www.elizabethbaptist.org
http://victoryatl.com
http://www.ellisonresearch.com